U0401703

汽车CMF设计

理论与方法

傅炯 谢欢 等著

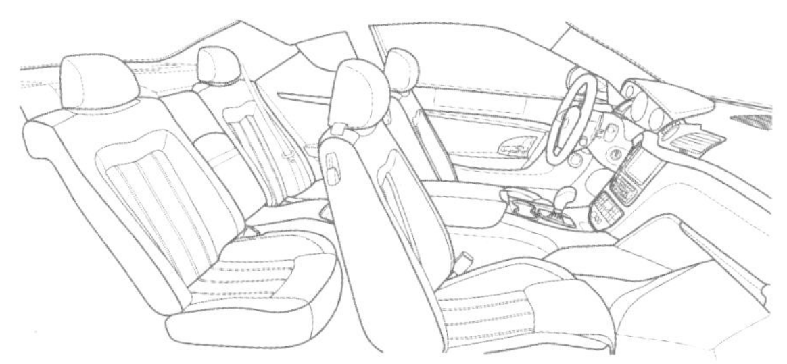

Automotive CMF Design

Theories and Methods

化学工业出版社

·北京·

内容简介

本书系统介绍了汽车 CMF 设计方法的由来、发展现状及未来趋势，完整阐述了汽车 CMF 设计方法的基本规律和操作流程。书稿分理论篇和材料篇：理论篇从产品的色彩、纹理、材料和工艺四大要素出发，深入浅出地揭示了汽车 CMF 设计方法的原则和技巧；材料篇对汽车内外饰中使用的涂料、效果颜料、面料、皮具、塑料、金属、装饰膜、模具纹理及香氛的工艺与设计进行了论述，并列举了典型案例。

本书注重理论与实际案例相结合，适合从事汽车造型设计和 CMF 设计的技术人员阅读，也可作为工业设计及产品设计专业学生的参考用书。

图书在版编目（CIP）数据

汽车 CMF 设计 ：理论与方法 / 傅炯等著. —北京 ：化学工业出版社，2024. 8

ISBN 978-7-122-45775-2

Ⅰ. ①汽… Ⅱ. ①傅… Ⅲ. ①汽车－设计 Ⅳ. ①U462

中国国家版本馆CIP数据核字（2024）第112154号

责任编辑：陈景薇　孙梅戈　　　文字编辑：冯国庆

责任校对：李雨晴　　　　　　　装帧设计：王晓宇

出版发行：化学工业出版社

（北京市东城区青年湖南街 13 号　邮政编码 100011）

印　　装：天津裕同印刷有限公司

787mm×1092mm　1/16　印张 22¼　字数 485 千字

2024 年 9 月北京第 1 版第 1 次印刷

购书咨询：010-64518888　　　售后服务：010-64518899

网　　址：http://www.cip.com.cn

凡购买本书，如有缺损质量问题，本社销售中心负责调换。

定　　价：128.00 元

PREFACE

前言

近年来，中国汽车产业蓬勃发展，汽车设计水平也日益提升，各大主机厂纷纷组建了由200～400名成员组成的强大设计团队。在这个发展过程中，设计流程被不断细分，而CMF设计领域也从原本的薄弱小众变得逐渐壮大起来，成为行业中不可或缺的一部分。CMF设计即color（色彩）、material（材料）、finishing（表面加工技术）的设计，它曾经在汽车设计流程中位于较靠后的位置，通常在前瞻定义、外饰设计和内饰设计完成之后才进行。然而，由于与色彩和流行趋势密切相关，CMF设计流程被不断提前，如今在各大主机厂的前瞻设计团队中都设有CMF设计部门。随着汽车行业步入电动化时代，汽车零件数量大幅减少，技术平台化趋势显著，这将导致汽车设计呈现同质化特征，与消费者追求个性化差异的趋势形成对比。CMF设计逐渐成为汽车设计差异化的有力工具，受到了汽车制造企业的高度重视，也得到了消费者的广泛认可。

CMF设计涉及众多高新材料和表面加工前沿技术，相对于发动机技术、电池技术等领域，CMF技术的发展更为迅猛。这要求CMF设计师积极跟进新材料供应商和表面加工技术供应商，以了解最新的技术解决方案。在这样的需求下，供应商端涌现出一批优秀的CMF设计师，他们不仅精通企业内部的最新技术，还能结合最新的流行趋势，提出流行色配色方案和相应的技术解决方案。

本书分为两大部分：前7章从主机厂的角度出发，介绍并探讨了CMF设计的流程和管理；后9章则从供应商的角度出发，详细介绍了各种材料的工艺和设计发展趋势。我们联合了多位主机厂和供应商的优秀CMF设计师，共同合作完成了本书的撰写：第3章中对彩通、劳尔、NCS三家公司的介绍由它们在中国的分支机构提供；第4～6章的材料和工艺部分由贾士强撰写，第13章汽车金属材料工艺与设计也由贾士强撰写；第7章汽车CMF设计品质控制中的“外观品质控制技术”由王彬宇撰写，“CMF编码体系在整车和零部件的应用实践”

由徐剑波撰写，“CMF 设计评审”由倪旻霁撰写；第 8 章汽车涂料工艺与设计由尤佳撰写；第 9 章汽车效果颜料工艺与设计由陈美娟、孙俊撰写；第 10 章汽车面料工艺与设计由吴双全撰写；第 11 章汽车皮具工艺与设计由薛丽娜撰写；第 12 章汽车塑料工艺与设计由李文强撰写；第 15 章汽车模具纹理工艺与设计由徐涌撰写。出于知识体系和格式的原因，我们对以上作者的内容进行了适当的整理和编辑。我们还要感谢这些作者所在的单位，包括泛亚汽车技术中心有限公司、一汽奔腾轿车有限公司、艾仕得涂料系统（上海）有限公司、默克光电材料（上海）有限公司、旷达科技集团股份有限公司、柏德皮革（中国）有限公司、上海锦湖日丽塑料有限公司、苏州天至尊模具科技有限公司，以及宝马、上汽乘用车、PPG、SABIC 等众多主机厂和供应商，他们为本书提供了丰富的案例和支持，在此一并表示感谢！此外，上海交通大学设计趋势研究所的孔莹、郭聪儿和古丽斯米热·阿布力孜为本书的编写提供了很大的支持。

本书的部分图片案例来自网络资料，如存在版权问题，请与我们联系，感谢您的理解与合作。

汽车 CMF 设计领域具有很强的跨学科属性，其知识体系复杂且演变迅速。我们希望本书能为 CMF 设计师们提供有力的指导和帮助。如果书中存在不足之处，恳请读者们多多指正，共同进步！

傅炯　谢欢

2024 年夏

CONTENTS

目录

理论篇

第 4 章　汽车 CMF 设计主题与趋势研究　040

第 5 章　汽车内外饰搭配设计　050

第 6 章　汽车内外饰材料设计　093

第 7 章 汽车 CMF 设计品质控制 128

材料篇

第 8 章 汽车涂料工艺与设计 170

第 12 章 汽车塑料工艺与设计 229

第 13 章 汽车金属材料工艺与设计 261

第 14 章 汽车装饰膜工艺与设计 294

理论篇

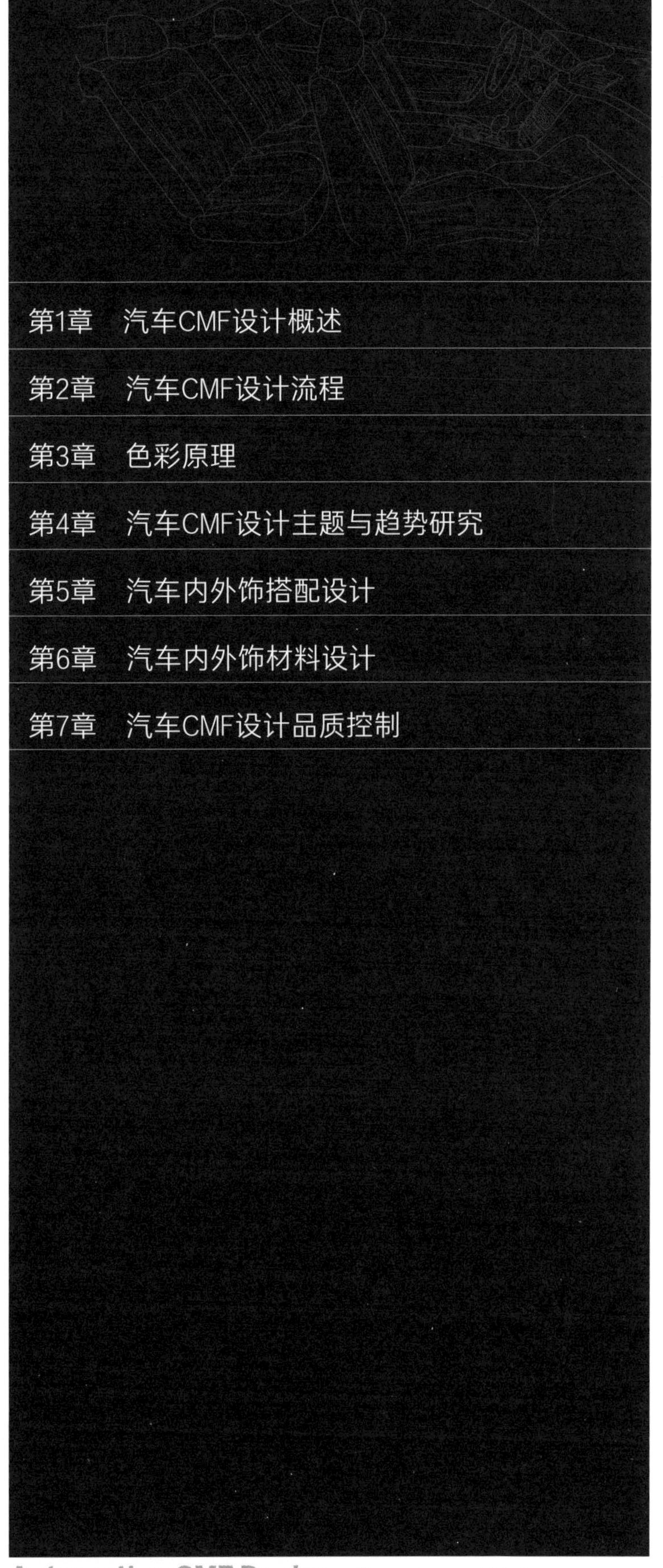
第1章　汽车CMF设计概述
第2章　汽车CMF设计流程
第3章　色彩原理
第4章　汽车CMF设计主题与趋势研究
第5章　汽车内外饰搭配设计
第6章　汽车内外饰材料设计
第7章　汽车CMF设计品质控制

第 1 章
汽车 CMF 设计概述

1.1 汽车造型设计概述

汽车造型设计在整车设计开发中扮演着先导的角色。广义的汽车造型设计属于工业设计范畴，主要包括形体设计和 CMF 设计两个方面（图 1.1）。汽车造型设计实际上是工程设计和造型艺术这两种截然不同类型的设计技术在汽车产品上的有机结合，其具体表现形式为汽车设计的“形”与“色”。

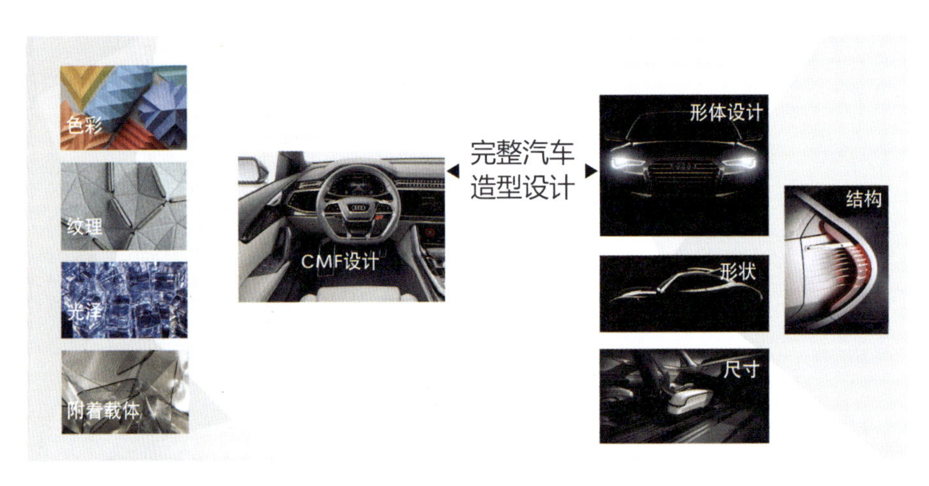

图 1.1　汽车造型设计范畴

汽车形体设计和 CMF 设计都是由抽象构思形成具体形象的塑造过程。“形”，即形体设计，是通过点、线、面的变化，将抽象构思展现在人们视野中。“色”，即 CMF 设计，同样是从抽象构思出发，以具体形象的颜色、材质、纹理和光泽的组合创造视觉印象和触觉反应，从而实现产品的情感化设计。在汽车形体设计和 CMF 设计的过程中，借助实体模型的雕塑设计、外观各要素设计等手段，设计者可以将抽象构思中的形体和外观特征进行风格化。通过对材料性能、加工工艺的创新运用，CMF 设计师能够赋予产品新的品质和价值。

在汽车主机厂，汽车形体设计环节一直备受关注，著名造型设计师如明星般被媒体瞩目。但行业内对于 CMF 设计的态度，却存在一个逐步理解和加强重视的过程。在中国汽车产业的早期阶段，CMF 设计处于汽车设计的尾端，CMF 设计师往往只能在原材料供应商提供的样品中进行挑选，局限于一种有限选择和被动接受的状态。然而，在2013年左右，中国的汽车制造企业开始普遍认识到CMF设计的重要性，汽车CMF设计的交流活动也随之日益活跃起来。由于色彩在反映流行趋势方面具有特别的敏感性，因此CMF设计引起了前瞻设计领域的关注。于是，当车企提出概念车时，除了令人惊叹的造型设计外，CMF设计也能带来令人眼前一亮的效果。

1.2　汽车整车制造工艺

汽车制造涉及的工艺繁多，从最初的原材料到最终成为汽车成品，需要多个车间协同作业，包括冲压车间、车身车间、喷涂车间、发动机和变速箱车间、总装车间等，它们是汽车生产流水线的重要组成部分。

在汽车制造业中，冲压、焊装、涂装以及总装是四大核心，亦称四大工艺。

（1）冲压工艺

冲压工艺（图1.2）是一种金属加工方法，基于金属塑性变形的特性，利用模具和冲压设备对板材施加压力，使板材产生塑性变形或分离，从而制造出具有特定形状、尺寸和性能的零部件（冲压件）。

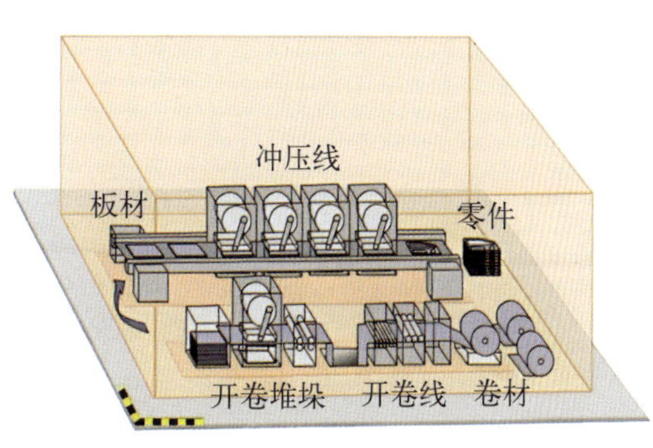

图1.2　冲压工艺示意

（2）焊装工艺

焊装是将冲压好的零部件焊接在一起的工艺，焊点的数量会因车型的不同而有所变化，一辆整车包含4000～5000个焊点。来自冲压车间的零件进入车身车间后，依次通过一系列安装生产线（图1.3），完成汽车的前部、底部、尾部、侧面、顶部、翼子板、车门等部位的安装后，最终进入喷涂车间。通过装配和焊接而形成的车身壳体称为白车身，

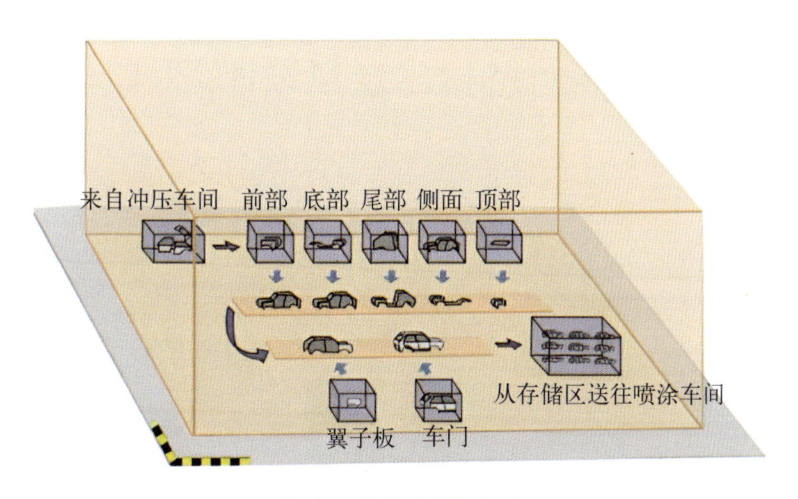

图1.3　零部件流转示意

其设计在汽车的整个设计与生产过程中具有举足轻重的地位。

（3）涂装工艺

涂装工艺一般分为两大部分：第一部分是前处理技术，用于处理涂装前的金属表面；第二部分是涂装的施工工艺。前处理技术旨在改善工件的表面状态，包括清除工件表面的油污、尘土、锈蚀，以及进行修补作业时清除旧涂料层等。此外，还包括根据特定需求对工件表面进行机械加工和化学处理，如磷化、氧化和钝化等。这些工艺可以保护车身金属，并提升外观，其中不同色漆的使用还能够提升汽车价值，同时在特定情况下具有标识功能。

（4）总装工艺

在汽车制造的四大工艺中，总装（图1.4）作为最后一道工艺，承担着装配、调整和检测的主要任务。只有通过合理的工序安排，才能高效率地生产出高质量的汽车。

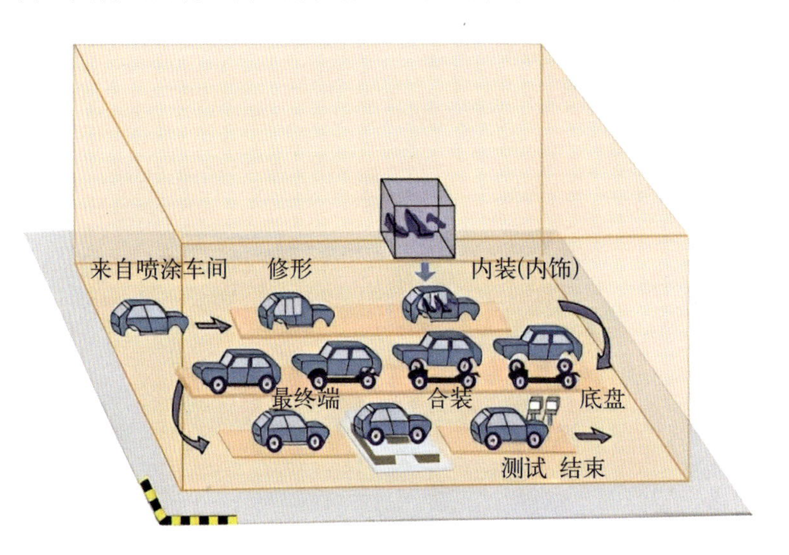

图1.4 总装工艺示意

1.3 汽车CMF设计的概念及其设计范围

汽车CMF设计又称为汽车色彩纹理设计与材料性能技术，是指汽车CMF工程师运用外观设计技术，结合传统的艺术灵感设计方法，对新开发的汽车项目中的车身、外饰件和内饰件等外观系统进行色彩、纹理设计及材料的选配、开发、确认与创新。此外，汽车CMF设计还需要对车身及其内外饰零部件的外观特征参数进行测量，并通过调研分析、数字化检测以及基准定位等定量方法来进行品质控制。从本质上说，汽车CMF设计是一门结合美学、数理统计分析与材料性能研究的新技术。

汽车CMF设计范围有两种划分方式（图1.5）：一是根据整车外观和内饰零部件划分；二是根据整车外观、内饰涉及的原料、材料及其制造工艺划分。

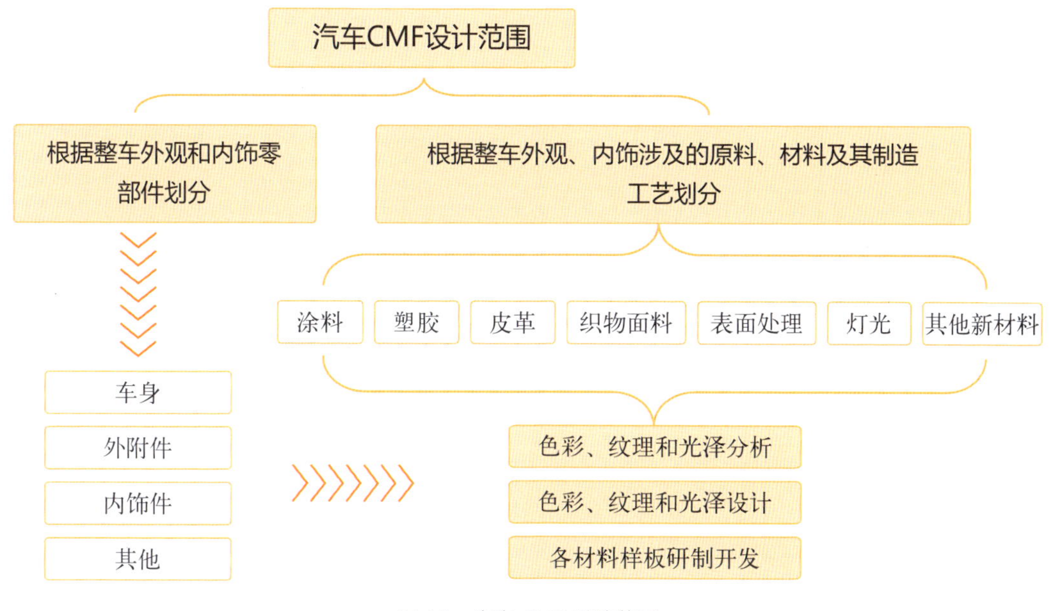

图 1.5　汽车 CMF 设计范围

（1）根据整车外观和内饰零部件划分

在企业内部的 CMF 设计流程中，需要将整车设计细分到各个部件。当与供应商合作时，需要将部件按照材料划分并分配给各个供应商以便落地实施。整车外观零部件包括车身主体、车身覆盖件、外饰件和车灯，内饰零部件则包括仪表板、副仪表板、门板、座椅、中控面板、内装饰条、顶棚、地毯、后备厢以及氛围灯等。

（2）根据整车外观、内饰涉及的原料、材料及其制造工艺划分

整车的外观和内饰通常涉及多种材料，包括涂料、塑胶、皮革、织物面料、金属以及其他材料，涉及的工艺包括表面处理和喷涂等。CMF 供应商通常会根据材料与加工工艺进行分类。

1.4　汽车 CMF 设计输入

设计输入是整个设计开发流程的基石，它规定了设计开发的目标及要求。精确而详细的设计输入文件确保了设计开发工程师在研发过程中能够最大限度地进行针对性设计。汽车 CMF 设计输入主要包括以下五部分内容。

① 明确的车型设计定位、设计要求、零部件名称清单。

② 选定的外造型设计，整车前 45°、后 45°、正侧效果图及车身细节效果图。

③ 选定的内饰整体造型效果图（全舱图），包括仪表板、副仪表板、门板、中控面板、座椅、装饰件等细节效果图。

④ 竞争车型市场趋势调研报告。

⑤ 新车型外观配置明细。

1.5 汽车 CMF 设计内容

（1）车身 CMF 外观设计方案

车身 CMF 外观设计方案是指车身颜色及套色设计方案，从颜色、漆种和性能方面定义车身 CMF 设计。通常，CMF 设计师会提供 10～15 种主流色方案和流行色方案，然后通过评审选出最合适的方案。在设计方案中，外饰配件及前后灯 CMF 设计是根据车身色彩来进行匹配和定义的。

（2）内饰 CMF 设计方案

内饰 CMF 设计方案涵盖了内饰整体颜色搭配设计、塑胶纹理设计、光泽设计、蒙面设计和装饰件设计等方面。

① 内饰整体颜色搭配设计需要设计师根据市场调研、使用对象以及用途来提出颜色概念和主题。根据不同的色彩配置，通常会从 3～5 套设计方案中进行优选。

② 塑胶纹理设计针对的是车型的内饰塑料件部分，以仪表板为主体，进行主纹理设计、辅纹理设计以及纹理分布设计，其中纹理分布设计需考虑结合内饰蒙布、皮革花纹的和谐分布及纹理工艺可行性分析研究等。

③ 光泽设计针对的是需要具备一定光泽的零部件，包括镀铬件、金属色塑料制品以及金属膜装饰贴膜新材料等，设计需要满足特定的光泽等级和品质要求。

④ 蒙面设计包括皮革和面料两方面，需要结合 CMF 配置要求和纹理设计风格进行。蒙面设计主要考虑面料主花型与内饰整体风格的搭配性，以及车型等级和定位对选料质地的要求。在设计时，需根据车型等级和配置要求采用合适的材料与包覆工艺，例如对座椅和仪表板包覆进行分片及缝线设计。

⑤ 装饰件设计需要设计师基于整体内饰造型风格提出装饰件搭配方案，同时需要结合成本以及装饰件的工艺、分布和应用等各方面因素进行考量。

1.6 汽车 CMF 设计团队及角色

随着工业制造的升级换代，同时消费者对产品品质提出更高要求，工业设计领域逐渐衍生出更细化的专业领域。其中，CMF 设计就是在传统的工业设计基础上结合材料工艺发展而来的整合型专业。CMF 设计逐渐成为设计工作中的重要环节，它的出现使得工业设计的开发流程愈加完善。

汽车 CMF 设计团队由色彩纹理设计师和材料工程师共同组成（图 1.6）。色彩纹理设计师的主要工作方向包括 CMF 前瞻性研究和 CMF 创意设计。前瞻性研究涉及对色彩、纹理趋势及相关新材料和新工艺的探索，这项工作属于 CMF 平台的基础建设，为设计方案的制定提供了重要资源和依据。创意设计则是设计师运用传统的设计思维并发挥个人技能，以精确地表达和展示自己的设计方案。而在 CMF 材料工程中，工程师运用材料性能和制造工艺知识，在前期工作中对创意方案可行性等一系列相关问题进行评估。CMF 工程师的职责包括负责汽车零部件的外观设计、精致化工艺及整车品质控制，以及贯穿产品开发全流程的 CMF 技术工作。他们将设计师的创意灵感转化为现实，提升产品的外观品质。

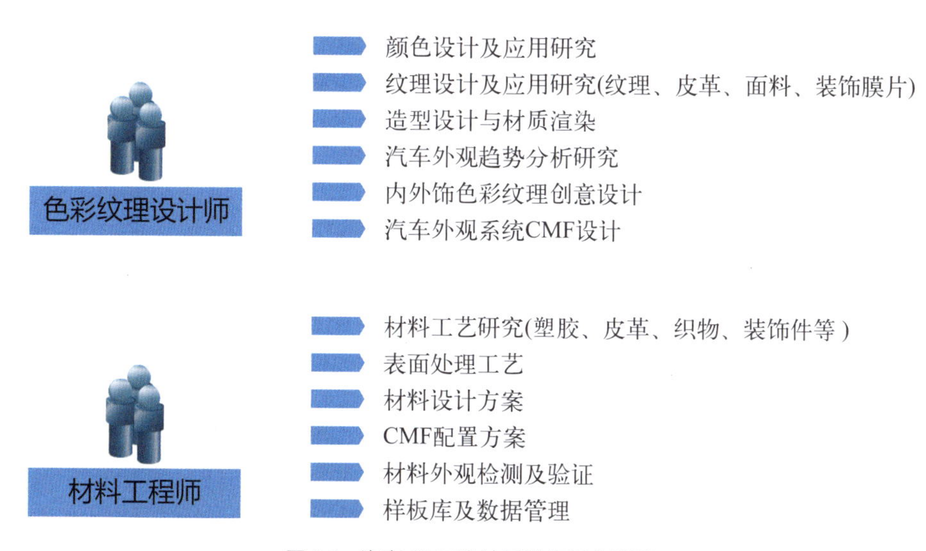

图 1.6 汽车 CMF 设计团队和工作职责

1.7 汽车 CMF 设计技能要求

汽车 CMF 设计师需具备的创意设计技能包括手绘草图、二维 / 三维渲染、趋势研究、市场调研及材料工艺知识的储备等。他们既需要具备美学素养，又需要精通材料和工艺。高级的 CMF 设计师还能进一步突破材料的限制，探索更多创新可能性，创造更好的产品体验。

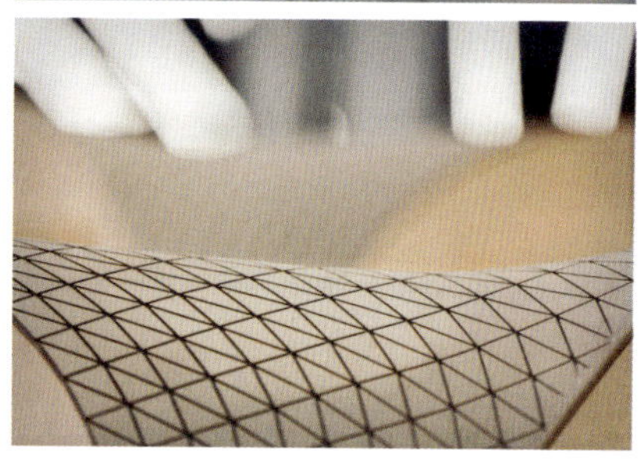

图 1.7 色彩纹理设计手绘草图与实际打样（来源：宝马中国）

汽车色彩纹理设计师与造型设计师具备相似的美术功底与技能，在设计思维上也有相通之处。手绘草图（图 1.7）作为表达设计效果的手段之一，能够快速、直观地传达色彩纹理设计的初期构想。二维渲染（图 1.8）是汽车造型创意设计过程中的重要技能，这要求设计师不仅要有绘图基础，而且需要熟练掌握二维绘图软件的使用。CMF 设计师在创作色彩方案时，需要用二维渲染软件表现色彩、纹理与材质的效果，通常采用绘画软件与手绘板结合的方式进行渲染设计。在二维渲染的基础上，一般还需要运用专业的三维渲染软件（图1.9）对设计进行进一步优化，以取得更逼真的色彩纹理及材质方案的展示效果，有助于评审和工程分析。此外，CMF工程师需要学会使用各种外观检测仪器，测量汽车外观的相关数据，并分析外观品质。他们还必须深入了解材料应用、成型工艺及表面处理、外观与材料工艺的相互关系等工艺知识。

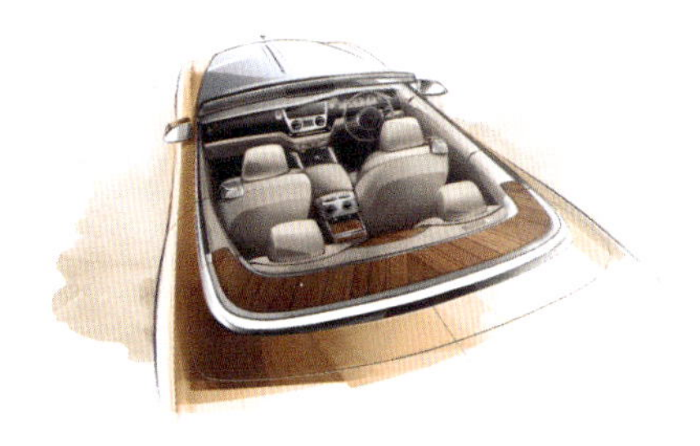

图1.8 汽车CMF二维渲染图

图1.9 汽车CMF三维渲染图

第 2 章 汽车 CMF 设计流程

汽车 CMF 设计是造型设计与工程的中间环节，在整车项目启动时，CMF 设计与造型设计同步进行。在这一阶段，汽车 CMF 设计师与相关部门密切合作，对各车型的内外饰造型设计进行沟通，以确保 CMF 设计在整个设计过程中发挥前瞻性的主导作用。同时，作为整个技术输出的载体和平台，项目组也应在各个阶段提出协作需求，并提供适当的输入条件（图 2.1）。

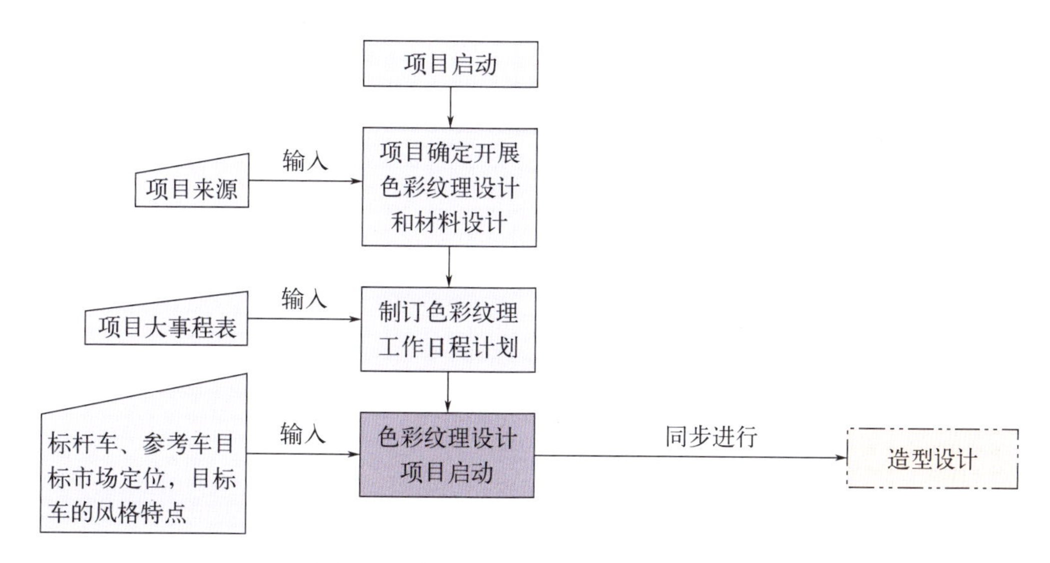

图 2.1　汽车 CMF 设计流程（项目规划阶段）

2.1　项目确定与前期策划

在项目前期的策划阶段，管理部、设计部和技术部需要分别输入相关文件。由项目管理部先导，输入《项目启动通知书》《设计任务书》《市场调查报告》和《项目基准开发计划》，以协助 CMF 部门明确 CMF 设计的工作内容、工作节点和人员配置等，进而制订详细的 CMF 设计计划，包括《设计开发详细内容及职责分工计划书》《项目配置人员名单》以及《项目开发计划》。此外需要输入的设计前序文件及信息包括《新车型冻结效果图》《造型定义书》《新车型配置方案》《项目主计划时间节点》和《零部件清单》。同时，材料工程师还将对各拆解样车的用料、配置、工艺和品质水平进行横向比较和分析，找出同等级车型的材料和性能的应用规律，并对新车型设计相关的零部件与车身、附件、电器、底盘等专业协同进行测试与分析，完成《拆车登记表》《标杆车典型零部件材料工艺评估》《新车型材料设计方案》等材料技术规划及对标文件的输入。其中《新车型材料设计方案》需要由材料工程师按照零部件设计开发的要求，根据材料标准和产品数据库进行新车型的材料选择，并编制《新车型金属材料明细表》和《新车型非金属材料明细表》。必要时需要参照标杆车样件，且对于特殊材料需要进行测试与验证（表 2.1）。

表 2.1　标杆车典型零部件材料工艺评估

序号	零部件名称	标杆车：XXXX		标杆车：YYYY		标杆车：ZZZZ	
		材料评估	工艺评估	材料评估	工艺评估	材料评估	工艺评估
1	前保险杠	PP	注塑，同色喷漆	PP	注塑，同色喷漆	PP	注塑，同色喷漆
2	前保险杠下格栅	AES	注塑	AES	注塑	—	—
3	前格栅	AES	注塑，喷涂	AES	注塑	ABS	注塑，电镀，喷涂
4	前车标	ABS	注塑，电镀	ABS	注塑，电镀	ABS	注塑，电镀
5	前车标装饰条	—	—	—	—	ABS	注塑，电镀
6	雾灯装饰罩	ABS	注塑，喷涂	PP	注塑	ABS	注塑，电镀
7	前大灯灯罩	PC	注塑，镀膜	PC	注塑，镀膜	PC	注塑，镀膜
8	外后视镜镜壳	ABS	注塑，喷涂	ABS	注塑，喷涂	ABS	注塑，喷涂
9	外后视镜支架	PA6-GF	注塑	PA6-GF	注塑	PA6-GF	注塑
10	外后视镜支座（三角饰板）	AES	注塑	AES	注塑	AES	注塑
11	发动机装饰盖	PP-GF20	注塑	PP-GF20	注塑	PA66-GF	注塑
12	机舱盖隔热垫	PET-N，PET-M	复合，模压	PET-N，PET-M	复合，模压	—	—
13	通风盖板	PP	注塑	PP	注塑	PP	注塑
14	通风盖板左右端盖	—	—	—	—	—	—
15	前舱盖密封条	EPDM	挤出	EPDM	挤出	EPDM	挤出
16	后备厢装饰条	—	—	—	—	ABS	注塑，电镀
17	后车标	ABS	注塑，电镀	ABS	注塑，电镀	ABS	注塑，电镀
18	后保险杠	PP	注塑，同色喷漆	PP	注塑，同色喷漆	PP	注塑，同色喷漆
19	后大灯灯罩	PMMA	注塑	PMMA	注塑	PMMA	注塑
20	后背门内饰板	PET-N，PP	复合，模压	PET-N，PP	复合，模压	PET-N，PP	复合，模压
21	后背门外饰板	—	—	—	—	PP	注塑，喷涂
22	后备厢密封条	EPDM	挤出	EPDM	挤出	EPDM	共挤出
23	后备厢门槛护板	PP	注塑	PP	注塑	PP	注塑

汽车车身典型零部件产品 CMF 分析示例见图 2.2 和表 2.2。

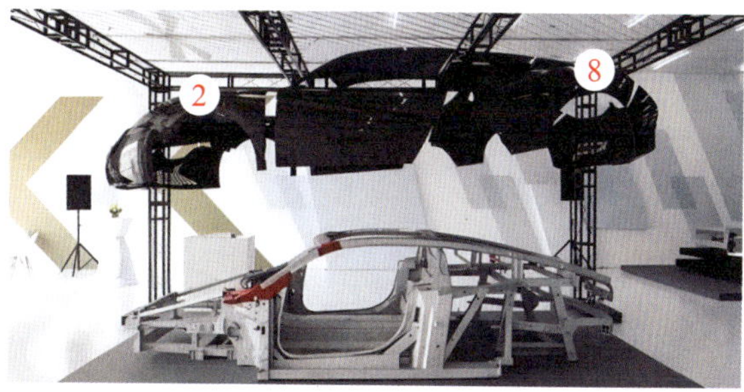

图 2.2 某车型车身零部件 CMF 分析

表 2.2 某车型车身零部件 CMF 定义描述

编号	名称	材料	成型工艺	表面处理	颜色	光泽
1	发动机盖外板	CFRP	HP-RTM/WCM+ 切边	喷涂	车身色	高光
2	发动机盖内板	CFRP	HP-RTM/WCM+ 切边	—	—	—
3	翼子板	CFRP（3K 斜纹）	HP-RTM/WCM+ 切边	喷涂	清漆	高光
4	前门外板	CFRP（3K 斜纹）	HP-RTM/WCM+ 切边	喷涂	车身色（局部） 清漆（局部）	高光
5	饰板	CFRP（3K 斜纹）	HP-RTM/WCM+ 切边	喷涂	清漆	高光
6	侧围外板	CFRP	HP-RTM/WCM+ 切边	喷涂	车身色	高光
7	前保险杠	PP+EPDM-T20	注塑 + 切边	喷涂	车身色	高光
8	后背门外板	CFRP	HP-RTM/WCM+ 切边	喷涂	车身色	高光

汽车内饰系统 CMF 分析示例见图 2.3 和表 2.3。

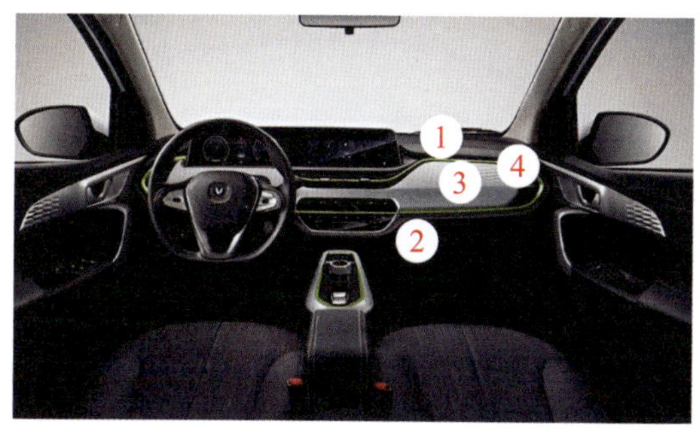

图 2.3 某车型内饰系统 CMF 分析

表 2.3　某车型内饰系统 CMF 定义描述

序号	零部件名称	色彩	纹理	材料	工艺	表面处理	光泽
1	仪表板上本体	黑色	仿皮纹	PP 改性材料	注塑	模具蚀纹	亚光
2	仪表板下本体	黑色	仿皮纹	PP 改性材料	注塑	模具蚀纹	亚光
3	饰件	乳白色	—	PC/ABS	注塑	喷涂	高光
4	饰框	果绿色	—	PC/ABS	注塑	喷涂	高光
5	门上饰板本体	黑色	仿皮纹	PP 改性材料	注塑	模具蚀纹	亚光
6	门下饰板本体	黑色	仿皮纹	PP 改性材料	注塑	模具蚀纹	亚光
7	门饰板	黑色	—	PC/ABS	注塑	喷涂	高光
8	门内扣手	银色	—	PC/ABS	注塑	电镀	高光
9	门把手	银色	—	PC/ABS	注塑	喷涂	低光
10	肘靠	黑色	细皮纹	PP 改性材料，EPU，皮革	注塑	包覆	亚光

2.2　CMF 设计流程

CMF 工程师在确定新车型的基准定位时，需要基于市场调查和数理统计分析，从外观设计的基本要素——颜色、纹理、光泽及相关材料载体着手，进行专项设计，直到最终完成《色彩纹理设计方案》《外观 CMF 配置方案》《外观颜色设计方案电子样图》《外观纹理设计方案电子样图》《外观色彩纹理与材料设计描述报告》《内外饰外观件 CMF 定义》等设计工作。

外观 CMF 配置方案见表 2.4。

此外，CMF 工程师还需进一步深化对竞争车型的专业研究，包括外观品质、材料配置和制品性能等方面。在趋势研究中，不仅要关注设计与艺术的流行趋势，而且需要考察行业内竞争车型的潮流演变，以及先进品牌和车型的设计方向。最终，根据新开发车型的设计定位和目标来确定外观设计与材料设计的基准、浮动空间和研发方向，并充分协调项目开发和各专业衔接要求，同步进行汽车 CMF 技术工作。如图 2.4 所示，在此阶段，CMF 设计师根据《造型定义书》中汽车产品设计开发对造型的要求和具体描述，规划 CMF 设计的新方向。

表 2.4　外观 CMF 配置方案

序号	零件编号	零件名称	色彩编号（色彩名称）	色彩图样	光谱反射率曲线	纹理编号（纹理名称）	纹理参数	纹理图样	材质代号	工艺说明	备注	原料及工艺	制作开发商
1（高配）		左前门上护板	Y4001（棕红）			AF251（仿皮纹）	线模角度：5.6° 深度：145 光泽：2.4		TPUEPU PE/PP-T10	TPU 塑表皮，中硬发泡 RIM，注塑骨架	若改用 PVC、ABS 吸塑，需要验证无 DOP 等	塑料	浙江俊尔
1（低配）												纹理	嘉龙雕刻
2（高配）		左前门护板装饰条	DW 2002Br（中国红装饰）			铜参数化纹			ABS	注塑，IMD		塑料	浙江俊尔
2（低配）												IMD	
3（高配）		前门中护板	Y5003（棕黄）			AF251（仿皮纹）	线模角度：5.6° 深度：145 光泽：2.4		PE/PP	注塑		塑料	浙江俊尔
3（低配）												纹理	嘉龙雕刻
4（高配）		左前门中部装饰块	Y5003（棕黄）			Monterey			真皮 EPU PE/PP-T10	真皮，热烫 EPU 切块，注塑骨架，包覆		塑料	PRET
4（低配）						织物			PET-EK EPU PE/PP-T10	针织布，热烫 EPU 切块，注塑骨架，包覆		EPU	浙江明就皮业

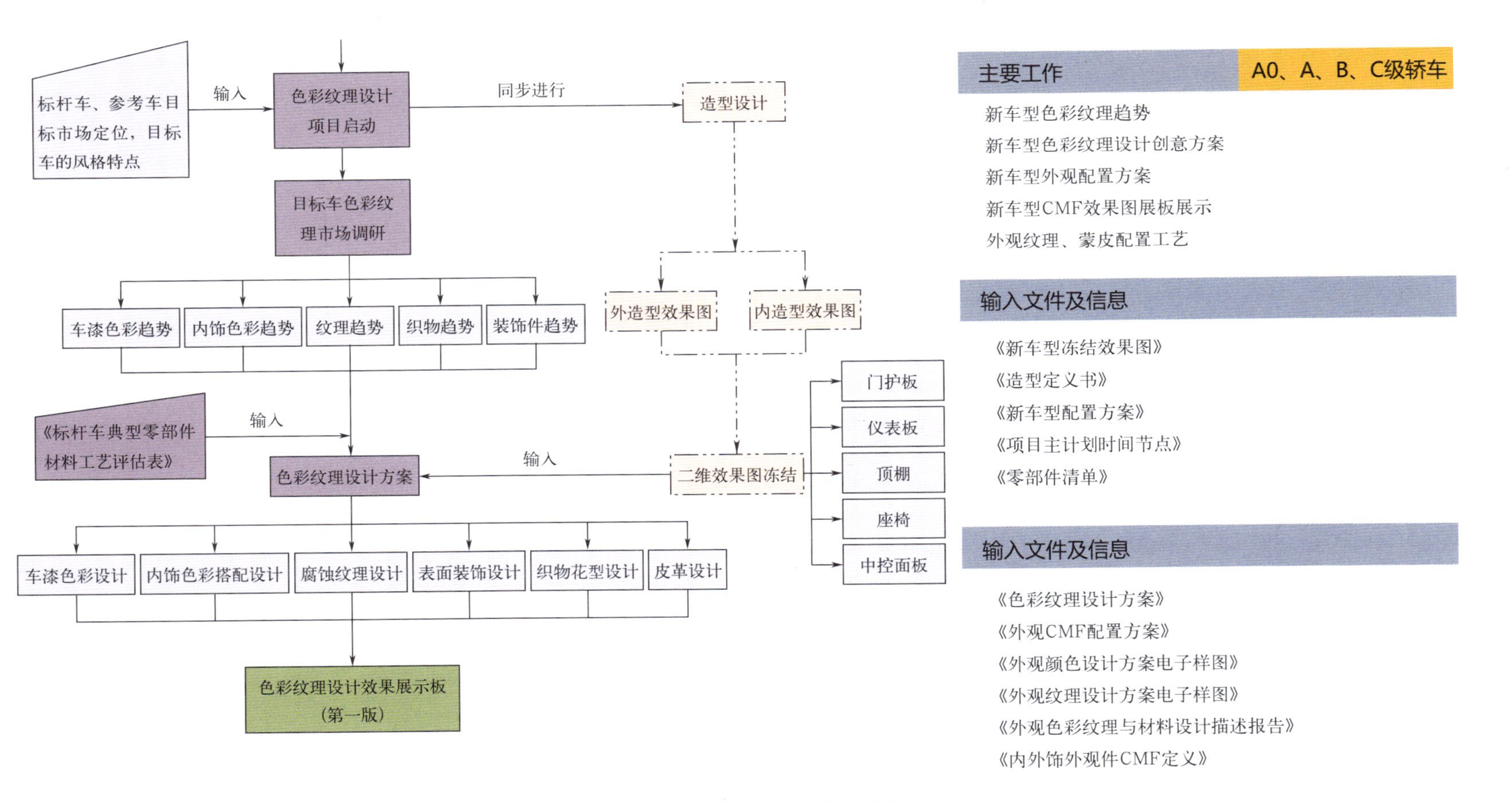

图 2.4　汽车 CMF 设计流程（设计阶段）

在 CMF 设计规划工作完成后，需要进行色彩纹理设计初期效果评审，相关专业的评审人员会一同分析 CMF 设计方案的可行性。设计提案可能需要在此阶段反复调整和复审，直到进入下一阶段的流程。汽车设计研发流程从创意设计一直到 SOP（即 start of production，一般意味着产品已经取得了 PPAP 认可，具备大批量生产的条件，此为正式批量生产的起点）一般需要 2～3 年的时间。目前的汽车色彩纹理设计仅处于初期阶段，因此从产品外观创意设计的阶段就需要考虑汽车相关外观零部件的材料及制造工艺知识，以节省不必要的反复修改时间，避免走弯路。

在此过程中，输出文件的多少取决于项目的级别。例如，A 级流程仅涉及简单的色彩搭配，以最低成本进行外观优化，因此输出的文件也是最基本的。B 级流程相对 A 级流程更加烦琐，时间要求也更长。而 C 级以上的流程则可以更好地发挥 CMF 设计的优势，零部件外观品质能得到更好的呈现，但开发成本会增加。

图 2.5 汽车外饰件名称划分简图

2.3 CMF 设计主要工作

（1）CMF 设计阶段

该阶段的主要工作为分析新车型色彩纹理趋势、提出新车型色彩纹理设计创意方案、提出新车型外观配置方案、完成新车型 CMF 效果图展板展示以及提出外观纹理和包覆工艺配置方案。汽车外部设计位置有车身主体、前大灯、尾灯、格栅以及其他外饰件等（图 2.5），内部设计位置有座椅、仪表板、副仪表板、门内饰以及其他内饰件等（图 2.6）。

（2）CMF 打板阶段

该阶段的主要工作为完

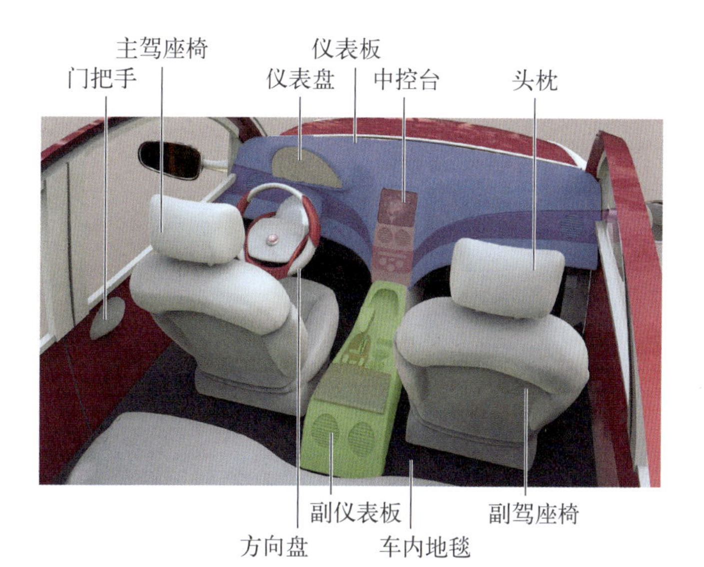

图 2.6 汽车内饰件名称划分简图

成样板制作、完成样件及样车的检测验证、配合项目进行样件试制、完成样件外观颜色及性能的审核、配合开发商进行模具纹理的开发，以及对样件进行外观测试和外观批准（AAR）。

2.4 CMF设计研究部分

为了设定准确的产品开发目标，在预研阶段，车企需要对竞品进行基准或对比分析，以了解竞争车型的产品现状。在这个阶段，不同的部门会根据各自的专业分工来设定本部门的专业研究目标。CMF设计师需对标杆车的内饰色彩、纹理等外观要素进行检测分析，用对标的方式把自己的产品和竞争对手的产品进行细致的比较，提取竞品优点，作为提升自身产品水平的参照。同时，CMF工程师需要分别对质量标杆车、成本标杆车和参考车进行外观品质检测与分析、静态主观评价和材料识别、整车材料配置分析以及初步工艺分析等研究。

在项目预研工作完成后，CMF部门需要输出完整的预研文件，包括《标杆车色彩、纹理与材料静态主观评价》《标杆车外观品质检测统计表》《标杆车油漆涂层检测分析报告》《标杆车内饰色彩分析报告》《标杆车内饰装饰、纹理分析报告》《标杆车材料与工艺评估统计表》《目标车型色彩调研》《目标车型装饰、纹理调研》《材料设计初步方案》等技术文件。

此阶段的目的：一是通过研究优秀竞品的外观色彩纹理及材料应用，为自身的设计提供参考；二是可以获取一手调研信息，以帮助评估现有车型的色彩品质是否符合未来消费者的审美。

2.5 汽车外观标准样板与签发

在完成前期分析和设计工作后，CMF部门将输出《外观品质设计描述报告》《配置方案》《颜色样板》《纹理样板》《织物样板》及《材料环境老化试验报告》，以明确新车型的颜色、纹理和光泽等要素，这些文件经过评审认可后，发布的《认可通知书》标志着进入各要素样板的制作阶段。标准样板的签发应在造型冻结后进行，在样件审核和外观批准阶段，评审委员会将对供应商和开发商提交的样件进行审核，利用专业仪器和科学的测试方法验证其外观要素是否符合封样样板要求，测量误差应在许可的范围内。只有获得外观批准的样件才能量产供货，所有造型设计和CMF设计在油泥模型上的最终展示需获得评审认可并发布《认可通知书》。汽车外观标准样板制作及签发如图2.7所示。

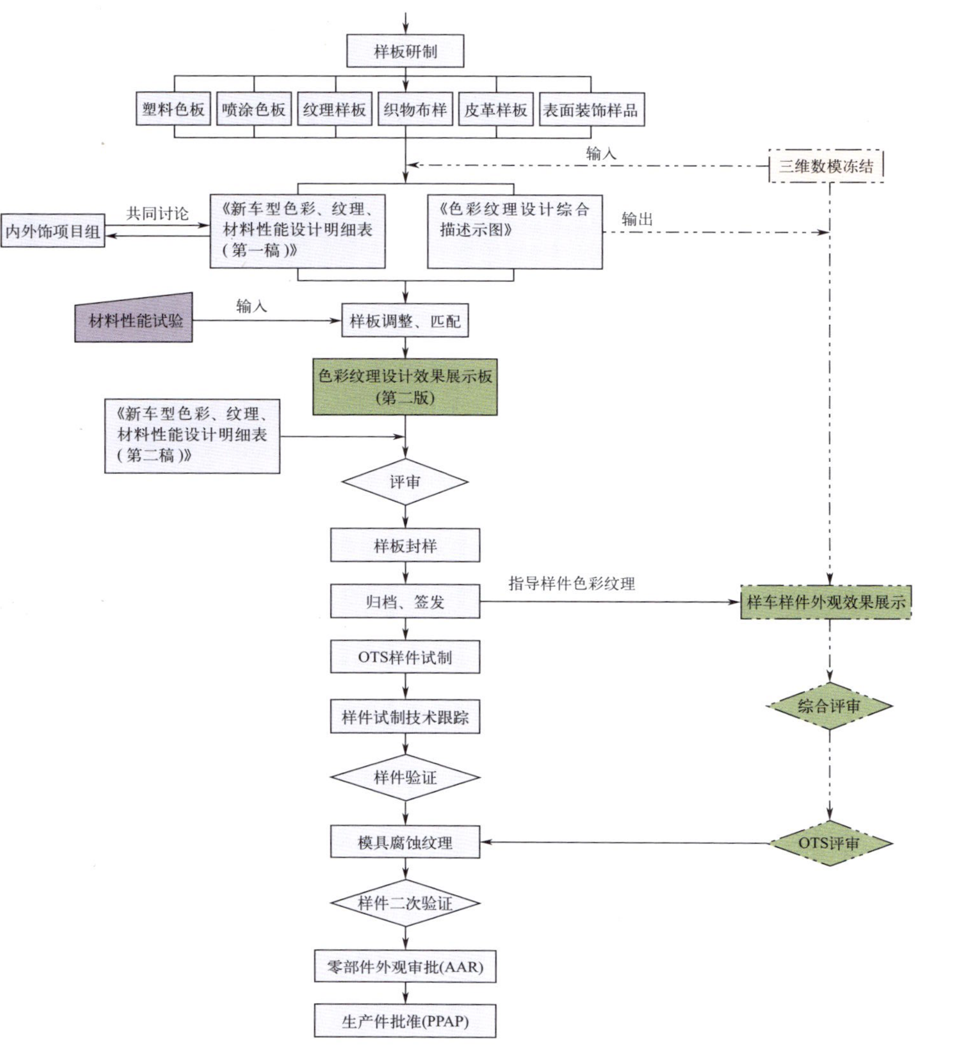

主要工作

样板制作
样件、样车检测验证
配合项目进行样件试制
样件外观颜色及性能审核
配合开发商进行模具纹理审核
对样件进行外观测试和外观批准(AAR)

内外协作

造型分院——模型冻结通知外观设计师
项目组——工艺数模冻结通知外观设计师
样板供应商——在接到通知后与外观设计师紧密配合
材料工程师——色牢度变化的验证及确认

输出文件及信息

《外观品质设计描述报告》
《配置方案》
《颜色样板》
《纹理样板》
《织物样板》
《材料环境老化试验报告》

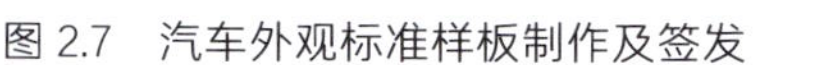
图 2.7　汽车外观标准样板制作及签发

2.6 CMF 开发与各部门的工作衔接

CMF 开发与各部门的工作衔接主要分为以下三个阶段。

① 在造型设计阶段，造型部门确定造型风格，选择内外饰设计主题后，造型设计师应与 CMF 设计师、工程师在外观颜色、纹理、光泽和皮革、面料搭配等方面进行协商。双方在各个设计、研发和评审与输出节点应保持同步，效果图的更新应第一时间相互通知，相关的图样、文件也应保持同步。CMF 外观与材料在概念设计阶段需要充分地与造型和整车项目组沟通，只有充分理解车型的设计风格和目标，才能合理定义外观效果。

② 在完成设计后，CMF 工程师输出各个外观件的外观定义，包括颜色、纹理和光泽等。这些定义与零部件的分块、脱模斜度等产品结构、功能要求相关，需要 CMF 工程师与产品工程师紧密沟通配合。CMF 设计师在工程设计阶段需要与各模块（如附件、电器、车身、底盘等）的设计人员进行充分沟通，以确保整车零部件的颜色、纹理和性能定义能全面落实到各零件上；在零部件试制阶段，CMF 设计师需要及时跟踪样车样件的开发进度，严格控制不同阶段零件的外观品质和产品性能。

③ 在整车试验阶段，CMF 设计师需要保持与试验部门及其他各相关专业的联系，及时交流产品质量问题，共同制定改进方案，以保证零件外观品质与性能达到开发要求。

2.7 CMF 开发与供应商的工作衔接

通常情况下，材料设计和材料供应商的开发工作是同步进行的。首先由项目组输入沿用件、新开发件清单，确定沿用件材料牌号清单及新开发件材料供应商清单；接着材料设计师与材料供应商进行前期技术交流，重点了解他们在汽车材料开发和应用方面的经验，以及材料在零部件上的应用和相关性能等信息；随后，进行材料供应商的现场技术评审，此流程主要考察供应商的研发能力、生产能力、现场管理和质量控制能力；经评审合格后，会选择 2～3 家材料供应商同时进行某一零部件的材料开发，同时对材料性能进行测试，并对测试结果进行评估；最后，评估材料在某一零部件上的应用效果，包括外观、工艺性能和制品性能等方面。

材料应用效果的评估是一项重要的工作。例如，对于喷漆件，制造零部件的材料不同，需选用不同类型的底漆，以保证车身漆的附着能力。而对于注塑件，由于零部件的外形结构为曲面，因此在产品生产时对相应的工艺技术参数要求不同，需在模具进行腐蚀纹理之前，由材料及外观人员与纹理技术人员一同确定零部件各区域的纹理深度，在不影响纹理特征的条件下，通过适当调整纹理深度，来调节拔模斜度，保证零部件产品顺利生产。

经过以上步骤之后，才能正式将材料应用到零件上并进入开发阶段。在开发过程中，还会涉及代用材料的审批与同步开发。通常，设计阶段会根据以上原则进行选材，并编制整车材料清单，直至明细表冻结。如果因为结构、工艺等原因需要更改材料，则需要进行代用材料的审批，以确保材料性能符合产品要求。

在开发阶段，材料供应商需要补充和完善零件的2D样图，描述零部件定位、形位、尺寸、配合公差，并提供包含技术要求、材质材规、特殊特性以及装配等要求的GD&T图纸（几何尺寸与公差图纸）。

零件技术要求框架具体如下。

① 零件基本性能要求：如零件刚性、耐热性、耐寒性、耐化学药品性、耐光老化性等以材料性能为依托的项目。

② 材料要求：符合零件性能要求的材料品级及其标准，明确物性指标和试验方法。

③ 外观要求：指定零件的颜色编号、纹理编号，同时指定标准（比对）样板编号。

试验方法：为验证零件性能或相关性能，指定试验方法标准编号并进行内容摘录。

对零件上应用的材料，要考虑以下十个方面。

- 使用条件：温度条件，环境条件，负荷条件
- 性能数据：外观，机械强度，热性能，电性能，耐化学药品性，耐磨损性，零件使用寿命
- 零件成型加工方法
- 车型级别及外观要求
- 装配方法及结构
- 原料来源
- 产品成本
- 二次加工
- 经验与借鉴
- 特殊要求

汽车材料性能设计流程如图2.8所示。

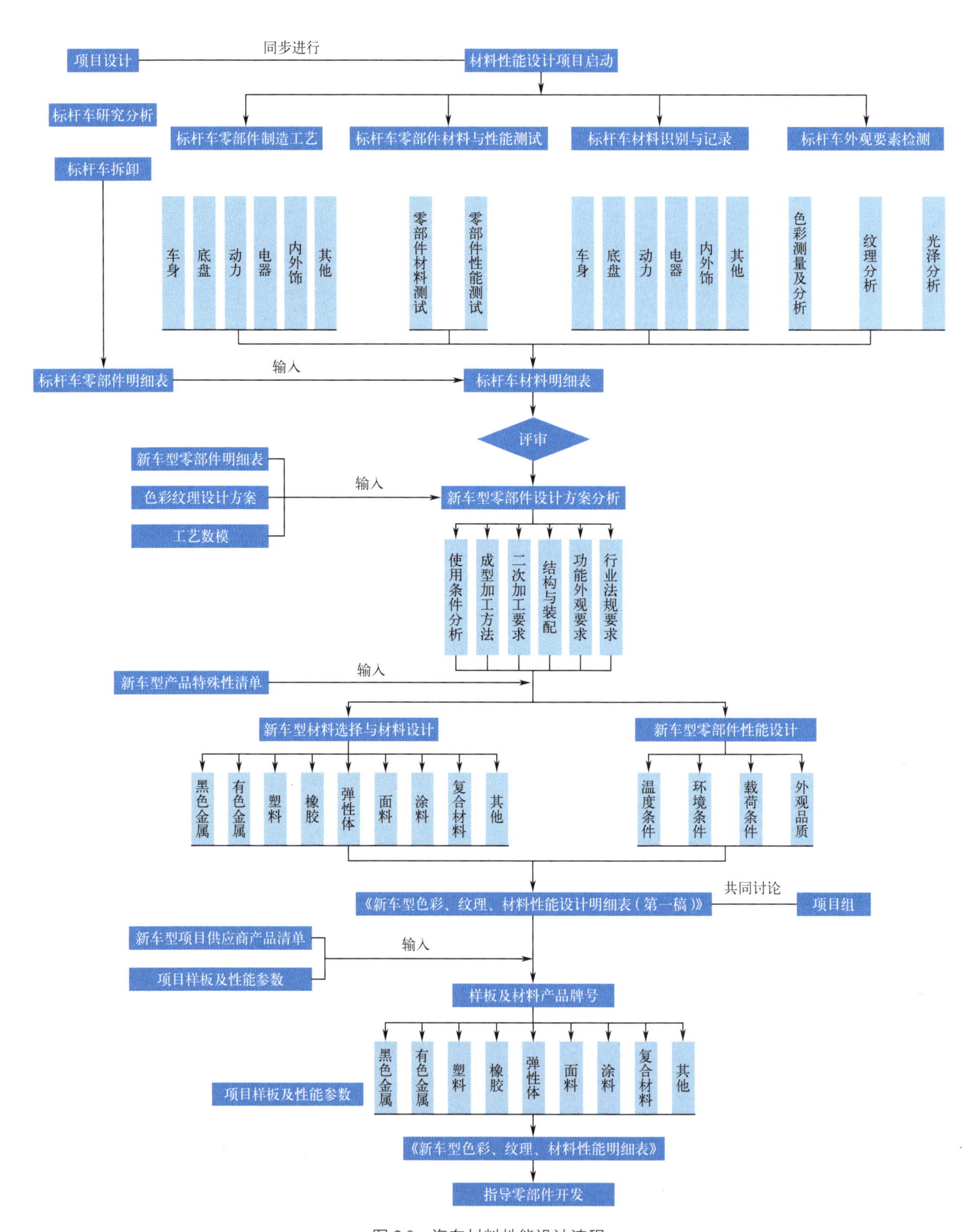

图 2.8　汽车材料性能设计流程

第 3 章 色彩原理

3.1 色与光

色彩是人感知光的刺激的一种重要视觉特征，它的形成离不开光源、物体与视知觉。1666 年，英国物理学家艾萨克・牛顿在色散实验中，将日光通过一个小洞后射入三棱镜，日光经过折射后，最终分散为彩虹一样的色带，在银幕上形成了从上至下分布的红、橙、黄、绿、青、蓝、紫这七种颜色的图案，也就是光谱，如图 3.1 所示。

图 3.1 牛顿的色散实验

光属于电磁波的一种，通常由波长为 380～780nm 的电磁波组合而成。日光的光谱中，各个波长的光聚合在一起时对我们的视觉形成统一的刺激，因此看上去呈现出白色；而在日光通过玻璃棱镜后，不同波长的光由于折射角度不同，落到不同位置，呈现出不同的色彩，如图 3.2 所示。

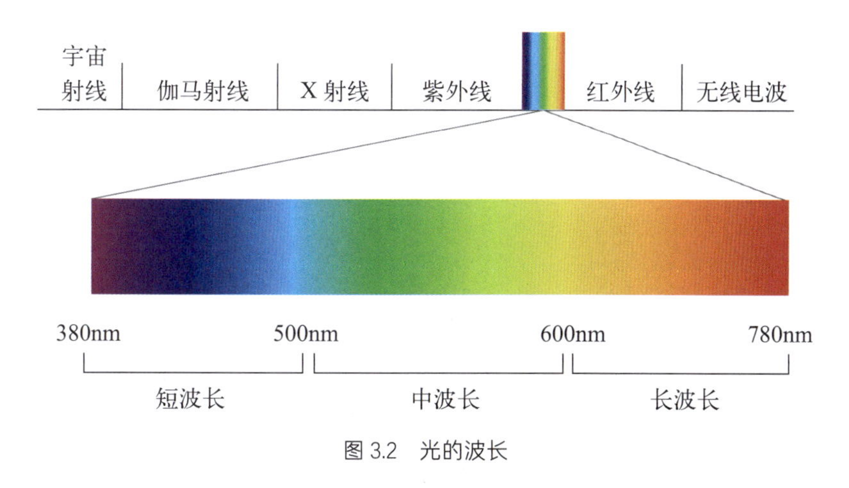

图 3.2 光的波长

光通过人的眼睛、神经、大脑等器官的处理后，在人的知觉中形成色彩。从“光”形成“色”的过程离不开人的感知，脱离了观察者，世界上的任何现象都没有色彩可言。讨论色彩时我们通常分为两种情况：一种是来自发光体的光所带来的色彩，即“光源色”；

另一种则是物体反射或透射的光所带来的色彩，称为“物体色”（图 3.3）。

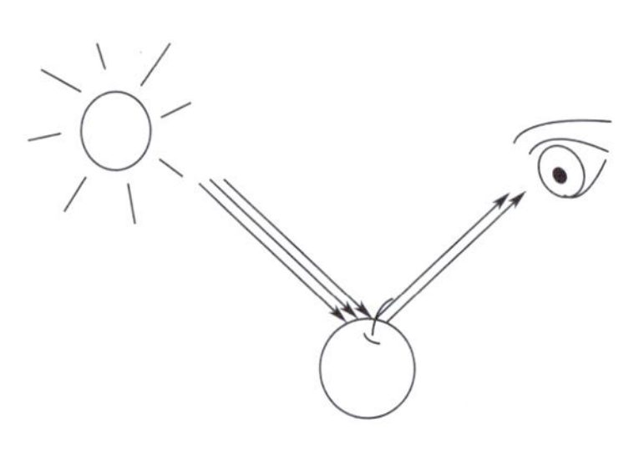

图 3.3　物体色

3.1.1　光源与光源色

我们将自身发光的物体称为光源，它可以是自然的也可以是人工的。光源色便是光源发出的光的颜色。不同的单色光经过人脑感知后带来不同色彩的体验，例如“红”“绿”“蓝”等，这种对色彩差异的描述称为“色相”。由多种波长的光组成的复色光在我们感知中仍旧会形成统一的色彩刺激，在视觉中合成为一种颜色。“紫红”色相不在光谱中直接出现，是一种复合的色相。

光源也是形成物体色的基础，不发光的物体通过反射 / 透射光源的光来让人感知其色彩。一般情况下，物体反射 / 透射的光均来自光源，光源的光谱是否完整成为评价光源显色效果的重要依据。早期的荧光灯和 LED 灯的光谱连续性往往不如自然光源；缺少某些波长的光，显色效果不如自然光源。

光源色除了用于照明外，在彩色显示器领域也应用广泛。手机、计算机、电视等设备的屏幕都是靠非常细微的光源色点阵来传递色彩信息的，它们本身也都是发光的物体。

3.1.2　物体色与环境色

本书中，我们将不发光物体反射或透射的光的色彩称为物体色。通常情况下，不透明物体所呈现的色彩由它所反射的光决定；透明物体所呈现的色彩由它所透射的光决定。设想一个物体，如果它完全反射了阳光中的所有波长的光，它就是白色的；如果它完全吸收了阳光中的所有波长的光，它就是黑色的；如果它完全反射了阳光中的红色光，但吸收了其他光，它就是红色的。这种物体选择性吸收光谱的特性决定了它的物体色，这种特性可通过色差仪器及 CIE 构建的标准进行测量。此外，金属色、镜面等视觉效果与物体表面的光泽也有关，严格来说需要与其色彩区分讨论。

图 3.4　环境色（来源：Schneid Studio）

物体在反射、透射一部分光的同时，这部分光又成为新的光源对周边其他物体产生颜色影响，如此反复后达到平衡，我们将这个过程中产生的色彩称为环境色。图 3.4 中罐子的下半部分表面受到粉色、蓝色桌面的影响，产生了色彩变化。环境色的影响在物体暗部以及相邻处较为明显。在视觉创作中，我们可以善用环境色来提升协调性与真实感，而在进行产品的色差评价时，我们需要降低环境色带来的干扰，因而选择黑、白、灰色作为背景。

3.1.3　色彩的混合

现代色度学是对颜色刺激进行度量、计算和评价的一门学科，其中包含了完整的色彩混合理论，例如原色理论与混色理论。

（1）原色理论

原色理论来源于人们对于用最少的颜色混合出尽可能多的混合色的不断尝试。实验发现，采用特定的三种颜色（其中一种颜色不能由另外两种颜色混合得到），就可以混合出大量其他色相的颜色。这样的三种颜色称为三原色。常见的原色有色光三原色与色料三原色。

色光三原色指红、绿、蓝（R，G，B）三色光，这三种色光以不同比例混合，可以得到自然界中的大部分色光，能够混合出的色域最大（图 3.5 左）。它们中任何一种原色都不能由另外的原色光混合而成。

色料三原色指的是青、品红、黄（C，M，Y）三色色料，它们以不同比例相混合，能够得到的色域最大（图 3.5 右）。色料三原色中的任何一种原色同样不能由另外的原色混合而成。理论上将青、品红、黄混合可以得到黑色，但实际上现代印刷业直接使用黑色（K）色料来确保色彩的效果纯正。

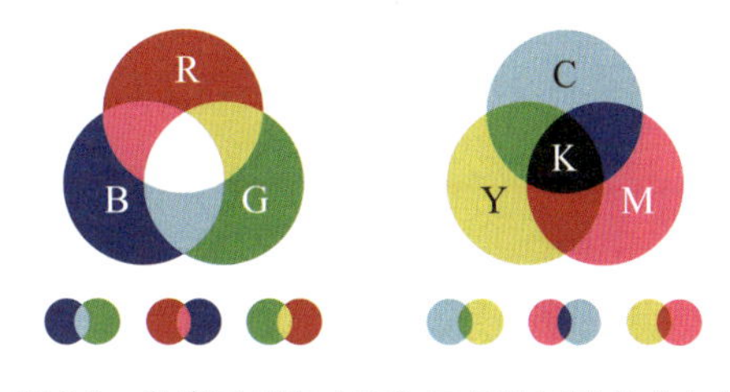

图 3.5　色光三原色（左）与色料三原色（右）

（2）混色理论

在进行混色时，色光与色料的混合规律是相反的。

色光混合的过程是光源色的叠加，混合的色光越多就越接近白色，明度也高于混合前的各个色光。以混合红光与绿光为例，混合色的光谱等于两种原色的光谱叠加，形成视觉上更亮的黄色光（图 3.6）。

而色料不发光，其混合的过程实际是“物体选择性地反射 / 透射光谱的特性”进一步混合。因此混合后的色料的颜色等于从光谱中减去每种原料色料可以吸收的光的颜色，颜色也会变得更暗。以黄色料和青色料混合为例，最终得到的是更暗的绿色，如图 3.7 所示。

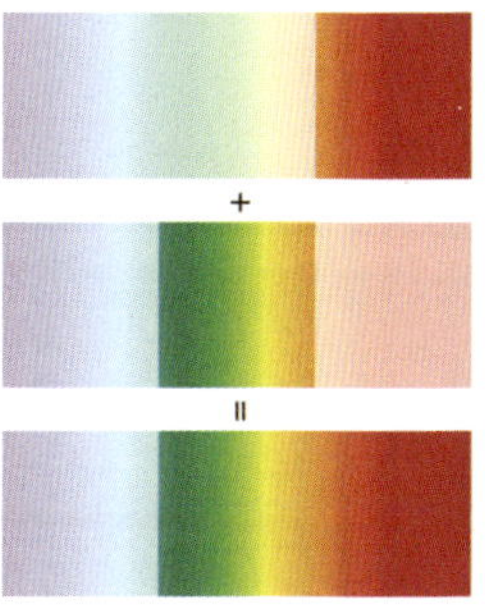

图 3.6　色光混合示意

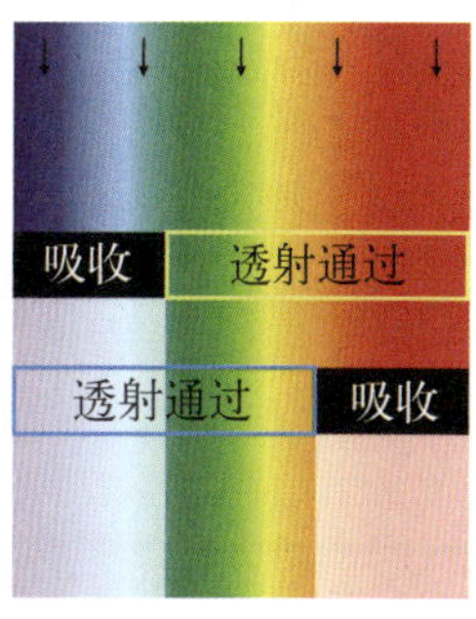

图 3.7　色料混合示意

3.1.4 色彩的三属性

现代色度学一般认为颜色信息是经过多级处理的，红绿和黄蓝这两对信息合成后，在大脑中会形成色相和彩度感知，而黑白的信息则形成明度感知。这使得一个色彩呈现在我们眼前时，我们可用色相、彩度、明度，即色彩的三属性来描述。

（1）色相

图 3.8 色相差异

色相指不同波长的光给人带来的红、黄、绿、蓝、紫等不同的色彩感受，英文为 hue。色相是色彩的首要特征，是区别各种不同色彩的最直观属性。能够使人感知色相的色彩也被称为有彩色；而黑色、白色及通过混合黑色与白色得到的灰色都没有色相，它们被称为无彩色。如图 3.8 所示，两幅色彩画体现了明显的色相差异。

（2）彩度

彩度反映颜色的鲜艳程度，英文为 chroma。有些色彩系统称为纯度或者饱和度，这两个术语最早来自化学，体现了色彩的鲜艳程度具有“最纯”的上限。而如今工业用色不断拓展，新荧光色也被不断开发出，我们用不设统一最高值的彩度代替饱和度来管理色彩是更加合适的做法。彩度体现了色彩内在的“性格”，在色相、明度不变时，彩度稍加变化就能足以使人感到色彩风格的不同。图 3.9 展示了彩度变化带来的视觉效果。

（3）明度

明度即色彩的明暗程度，英文为 value。明度以白色为最高极限，以黑色为最低极限。每一种色彩都具有明度且各不相同，例如光谱中往往黄色的明度较高，而紫色的明度较低，红、绿色则适中，这种差异也被称为不同色相单色光的固有明度。纯粹的黑色和白色是在完全黑暗或者完全明亮的环境下形成的，现实生活中并不存在，我们生产出的颜色只能无限接近纯粹黑色或纯粹白色。图 3.10 展示了明度变化带来的视觉效果。

图 3.9 彩度差异

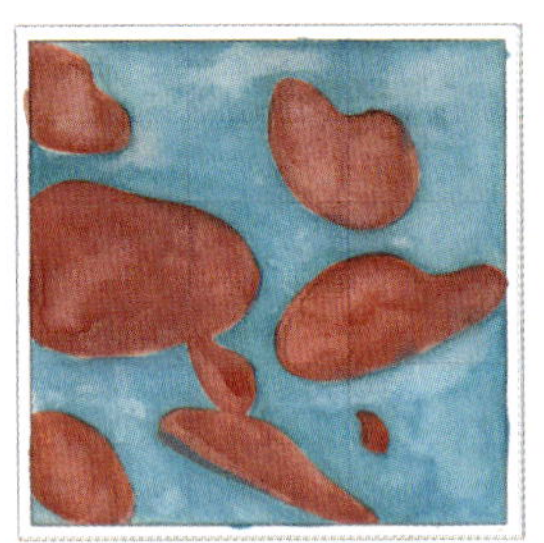
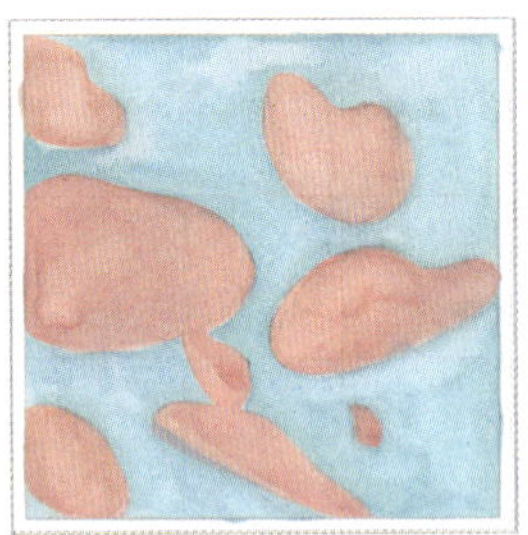

图 3.10 明度差异

有彩色的色相、彩度和明度这三属性同时存在，拥有色相但没有彩度或明度的色彩是不存在的；拥有彩度但没有色相或明度的色彩也是不存在的。为了充分反映色彩三属性关联，使色彩的转化配置科学化，人们根据光谱建立了各种色相环，并进一步发明了色立体，使得色彩按照三属性的一定规律在三维空间中排列。常见色立体的外形可以被比拟成地球——赤道表示正色相环，各种单色按顺序进行排列；南北两极连接成的中心轴表示明度轴，北极为白色，南极为黑色；球表面任意一点到与中心轴的垂直线表示彩度系列，线上越靠近地表的色彩其彩度越高，越靠近中心轴的色彩其彩度越低，如图 3.11 所示。在这个理想化模型的基础上，我们将介绍更多的实际色彩体系及它们所使用的色立体。

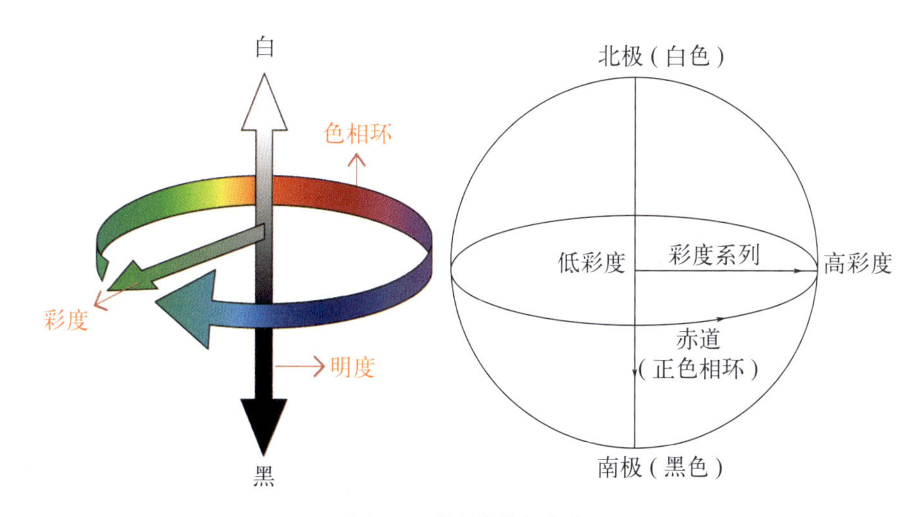

图 3.11 理想化的色立体

3.2 颜色系统

3.2.1 孟塞尔色彩体系

孟塞尔色彩体系是经典颜色体系之一，它由美国色彩专家、美术家孟塞尔创立。孟塞尔色彩体系色相环（图 3.12）由红（R）、黄（Y）、绿（G）、蓝（B）、紫（P），以及它们的中间色黄红（YR）、黄绿（YG）、蓝绿（BG）、蓝紫（BP）、红紫（RP）这 10 个色相组成。为了做更细的划分，每个色相又分成 10 个等级，构成 100 个等级的色相环。

图 3.12 孟塞尔色彩体系色相环

孟塞尔色彩体系的色立体（图 3.13）中心轴为无彩色，白色在上，黑色在下，分成 0～10 共 11 个等间距的明度等级，其中明度10代表理想白色，明度0代表理想黑色，1～9代表等差明度灰色。彩度形成的轴线垂直于中心轴，中心轴上的黑、白、灰色的彩度均为0，向外离中心轴垂直距离越远则彩度越高。孟塞尔彩度是基于物体色的心理饱和度值，而不是以单波长纯色光为上限，所以没有固定的最高值。孟塞尔色彩体系更贴近人的视觉习惯，但也存在部分区域分色不均匀、彩度规则复杂、不便于运用色彩调和理论等缺点。

图 3.13 孟塞尔色彩体系的色立体

3.2.2 奥斯特瓦尔德颜色体系

另一个经典颜色体系为奥斯特瓦尔德颜色体系。奥斯特瓦尔德颜色体系中有三类重要色彩——把所有光全部吸收的理想黑色（BL）；把所有色光全部反射的理想白色（W）；最鲜艳的纯色（C）。而在色相环中，红、黄、绿、蓝四种色相分别放置在色相环圆周的四等分处，在此基础上色相环被分为24色（图3.14）。

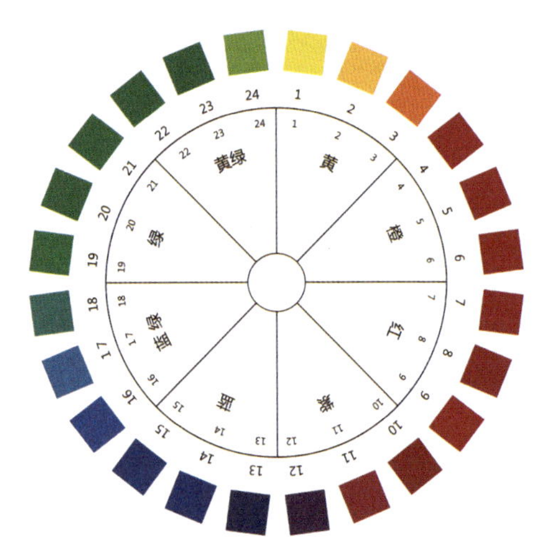

图 3.14 奥斯特瓦尔德色彩体系色相环

奥斯特瓦尔德色立体呈图3.15所示的双圆锥结构，最顶部为白色，最底部为黑色，中间高度最外侧的一圈是纯色。任一纯色加上黑、白色两端都能形成一个正三角形，位于这个正三角形中的所有有彩色的色相都一致。奥斯特瓦尔德色立体中每一种颜色都符合W+C+BL=100（即白色量+纯色量+黑色量=100%）的标准，颜色表示方式也用色相加上白色和黑色含量来表示，而白色和黑色的含量通过不同小写字母组合表示，被称为奥斯特瓦尔德明度级（图3.15）。

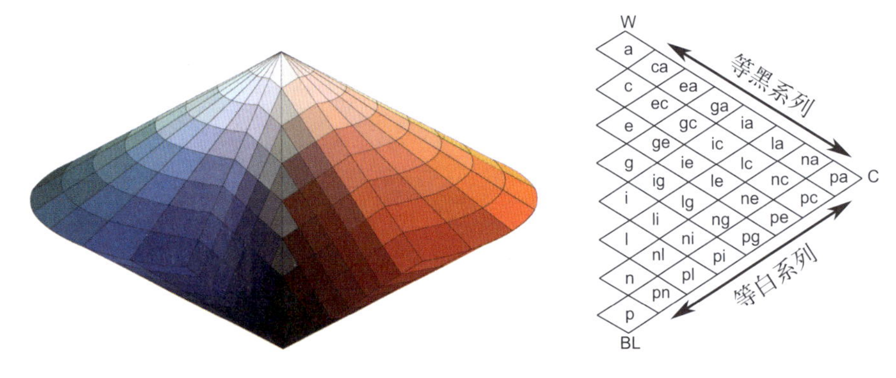

图 3.15 奥斯特瓦尔德色立体（左）与奥斯特瓦尔德明度级（右）

奥斯特瓦尔德色立体的优点是结构简单，容易定量地记忆和说明；其缺点是不同纯色相的固有明度差异没有被体现。按奥斯特瓦尔德明度级来调配颜色，实际所得出的颜色即使在符号上拥有相同的明度和彩度，在视觉上仍可能有明显差异，不符合人眼的习惯。

3.2.3 应用颜色体系—— CNCSCOLOR 中国应用颜色体系

CNCSCOLOR 认为基于人类视觉特性的色相、明度、彩度三属性是构建颜色体系的合理方案，这也有益于命名和管理所有自然界色彩和人工合成新颜色，容易应用基于人类美学的色彩调和理论来指导生产。在此基础上，CNCSCOLOR 通过大量视觉均匀性试验重新构建了色相、明度和彩度的分级标准，组成了更符合应用要求的颜色体系。颜色的准确标定和指导配色这两大功能是 CNCSCOLOR 的开发方向。

CNCSCOLOR 的色相（Hue）用符号 H 表示，其色相环的基本色由五种主色和五种间色组成（图 3.16）。

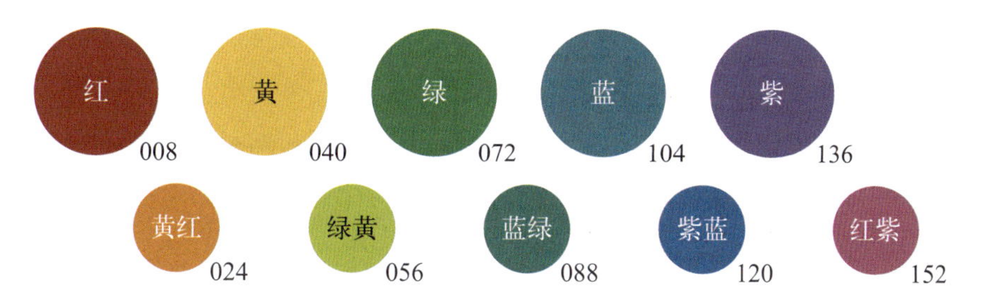

图 3.16　CNCSCOLOR 基本色及色相数值

这 10 个基本色将色环分成色相间距均匀的 10 个区间，每个区间又根据视觉均匀性被细分，最终共形成 160 个色相，按由红向黄、绿、蓝、紫等颜色顺序以顺时针方向在一个圆环上首尾相接、顺次排列形成色相环（图 3.17）。有彩色的色相数值范围为 001～160；无彩色不具有色相，用 000 表示。

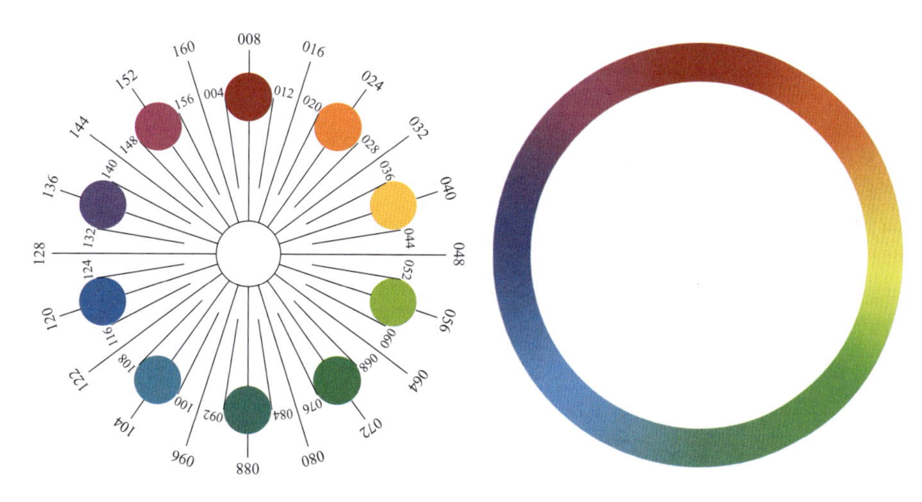

图 3.17　CNCSCOLOR 色相数值及色相环

CNCSCOLOR 的明度（Value）是表示颜色明暗程度的心理量，用符号 V 表示。明度以理想白色为 100，理想黑色为 0，中间从 1～99 共分成 99 个明度级（图 3.18）。实际物体色的明度级主要集中在 20～90 之间，所以常用的明度级约为 70 个。

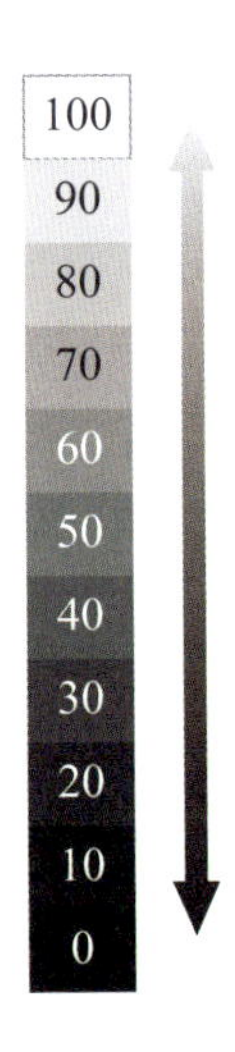

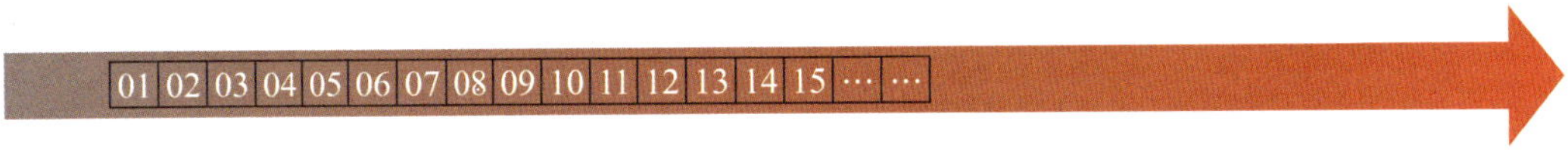

CNCSCOLOR 的彩度（Chroma）表示色彩的鲜艳程度，用符号 C 表示。彩度值用两位数的整数值表示，从 01 开始依次递增（图 3.19）。CNCSCOLOR 遵循视觉等色差原理，每个色相所能达到的彩度最高值都不同，例如黄色可以达到较高彩度，而蓝色、绿色则不行。常规颜色的 CNCSCOLOR 最高彩度为 30～45，实际也有荧光色的彩度可以超过 60，并不存在统一的上限，也不存在统一的最高彩度色明度。黑、白、灰等无彩色没有彩度，用数值 00 表示。

100
90
80
70
60
50
40
30
20
10
0

图 3.18　CNCSCOLOR 体系明度轴

01 02 03 04 05 06 07 08 09 10 11 12 13 14 15 … …

图 3.19　CNCSCOLOR 彩度轴

依照上述对 CNCSCOLOR 的论述，CNCSCOLOR 采用色相、明度和彩度来描述一种颜色，并且全部用数字编码。如果我们把色相、明度、彩度值顺次排列，就可以用一组 7 位数字串来对颜色编码，即 CNCSCOLOR 的颜色标号，简称 CNCSCOLOR 标号，前 3 位是色相，中间 2 位是明度，后 2 位是彩度。图 3.20 中，方块色彩的标号为 008 45 17，即在 CNCSCOLOR 中色相为 008、明度为 45、彩度为 17。

008 45 17
色相 H
明度 V
彩度 C

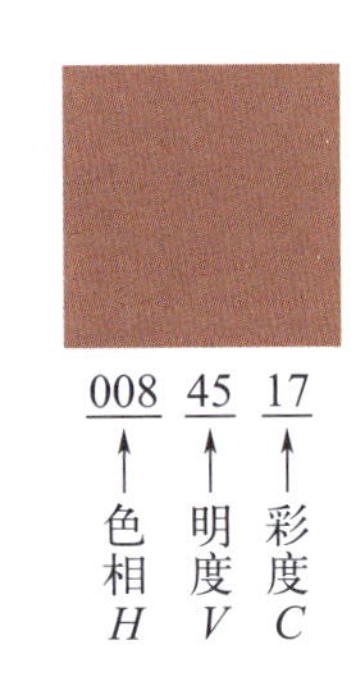

图 3.20　CNCSCOLOR 颜色标号实例

CNCSCOLOR 色立体中心轴是明度轴，顶部为理想白色，底部为理想黑色（图 3.21 左）。色相参考光谱中单色光的顺序，从红色开始，从顶部看按顺时针排列。彩度轴垂直于明度轴，由明度轴位置向外呈辐射状排列，越远离明度轴则彩度越高。由于不同色相能达到的最高彩度值不同，且各种最高彩度色的明度也不同，因此 CNCSCOLOR 色立体的外围是参差不齐的（图 3.21 右）。

选取一个色相值，从 CNCSCOLOR 色立体中取出一个通过中心轴的对应位置纵向截面，这个面称为色彩扇面（图 3.22）。每个色彩扇面都包含一个色相的所有常用明度与彩度组合形成的色彩。每个色彩的横轴、纵轴位置分别反映其彩度、明度的数值。由于每种色相的最高彩度情况不同，因此不同色彩扇面的外轮廓形状也是不同的。

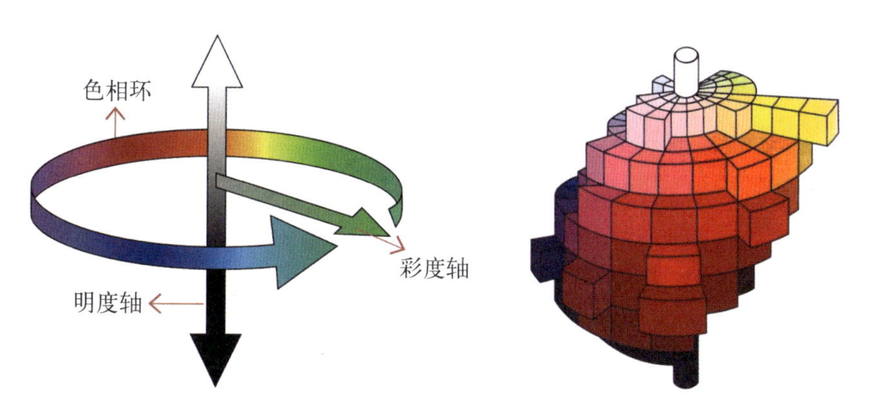

图 3.21 CNCSCOLOR 色立体维度说明（左）及实际外观（右）

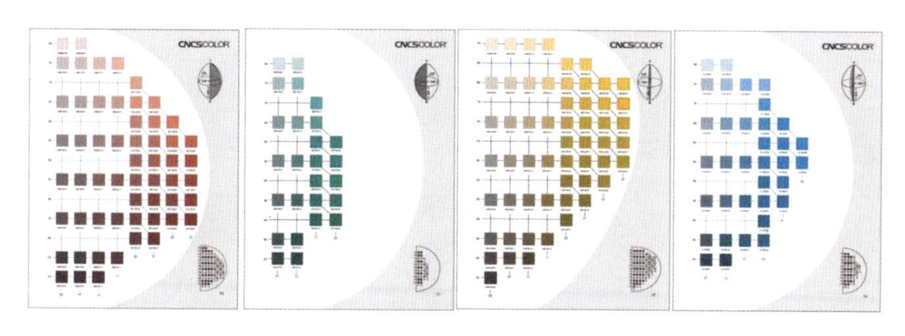

图 3.22 CNCSCOLOR 色彩扇面

色彩扇面按明度与彩度的特定阈值划分为 9 个区域，称为不同色域。明度的划分以 40 和 65 为界，明度 66～100 为亮区域，明度 41～65 为中明度区域，明度 01～40 为暗区域。彩度划分以彩度 05 和 22 为界，彩度 00～04 为低彩度，彩度 05～21 为中彩度，彩度 22 以上为高彩度（图 3.23）。由于每个色相的色彩扇面形状都不同，因此各个色域中的色

1 高明度 低彩度	2 高明度 中彩度	3 高明度 高彩度
4 中明度 低彩度	5 中明度 中彩度	6 中明度 高彩度
7 低明度 低彩度	8 低明度 中彩度	9 低明度 高彩度

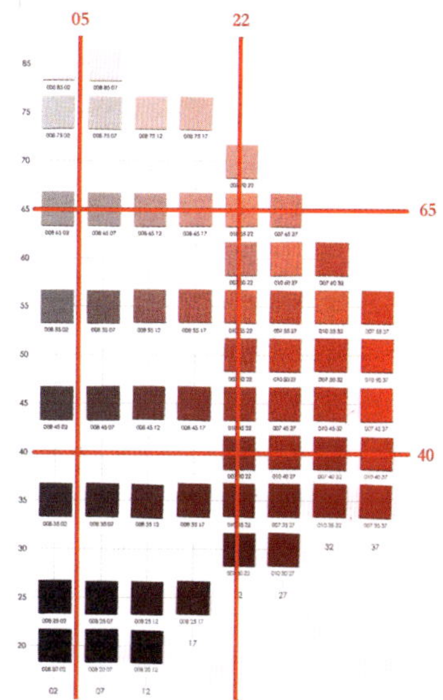

图 3.23 色彩扇面的 9 个色域

彩数量是不固定的。各色域色彩的应用受不同行业青睐有所差异，例如汽车内饰中常见色域 1、4、7 这些低彩度色域，而运动服饰中则对色域 3、6 这样的中 / 高明度、高彩度色域情有独钟。我们也必须记住，没有绝对的低明度、高明度或低彩度、高彩度，色彩都是在对比中凸显其差异的。

CNCSCOLOR 在全球市场的商标是 coloro。经过多年的努力，目前全球已经有数百家企业在应用 coloro。除了扎实的色彩理论外，coloro 还拥有丰富的工具系统，它帮助设计师校对颜色、规划色彩、进行色彩系统的管理（图 3.24～图 3.26）。

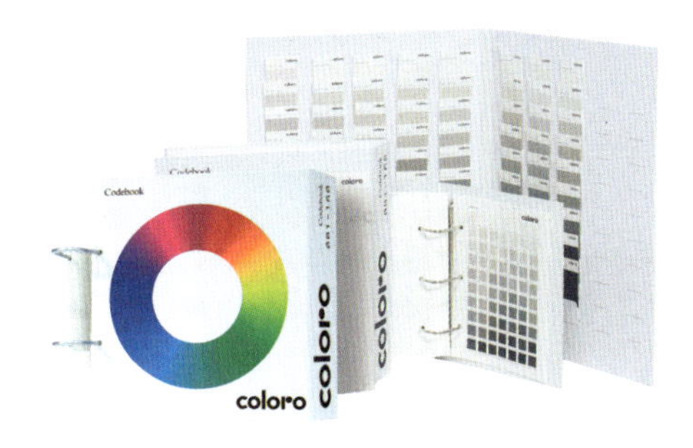

图 3.24　coloro codebook

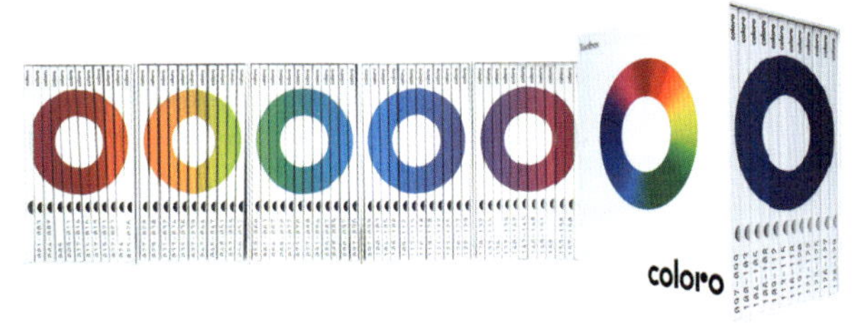

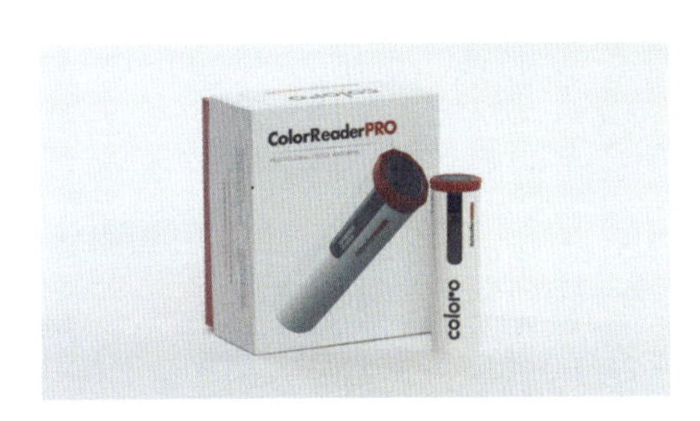

图 3.26　coloro 读色器

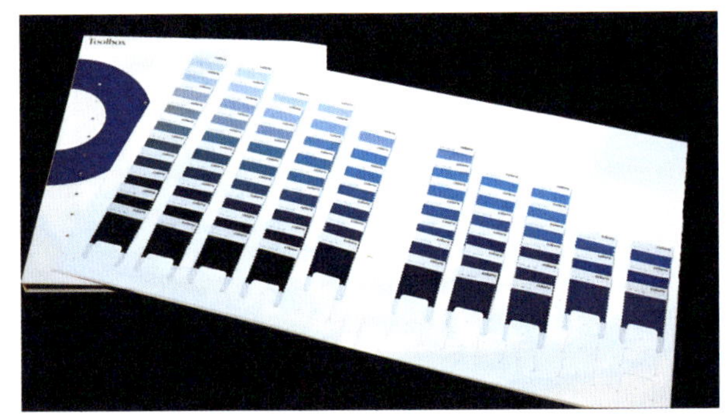

图 3.25　coloro 工具箱

3.3　色彩搭配原理

当我们搭配使用两个以上的色彩时，它们间的差异得到明显展现，形成对比关系，例如色相差异带来的冷暖对比、明度差异带来的明暗对比。对比的程度取决于色彩三属性的差异程度，当对比程度较大时，就会让视觉画面充满冲突与分割，为观看者带来欢快、刺激的感受；而当对比程度较小时，视觉画面就会显得和谐一致、整体感强，为观看者带来平静、温和甚至含糊、暧昧的微妙感受。

我们把搭配使用色彩的过程称为配色，把有一定规律的、能带来协调感受的配色称为色彩调和。从古至今存在着大量对色彩调和的研究，1944 年美国学者孟（Moon）和斯宾瑟（Spencer）对色彩调和进行共同研究，提出了“第一暧昧”“类似”“第二暧昧”等概念及量化的定义，推动了延续至今的体系化色彩研究。如果将这些概念适配到 CNCSCOLOR 的色相环上，我们可以看到如图 3.27 所示的几种色相调和关系。

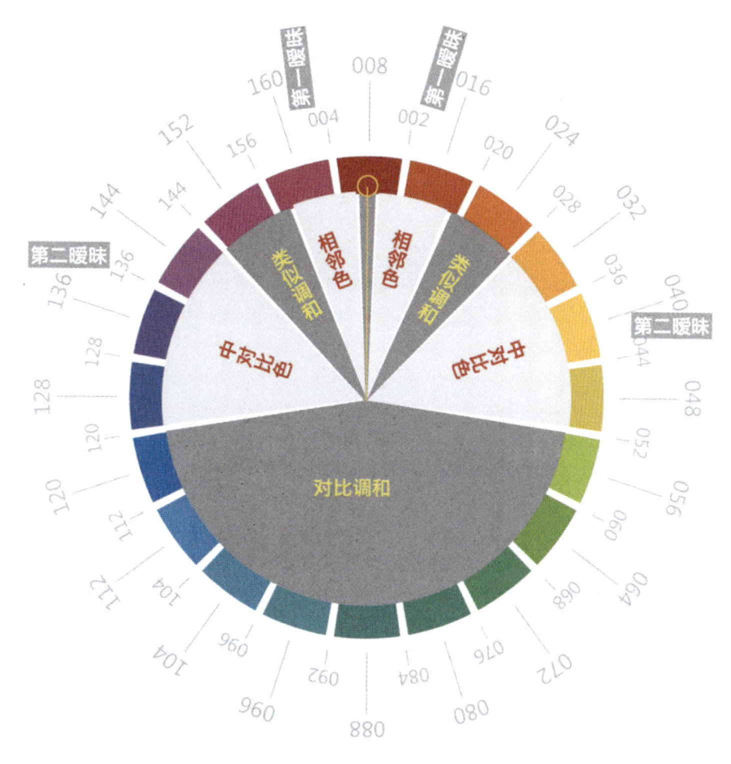

图 3.27 色相环上的常见调和类型（以色相 008 为例）

3.3.1 同色调和

同色调和指两个相同色彩进行调和（CNCSCOLOR 中，色相的差值不超过 1）。通过丰富的表面材质变化，同色调和在实际应用时能带来多变而有趣的作品。例如图 3.28 中的耳机便是一个例子，它的各部分颜色都为橙红色，但多变的材质带来多样的视觉享受。

图 3.28 同色调和的运用

3.3.2 第一暧昧区

当两个色相十分接近时，它们形成相邻色（CNCSCOLOR 中，色相的差值在 2～10 之间），我们便将这两个颜色间的调和称为第一暧昧调和。在设计作品中，材质接近的相邻部位如果使用构成第一暧昧调和的色彩，观者往往会在感知到这个色彩差异后，将其理解为生产品控不过关而产生的色差。这样的配色方式也确实给人两个色彩既非一体又难分彼此的含糊不清的感受（图 3.29），因此在多数场合下，我们应当避免形成第一暧昧关系的配色。

图 3.29 第一暧昧调和（来源：左起依次为 fashionbananas.com，chloe 2012 spring）

3.3.3 类似调和

当两种颜色的色相比较接近但具有一定差距，可以直观分辨差异时（CNCSCOLOR 中，色相的差值在 11～20 之间），观者能第一时间明确感知到色相的不同，并感受到两个色彩为其带来的情感体验接近且整体和谐（图 3.30）。我们将这样的色彩关系称为类似调和，这是一种常用且易于被人们接受的色彩调和选择。

图 3.30 类似调和（来源：左起依次为 Richard Nicoll Spring 2013，Charlotte Dellal）

3.3.4 对比调和

当两种颜色的色相对比差异极大时（CNCSCOLOR 中，色相的差值在 45 以上），它们之间便出现了爽朗的对比关系，观者能在第一时间感知到清晰的差异，我们称这种色彩关系为对比调和。对比调和的颜色搭配简单易懂，能够帮助我们在视线中快速找到重点。形成对比调和的色彩搭配在日常生活中也颇为常见，例如图 3.31 的服饰中黄与蓝、红与蓝形成的对比调和。

图 3.31　对比调和（来源：左起依次为 Elisa nalin，marni spring 2016）

图 3.32 的两幅年画中也同样存在着明显的对比调和，让人能够感受到节日的喜庆氛围、祈福美好生活的热情。

图 3.32　年画中的对比调和

3.3.5　第二暧昧区

当两种颜色在色相上有明确的差异，但是又没有形成强烈的色相对比时（CNCSCOLOR 中，色相的差值在 21～44 之间），我们称这种色彩关系为第二暧昧区。第二暧昧调和相比第一暧昧调和而言并不容易带来负面感受，但色彩辨识效率不高，例如公共空间、体育竞技、仪表盘等情景下，我们需要差异显著的对比调和来实现最高效的色彩阅读，这时候就要尽量避开第二暧昧调和了。图 3.33 中的红与黄调和、蓝与绿调和是常见的第二暧昧区配色。在表现反叛、妩媚等主题的时候，第二暧昧区的配色还是很适合的。

图 3.33　红与黄的调和及蓝与绿的调和

以上我们谈论的几种色彩调和都是从色相差异的角度出发的，实际色彩调和时也要考虑彩度与明度的影响。色彩调和实质上就是色彩三要素富有规律性的变化关系。如果控制住其中两个要素，只有一个要素变化，这种色彩调和关系就会简单易懂；如果只有一个要素不变，另外两个要素变化，这样的调和关系就比较有趣，引人入胜；如果三个要素都变化，那么色彩关系就会比较复杂难懂，很多时候不适合作为色彩设计的出发点。此外，调和理论的学习固然重要，我们仍然应当注重实践与试错，怀着积极主动的心态把所学的理论投入到实际工作中去看看收获，让掌握色彩的过程本身给我们带来喜悦与满足。

3.4　具有代表性的色彩公司

设计师在设计沟通时，需要用统一的颜色标准来帮助色彩方案的信息传递，以确保色彩交流的准确性，这就需要用到专业的标准色卡，常用的标准色卡品牌有美国彩通色卡（PANTONE）、德国劳尔色卡（RAL）、瑞典 NCS 色卡等。

3.4.1　彩通

彩通是一家以开发和研究色彩而闻名全球的权威机构。作为一家色彩系统的供应商，它为多个行业提供专业的色彩选择和精确的交流语言，包括印刷、数码技术、纺织、塑胶、建筑以及室内设计等与众多色彩相关的领域，协助品牌与制造商在工作流程中做出色彩决策。

1963 年，彩通以缤纷的彩通配色系统（PANTONE MATCHING SYSTEM®）为印刷领域带来革新，其配色系统以专利的色号制度与色票形式组成色彩标准，并自此成为彩通品牌的指标。彩通的色彩语言支持所有重视色彩的产业，包括纺织、服装、美妆、室内装潢、建筑及工业设计，在各领域的质材之间，如印刷、纺织、塑料、颜料与涂层，整合了超过10000种色彩标准。彩通色彩标准（图3.34）以数码及实体两种方式提供，并结合工作流程工具，例如彩通即时设计（PANTONELIVE）及PANTONE Connect，在科技不断改造设计过程之时，能确保色彩的市场实用性与可实现性。在发展的过程中，彩通创造了以彩通色卡（PANTONE Swatch Card）为核心的服装、家居+室内装潢色彩系统（FHI），依据业界精确的色彩规格制成双层布料呈现，配方具备色牢度与色彩稳定性。所有FHI色卡都备有数码光谱数据，所有棉布、尼龙及聚酯纤维（涤纶）色彩都有色卡，每一种材质都具独有的特性，因此能实现独有的色彩范围。目前，彩通服装、家居+室内装潢系统（FHI）包含3049种色彩，分别可以在棉布、涤纶、尼龙等材质中找到。

图3.34　彩通色彩标准

图3.35　彩通色彩研究

彩通色彩研究所是彩通公司的色彩咨询中心，负责全球色彩趋势预测，提供企业有关品牌识别与产品开发的色彩咨询，将色彩的运用与融合作为战略资产（图3.35）。彩通色彩研究所通过季节性趋势预测，定制色彩研发以及针对企业标识与产品的色彩咨询，帮助客户利用色彩的力量、心理作用及情感来制定设计策略。

彩通色彩研究所的色彩专家在挑选年度代表色时会全球性搜寻影响色彩的新元素，进行趋势分析，这可能包括娱乐产业与制作中的电影、巡回中的艺术展览与新的艺术家、时尚，所有的设计领域、热门的旅游景点以及新的生活风格、娱乐方式和社会经济状况。其他影响因素包括新的科技、材质、纹理及影响色彩的加工效果，相关的社群媒体平台，甚至是即将来临、全球瞩目的运动盛事。2021～2023的年度代表色分别为：

- PANTONE 18-1750（图3.36），洋红万岁 Viva Magenta（2023年）
- PANTONE 17-3938（图3.37），长春花蓝 Very Peri（2022年）

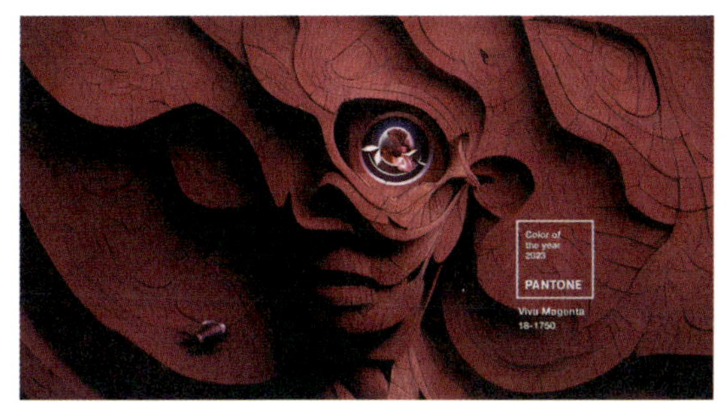

图3.36　PANTONE 18-1750

图3.37　PANTONE 17-3938

● PANTONE 17-5104（图 3.38），极致灰 Ultimate Gray；PANTONE 13-0647，亮丽黄 Illuminating（2021 年）

3.4.2　劳尔

1925 年，德国劳尔公司（RAL）作为独立的质量保证机构正式成立。两年后，劳尔公司推出其第一版 40 色的劳尔色卡，主要用于汽车行业，旨在实现涂料生产和采购的合理化。用户在选择、订购颜色时，统一的色号和名称使得颜色交流变得非常清晰便捷，如“劳尔 3020 交通红”在全球代表的颜色是一致的。如今劳尔三个系列分别是劳尔经典系列、劳尔实效系列和劳尔设计体系 plus，共 2531 个颜色。

随着时代的发展，人们对颜色的需求量越来越大，精细程度也越来越高。1993 年劳尔公司推出劳尔设计体系，以满足创意性色彩设计对颜色细微差异的需求。

劳尔设计体系颜色标准以 1976 年国际照明委员会（Commission Internationale de L'Eclairage）制定的国际通用的数字色彩空间为基础。该体系中，颜色按色相、明度和彩度进行系统排列。与全球通用的劳尔经典系列的 4 位数色号不同，劳尔设计体系的色号由 7 位数组成，共有 1825 个颜色。7 位数字由色相（前 3 位数）+ 明度（中间 2 位数）+ 彩度（最后 2 位数）组成。劳尔设计体系的空间组成如图 3.39 所示。

按照色谱的顺序，色相被排列成一个圆圈，各角度有对应的颜色。红色位于 0°（=360°）处，黄色位于 90°处，绿色位于 180°处，蓝色位于 270°处（图 3.40 和图 3.41）。

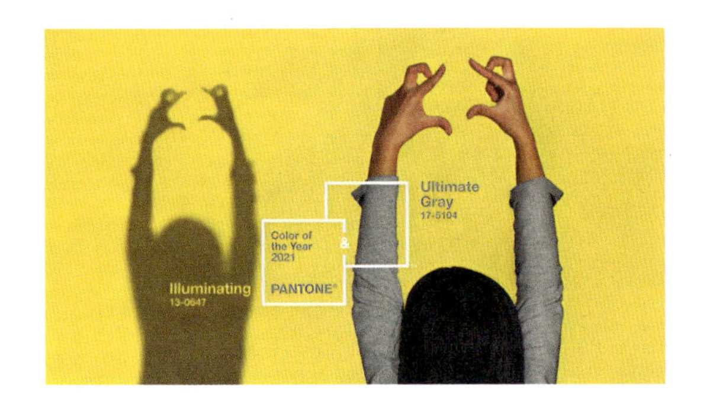

图 3.38　PANTONE 17-5104

图 3.39　劳尔设计体系的空间组成

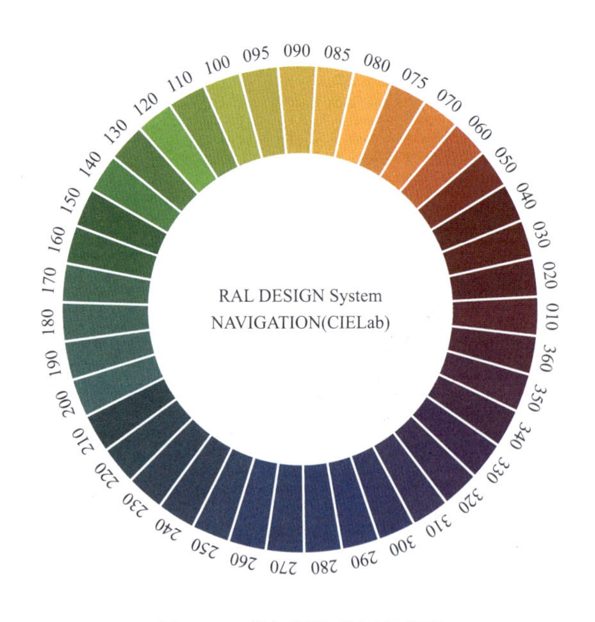

图 3.40　劳尔设计体系色相环

同一色相内不同的明度值分列在不同的层次上。非色轴（图 3.42）穿过空间中心，该轴相当于明度的刻度。非色轴从底部始于 0°，代表着黑色，接着是逐渐变浅的灰色，最上方为 100°。越靠上方（数值越大），颜色越亮；越靠下方（数值越小），颜色越暗。

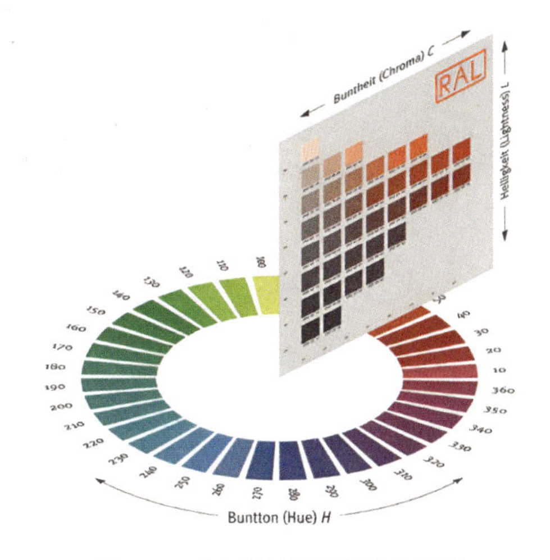

图 3.41　劳尔设计体系的结构示意

图 3.42　显示非色轴的部分色彩空间

彩度在图 3.43 中予以说明。彩度表示了颜色的着色强度，从中心非色轴开始向外沿逐渐加强，灰轴上的值为 0°。越靠近中心的灰轴（数值越小），颜色的彩度越低；距离中心灰轴越远（数值越大），颜色越艳。劳尔设计体系色号举例如图 3.44 所示。

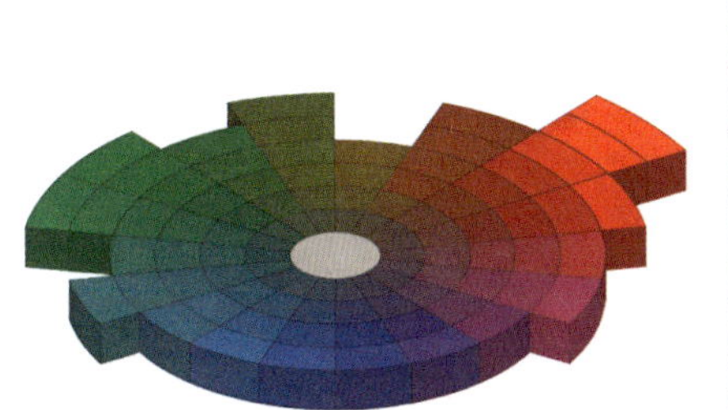

图 3.43　彩度展示

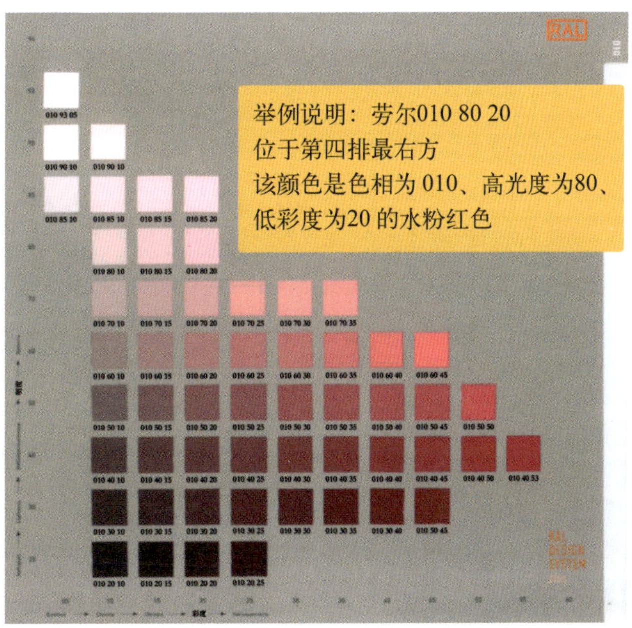

图 3.44　劳尔设计体系色号举例

3.4.3 NCS

NCS 是 natural colour system（自然色彩系统）的缩写，NCS（图 3.45）广泛应用于全球的色彩研究与教育、规划与设计、工业与生产、公司形象、商贸等领域，也应用于纺织、服装、建筑、建材、涂料、工业等行业。

图 3.45 NCS

NCS 的早期研究始于 1611 年，科学家 A.S. Forsius 首次提出四个中间色及黑白两个基本色，以及它们之间的一些变化关系。1874 年，德国科学家 Hering 的对立颜色理论和色彩概念的自然性理论奠定了 NCS 的基础，20 世纪 20 年代其理论在瑞典得到发展。该色彩工程是在色彩专家 Anders Hard 博士的领导下完成的，参与工作的还有心理学、物理学、化学专家和当时一些著名的建筑师和设计师。经过无数次以非常现代的心理学和物理学为基础的试验，自然色彩系统于 1979 年完成，并成为瑞典的国家标准。

NCS 是完全按照人们看颜色的方式来解释色彩概念性的色彩编号系统，其编号方式建立在普通的色彩语言基础之上。它以用户为出发点，很容易学习和理解。该系统建立在 2 个基本假设之上：① 据调查，色感良好的人通常可以分辨出一千万种不同的颜色，但调查同时也表明，色感良好的人通常会认为这些颜色均十分类似；② 共有 6 种基准色，它们的外观只能通过本身来说明，即黄（Y）、红（R）、蓝（B）、绿（G）、白（W）、黑（S），如图 3.46 所示。其他颜色都可以通过与基准色的关系来说明。需注意的是，这种概念说明的只是颜色的纯视觉特征，完全不是颜料、染料、墨水等的混合成分。

图 3.46 NCS 基准色

基于基准色的概念可以建立一个三维模型，称为 NCS 色彩空间（图 3.47），包括整个视觉世界的色彩，也可说明所有想象出来的颜色概念。因此，所有颜色都能找到一个准确的 NCS 编号。为了更清楚地说明问题，这个色彩空间通常以色彩圆环和色彩三角两种方式来说明。

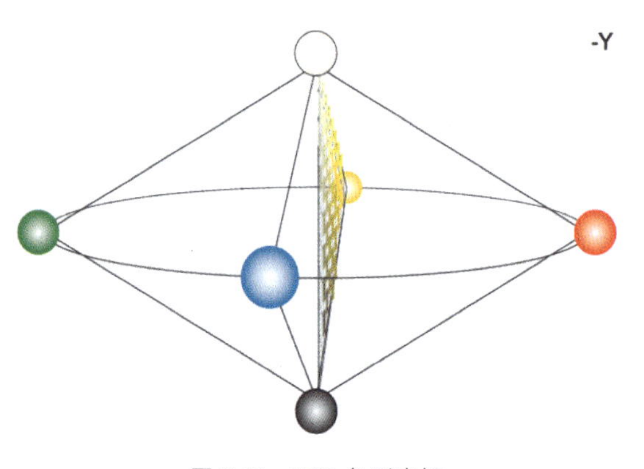

图 3.47 NCS 色彩空间

NCS 色彩圆（图 3.48）环是以色彩空间为中心的水平剖面，4 种基准色黄、红、蓝、绿像指南针上的基本点一样被安置在圆环上。每两种基准色之间的间隔被分成 100 等格。如 Y90R，含义为 90% 红色和 10% 黄色。

NCS 色彩三角（图 3.49）则是在色彩空间基础上的一个竖直剖面。三角的底边是从白到黑的灰色坐标线，三角的顶点则是彩度的最大值。相同色相的颜色可以有不同的黑度、白度或彩度值，这些都可以由色彩三角表示出来。

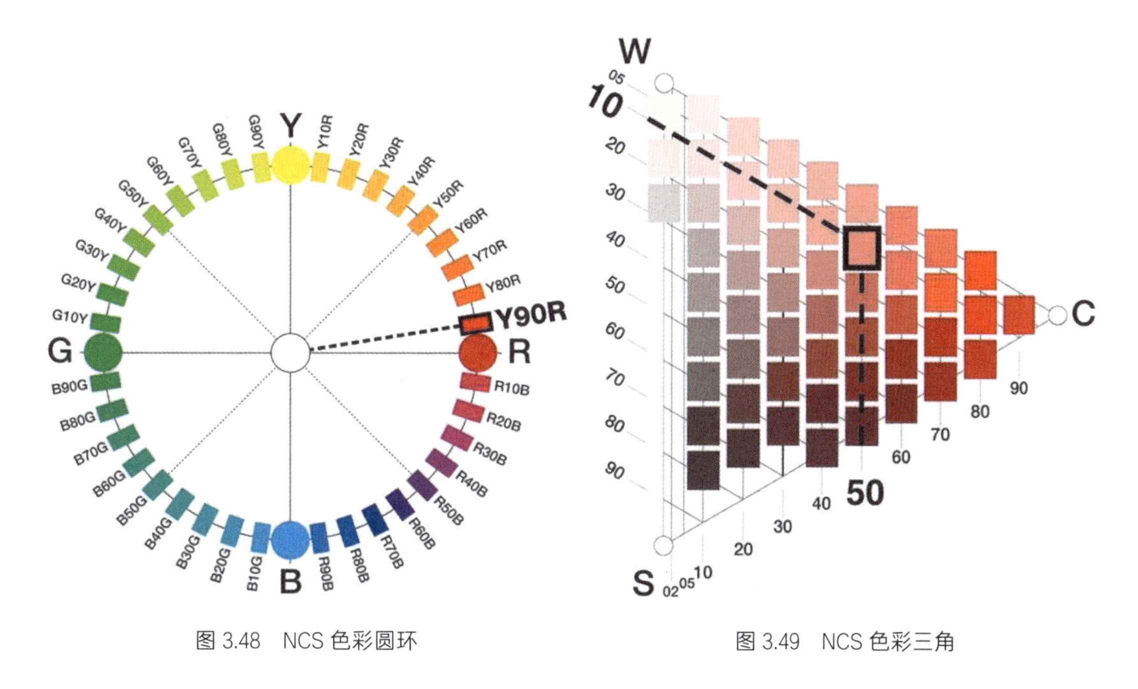

图 3.48　NCS 色彩圆环

图 3.49　NCS 色彩三角

通过 NCS 色彩编号，可以简便地说明颜色的外观。如 S1050-Y90R，S 代表再版的标准色样，10 表示黑度，50 代表彩度，-Y90R 则是色相，即 90% 红色和 10% 黄色。任何人只要经过少许培训就可以利用 NCS 系统来说明所观察到的任何颜色。NCS 作为一种参考，可用于说明天然和人造的各种颜色。这种使用黄、红、蓝、绿、白、黑及它们的组合描述颜色的方法非常独特。

第 4 章 汽车 CMF 设计主题与趋势研究

汽车 CMF 设计是一项具有高度战略性的工作。CMF 设计主题首先应该与车型的定位相吻合，同时需要符合目标消费者的审美要求，并巧妙地融入流行趋势，以确保 CMF 设计具备前瞻性。设计师的主观能动性在这个过程中有所体现，在准确的定位基础上创造出独具个性的设计是他们追求的目标。

新车型 CMF 设计工作的第一步，除了灵感碰撞、把握流行趋势动态和市场调研外，还要根据新车型的市场定位，了解使用地域和投放环境，研究不同消费群体的审美偏好，这一环节至关重要。举例而言，不同地域的人群可能会对汽车的内外协同性有不同的要求：中国用户更倾向于舒适的内饰设计，即使汽车外观可能呈现出狂野激进的风格，这是因为中国文化注重内敛，外观更多地用于向外界展示，内饰则承载着舒适和内部表现的功能；而在以意大利为代表的欧洲市场，由于许多城市仍然保留着大量的老城区，甚至很多都是中世纪的建筑，街道非常狭窄，因此内外协同性较强的小型轿车更适合这些地区的需要。

此外，CMF 设计师还需要进行同类竞争车型的 CMF 调研，了解和掌握色彩心理学、色彩对驾驶安全的影响以及汽车色彩应用的标准和相关法规等。

图 4.1 汽车关键词所对应的图像分析
（来源：上海交通大学设计趋势研究所）

4.1 车型市场定位

产品的市场定位直接反映出其对市场的响应、价值以及目标消费群的圈定。在天马行空的灵感阶段后，汽车 CMF 设计还需要付诸理性实践。首先需要明确产品的输入条件，包括市场定位、配置、功能、价位、目标客户群、产品投放环境等。不同类型的车型在色彩应用上也存在差异，例如高级轿车通常采用稳重的颜色，而普通轿车则倾向于轻快的浅色；小型轿车通常采用活跃的色彩，而货车因广泛的用途而不宜用浅色；

客车的形面转折比较简单，因此色彩比例分配尤为重要，常常采用双色设计，而军用汽车通常采用迷彩等保护色，需要引起交通警觉的工程维修车则应采用鲜明的对比色。为了确保清晰的市场定位，汽车的造型定义、车型配置表、设计任务的关键词都必须在设计开始之前明确，以锁定设计方向。因此，在开展设计之前，团队成员之间需要保持良好且密切的沟通，以确保汽车的造型定义、设计关键词与产品定位保持一致。汽车关键词所对应的图像分析如图 4.1 所示。

4.2　车型市场的地域、环境和文化

新车型计划投放的市场、地域和环境因素对其设计至关重要，尤其是在进行汽车色彩设计时，必须考虑到汽车拟投放地的区域地理、环境特征以及文化信仰的影响，如图 4.2 所示。例如，在湿热气候、降雨较多、紫外线辐射强烈的地区，或风沙大等恶劣环境中，都需要在汽车色彩设计时予以充分考虑。考虑到这些因素，北方地区的汽车颜色偏向暖色调，而在南方地区，冷色调更为常见；在多雾地区，汽车色彩往往采用黄色等明度大的颜色。

图 4.2　车型市场区域特征

4.2.1　区域地理的影响

对于汽车产品来说，尽管白色是各大地区最流行的颜色，但其在不同地区的流行程度却存在显著差异。在亚洲、南美洲和非洲地区，每五辆汽车中大约有两辆是白色。而在北美洲地区，则是每三辆汽车中有一辆为白色，白色、灰色、黑色和银色等非彩色系颜色占据市场主导地位。如果一辆车采用彩色设计，蓝色是最受欢迎的，其次是红色。南美洲地

区的消费者更偏爱白色和银色等明亮的非彩色系，此外棕色系较其他地区更受南美洲地区消费者的欢迎，占到了总份额的 4%，其中 3% 的车辆是米色，主要出现在小型 / 紧凑型汽车上，其余 1% 的车辆是棕色，主要出现在中型车、卡车和 SUV 上。欧洲地区最受欢迎的汽车颜色为灰色，2019～2022 年连续四年保持 27%，而白色在欧洲的受欢迎程度下降了 2%。尽管中国白色汽车的比例有所下降，但亚洲仍然拥有最多的白色汽车，占 40%。艾仕得第 70 期（2022 年）年度《全球量产汽车色彩流行统计报告》如图 4.3 所示。

图 4.3　艾仕得第 70 期（2022 年）年度《全球量产汽车色彩流行统计报告》

4.2.2　环境特征的影响

不同地区的日照强度、日照时间及湿度等因素差异，造成了人们对不同色彩的喜好差异。

例如，在低纬度地区（如中国海南），日照时间较长，光强较强，导致车身的日照面与背面颜色对比明显，因此采用柔和的中间色调可以削弱这种反差。而在高纬度地区（如中国黑龙江），日照时间较短，光强较弱，因此可以采用鲜明的纯色以加强车身造型效果。同样，美国东部的人倾向于淡色，而西部的人倾向于鲜明色；北欧国家的人喜欢青绿色，而意大利人喜欢黄色和红色。

汽车在城市中行驶，对城市色彩有着装饰作用。然而，如果汽车颜色与环境色发生碰撞反差，会使原本喧闹的环境更加嘈杂混乱，造成视觉疲劳。因此，汽车的色彩应与使用环境的色彩相协调（图 4.4 和图 4.5）。

图 4.4　法拉利

图 4.5　兰博基尼

4.2.3　信仰文化的影响

不同宗教信仰在色彩观念上也存在差异。

在信仰佛教的地区，颜色具有特殊的象征意义：蓝色代表慈悲与和平，红色代表成就与福德，白色代表清净与解脱，橙色代表智慧与圆满，黄色被视为神圣、超凡脱俗之色（图 4.6）。

在信仰基督教的地区，颜色有着不同的意义：白色象征上帝，也意味着纯洁、灵魂、崇高、生命；金色象征主权者，也代表太阳、爱情、威严、智慧、谦让；红色象征上帝的爱与基督的血，作为服色是圣职者、殉教者、圣徒身份的象征；绿色象征新生、希望；蓝色象征天国，还代表无穷、信念、神圣、真实与童贞；紫色象征皇室，被称为至高无上的色彩，在天国是上帝的服色，在

图 4.6　千年银杏

人间则是国王、教皇的专用色彩；黑色通常表示庄重、肃穆、谦逊，也有黑暗、神秘等含义（图 4.7）。

而在信仰伊斯兰教的地区，颜色亦有不同的解释：绿色是神圣敬畏的颜色，通常被认为是伊斯兰教的象征，象征着生命与自然，同金色一样都是象征天堂的颜色；白色象征着纯洁与和平；蓝色是受保护的，通常用来装饰清真寺（图 4.8）。

图 4.7 梵蒂冈教堂壁画

图 4.8 伊斯兰教建筑

4.3 消费群调研

消费群调研不仅在汽车行业中至关重要，在家电、手机、消费品等其他行业中也是重要的前期工作。汽车的色彩对消费群体产生第一直观印象，这直接影响了他们的购车决策。因此，在 CMF 项目启动之前，前期研究团队需要开展一系列针对车型消费群体的调研，根据产品的定位，有目的、有计划地研究消费群的年龄、文化、职业范围、喜好心理等因素。CMF 设计师根据这些调研分析的数据，制定产品的 CMF 设计规划。

举个例子来说明消费群体分析的重要性：假设我们要设计一款投放在二三线城市的 A 级 SUV，主要面向二三十岁的消费群，他们富有激情、酷爱运动，同时也有三口之家的家庭观念。作为 CMF 设计师，需要考虑什么样的颜色方案更符合他们的喜好和特性（图 4.9～图 4.11）。

汽车设计师们也可以通过工作坊（workshop）来讨论车型的 CMF 设计，这种研究很有前瞻意义。他们首先建立目标消费者的画像，讨论其生活形态和审美特征。接着，他们讨论哪些流行趋势符合目标消费者的审美品位，然后基于这些讨论结果规划色彩方案，并从供应商的样板中选取合适的颜色和材质。

图 4.9 目标消费者座谈会测试

（来源：上海交通大学设计趋势研究所）

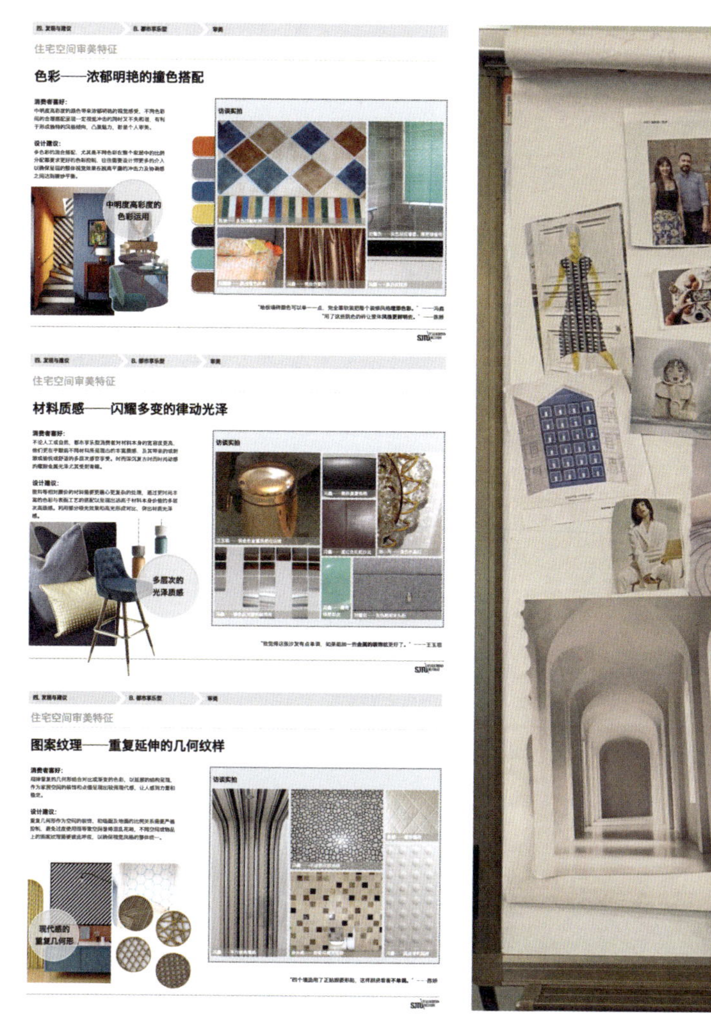

图 4.10　某类消费者的审美特征：色彩、材质、纹样（来源：上海交通大学设计趋势研究所）

图 4.11　根据目标消费者做的色彩研究（来源：上海交通大学设计趋势研究所）

4.4　汽车 CMF 趋势调研与分析

许多汽车涂料公司会进行综合性调研，结合行业的流行趋势和技术创新，在行业展会上发表《年度汽车色彩研究报告》，为新车型提供国际化的流行趋势引导，提出具有可依据性和合理性的方案。而车企的调研则由其 CMF 设计部门每年定期进行，通过调研全球同类车型色彩、纹理、面料、装饰件等材料配置并进行数理统计分析，同时结合各大汽车涂料公司的行业报告，总结 CMF 流行趋势。调查的车型一般以近两年内的产品为主，尤其关注车型的新增配置和风格，以便更准确地把握汽车色彩开发的动向。核心调查车型通常不低于20辆，且需要最大限度地获取CMF相关的调研数据，进而形成一系列研究报告，

图 4.12 色彩趋势研究

（来源：上海交通大学设计趋势研究所 &PPG）

包括国际同类型车、国内同类型车、色彩趋势分析与统计、色彩销量统计以及其他相关信息（图 4.12～图 4.14）。

以年度色彩纹理调研为例，其主要任务是收集颜色纹理数据，并通过每年的积累逐渐建立专业的色彩纹理数据库。对于汽车CMF 设计师而言，每年进行各种与汽车相关的 CMF 调研是非常有价值的学习和研究工作；对于项目而言，基于大数据和趋势报告的调研结果对新车型的开发具有很高的参考价值。

图 4.13 PPG 涂料色彩材质趋势展示板

图 4.14 SABIC 塑料色彩材质趋势展示板

车身外观 CMF 设计方案通常提供主流色方案和流行色方案。主流色是指常用色，例如黑色、银色、灰色、白色等，它们每年的变化不大，始终在市场上占主导地位。流行色多为不常见的复合色，千变万化，丰富异常。其流行性强而寿命较短，容易在三到五年内逐渐消失，但容易吸引消费者的目光，可以增加汽车品牌曝光度，而且能帮助产品更好地建设性格和形象。通常来说，流行色彩的车辆销售量不会很高，但如果流行色彩与主流色一致，可能会引发消费者的高需求。

在调研完成后的分析工作中，以竞标车 CMF 趋势分析为例，主要是根据竞争车型市场调研、使用对象和功能，提出颜色设计方案的初步定义和范围。从这一阶段开始，需要收集同等级和竞争车型的内外颜色效果和分布比例的数据。接着经过统计和分析，定义年度车型的主流颜色和流行色。同样，还需要对外观设计的其他要素和工作内容进行定义和基准的初步确定。

纵向分析法是竞标车 CMF 趋势分析的一个重要方法，它涉及分析研究同类型、同价位的竞争车型的颜色、纹理及材质，其工作量取决于所调研的竞争车型的数量。同时，还需对竞争车型的同类色彩、纹理及图案进行比对与分析，从而总结出 CMF 趋势，更明确地指导新车型的 CMF 设计范围（图 4.15）。

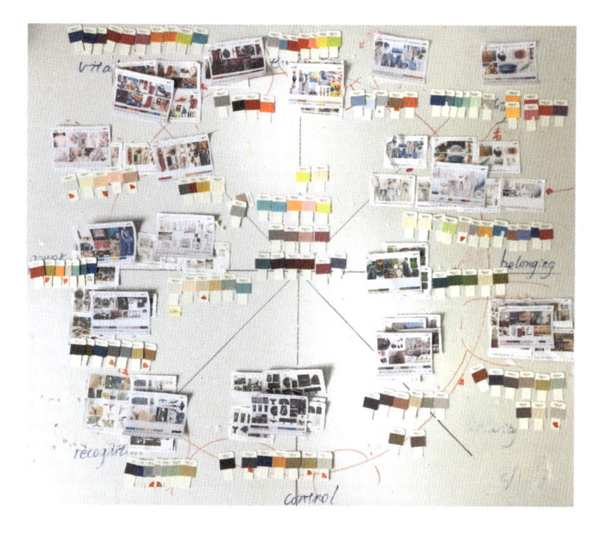

图 4.15　色彩趋势分析（来源：上海交通大学设计趋势研究所）

4.5　流行趋势

流行趋势犹如设计行业的风向标，反映出各行各业的流行风向，不同领域都会受到流行趋势的引领。

流行趋势是设计师每年密切关注的动态，了解当今趋势有助于设计出符合消费者审美的产品。对流行趋势反应最快的当属服装行业，而小家电、汽车等行业也逐渐跟随趋势变化。汽车的生产周期较长，因此对于流行趋势的反应较为滞后，但汽车 CMF 设计师可以从流行趋势中了解消费者的审美变化，以及各种新材料、新工艺和色彩的趋势走向，这将有助于启发设计师产生新的灵感。流行趋势的方向主要包括科技、豪华、享乐、自然和年轻等方面，它们的相对重要性会随着社会环境每年的演变而有所变化，也会催生新的审美形式（图 4.16～图 4.18）。

图 4.16　流行趋势页 1

图 4.17　流行趋势页 2

色彩和材质：源起大地

该组色彩整体以中明度、中彩度为主，展现自然休闲的舒适感，搭配高明度、低彩度的颜色辅助，增加轻柔感受，使得整组色彩拥有透气的呼吸感。

图 4.18　流行色彩与材质页

4.6　灵感来源

设计灵感来自多方面，自然、设计、时尚、建筑、艺术品等都可以成为 CMF 设计灵感的来源。不同元素的交织融合，常常能碰撞出一个又一个惊喜。设计师可以凭借自身丰富的设计理论综合知识和长期实践积累的经验，去领悟和获取流行元素，从而激发出富有创意的设计思路。例如长安 UNI-T，其车身设计灵感来源于国产动画《大圣归来》，车身和内饰设计运动感十足（图 4.19）。君越 Avenir 的 CMF 设计灵感如图 4.20 所示。

图 4.19　长安 UNI-T 内饰灵感图和设计

图 4.20　君越 Avenir 的 CMF 设计灵感（来源：泛亚汽车技术中心公司）

4.7　CMF 设计意象图

CMF 设计意象图是指人们在看到产品的色彩和质感后，结合自身的文化背景和个人经验，在脑海中形成的对产品 CMF 的综合感知形象。它涵盖了色彩的物理属性和抽象的色彩文化属性综合产生的意象及心理形象。在 CMF 设计过程中，色彩的物理和几何属性等显性信息中蕴含着更深层次的色彩情感和意象等隐性信息。

CMF 设计师结合车型定位，选择设计灵感图片，然后以草图的形式表达其 CMF 设计概念，呈现纹理、色彩、质感等信息。CMF 设计意象图能够帮助 CMF 设计师传达感性的设计信息，表达设计理念、风格及设计产品的质感和色彩，这在甲方主机厂与乙方供应商之间的沟通中扮演着重要角色（图 4.21）。

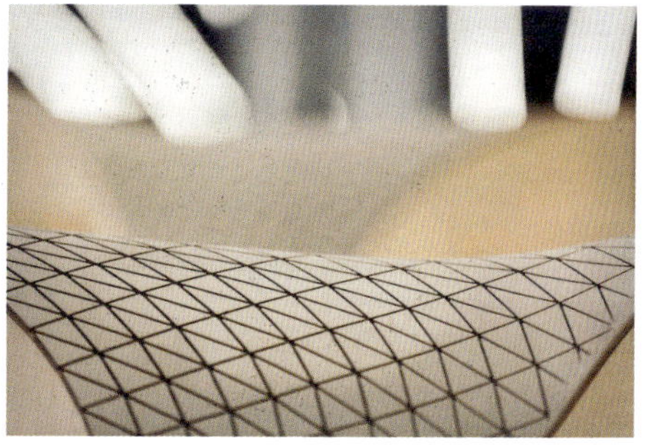

图 4.21　宝马某款车的 CMF 设计草图与样板开发（来源：宝马中国）

甲方主机厂的 CMF 设计师会将设计灵感图、意象图以及文字说明整理成设计简报（Design Brief）提供给乙方供应商，以协助这些材料供应商、涂料供应商和模具纹理供应商理解甲方需要的色彩、材质和表面加工技术。乙方单位会仔细研究这些资料，选择合适的技术和材料，进行样板研发。在这个过程中，甲乙双方需要进行多轮的深入交流。设计简报的形式多种多样，有些甲方甚至会提供车型定义、消费者审美特征等更为详尽的信息。所有这些工作都旨在确保乙方供应商能够更深刻地理解甲方 CMF 设计师的设计意图。

第 5 章 汽车内外饰搭配设计

汽车外饰设计可分为车身涂料设计、车身色彩分色设计及外附件相关装饰件设计，内饰设计可分为内饰整体配色以及各大部件的设计。

在设计过程中，应当遵循第 4 章的车型市场定位，车型投放市场的地域、环境和文化特征，消费群调研，趋势研究等一系列设计先决条件。根据产品外观配置，与内饰的主题风格整体搭配，内外呼应，形成一套完整的方案（图 5.1）。

图 5.1　车身色彩与内饰主题风格内外呼应

5.1　车身设计

色彩设计是车身设计中最主要的一项内容，它是整辆汽车带给消费者的最直观的视觉印象。每个车企都有它们自己的色彩系统，设计师需要以此为依据，提出新车型的色彩方案。以往的车型多是整体统一配色，现如今随着消费者视觉审美的多样性变化，越来越多的新车型采用不同色彩的搭配设计，而对于单一的车身色也在涂料上下足了功夫，追求各种变化，以便为大众带来新的视觉感受。

5.1.1 汽车车漆设计

设计师在设计车漆色彩时，需要同时考虑汽车色彩的社会属性、使用功能、购车者性格以及安全效果。

（1）汽车色彩的社会属性

冷暖感：暖色调与冷色调。

胀缩感：黑色有收缩感，白色有膨胀感。

轻重感：深色有厚重感，浅色有轻灵感。

软硬感：冷色有坚硬感，暖色有柔软感。

华丽质朴感：鲜明的颜色使人感觉华丽，纯净的颜色使人感觉质朴。

兴奋沉静感：鲜艳的颜色使人感觉兴奋，深沉的颜色使人感觉沉静。

明快忧郁感：鲜明的颜色使人感觉明快，深沉的颜色使人感觉忧郁。

（2）汽车色彩的使用功能

白色用于医用车（图 5.2），体现了白色神圣、纯洁的含义。

绿色用于军车（图 5.3）与邮政运输车（图 5.4），体现了绿色和平、安全的含义。

红色用于消防车（图 5.5），体现了红色鲜明、紧急的含义。

工程车辆（图 5.6）多使用工程黄，是利用了黄色亮度高、醒目的特点，以引起相关人员的注意。

除去经典的工程黄外，实际上工程车辆市场中还有着各种颜色，多样的色彩需求从各大工程车涂料供应商的商业行为就可以窥见。例如 2023 年宣伟（美国品牌，全球涂料销售冠军）与上海交通大学设计趋势研究所联合发布了《力》色彩系统，该系统将工程车辆市场用

图 5.2 医用车

图 5.3 东风猛士

图 5.4 中国邮政

图 5.5 消防车

图 5.6 工程车辆

到的常用色整合，邀请色彩专家为系统增加流行色，共同寻求在未来3～5年的工程车辆变化下的魅力世界。

图5.7　黑色奥迪A8

（3）汽车色彩与性格

黑色在时装界被称为“永恒的流行色”，而黑、白、银色代表传统大方、清爽明朗的风格，也是目前购车者最为偏爱的三种颜色。这类色彩流行趋势正在向更加中性的色彩靠拢，例如以灰色调为中心的、从亮到暗的颜色具有沉稳、宁静的质感，给人以高雅的印象。

图5.8　白色奥迪Q7

1）沉稳、庄重

黑色往往与庄重、沉稳、高贵、典雅等词语联系在一起。中型和中大型的轿车更加偏爱黑色，这不仅与其定位和公务、商务用途有关，也因为黑色所产生的压缩效应使车体看起来较为紧凑和坚实。但黑色也是最不耐脏的车身颜色，即使有很薄的灰尘，在黑色车身上也会比较明显。黑色也是吸热能力较强的颜色，在日照时间较长、光强较强的地区不太适用。对于轿车而言，越是高档的车型，颜色越趋向单调，例如奔驰汽车以黑色为主，深蓝、银灰色也比较庄重、大方，与车主的身份相符。黑色奥迪A8如图5.7所示。

图5.9　银灰色奥迪A5

白色给人以纯洁、清新、平和的感觉，是国内女性购车者最偏爱的颜色。由于白色能使车体显得大一些，所以在微型和小型轿车中使用较多，在日照时间较长、气候炎热的地区也是不错的选择。同时在很多宗教信仰中都推崇白色，因此在一些国家白色车更受消费者青睐。白色奥迪Q7如图5.8所示。

图5.10　铁灰色奥迪A4

银灰色充分展示出金属的质感，同时又不失优雅大方，是一种比较中性的颜色。在各种颜色中，银灰色是最耐脏的。银灰色奥迪A5如图5.9所示。

铁灰色显得中性、低调、内敛而优雅。虽然在豪华车中所占份额有所下滑，但在小型车中正在逐渐流行，适用于那些高品质、线条精简的车型。铁灰色奥迪A4如图5.10所示。

图5.11　深蓝色玛莎拉蒂

深蓝色与蓝色一样，表现出智慧和冷静，虽

然也偏向稳重保守，但不像黑色那样带来沉重和压迫感。选择深蓝色的购车者往往比较自信，给人留下可信、可依赖的印象。深蓝色比黑色更耐脏，但不如银灰、铁灰和白色。深蓝色玛莎拉蒂如图 5.11 所示。

图 5.12　墨绿色玛莎拉蒂

墨绿色带来一种沉静和谐的气氛，是比较深沉的颜色，具有宽广的深度。选择墨绿色的购车者比较传统而稳健，常常是压抑的完美主义者，有很多理想但容易世故。墨绿色是 20 世纪 90 年代的流行颜色。墨绿色玛莎拉蒂如图 5.12 所示。

2）动感、时尚

嫩绿、亮黄、大红等活泼鲜艳的颜色越来越多地运用于主打年轻消费群的小型车上，这些靓丽的颜色使人感觉到汽车本身具有的快感和强劲动力，给人带来活泼、运动的印象。

图 5.13　嫩绿色阿尔法 · 罗密欧

嫩绿色是大自然中草原的颜色，也是生机勃勃的色彩。绿色在人的视觉中具有最高的分辨度，而且人眼对绿光的反应最为平和。由于具有较好的可视性，嫩绿色非常适用于年轻购车者偏爱的小型车。选择嫩绿色的购车者往往给人留下时髦、活泼的印象。嫩绿色阿尔法 • 罗密欧如图 5.13 所示。

图 5.14　红色奥迪 Q5

红色是热烈、冲动、强有力的色彩，代表着积极、危险和激情，也十分醒目。红色属于放大色，可以使小车显大。选择红色的购车者属于积极主动的类型，外向而乐观，通常给人留下敏捷、充满活力和动感的印象。红色奥迪 Q5 如图 5.14 所示。

图 5.15　深红色雷克萨斯

深红色具有部分红色的特性，但远不如红色热烈、积极、危险和激情。融合了红色热情与黑色压抑的深红色，常被视为高贵的色彩。性格比较传统而保守的购车者可能会偏爱深红色。深红色雷克萨斯如图 5.15 所示。

图 5.16　蓝色奥迪 A4

蓝色是永恒的象征，作为最冷的色彩，纯净的蓝色表现出一种冷静、理智和安详的感觉。浅蓝色则更富有想象力，使人感觉平和而安静。有较强自我意识的购车者可能会偏爱浅蓝色，这会给人留下沉着冷静和可靠的印象。蓝色奥迪 A4 如图 5.16

图 5.17　黄色科迈罗

图 5.18　橙色兰博基尼

图 5.19　金黄色改装汽车

图 5.20　粉红色微型汽车

所示。

黄色灿烂、辉煌，有着太阳般的光辉。选择黄色的购车者往往喜欢挑战，有行动力和冒险心，是不容易满足于现状的积极派，性格活跃却又保有强烈的主观意识。与嫩绿色一样，欢快的黄色会给人带来时髦、变化无常、活泼的印象。黄色科迈罗如图 5.17 所示。

橙色是欢快活泼的色彩，作为暖色系中最温暖的颜色，它是一种富足、快乐的颜色。它不像红色那么抢眼，但与红色一样热情奔放，大方活泼。喜欢橙色车的人富有朝气，喜欢标新立异，给人以喜爱嬉笑、健谈、浮躁和新潮的印象。橙色兰博基尼如图 5.18 所示。

3）个性、独特

在全球汽车市场上，更加个性化的色彩正在逐渐增长，消费者对于色彩的选择也越来越挑剔。一些原有的设计理念已经被打破，汽车个性化时代已经到来。

金黄色与红色一样，也是非常醒目的色彩。在我国传统文化中，金黄色代表着辉煌、庄重和至高无上。而在美国和欧洲地区，一辆金黄色汽车会给人留下愉快、享受和充满活力的印象。金黄色改装汽车如图 5.19 所示。

粉红色的色调比较柔和，代表浪漫、温柔、健康。粉红色在日本是女性购车者最为偏爱的颜色，它一方面能展示女性迷人的风韵，另一方面会给人带来柔弱的感觉。喜欢粉红色的人通常感情细腻、个性温柔。粉红色微型汽车如图 5.20 所示。

（4）汽车色彩与安全

近年来，有研究表明，轿车的行车安全性不仅受到操作安全和视线等因素的影响，而且还受到车身颜色能见度的影响。

心理学家认为视认性好的颜色能见度佳，因此这类颜色用于轿车车身可以有效提高行车的安全性。颜色的可视认性主要与下列因素有关。

1）颜色的进退性

即所谓前进色和后退色。比如使红、黄、蓝、绿色轿车与观察者保持等距离，在观察者看来，似乎红色和黄色轿车要近一些，而蓝色和绿色轿车要远一些。因此红色和黄色称前进色，蓝色和绿色称后退色。前进色的视认性较好。

2）颜色的胀缩性

将相同车身涂上不同的颜色，会使观察者产生体积大小不同的感知。例如黄色会让车辆看上去更大，具有膨胀性，被称为膨胀色；而蓝色和绿色恰恰相反，具有收缩性，被称为收缩色。膨胀色与收缩色的视认效果有所差异。据日本和美国的车辆事故调查，蓝色和绿色车辆的事故率最高，而黄色车辆的事故率最低，可见膨胀色具有更好的视认性。

3）颜色的明暗性

颜色在人们视觉中的亮度是不同的，有明色和暗色的区别。红色和黄色为明色，视认性较好。暗色会使物体看上去更小、更远、更模糊。

从安全角度考虑，轿车以视认性好的颜色为佳，但有些视认性不太好的颜色，经过合理搭配也可提高视认性，如蓝色和白色相配，效果就能大为改善。

此外，车身颜色的明度和纯度也会引起视觉效果的差异，从而影响观察者的感知。明度和纯度高的颜色能使车体显得更大，因此适用于微型轿车。对于大型和中型轿车而言，采用明度和纯度适中的颜色较好，而大型轿车最好选择低明度和低纯度颜色，因为这类颜色所产生的压缩效应可以使车体看起来更为紧凑和坚实。有时在车体丰满的豪华车上喷上一两种颜色饰条，可使其变得“俏丽苗条”起来。

除了以上基本原理之外，设计师在提出车漆色彩的主流色方案、流行色方案时，也要对车漆品种和性能进行研究和选用。不同品类的车漆给人的视觉效果大不相同，例如层次感、品质感强的金属漆和珠光漆更能突出汽车的外观造型，并且可以从视觉和心理方面打动消费者。比如马自达品牌最著名的魂动红车漆，其调配过程是业内公认最复杂的工艺之一。而就是这一抹“魂动红”，让众多消费者为之倾倒（图 5.21）。

图 5.21　马自达“魂动红”车漆闪光原理示意（来源：马自达官网）

“匠涂”的涂装分为三层构造。最里面的第一层是红颜料与光泽材料铝粉混合的反射层（金属色）；第二层是透光层（半透明纯色），其使用的红颜料彩度高于通常水平；第三层是透明层。一般三层构造涂装的第一层与第二层的顺序与之是相反的，但马自达公司大胆地将其进行了互换，旨在最大限度突显高光部分与阴影部分的色彩变化。

在高光部分，遇到反射层铝粉后折回的光线会令透光层的高彩度红色愈发鲜艳。在阴影部分，透光层与反射层的红色则相互重叠，表现出深邃的红。借助这种涂装构造，随着光线的强弱和角度的变化，马自达新款 ATENZA 会像鲜活的生物一般，呈现出光鲜、丰富的表情。

雷克萨斯 LC 的车身色彩也是惊艳之作。车身覆盖件基材主要采用金属结构材料，通过冲压、电泳、喷涂等工艺进行涂装，使用的闪蝶蓝涂料是一种特殊的油漆，虽然它是一种非常明显的蓝色，但颜料中并没有添加此种蓝色颜料。实际上，这种蓝色色调来源于涂料中埋藏的纳米结构反射的蓝光，在光的照射下可以呈现出类似蝴蝶翅膀一般梦幻的蓝色，焕发出无与伦比的尊贵光芒。它的原理类似于蓝色大闪蝶的翅膀，翅膀上的鳞片结构十分复杂，细微结构由多层立体的栅栏构成，类似于百叶窗，但远比百叶窗复杂。当光线照射到翅膀上时，会产生折射、反射和衍射等物理现象，于是闪蝶翅上的复杂结构在光学作用下会产生彩虹般的绚丽色彩（图 5.22）。

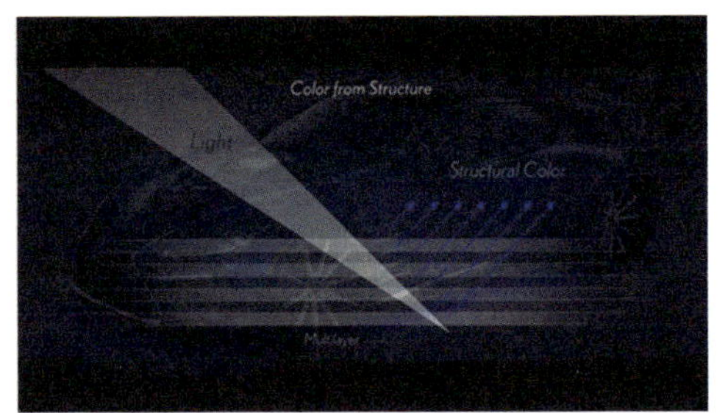

图 5.22 闪蝶蓝颜色示意

根据设计师从大自然中所汲取的灵感，研发人员对原材料及工艺进行不断调整，经过 12 道生产工序和严格的质量检查后，采用层状油漆结构增强了油漆反射光的干涉效应，使得蓝色的光谱被强烈反射，从而创造出独一无二的耀目蓝色，再现了大自然中蓝色闪蝶的生动色调—— Structural Blue（图 5.23）。

图 5.23 雷克萨斯 LC 车型 Structural Blue

色彩样板测试如图 5.24 所示。

图 5.24 色彩样板测试

（来源：上海交通大学设计趋势研究所）

5.1.2 分色设计

分色（tutone），也称为套色，是指在车身上同时使用两种或多种颜色的工艺。汽车外饰上的部分车身钣金件（指汽车上的装饰件，如车顶、车门、前梁、大梁和 ABC 三根立

图 5.25　车身钣金件

柱等薄板五金件，如图 5.25 所示），使用与主体色不相同的金属漆或贴膜，可以使整车拥有双色或多色。随着人们个性化需求的普及，汽车涂装变得愈加丰富，分色设计工艺越来越多地应用在不同的车型上。合理的车身色彩搭配对于整车“颜值”的提升非常重要，不仅能突显整车造型特点，达到优化造型的目的，而且可以通过分色设计来彰显整车的个性、表达汽车的特殊功能等。分色设计主要分为以下类型：建筑型、生长型、悬浮型、不同材质型、点缀型和特殊用途型等。

① 建筑型：这类车型的发动机盖经过分色设计后显得更加突出，分色对车身进行了更明显的分割，中间的分色部分营造出一种游艇般的形状，突出修长的车身。红旗 L5（图 5.26 右）通过镀铬金属条分割出双色车身，并将两个部位的车身进行过渡，分色后的大灯部分更加立体、拟人化；运用同样设计思路的还有劳斯莱斯、宾利（图 5.26 左）等。

图 5.26　建筑型分色设计案例

② 生长型：布加迪 Chiron（图 5.27 左）上的一根饰条从前唇的格栅翼子板延伸到车身上，并通过其独特的设计特征延伸到 A 柱与车身断开，形成了两个完整的色彩区域，整个包裹部分与车身留有大量的非连接部位，形成视觉真空，既打破了车身整体性，也充当了两个分区的过渡。Smart（图 5.27 右）使用的分色设计手法类似于前者，按照车身结构设计走势来分色，像一双大手试图包裹车身，两个车身结构间的分缝线增加了非整体感，经过双色车身处理后显得更有活力，视觉上缩小了车身，看起来更加可爱。

图 5.27　生长型分色设计案例

③ 悬浮型：悬浮型不同于上述车型中使用大面积分色，而是更多地在后视镜、车顶、A 柱 /C 柱等小面积位置使用不同颜色，将车身、车窗和车顶划分开（图 5.28 左）；体型较

大的路虎揽胜（图 5.28 右）运用黑色车顶形成双色车身，降低了整辆车的视觉中心，增加了车型的运动感与精致感。

图 5.28 悬浮型分色设计案例

④ 不同材质型：这种类型常见于车身为钢材、轮拱处和车身下部为塑料件的车型，不同材质的碰撞打破了整体感，形成分色；塑料件通常还会轻轻隆起或略高于车身钣金，从视觉上加宽了车身；黑色塑料件轮拱与轮胎同色，可以增大轮胎部位的视觉尺寸；现代 Encino 利用黑色塑料件轮拱向前延伸到车头正面，好像给车戴上了面具，呈现了面具般的非整体感，也创造出从车头到侧面的自然视觉过渡。不同材质型分色设计案例如图 5.29 所示。

图 5.29 不同材质型分色设计案例

⑤ 点缀型：点缀型分色区域主要在车身的某些极小型、非整体性部位，例如后视镜、门把手；或是不同材质的车身功能件周围，例如雾灯周围、格栅周围。这样的设计在不破坏车身整体性的同时，还加强了小部位的非整体性效果，提升了功能件的识别性。点缀型分色设计案例如图 5.30 所示。

图 5.30 点缀型分色设计案例

⑥ 特殊用途型：一些车型的车身分色设计具有特殊用途，例如警车、救护车和出租车等，这些车型需要突显汽车的特殊功能性，让人轻易辨别出不同配色车型的功能，所以往往会大面积使用双色车身作为标识。例如上海街道上最常见的分色车辆就是各种出租车，把车身做成两色以上，是种有效的“招摇过市”的方式。特殊用途型分色设计案例如图 5.31 所示。

图 5.31　特殊用途型分色设计案例

5.1.3　车身装饰性效果设计

除去对车身整体的车漆效果设计，我们还可以对车身贴膜或者采用遮喷工艺以达到不同色彩的车身颜色效果，呈现装饰作用，彰显年轻个性化、科技未来感的风格，或致敬经典设计风格、体现新潮流等理念。

图 5.32　宝马孟菲斯 i3 艺术车

宝马孟菲斯 i3 艺术车（图 5.32）采用多层喷漆的方式，将不同的线条、催眠图案和充满活力的颜色相搭配，几何形状与车身曲线完美融合，用突破传统的车辆设计语言表达了孟菲斯设计风格经典的前卫理念和实验哲学。

图 5.33　欧拉好猫赛博版

欧拉好猫赛博版（图 5.33）在原本车型的基础上，更换运动套件并采用大量荧光色装饰作点缀，车身上印有明显的 CYBER SPACE 字母标识，这些涂装让车辆看起来更加运动时尚，也清晰表达了整车的赛博朋克风格。

图 5.34　吉利 ICON 春季限定“炽爱”

灰色与橙色的撞色设计带来极强的视觉冲击力，表达了吉利 ICON（图 5.34）弄潮科技 SUV 的潮酷理念。

风行 T5 EVO 国风版（图 5.35）将传统元素、汽车交通工具的移动属性与年轻人的审美特点进行整合，从新派国风、艺术时尚、年轻潮酷三个方向诠释国潮。车身上具有浓厚国潮风的图案以车贴形式表现，表达了“中国新风潮”理念。

图 5.35 风行 T5 EVO 国风版

5.1.4 汽车用涂料选用原则

在汽车的涂装过程中需要合理选用涂料，各种底漆、中涂层漆和面漆的性能各不相同，千差万别。其中，有些涂料可配套使用，有些则不能，否则可能会导致涂膜质量降低，甚至使涂料报废或涂装工程返工。所以，涂料的合理配套选用是一项很重要的工作，是保证涂装质量的关键。

涂料的选择原则如下。

（1）底漆的选择原则

底漆需要满足基本材料（金属、塑料等）对底漆的要求；要满足车辆使用对地域气候条件的特殊要求；要满足各种不同档次车辆对底漆的要求；在车辆维修中，要满足面漆对底漆性能的要求。

（2）中涂层漆的选择原则

中涂层漆需要满足与底漆和面漆附着力的要求；在保证涂装质量的条件下，必须便于施工，生产率高，效益好。

（3）面漆的选择原则

面漆需要满足各档次汽车外表的不同要求；要满足与中涂层漆和底漆结合力的要求；要满足地区环境对面漆的“三防”要求；在保证面漆性能和质量的原则下，要求施工方便，涂装效益好。

目前，进口面漆多以硝基漆、热塑性丙烯酸漆及聚氨酯双组分漆为主，而且都是由国外较大的涂料公司生产，基本上都有配套使用的底漆、中涂层漆和面漆，产品使用说明书都比较详细地说明了技术要求、施工条件和产品质量检验方法等，这给合理配套选用提供了方便而可靠的条件。但在实际选用时，也应注意以下要求。

最好选用同一国家同一厂家的系列产品，即选用它的配套底漆、中涂层漆和面漆，甚至包括稀释剂、固化剂、防潮剂等；对于不同厂商的涂料，可根据同类型原料具有相同性能的原则互换选用，但必须注意产品的使用要求，认真阅读涂料产品的使用说明书，确保涂料产品的合理配套使用。

5.2 外饰部件设计

汽车外饰部件包括前后保险杠、进气格栅、前大灯、尾灯、后视镜、前后风窗玻璃、顶饰条等（图5.36），主要起美化、防护、安全等作用，也有部分特定部件具有一些专有功能。

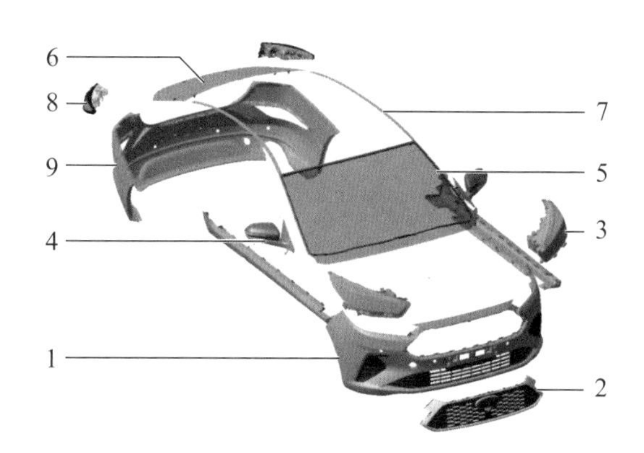

图5.36　汽车外饰主要部件

1—前保险杠；2—进气格栅；3—前大灯；4—后视镜；5—前风窗玻璃；6—后风窗玻璃；7—顶饰条；8—尾灯；9—后保险杠

外饰部件常见的成型工艺有注塑、吹塑、模压等，其中注塑类应用较为广泛。常用材料包括聚丙烯（polypropylene，PP）、丙烯腈-丁二烯-苯乙烯（acrylonitrile-butadiene-styrene，ABS）、丙烯酸-苯乙烯-丙烯腈（acrylic-styrene-acrylonitrile，ASA）、聚碳酸酯/丙烯腈-丁二烯-苯乙烯合金（polycarbonate/acrylonitrile-butadiene-styrene，PC/ABS）等，根据使用部位及功能的不同，主要应用材料见表5.1。

表5.1　外饰件主要应用材料

零件	材料
保险杠、侧门槛裙边	改性PP
进气格栅	改性PP、ASA
后视镜	ABS/ASA
侧装饰条、尾翼	ABS
散热器面罩、尾门饰板、车门外把手	ABS/PC+ABS

5.2.1　保险杠设计

与前保险杠匹配的零件有发动机盖、前大灯、翼子板、下导流板或塑料支架安装钣金；与后保险杠匹配的零件有后备厢盖、后尾灯、侧围外板、下导流板或塑料支架安装钣金，如图5.37和图5.38所示。汽车前后保险杠常采用改性PP材料，以降低车身重量，提高车辆撞击时的缓冲力，提高易损件的使用率，降低工艺要求和维修成本，且这种材料比金属材质更加具有美观性。

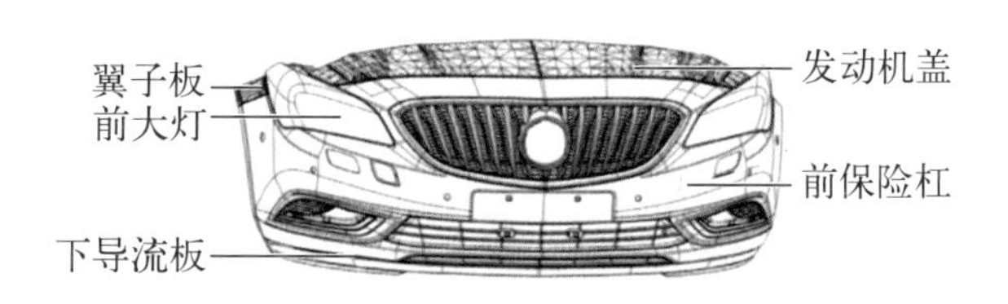

图5.37　汽车前保险杠总成外观组件

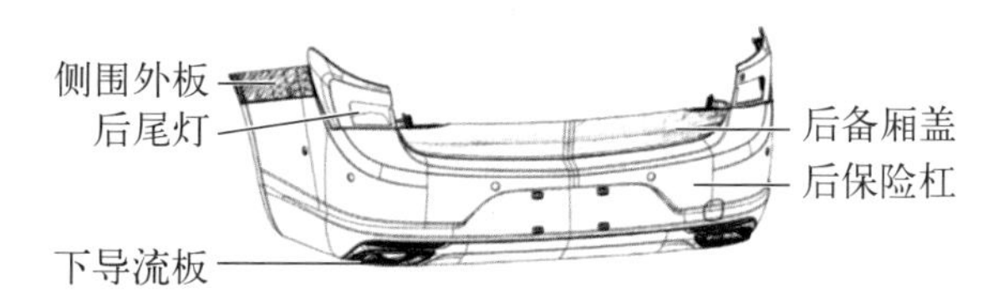

图5.38　汽车后保险杠总成外观组件

最早的汽车保险杠走的是“粗犷美”路线，钢板材料与车身纵梁铆接或焊接在一起，且保险杠与车身的间隙面差较大。随着汽车工业发展和材料技术升级，汽车保险杠发生了以下两点明显改变。

① 使用塑料保险杠，并通过塑料包围 + 泡沫缓冲垫 + 防撞梁结构，得以实现轻量化，且在防撞能力上没有明显下降，保护行人的防撞能力反而提升了。

② 破除割裂感，比如减少保险杠和发动机盖、翼子板等衔接处的间隙面差，且从美学上越来越追求前保险杠不要有明显割裂感，保险杠的外形、质感和色彩要与整车的结构相协调，浑然一体并突出车辆的造型风格。如今有的汽车已经把保险杠与车身融为一体。

图 5.39 现代 IONIQ 6

以 2010 年为节点，汽车保险杠设计又进一步发生了变化，越来越强调一体式设计。在这之前，保险杠更多的是采用分体设计，有明显上下分界。往后，分体式保险杠逐渐退出历史舞台，一体式保险杠逐渐成为主流。这种结构的进化，最直接的表现是前保险杠的整体感更强了。

图 5.40 劳斯莱斯的神殿式进气格栅

现在的汽车保险杠造型大多是融入了空气动力学元素的现代造型，以改善整车的流畅性。如现代 IONIQ 6（图 5.39）前脸采用封闭式设计，车辆前保险杠内部采用黑色涂装，发动机盖上方带有明显隆起的筋线，突出肌肉感，前保险杠以及雾灯区域的设计更富有棱角，车头下方融入了较大尺寸的通风孔，整体营造出较强的力量感，呈现出符合空气动力学的绝佳造型。

图 5.41 宝马的双肾式进气格栅

5.2.2 进气格栅设计

从功能上看，进气格栅的作用主要可归纳为进气和散热，而作为汽车前脸较为醒目的一部分，进气格栅在很大程度上也决定了一辆车的风格——或前卫、或动感、或豪华。大部分知名汽车品牌都有自己独特的进气格栅设计。经典进气格栅设计包括劳斯莱斯的神殿式进气格栅（图 5.40）、宝马的双肾式进气格栅（图 5.41）、雷克萨斯的纺锤式进气格栅（图 5.42）等。

图 5.42 雷克萨斯的纺锤式进气格栅

随着汽车行业的转型，电动汽车的新架构为设计师创新提供了更大的舞台，格栅设计也有了新的趋势变化。以前的格栅颜色多为亮黑色、铁灰色等，现在彩色格栅成为新的趋势，彩色的格栅饰条带来了较强的个性与识别度。

除了色彩的大胆运用外，全照明格栅也应运而生。由于照明技术的发展，汽车前脸加入了更多的灯光设计，照明格栅可使汽车更加闪耀、富有个性。在电动汽车上，没有了持续发热的内燃机，汽车前脸可放置光源的位置也不再过于局限。韩国最大的汽车零部件供应商现代摩比斯已开发出“照明格栅”技术，可将整个格栅作为照明设备，并提供多种场景模式，在车辆之间、车辆与行人之间架起沟通的桥梁，此外还可以设计不同的照明图案，展现不同的效果（图5.43和图5.44）。

图 5.43 荣威 RX5 ePlus 照明格栅

图 5.44 奇瑞星途 VX 照明格栅

斯柯达 Enyaq EV 提供了照明格栅（图 5.45），由于电动汽车不需要空气散热，全封闭式的格栅外面又罩上一个透明罩，格栅自带发光效果，不管是白天还是晚上，视觉效果都非常抢眼。

图 5.45 斯柯达 Enyaq EV 照明格栅

梅赛德斯 - 奔驰豪华电动汽车 EQS 也配有照明格栅（图 5.46），不仅中央的三叉星标志能点亮，周边的小星星矩阵也可以点亮，仿若行驶在星空下。同时，EQS 还拥有量产车中最低的空气阻力系数（C_d），仅有 0.20，这与其封闭式的格栅和流畅的车身线条有着密不可分的关系。

图 5.46 梅赛德斯 - 奔驰 EQS 照明格栅

奔驰 ESF 车型的封闭式的中网采用点阵屏幕（图5.47），可以显示实时交通信息，同时可以与周围的行人和车辆互动。

图 5.47 奔驰 ESF2019 安全验证车格栅显示屏

5.2.3 前灯和尾灯设计

车灯作为一辆车的点睛之笔，在美学和提高汽车辨识度方面，有着非常重要的作用。目前的车灯设计以功能性为主，未来随着汽车往智能化和数字化方向发展，车灯设计将向安全和结合场景下的交互方向发展。随着材料的转变，设计师在车灯材质、颜色、纹理和造型的设计上也有了更多的选择和可能，OLED

灯、异色灯光、参数化纹理设计等正在成为主流趋势。

OLED灯：从材料上来看，汽车车灯已经由卤素灯、钨丝灯向LED灯、OLED灯（图5.48）、激光大灯等方向发展。OLED灯的兴起，为设计师天马行空的图形方案提供了可能，如新一代奥迪A7上的OLED矩阵式尾灯，可以根据周围环境智能调节灯光亮度，自发光的特性不仅使其更轻薄，照射效果也更好，未来OLED灯将会在量产车上成为主流。

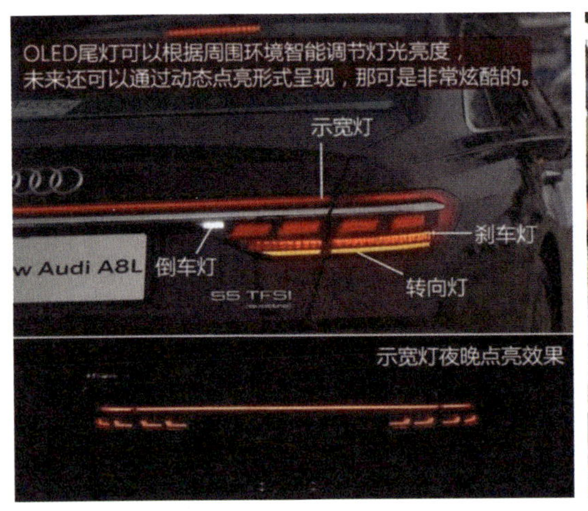

图5.48 奥迪A8L OLED车灯

异色灯光：运动感正在变得越来越多元化，汽车行业也为其赋予了更多新潮前卫的内涵，丰富了其表现形式，例如车灯颜色的增加成为吸睛细节之一，如图5.49和图5.50所示。

图5.49 奔驰EQC异色灯光

图5.50 DS7异色灯光

参数化纹理设计：在车灯设计上，参数化纹理的设计形式逐渐呈现出主流态势，几何参数化车灯造型精致醒目，具有极强的辨识度，它既满足了当代年轻人对个性化和定制化的需求，也提升了整车的科技感和美感，目前在概念车上使用较多，如图5.51～图5.53所示。

图5.51 DS7概念车

贯穿式设计：如今是电动化的时代，也是车灯设计创新的时代。在各大车展中，国内外车企大都选择了贯穿式头尾灯的设计，这一点较之前相比，有了很大的改变，而贯穿式车灯的设计也提升了整车的质感和设计品质。如图 5.54 所示，大众 ID. Vizzion 概念车通过贯穿式尾灯与发光标志相结合，来增强科技感的表达。Smart SUV 贯穿式车灯如图 5.55 所示。

图 5.52 奥迪 AICON 概念车

图 5.53 日产 Ariya 参数化车灯

图 5.54 大众 ID. Vizzion 概念车

图 5.55 Smart SUV 贯穿式车灯

5.2.4 外后视镜设计

外后视镜也是彰显汽车个性的重要部分，在进行外后视镜设计时，必须研究以下几个问题：① 具有可以保护行人和乘员不受伤害的形状和结构；② 符合整车的造型概念；③ 具有减小空气阻力的形状；④ 具有适应世界各种气候条件的性能；⑤ 选择适合大量生产的结构和材料。

从颜色上看，外后视镜颜色一般与车身颜色相一致，但近年来也有一些车的外后视镜选择单一的高光黑色，不再跟随车身颜色变化，如图 5.56 和图 5.57 所示。

从材质上看，壳体部分主要采用高光或珠光效果，大多选择 ABS 或者 ASA 喷漆方案；而支座部分有皮纹和高光之分，皮纹主要采用 ASA、PA 等方案，高光则选用喷漆方案。也有部分主机厂采用免喷的增韧 PMMA 合金方案，以获得类似喷漆的效果。现在的外后视镜与之前相比，材质更加丰富，出现了与车身不同的材质工艺，如在一些性能车上，碳纤维或仿碳纤维的装饰效果也是常用的设计，不过仿碳纤维效果在光泽感和层次感上更弱，如图 5.58～图 5.60 所示。

图 5.56 斯巴鲁傲虎外后视镜

图 5.57 保时捷 Panamera 外后视镜

图 5.58 宝马 iX 外后视镜

随着汽车零部件逐渐被电子系统取代，安全性与智能化越来越受重视，电子外后视镜应运而生。电子外后视镜不仅在应对恶劣天气、减少盲区方面有着巨大优势，而且可以优化整车造型、减小风阻等。在汽车智能化的浪潮之下，这项新技术的变革增强了汽车的科技感，未来电子外后视镜取代传统外后视镜是大势所趋，如图 5.61 和图 5.62 所示。

图 5.59 宝马 M4 外后视镜

图 5.60 日产途达外后视镜

图 5.61 奥迪 e-tron 55 quattro 电子外后视镜

如今镀铬、双色的设计在外后视镜上也变得更加常见。其形态与质感多变，既可以呼应整体外饰风格，又可以成为突出的亮点，如图 5.63 和图 5.64 所示。

图 5.62 斯柯达 VISION iV 电子外后视镜

图 5.63 比亚迪汉 EV 外后视镜

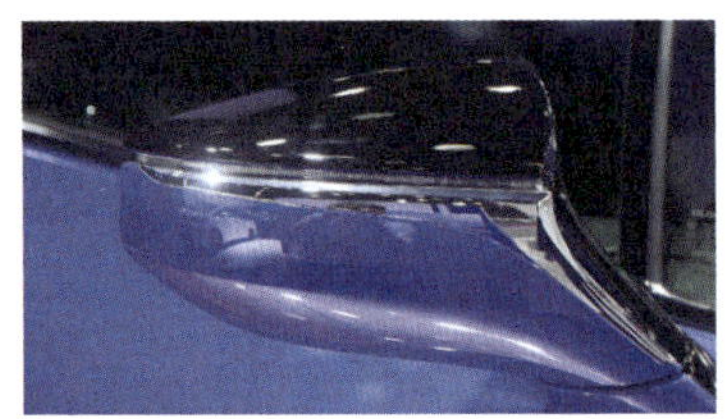

图 5.64 雷克萨斯 UX 300e 外后视镜

5.2.5 汽车刹车卡钳设计

汽车的刹车材料经历了从石棉材料、半金属材料、粉末冶金材料到碳碳复合材料和碳陶复合材料的发展过程。在各类刹车材料中，优良的导热性、稳定的摩擦系数、耐高温、抗冲击、耐磨减磨、质量轻便是制动闸片的重要发展方向，也是抢占未来发展制高点的重点。

随着年轻消费者的增加，他们更加个性化的审美需求在汽车刹车卡钳上有所体现，越来越多的新车型采用彩色刹车卡钳呼应内外饰其他位置的高亮色，显得更加动感而有趣味，如图 5.65 所示。

在一些汽车上，不同颜色的刹车卡钳也可以区分车辆等级、突显不同的汽车性能等。以保时捷为例，保时捷刹车卡钳的颜色有黑色、银色、红色、黄色等，对应的刹车盘等级依次提升。黑色刹车卡钳表示这款车是保时捷入门车型，如普通卡宴；而银色刹车卡钳相

图 5.65 不同车型刹车卡钳色彩设计

比于黑色刹车卡钳，定位要高一个级别，如卡宴 S 搭载的就是银色刹车卡钳；更高端的卡宴 Turbo 则搭载红色刹车卡钳。绿色刹车卡钳则是保时捷混动车型的专属刹车卡钳颜色，绿色易让人联想到环保，如保时捷新能源版本车型 Panamera 配备的便是绿色刹车卡钳，如图 5.66 所示。

图 5.66 保时捷不同颜色的刹车卡钳

5.2.6 轮毂设计

轮毂是汽车的重要组成部分之一，其设计对汽车的美观有很大的影响，轮毂的设计也是个性化的关键一步。虽然轮毂设计的局限性较大，但设计师们仍从材料、颜色、造型等方面对轮毂设计进行了各种创新。

之前多用于内饰的高亮钢琴漆，现在越来越多地出现在轮毂上，让轮毂有了更加年轻化的视觉感受，如图 5.67 和图 5.68

图 5.67 雷克萨斯 LC 500h 轮毂

图 5.68 威马 EX5 轮毂

所示。

大环境的变化使得消费者越来越倾向于通过高调、前卫的运动风格来找寻释放与乐趣，而亮丽的色彩、充满趣味的装饰形式正在成为趋势。相较于过去颜色对称、规整的轮毂，现在颜色非对称的彩色轮毂逐渐引起大众的关注。例如带有彩色点缀的异色轮毂，轮辋局部着色打破了视觉上的对称，极具个性，在车辆低速行进时也能营造动态，如图5.69～图5.71所示。

图5.69　哈弗X DOG轮毂

图5.70　大通NEW轮毂

图5.71　宝马Vision NEXT轮毂

平面化轮毂：创新科技风格成为一种趋势。平面化的轮毂常见于概念车、新能源车中，大块色彩与质感互相搭配能带来较好的辨识度，如图5.72和图5.73所示。

线条轮毂：轮毂加入装饰用的细线排布，视觉上显得更加精巧，不少概念车也呈现出对细线的偏好，整体设计显得更加考究精致，如图5.74和图5.75所示。

图5.72　奥迪Q4 e-tron轮毂

图5.73　广汽新能源ALON LX轮毂

图5.74　雷克萨斯LF-30轮毂

图5.75　哪吒Eureka 03轮毂

5.3　内饰设计

依据团队的前期研究及最后的设计方向定位，由CMF设计师来协同设计不同的外观部件，如仪表板、座椅、车门内饰、顶棚等，需要CMF设计师提供不同的创意主题设计将它们统一起来，如图5.76和图5.77所示。

除了前期设计方向的基本要求外，对于内饰还需要注意安全性问题，比如内饰色彩、纹理设计不要影响司机的驾乘与视线。此外，由于内饰在材料上的使用更加多样，在形体、质感、色彩、工艺的统一上相较于外饰会有更高的要求。

暗夜星空

图 5.76　内饰色彩创意主题——暗夜星空

流金岁月

图 5.77　内饰色彩创意主题——流金岁月

5.3.1　内饰整体配色

汽车内部装饰件的色彩会影响用户的驾驶状态，繁杂沉闷的色彩不利于其驾驶，因此主驾驶区的装饰件颜色不能太过刺激和高反光。对于仪表盘上的各类指示标志的色彩，应该按照重要程度和在背景中辨识的难易程度进行选择，一般情况下可以采用不同的明度对比，如黑黄对比，以突出用户需关注的对象。

汽车内饰作为一个由各大外观零部件总成组合的整体空间，涉及的主要外观零部件种类繁多。因此，色彩纹理设计师需要考虑的第一项重要工作是，如何将汽车内饰中各类不同材料的零部件进行协调的色彩纹理整体搭配和设计。

按色彩类别区分，汽车内饰的色彩主要分为非彩色系列和彩色系列。非彩色系列又称为黑白系列，是指白色、黑色（实际上白色与黑色也有色调和深浅上的差别）以及各种深浅不同的灰色。汽车内饰上几种常见的非彩色系列主要有全黑内饰、全灰内饰、深灰搭配浅灰内饰、黑色搭配深灰内饰等，如图 5.78 所示。

彩色系列包括各种不同频率（或波长）的单色光（红、橙、黄、绿、青、蓝、紫），或不同比例的单色光的混合（白、黑系列除外），加上不同明度、纯度的变化，就构成了不计其数的彩色系列。彩色系列应用在汽车内饰上，主要是日常最流行的米黄色、棕褐色、红色等，如图 5.79 所示。

图 5.78 非彩色内饰　　图 5.79 彩色内饰

按照主色调的配置情况，汽车的内饰色彩大体分为单色内饰、双色内饰和三色内饰。汽车内饰的主色调是指内饰色彩的总倾向，在配色中必须有一个主调才能显得统一。色彩越少，色调越容易统一；色彩过多，则容易造成色彩分割，难以统一。

汽车内饰主色调的数量主要有以下几种。

（1）内饰主色调为单色

采用一个主色调（图 5.80）能给人简洁、朴素、大方的感觉。但是单一主色调容易使内饰显得单调，所以一般在局部零部件上采用高亮色衬托，例如在出风口、按键开关加上金属色（银色喷漆、镀铬工艺）或者在开关面板、门扶手、内饰装饰件上采用水转印、IMD 等工艺，让内饰显得更加生动活泼。

图 5.80 单色内饰

(2)内饰主色调为双色

目前市场上乘用车比较流行的内饰色彩搭配为双色内饰（图 5.81），主要有上下分色和比例分割两种类型。尽管采用了两个色调，但它们有主次之分，一般色域大的色彩是相对的主色调，色域小的色彩是相对的辅色调。由于双色内饰能够较好地解决整体协调与色调单一的问题，因此在相当一段时间内将成为乘用车内饰的一个主要流行趋势。

图 5.81 双色内饰

(3)内饰主色调为三色

三色内饰（图 5.82）搭配相对少见一些，但是也有这样设计的成功案例，内饰色彩应用搭配得恰当，会使汽车别具一格，突显个性，设计感十足。

图 5.82 三色内饰

从空间分布来说，汽车内饰常用到三种配色法。一色分割法是以仪表板上护板、门板上护板为一色贯穿整体内饰，顶棚和仪表板下护板、门板下护板搭配同一种颜色（图

5.83)。“T”型配色法根据实际造型来表现，如果仪表板型面与副仪表板为一体，可以按第一种分隔法的形式，将仪表板上护板色彩延伸至副仪表板，形成类似“T”字的分布（图 5.84）。上下配色法是一种最为常用的配色法，上为顶棚，下为仪表板、副仪表板、门板、座椅等主要外观件，将上下分别统一颜色。如图 5.85 所示为浅灰色 + 黑色的上下配色。

图 5.83　一色分割法

图 5.84　“T”型配色法

图 5.85　上下配色法

汽车内饰色彩设计还要符合美学原则，所谓美学原则主要包括：均衡与稳定，统一与变化，调和与对比，节奏与韵律，主从与重点，过渡与呼应，比拟与联想等。这些美学原则在汽车的色彩设计时同样适用，必须灵活运用。

通过关注每年的车展，可以发现行业内更多新的内饰色彩应用动态。如图 5.86 所示的比亚迪在 2021 年上海车展中亮相的概念车 —— X-DREAM，其内饰设计将现代科技与经典东方美学融合，采用中国传统配色中由浅而深渐变的月白、星郎、晴山和品月四种颜色，座椅表面的蓝灰渐变色富有水墨意境，其中的缝线和花纹由中国结演变而来。这组色彩整体饱和度及纯度偏低，明度适中，带着淡淡的灰调，既沉静又优雅。

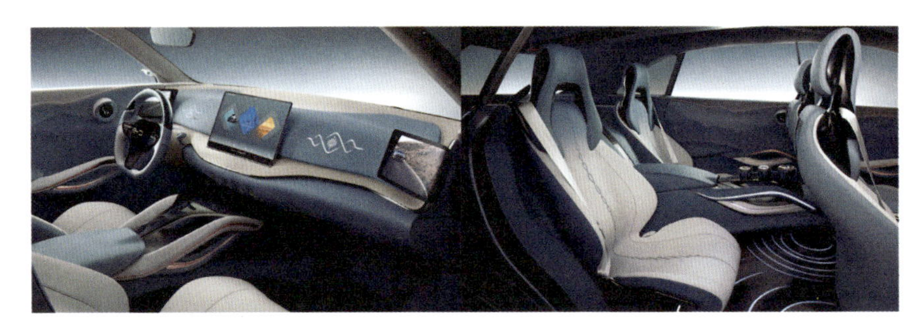

图 5.86　比亚迪概念车 X-DREAM

5.3.2　仪表板本体设计

仪表板是指驾驶室中安装各种指示仪表和点火开关等的一个总成，是汽车内饰中最关键的零部件之一，位于前排座椅和前风窗玻璃之间，通常为薄壁大跨度曲面零件，安装在仪表嵌板上或者作为附件安装在转向管柱上。它通常包含仪表板本体（壳体）、仪表盘、指示灯、汽车系统（除霜系统、空调控制系统、影音娱乐系统、安全气囊、手套箱）和中控显示屏（图 5.87）。

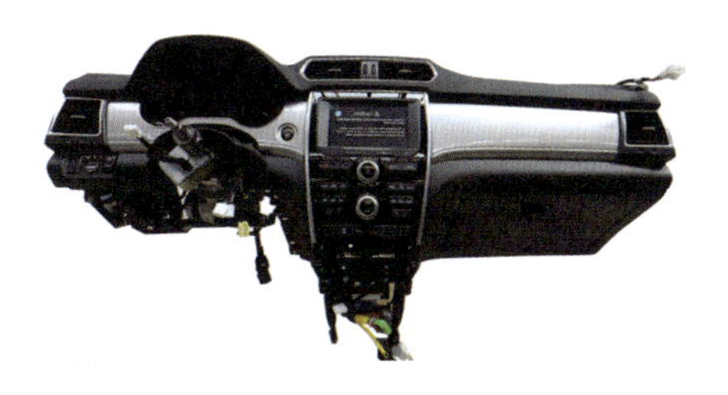

图 5.87 仪表板模块化总成

（来源：诺博汽车官网）

仪表板作为汽车内饰的主要组成部分，可以突出整体的内饰风格。如今，经济发展与消费升级驱动着汽车行业快速前进，驾乘者对于品质感和时尚性的追求也越发明显。因此，在进行仪表板本体设计时，应当考虑仪表板本体材质特性，通过优秀的色彩选用方案，以及材质纹理的搭配设计，可以降低某些材料的低品质感。

仪表板本体常见类型包括硬质仪表板、软质仪表板和真皮仪表板。

（1）硬质仪表板

硬质仪表板手感坚硬，质感差，其明显的塑料感也会影响品质效果及美观度，因此在色彩的选择上以黑色为主，极少使用深棕色，在搭配的颜色上多选用灰、米、白等保守的颜色。高饱和的多彩颜色在该材质上使用，会造成玩具般的低廉感。

在装饰的形式上，可以通过在仪表板中部辅助使用不同的装饰效果来弥补硬质仪表板在品质感上的不足。常用的手法有仿皮纹，通过腐蚀纹理的工艺赋予硬质仪表板皮质感而降低塑料感，加上假缝线的使用，可以使效果更逼真，能够达到皮革包覆的视觉效果。此外，可以通过增加其他的表面纹理，并借助喷漆、烤漆等工艺改变材质的本来质感以增加表面高品质的效果体验，如图 5.88 所示。

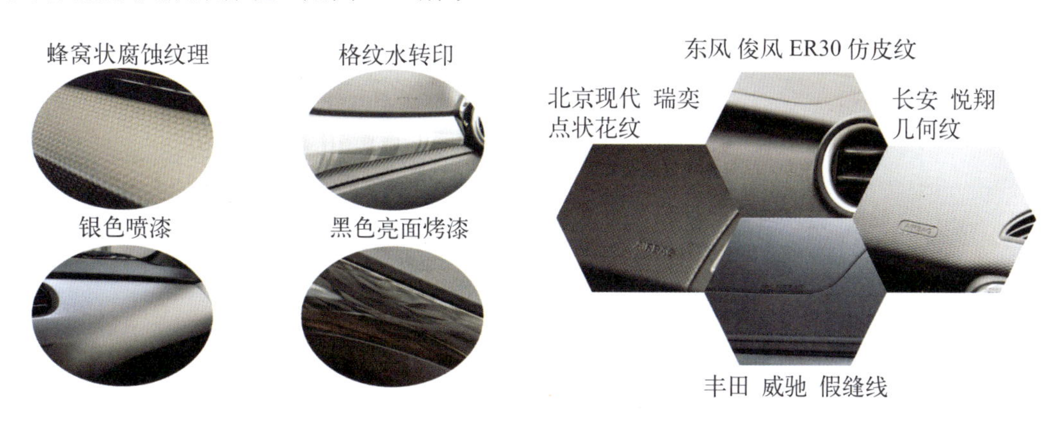

图 5.88 仪表板辅助使用的不同装饰效果

（2）软质仪表板

软质仪表板根据成型工艺的不同，可分为塑料仪表板、半硬质泡沫仪表板和搪塑仪表板。借助不同于硬质仪表板的材质与工艺，软质仪表板可以规避掉明显的塑料感，手感也更加舒适，故在仪表板的颜色设计时有较大发挥空间，可以大胆采用彩色系方案。

在装饰时，由于级别和成本的提高，可以使更多的设计方案能够实现，例如图 5.89 所示的金属拉丝、科技纹、木纹、碳纤维纹等。在皮纹设计中，可以使用荔枝纹来赋予仪表板更逼真的皮质感，工艺上的改进使得假缝线可以有同异色及单双线的不同效果，更具装饰性，从而提升整体档次。

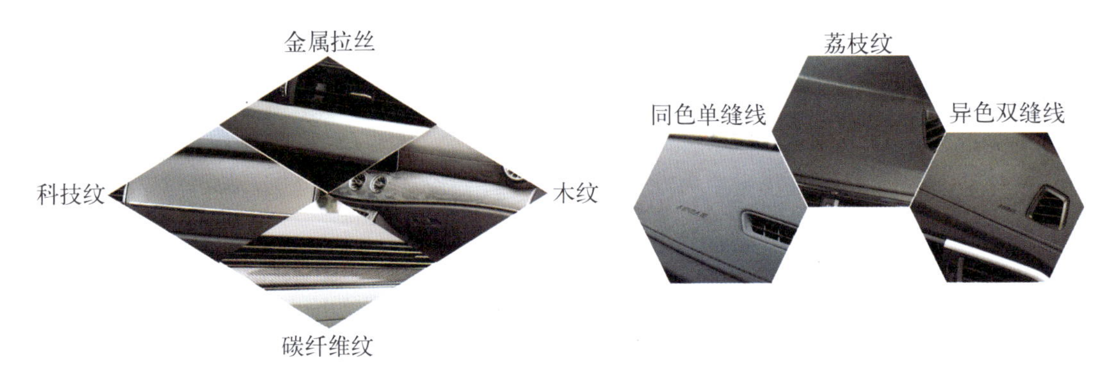

图 5.89 软质仪表板的不同效果

（3）真皮仪表板

真皮仪表板工艺主要有直接包覆在骨架上、包覆在发泡材料上、先包覆软层再包覆真皮、真皮直接发泡成型四种。真皮仪表板手感舒适，表皮光滑、富有弹性；纹理细腻，真皮毛孔清晰、细小、紧密，表面丰满细致，同时造型美观，体现着高档与豪华。真皮仪表板的高质量用料，让仪表板的色彩设计能够更加多样，同时也可拓宽缝线的选色范围（图 5.90）。

图 5.90 真皮仪表板

仪表板本体的材质有时不是单一存在的，例如软质仪表板可以分为上软下硬和中部软质、上下硬质两种形式。作为 CMF 设计师，应当充分考虑材质特性以及工艺纹理结合内饰整体的设计思路（图 5.91）。

图 5.91 福田戴姆勒欧曼车内饰设计（上海交通大学设计趋势研究所指导研发）

5.3.3 中控台设计

中控台位于驾驶舱与仪表板的中部，是整车的控制面板，该区域集成了大部分的车载设备控制功能，例如影音娱乐设备、空调设备及导航系统等。中控台的设计集中反映了整车的可操作性、汽车的舒适性和功能性。由于中控台是仪表板的一部分，因此在设计时要注意保持与仪表板设计的协同性。

中控台的设计可以分为传统式、悬浮独立式、虚拟中控台等。

传统的中控台功能按钮较多，空调出风口多为连接在一起的规矩的长方形，搭配嵌入式小屏幕，造型经典，如图 5.92 所示。

图 5.92 大众高尔夫中控台

对于悬浮独立式中控台，会有一块独立的屏幕立于中控台之上，再搭配空调出风口和各种电子按钮，更有科技感，如图 5.93 所示。

图 5.93 宝马 X3 中控台

虚拟中控台取消了所有的电子按钮，通过超大的电子触摸显示屏，将所有的按键都安排在屏幕内触摸操控，整体设计也更加简约，如图 5.94 所示。虚拟中控台是目前汽车中控台设计的主流方向，也是未来新能源汽车发展的主要趋势之一。

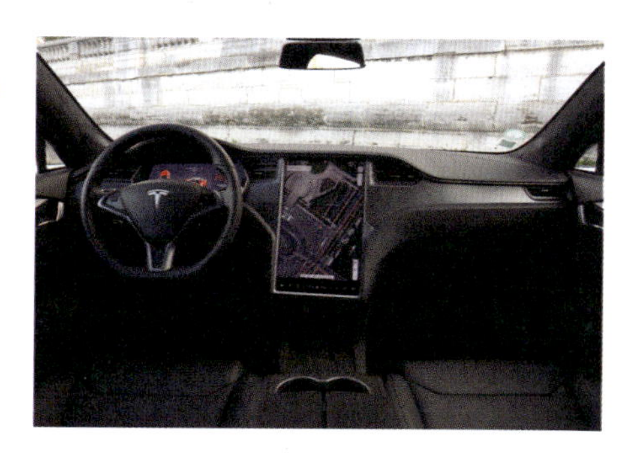

图 5.94 特斯拉中控台

现如今，新能源汽车内部结构的简化及新兴技术的不断发展给予了汽车内部造型设计更大的自由度，推动了纯电动汽车中控台造型的变化。未来纯电动汽车中控台的设计变化主要聚焦在中控屏的布局方面，在逐渐取消传统的物理操控方式后，中控屏的设计趋势将逐渐轻薄、整体化，设计风格将更简约，用色也更偏向亮色系，真正形成纯电动汽车时代独有的中控造型特征，如图 5.95 所示。当前，汽车设计正逐渐聚焦到内部空间上，随着未来全自动驾驶时代的来临，汽车将真正成为人们除家与办公区域外的“第三生活空间”，因此，汽车内部造型设计将更注重满足人的情感和审美需求，加入更多的感性设计元素，以实现更加人性化的内部造型设计。

图 5.95 宝马 i 未来概念座舱

5.3.4 座椅设计

座椅是我们打开车门时最显眼的重要部件，也是与驾乘者最频繁接触的地方。座椅的配色和织物图案风格对整体内饰的风格有着很大的影响，它所体现的舒适度和美观度是评估整车内饰品质的重要依据。座椅主色通常与仪表板下护板颜色一致。

根据裁片分块颜色方式的不同，座椅的色彩搭配可以分为纯色和拼色。其中，座椅纯色包括同皮同色（图 5.96）、同织物同色和混材同色。座椅拼色包括同皮拼色、同织物拼色和混材拼色（图 5.97）。座椅面套上的缝纫线是座椅的点睛之笔，除了有效地连接面套分块外，还可起到装饰作用，因此在设计中需要把握缝纫线的颜色、针距等。

图 5.96 座椅纯色——同皮同色

图 5.97 座椅拼色——同皮拼色、同织物拼色和混材拼色

根据不同的分块设计，座椅造型风格也存在着多样性，例如对于大气、经典型，采用简单的横竖线条进行分块的区分，这是常见的分块形式；对于动感、时尚型，将几何形等图案进行有规律的组织排列，形成一种有序的韵律；对于灵动、个性型，通过形体的分块、面套上缝合的特征线等来表达线条的律动感，体现一种柔科技；对于前卫型，通过造型的镂空、穿插、交汇等新颖的设计创意，体现座椅的科技感。

品质是汽车内饰的灵魂，座椅材质的优劣则直接体现了车辆的档次和质感。座椅包覆材质主要为皮革类和织物类，其中皮革类包括真皮、超纤革、PU 合成革和PVC 人造革等，织物类根据制造工艺可分为机织物、经编织物、纬编织物等。座椅材质搭配分为以下类型。

全真皮包覆是高端奢华的经典代表，座椅造型分块、缝线装饰、包覆工艺是提升座椅品质的关键（图 5.98）。

图 5.98　全真皮包覆

对于座椅织物，除了体现回归自然与质朴的棉麻等环保型面料之外，还出现一类新型面料，这类新型面料具有自我清洁功能，可感知环境温度，还可以搭配透光装饰（图 5.99）。

图 5.99　座椅织物

座椅中部常使用织物面料，采用 3D 压印、数码编程、参数化纹理等技术来实现纹理图案，在提升美观的同时可以增加座椅的透气性、舒适性和实用性（图 5.100）。

图 5.100　座椅中部织物面料

麂皮绒具有隔热保暖的功能，防水透气性能显著，毛感顺滑、触感柔软、质地轻薄，相较其他面料，看起来更为高档、有品位（图 5.101）。麂皮绒常用于高端跑车的内饰，更显高级感。

图 5.101　麂皮绒座椅

装饰性材料一般通过醒目的色彩和立体纹理来增加设计感，富有运动激情（图 5.102）。

图 5.102　座椅高亮色点缀

座椅包覆的皮革工艺具体见“6.4.2　皮革表面装饰工艺”。

随着驾乘者对汽车内饰品质的追求日益增加，消费者的需求会迫使产品在细节处理上更加精致细腻。汽车座椅作为与人体接触最多的部件之一，在保证汽车座椅安全性、功能性的前提下，通过色彩的搭配、材质的匹配、工艺的融合以及更加精致的细节处理，能够为人们打造既富有吸引力又兼顾安全、舒适、个性、时尚的内饰空间，提升汽车内饰的品质，彰显品牌魅力。

5.3.5 车门内饰板设计

车门内饰板覆盖于车门内板之上，除装饰车门外，还具有使车门开关方便、支撑肘腕、隔音吸振、防尘防水以及车辆受到冲撞时保护人体的功能。作为汽车内饰重要的组成部分，车门内饰板的舒适性、可靠性、美观性也越来越成为人们追求的目标。

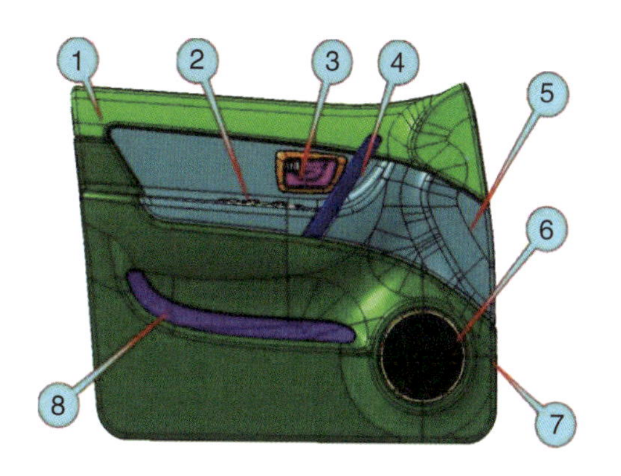

图 5.103 车门内饰板总成结构示例

1—上部装饰板；2—车门控制开关总成；3—车门内开手柄总成；4—车门把手总成；5—中央装饰板；6—扬声器孔盖；7—门内饰板主体；8—地图袋

车门内饰板的配置包括车门内切水条、内开手柄 / 按键总成、内拉手总成、控制开关总成、手动玻璃升降器手柄 / 电动升降器开关、车门警示灯、烟灰盒总成、出风口、置物盒等。根据造型、档次和生产工艺的不同，车门内饰板构成部件也不尽相同（图 5.103）。各零部件之间主要采用超声波焊、热铆焊、自攻螺钉、卡接等方式连接成整体。

对于车门内饰板色彩设计，在整体造型的定义下，主要呼应仪表板 CMF 设计，形成内饰色彩风格。设计时，通常根据分件进行，主要部件分为门上饰板、门中饰板、门下饰板、扶手面板和扣手饰板等。

车门内饰板多应用传统的双色内饰，即上下分色，一般上饰板为深色，下饰板为浅色（如米色、黄色）；也有整体镶嵌式设计，在主体为一种颜色的情况下，镶嵌饰板根据色彩配置可采用不同色彩和质感的方案。例如，欧宝 Ampera 的门中饰镶嵌板与座椅色彩呼应（图 5.104）。扶手面板及扣手饰板多沿用仪表板、装饰板设计的一致风格，门中饰板包覆件沿用座椅 CMF 设计，这是依据遵循整体内饰大风格的设计法则。例如，奥迪 A6 的车门内饰板与仪表板形成统一的整体风格（图 5.105）。

图 5.104 欧宝 Ampera 的门中饰镶嵌板与座椅色彩呼应

图 5.105 奥迪 A6 的车门内饰板与仪表板形成统一的整体风格

5.3.6 顶棚设计

汽车顶棚是指在车身顶盖钣金下面加装的内饰件，除了提高车内装饰性外，它还起到隔音、吸音、隔热的作用。顶棚集成有车顶控制台（前顶灯）、遮阳板、安全拉手、空调风道、线束、头部吸能块、隔音隔热块、后顶灯及相关电子设备（图 5.106），其设计与制造是整车生产的重要一环。

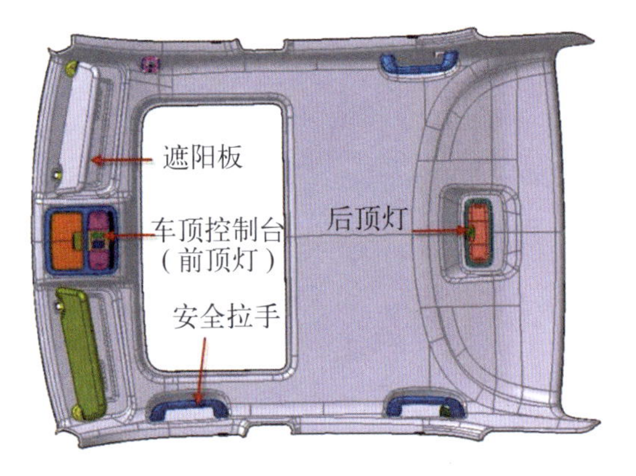

图 5.106 汽车顶棚的组成

汽车顶棚内饰按选材不同，可分为软顶和硬顶两种。其中，软顶由面料及泡沫层构成，由泡沫层发挥隔热、隔音及减振功能，其安装方式包括粘贴法和吊装法两种。硬顶多采用模型加工成型工艺，由面料和基材组成，结合客户需求，可在顶棚背板粘贴无纺布或在面料外覆盖保护膜。硬顶安装方式主要为卡接和粘接。

汽车软顶具备自重小、成本低等优势，但其与车内其他构造间的协调程度不高，与汽车顶盖间预留的缝隙较大，因此占用的内部空间更多，且表面凹凸不平，在行车过程中振动幅度大，在美观性及内部体验上均低于硬顶。因此，大多数汽车顶棚会使用硬顶。

（1）汽车硬顶的设计

汽车硬顶一般由面料层、基材层与背面无纺布层构成，其中面料层的面料能够呈现出顶棚的外观形态。

在进行汽车顶棚面料层的面料选择时，要考虑其美观性、隔热隔音性、吸热性和安全性，而这一选择将影响汽车的品质和档次。通常情况下，顶棚面料可以采用麂皮绒面料、仿麂皮面料或皮革。

麂皮是一种独特的创新面料（图 5.107），具有高耐磨性和高使用率，外观优雅，手感柔软舒适。它具有良好的透气性、强耐磨性、高稳定性和易清洁性。麂皮顶棚可以提升汽车内部的舒适度水平，适用于汽车和越野车，但成本相对较高。

对于仿麂皮，通常选择聚酯超细纤维作为原料。聚酯超细纤维是一种高质量、高性能、高技术含量和高附加值的新产品。它的单丝线密度远低于常规聚酯纤维，这使其不同于常规聚酯纤维，在吸湿性、透气性、柔软感、丰满度、弹性、蓬松度和优雅感上表现更佳，成本也较低。

皮革（图 5.108）的优点是具有较好的耐磨性、较高的拉伸强度、良好的透气性，但略微缺乏柔软性。设计时可能会使用真皮来增强整体质感，提高汽车的装备档次，使汽车具有良好的视觉、触觉甚至味觉的心理感，传达高贵、大方、典雅之感。

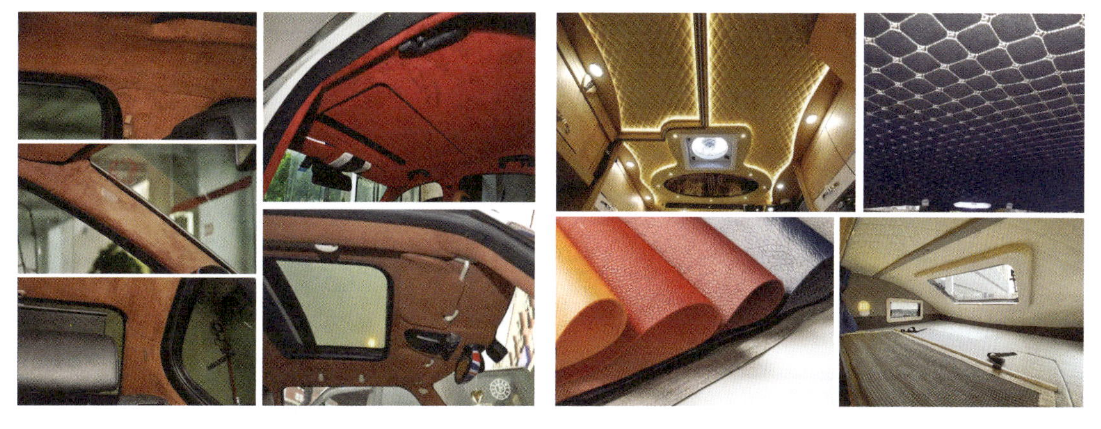

图 5.107 麂皮面料　　图 5.108 皮革面料

为了增加设计感，设计师会在汽车顶棚上装饰灯光元素（图 5.109），例如星空顶、氛围灯装饰件等，其灯光亮度可由使用者调节，可以满足相对个性化的美学需求，再配合真皮的豪华、舒适质感，给用户带来梦幻、科技的个性化感官体验。

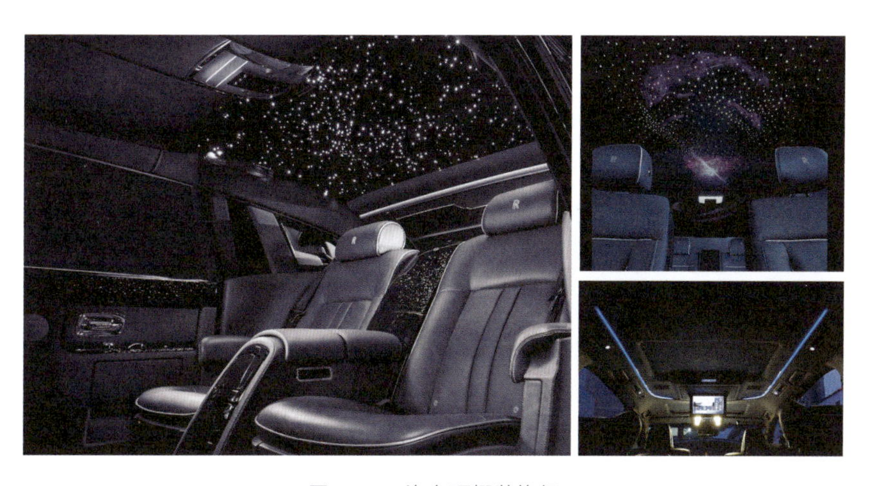

图 5.109 汽车顶棚装饰灯

（2）汽车软顶的设计

汽车软顶顶棚（图 5.110）在敞篷车上较为常见。软顶顶棚通常采用帆布、聚乙烯或塑料为材料，配有可折叠支架。软顶可以减轻车辆总重，因此其车辆比硬顶的更省油，而且开启速度较快，维护修理相对硬顶更便宜，开合装置也比硬顶更耐久。

图 5.110 汽车软顶顶棚

软顶内饰与其他汽车构件的搭配设计需重点考虑，确保顶棚与其他构件衔接平整且色彩符合内饰主色调的选择，在保证内饰性能最优化发挥的同时提高整车的美观性，如图 5.111 和图 5.112 所示。

图 5.111 蔚来 ET7 软顶顶棚

图 5.112 劳斯莱斯 Serenity 软顶顶棚

5.3.7 汽车内饰选材原则

汽车内饰选材可遵循以下几大原则。

（1）安全健康

安全性是选材的首要原则，对于材料，要从刚度、强度、耐热性、耐磨性等方面入手，以保障驾乘人员的安全为前提。另外，材料的使用要满足汽车内空气质量要求，挥发性有机物（VOC）含量要符合标准，以保护驾乘人员的健康。

（2）节能轻量化

轻量化是内饰选材的重要原则之一（图 5.113），主要方案有将低密度的材料应用在门板和立柱上，以及将微孔发泡材料应用在仪表板和门板上等。

随着内饰的轻量化，对内饰材料的性能也有了更高的标准，如对低密度材料的强度和模量、薄壁材料的流动性和刚度、玻璃纤维增强材料的含纤量、玻璃纤维保留长度及流动性等都有了新的要求。

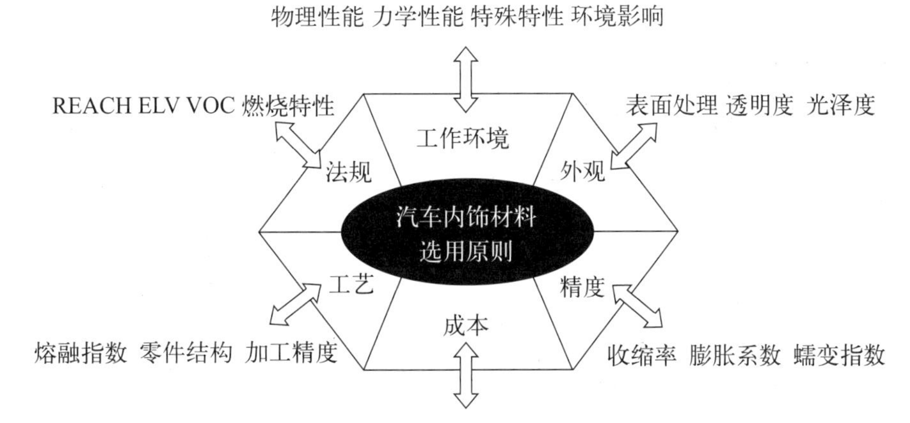

图 5.113　汽车内饰材料选用原则

（3）绿色环保化

材料的环保化是绿色汽车和绿色制造的基础。免喷涂材料、低 VOC 材料、低气味材料、可再生材料等环保友好型材料，已逐渐成为汽车内饰材料的首选方向。

（4）感官品质化

乘用汽车内饰的最终使用者是驾乘人员，因此在进行选材和设计的时候就要坚持以人为本的人性化设计原则，要考虑驾乘人员的视觉、触觉、听觉和味觉体验。整体趋势上，未来汽车的发展将会更加注重消费者体验，力求打造环保、舒适、清洁的环境。

5.4　灯光设计

随着车辆智能化的发展，灯光在汽车内饰设计中发挥了越来越重要的角色。灯光是兼具装饰和指示作用的照明结合体，通过多种多样的载体及丰富的色彩变幻能够营造出科技、未来、梦幻、奢华等氛围。随着科技的发展，氛围灯也融入了人机交互等智能化元素，改变的不仅仅是照明方式，更是驾驶方式，给人带来全新的感官体验。

5.4.1 汽车内饰灯光技术

随着同级别汽车产品在内饰质感和车机系统体验上的趋同倾向，驾驶场景的氛围营造开始成为提升驾乘体验的一大趋势。汽车主机厂通常在车内布置 LED 灯带，并且提供不同的色彩模式，供消费者随时切换适合自己驾驶风格和驾驶场景的灯光效果。

行业内多使用全彩 LED 灯，它采用白（包括冷白和暖白等各种照明白光）、红（R）、绿（G）、蓝（B）四种基本颜色的 LED 灯珠芯片，每个芯片都是一个单颜色的发光二极管。调节颜色时，可以控制红、绿、蓝三种 LED 灯珠芯片，依据光学三原色原理（所有颜色均可以用三原色红、绿、蓝按照一定比例混合出来）近似调出几乎所有人眼可见的光色（图 5.114）。

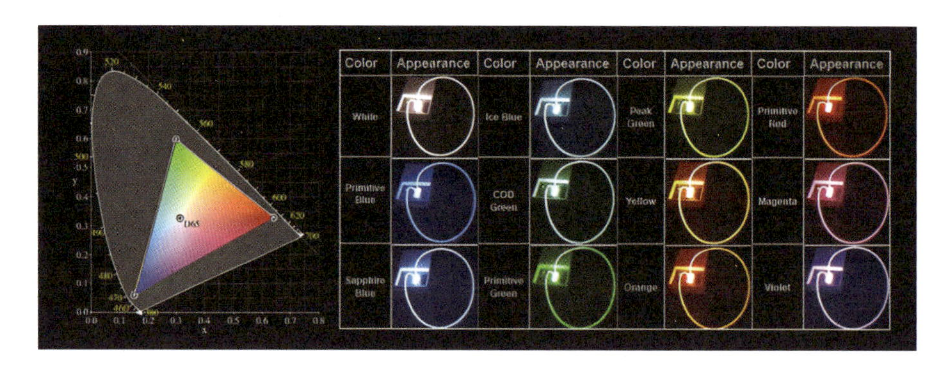

图 5.114 欧司朗 LED 灯珠

在无级调光系统技术的支持下，用户可以进行自定义亮度设置，根据不同环境选择适合的亮度输出。亮度的转变是平滑的，不再有预设的亮度限制。随着全彩 LED 灯技术日趋成熟，配置无级变色氛围灯的汽车品牌日益增多。如图 5.115 所示，2017 年奔驰新 S 级的氛围灯颜色由过去的 7 种升级为 64 种，同时提供了 10 种预设的颜色搭配。目前市场上奔驰、荣威、零跑等品牌都配置了 64 色氛围灯，支持任意模式下无级调节色彩和亮度。

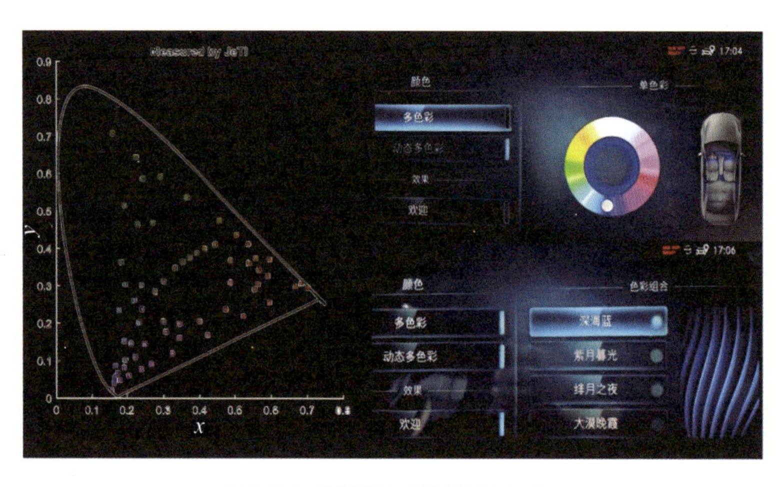

图 5.115 奔驰新 S 级氛围灯 64 色

5.4.2　灯光的模式

作为一种艺术表现手段，灯光影调可以体现各种情感，通过车内灯光模式配置可以营造出不同的车内氛围。常见的灯光模式包括客厅模式、睡眠模式、娱乐模式及办公模式。

① 客厅模式（图 5.116）：在很多概念车上都能见到设置为休息模式的内饰灯光，用暖色调或中性色调灯光营造出温馨的第三空间。

② 睡眠模式（图 5.117）：开启睡眠模式时，氛围灯可以调节到合适的亮度，在保证行驶过程中车内光线不会过暗的同时，也营造出安静舒适的睡眠空间。

图 5.116　客厅模式

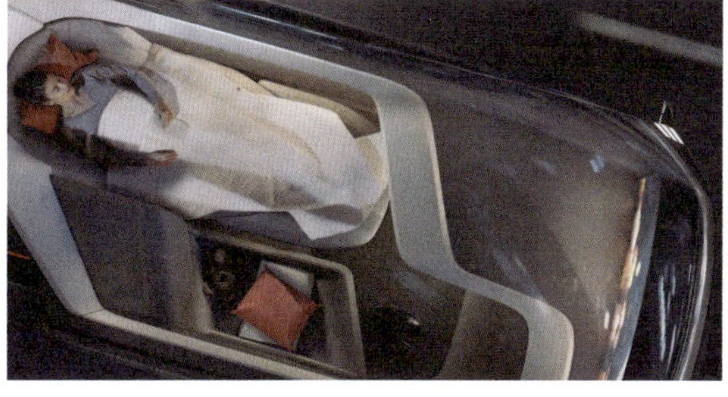

图 5.117　睡眠模式

③ 娱乐模式（图 5.118）：车内明暗交替的灯光伴随着音乐律动的线条，营造出欢快愉悦的气氛。

④ 办公模式（图 5.119）：氛围灯可以成为汽车的辅助工具，利用全息影像展示信息，更便捷地为驾驶者提供清晰的指令信息。乘车人可以打破传统，在车内轻松愉快的环境下进行商务洽谈，体验人与车、人与人的情感交互。

图 5.118　娱乐模式

图 5.119　办公模式

5.4.3　灯光的构成形式

灯光的构成形式包括点光、线光、面光和立体雕塑光。

① 点光（图 5.120）是投光范围小而集中的光源，是人们日常生活中最常用的灯光表现形式，同时也非常广泛地应用在汽车内饰中。在汽车内室里使用点光的形式可以表现出

繁星点点的视觉效果，例如梅赛德斯 - 奔驰 Vision Tokyo 概念车的点状透光排列、劳斯莱斯幻影星空顶。

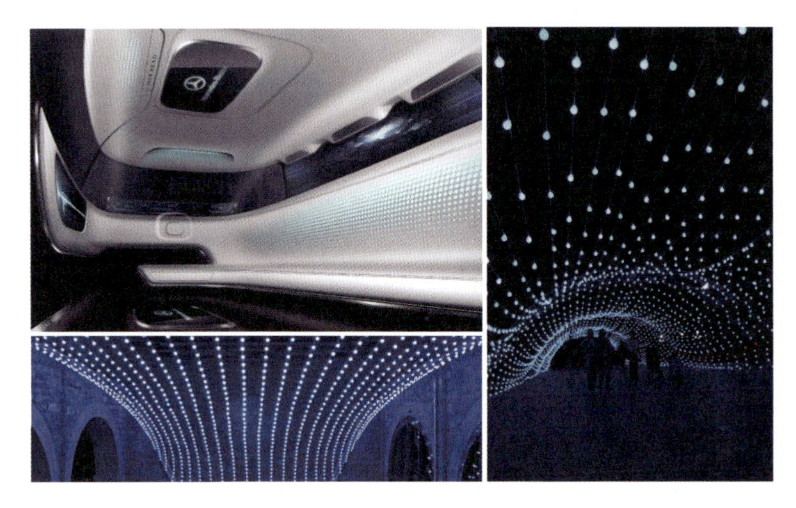

图 5.120　点光

② 线光（图 5.121）通过动感流畅、节奏律动的线条体现速度、激情、科技、未来，是车内灯光设计的惯用表现手法，通过所呈现的简洁线条，将照明元件巧妙地隐藏起来，为驾乘者打造一种充满魅力的照明体验。用融合的线条勾勒并放大内饰的局部细节，光随影动，让人被灯光所包围，独自享受属于自己的私密空间。

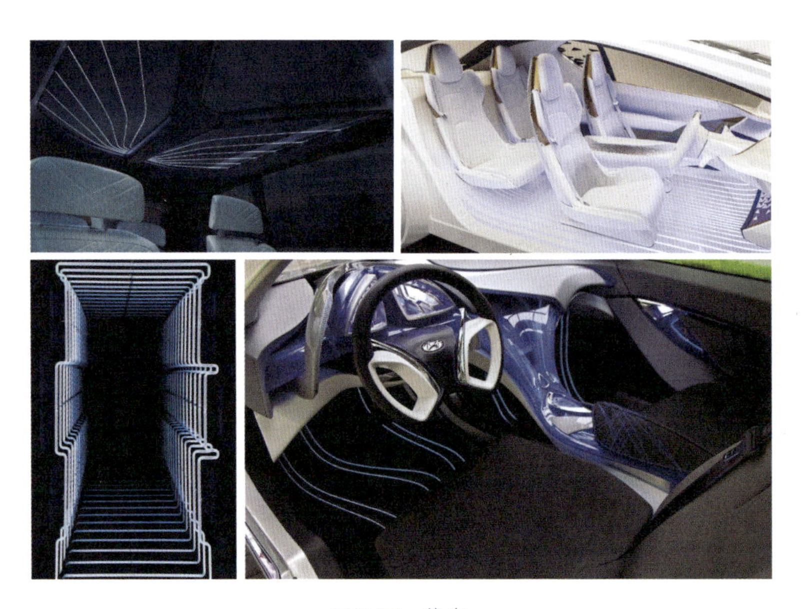

图 5.121　线光

③ 面光（图 5.122）是指在装饰件上以面与面的形式表现出多样化、参数化的视觉效果的灯光。将灯光融入内饰参数化设计，并与零部件的部分功能属性加以融合，将会给人带来耳目一新、具有未来感的视听感受。

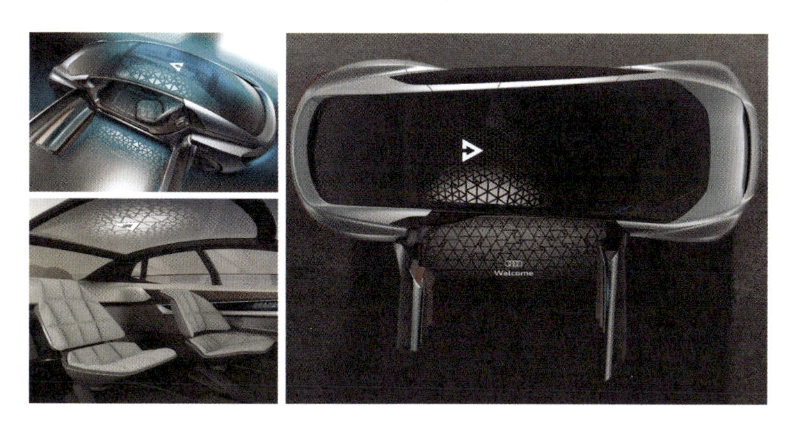

图 5.122　面光

④ 立体雕塑光（图 5.123）是指通过与新型材料的结合，光可以体现出更立体的形式，具有更强烈的空间感，让驾乘者仿佛置身于科幻空间，同时可以通过突出材质表面的质地和光润性来掩饰部件的些许瑕疵。

图 5.123　立体雕塑光

5.4.4　灯光的照明方式

灯光的照明方式有直接照明、半直接照明、间接照明、半间接照明、反射照明、漫射照明、动态照明等。

① 直接照明（图 5.124）光源的全部或 90% 以上直接投射到被照物体上，特点是亮度大，给人以明亮、紧凑、耀眼的感觉。

图 5.124　直接照明

② 半直接照明（图 5.125）是指 60% 以上的光直接照亮被照物，剩下的光散射到周围。

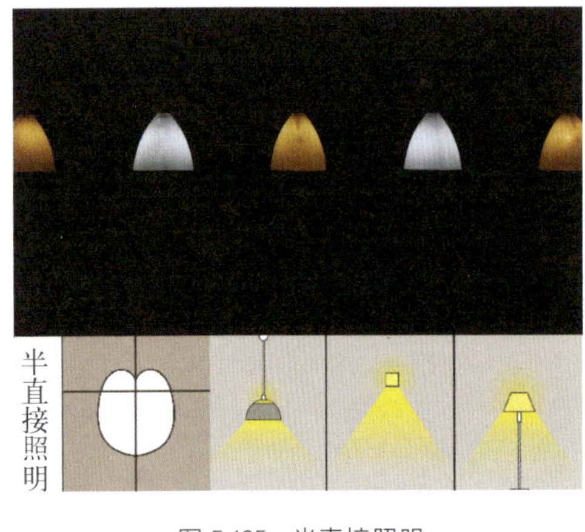

图 5.125 半直接照明

这种照明通常是通过遮光物的透光率来完成的，但是不同透光率和形状的遮光物光效不同。由于光源底部未完全遮挡，会有一部分光源反射到天花板上。它的亮度仍然较大，但比直接照明稍显柔和。

③ 间接照明（图 5.126）是指灯具或光源不是直接把光线投向被照射物，而是通过其他媒介折射、反射后的照明效果。有 90% 以上的灯光先照射到顶棚后，再由顶棚反射回被照物上。这种类型的照明光量弱，光线柔和，无眩光和明显阴影，具有安详、平和的气氛。

④ 半间接照明（图 5.127）是指 60% 以上的光经过反射后照到被照物体上，只有少量光直接射向被照物体。

⑤ 反射照明（图 5.128）是指通过墙面反射形成层次感，运用轻快的光线路径营造虚幻、理想的环境。

图 5.126 间接照明

图 5.127 半间接照明

图 5.128 反射照明

⑥ 漫射照明（图 5.129）是指光线向各个方向均匀散射，没有明显的阴影，用户可以根据喜好、心情来调整。此外漫射照明可以利用透视关系营造多种画面景物的视觉效果，光线可以将其处理成明显或朦胧的效果，也可以处理成层峦叠嶂的画面效果。漫射照明方式能充分利用光的特性，为驾乘者创造出稳定、柔和、雅致、和谐的光环境气氛。

图 5.129 漫射照明

⑦ 动态照明（图 5.130）打破了传统的光照布局，以动态的投射方式，形成独特的光语言，使驾乘更趋向智能化，增加了驾乘的趣味性。

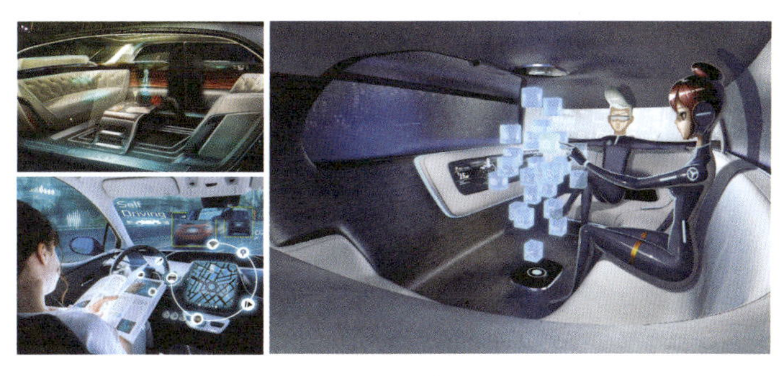

图 5.130 动态照明

灯光技术的发展是人类技术进步的重要标志。灯光在汽车内饰中的应用不仅体现在功能操作、界面展示和环境氛围烘托，更体现在从人类的角度出发，通过灯光设计展示出汽车内饰更具艺术化、情感化和人性化的特性，彰显驾乘者的个性与品位。因此，无论是平面的光、立体的光，还是动态的光，我们以面向未来的美学，塑造出充满活力的体验线和视觉风格，来实现感官上的统一与和谐。

5.4.5 灯光颜色与情绪的关系

灯光颜色是情感传递的载体，CMF 设计师可以通过变换灯光色彩来营造愉悦、宁静、浪漫等不同风格的氛围。色光的彩度和色相变化是汽车内饰氛围灯情感表达的重要方式。

暖色调灯光具有温馨、愉悦和热烈的氛围，可以在汽车内部烘托出娱乐欢快的气氛，灯光模式一般支持红色、橙色的切换（图 5.131）。

图 5.131 暖色调——红橙光

白光（图 5.132）给人简洁清爽的感觉，是灯光颜色里最经典的代表色，经久耐看，应用最为广泛。偏冷调的白光像冰川、雪山一样泛着淡淡的蓝，给人一种清冷的科技感；偏暖调的白光则带有居家的温馨感。

图 5.132　中性色调——白光

蓝光（图 5.133）是体现科技感的主流色，科幻片中常以蓝色灯光渲染气氛并突出科技感。同时，蓝色调可以起到调节神经、缓解情绪的作用。在汽车内饰中，蓝色灯光通过营造悠远及宁静的车内氛围，让驾驶者烦躁的心情安静下来。

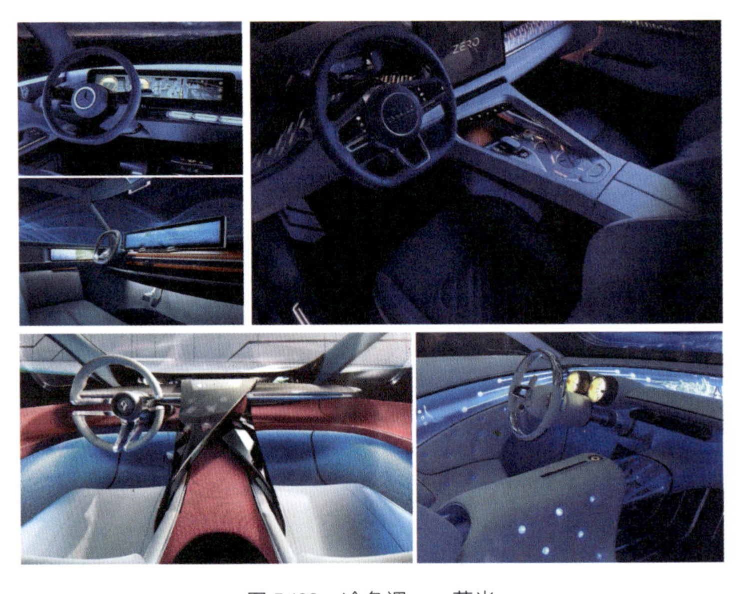

图 5.133　冷色调——蓝光

淡绿光（图 5.134）是近年来概念车的灯光颜色设计中大量应用的灯光色彩，这种纯净剔透、有清凉之感的颜色，通过搭配透明材料的载体，使驾乘者在高温气候的环境中，也能感受到丝丝清凉。

图 5.134 冷色调——淡绿光

紫光（图 5.135）处于冷暖色调之间，正是因为这种游离不定的状态，所以它神秘、浪漫而又不失高雅。在汽车内饰应用中，紫色的灯光在营造出神秘气氛的同时，也提升了内饰的尊贵感和奢华感。

图 5.135 冷色调——紫光

并非所有的氛围灯光色都能引起人的好感，如图 5.136 所示，大多数人喜欢的颜色波峰只有黄、蓝、紫色三种，而对其他的颜色好感较差。大多数人对紫色附近颜色的情绪反应较大，尤其在红紫区域，好感大幅下降，这些颜色给人一种令人不适的、挑衅的感觉。然而，任何光色都不是单纯地带给人好感或厌恶感。

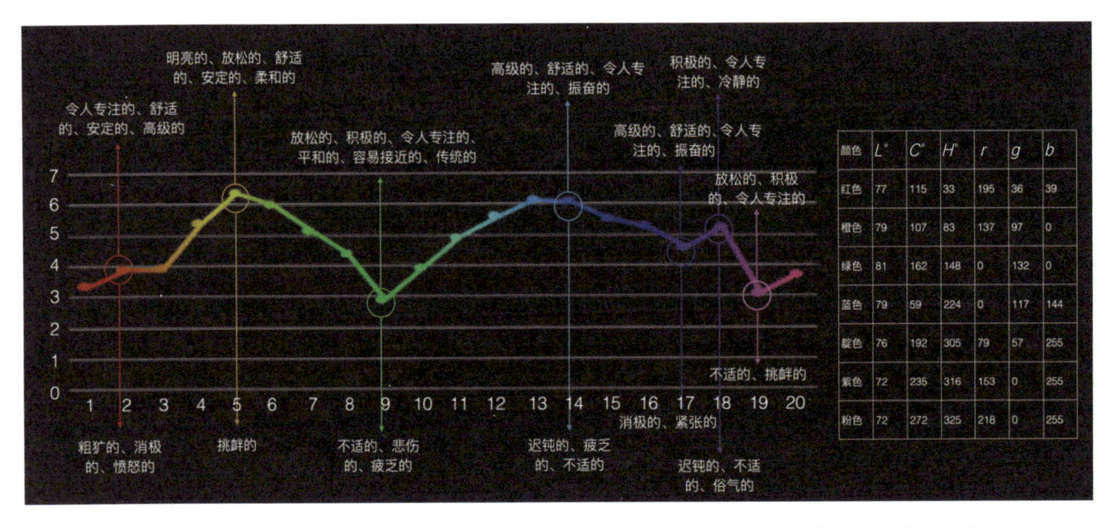

颜色	L^*	C^*	H^*	r	g	b
红色	77	115	33	195	36	39
橙色	79	107	83	137	97	0
绿色	81	162	148	0	132	0
蓝色	79	59	224	0	117	144
靛色	76	192	305	79	57	255
紫色	72	235	316	153	0	255
粉色	72	272	325	218	0	255

图 5.136　上海交通大学设计趋势研究所进行的《汽车内饰氛围灯色光情感定量化研究》

除了灯光色彩外，光线强弱也能够微妙地影响人的情绪。比如若隐若现的柔和灯光，可以让人感觉到宁静、浪漫；明亮欢快的灯光，可以让人感到愉悦；炫酷变幻的灯光，可以让人快乐与疯狂。另外，灯光滤镜可以使灯光色彩效果得到优化，增强人的情绪。

第 6 章
汽车内外饰材料设计

工具的开发和使用始终贯穿着人类社会的发展历程。通过对材料进行加工，制成了人们能看见、能触摸到的工具。材料的发展推动了科学技术的发展，同时也推动了工业设计的发展，使人可以在产品设计中快速找到视觉、触觉或空间上的解决方案。每一种新型材料的出现，都会带来新的加工成型方法，从而造成产品结构的巨大颠覆，为产品设计带来新的飞跃，形成特有的设计风格。在汽车色彩纹理设计领域，材料与造型结构相辅相成。一件作品的诞生，是材料、工艺与美学之间发生奇妙碰撞并完美融合的结果。一件完美的产品必须是功能、形态和材料三要素的和谐统一。

在现代汽车设计中，汽车装饰件材料多采用织物、皮革和大量的塑胶材料，以及少量木材、金属和其他材料。这些材料不仅保证了乘坐的舒适性，其表面处理工艺的使用会直接影响车内外饰材料的光线反射和零部件的触感，进而影响汽车整体氛围。因此，对不同材料的表面纹理进行设计搭配，可以营造出不同风格的车型氛围。

这里说的纹理，在汽车领域是一个广义的定义，不仅指塑胶件的纹理，而且还包括织物、皮革等材料的结构花型和立体图案，装饰件、喷涂件等平面图形，以及光泽设计（详见第 1 章中汽车 CMF 设计范围、CMF 设计等内容）。汽车内饰各大零部件系统常用材料应用情况见表 6.1。

表 6.1　汽车内饰各大零部件系统常用材料应用情况

零部件系统	零件分类	常用材料
仪表板和副仪表板	本体	PP 改性材料、PC/ABS、增强 ABS 等
	发泡层	EPU、EPP
	表皮	PVC、TPU、TPO
	附件	PP 改性材料、PC/ABS、增强 ABS、PA、增强 PA、EPDM、金属材料等
座椅	骨架	金属材料、CFRP 等
	发泡层	EPU、EPP
	表皮	织物、PVC、PU、超纤革、真皮
门饰板	本体	PP 改性材料、PC/ABS、增强 ABS 等
	发泡层	EPU、EPP
	表皮	PVC、TPU、TPO
	附件	PP 改性材料、PC/ABS、增强 ABS、PA、增强 PA、EPDM、金属材料等
立柱饰板	本体	PP 改性材料、PC/ABS 等
	表皮	织物

续表

零部件系统	零件分类	常用材料
顶棚	基材	GF、EPS、麻纤维
	填充层	EPU、EPP
	表皮	织物、PVC

6.1 材料设计的前期准备

在设计前期，设计师首先要了解汽车纹理的发展趋势，包括织物、皮革、塑胶、木材、金属及其他材料的装饰件设计和技术的发展趋势，如图6.1所示。然后，市场研究人员和设计师需要对同类车型纹理进行市场调研与分析，并根据车型定位、品牌特征和消费群，确定纹理创意主题。

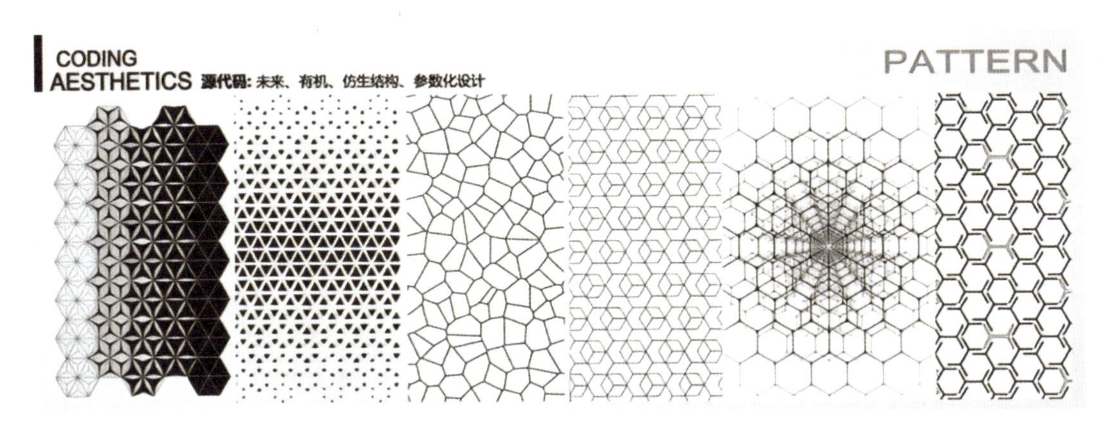

图6.1 内饰纹理前期设计主题

纹理创意是CMF设计前期的关键阶段。广义的纹理创意设计包含塑胶纹理创意设计（图6.2）、织物花型创意设计（图6.3）、皮革装饰创意设计（图6.4）、装饰件图形创意设计（图6.5）等。创意风格由内饰主题方向引出，形成相互关联的整体内饰风格。

图6.2 塑胶纹理创意设计——科技纹

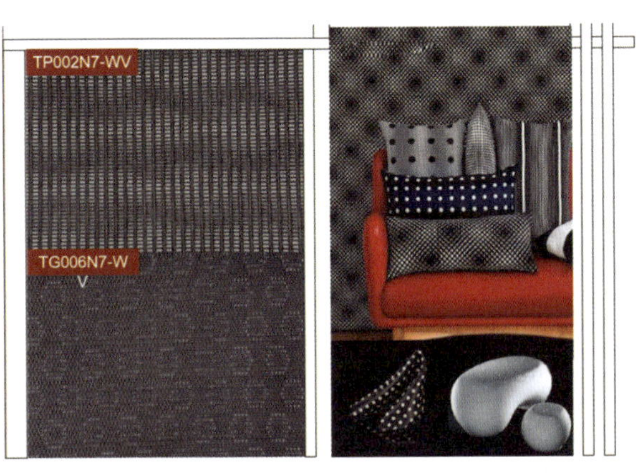

图6.3 织物花型创意设计

图 6.4　皮革装饰创意设计——中式几何

图 6.5　装饰件图形创意设计——回形纹

6.2　塑胶及相关材料设计

汽车内饰中涉及了大量的纹理，其中最主要的是塑料件表面纹理，如仪表盘覆盖件、车门内饰板、座椅扶手等。从美观和手感的角度考虑，往往在设计时对这些零件的表面有纹理要求，一般以仪表板为主体，进行主纹理设计、主辅纹理搭配、纹理分布设计、纹理可行性分析研究等。加工后的塑料件，会根据一定的纹理标准判定表面纹理是否达到设计要求。

在现今的汽车内饰中，所见材料除皮革和织物外基本都是塑胶材料制品，原因在于安全性的考虑。在发生事故时，金属制件会给驾驶者及乘客带来更大的二次伤害，因此我们所见车内金属质感的内饰都是由塑料件加工而来的。

6.2.1　塑胶表面处理工艺

塑胶表面处理工艺有蚀纹、镭雕、覆膜、墨印刷、真空电镀等。

蚀纹（图6.6）是指采用化学药水（如硫酸、硝酸等）与模具钢材产生化学反应，并控制反应过程以得到多样的效果。通过模具蚀纹，采用模具注塑、吸塑等工艺，可以在仪表板等汽车装饰件上实现单层皮纹、木纹和立体几何纹等效果。

图6.6　汽车部件蚀纹工艺

镭雕（图6.7）又名激光雕刻，是指以数控技术为基础，激光为加工媒介，使材料在激光照射下瞬间熔化和气化，从而达到加工目的的一种工艺。镭雕在汽车饰件中早期用于按键、显示图标等小尺寸、功能性零件的雕刻，现在已发展到装饰条、氛围灯、车标、保险杠、格栅等大尺寸、纯装饰性工件的雕刻（图6.8），相应地，激光系统也从二维平面雕刻发展到三维曲面雕刻。镭雕工艺可实现立体纹理参数化，已成为目前汽车纹理的主流工艺。

图6.7　小尺寸图形镭雕的汽车内饰件

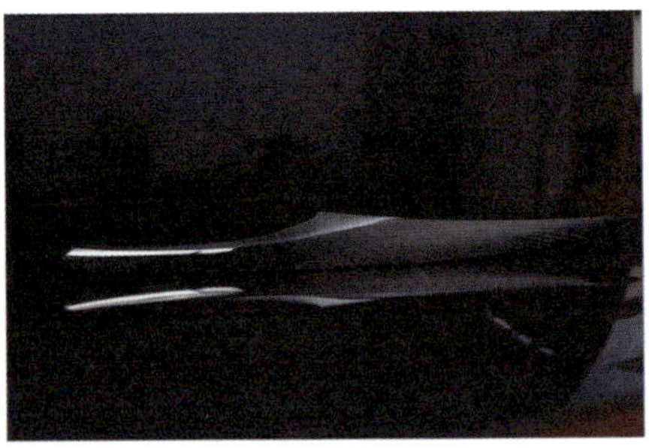

图6.8　别克旗舰SUV昂科旗顶配版使用的镭雕门条

覆膜工艺主要包括模内转印（IMD）、模外装饰（OMD）、膜片镶件成型（INS）等。这些工艺依据其所用材料及工艺本身的特性可以运用在车外标志、进气格栅、车柄、中控按键、汽车内饰仪表板、中控面板、内饰门板等部位，表面可实现仿金属拉丝（图6.9）、仿原生木纹、皮革、喷涂、石纹等效果，还可以做成与氛围灯结合的车内一体大屏，如图6.10所示。

图6.9　仿金属拉丝

墨印刷技术在汽车装饰中可以呈现出不同的视觉效果，例如金属效果、珠光效果、变色效果、荧光和磷光效果、半色调图案、无光保密效果、镀铬效果和3D效果等（图6.11～图6.13）。具体效果实现方式包括移印、喷涂、激光蚀刻、丝网印刷、热转印、IMD/FIM等工艺。

图6.10　吉利博瑞一体式大屏

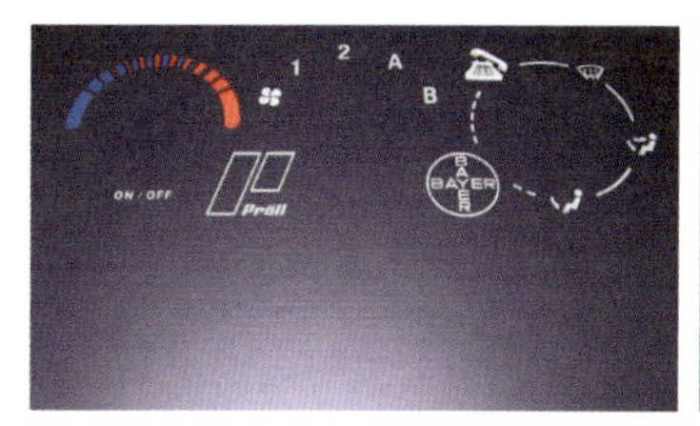

图6.11　珠光紫罗兰条纹效果

图6.12　镜面镀铬——彩虹效果

图6.13　无光保密效果

真空电镀又称真空离子镀，经过真空电镀工艺加工的装饰件金属感强，亮度高。汽车车标常用真空电镀工艺制作（图6.14），如亚克力吸塑半成品的车标经过真空电镀处理后，不仅装饰了外观，也大大提高了车标的使用年限，同时还起到户外防水防尘的作用。

图6.14　真空电镀工艺处理后的汽车车标

6.2.2 塑胶纹理加工效果等级

塑胶纹理加工效果等级可分为普通纹理和多层次立体纹理。

普通纹理（图6.15）指进行一次加工即可获得到单层纹理类型，即单层普通纹理结构。普通纹理比较简单，通常应用在不容易被人注意到的部位上，避免给用户留下粗糙感的印象，常用在顶棚拉手、换挡手柄、方向盘等位置，增加手部接触部位的粗糙性以防滑，也会用在杯托底部、杂物盒底部或立柱上。还有些普通纹理，主要用在备胎护板等其他部位上。

图6.15　普通纹理

多层次立体纹理（图6.16）是指经过多次雕刻加工，可形成层次丰富的立体型纹理结构，实现仿动物皮质和植物纹样等自然纹理效果。层次越多，纹理细节越精细，自然效果就越好。传统蚀纹的立体多层次纹理一般是3～5层，但是激光雕刻3D纹理突破了传统腐蚀皮纹层数的限制，根据产品造型效果要求，纹理层数可以从几十层到几百层不等。有的特殊造型产品，如果纹理深度特别大，纹理精细程度特别高，纹理层数甚至可达上千层。

图6.16　多层次立体纹理

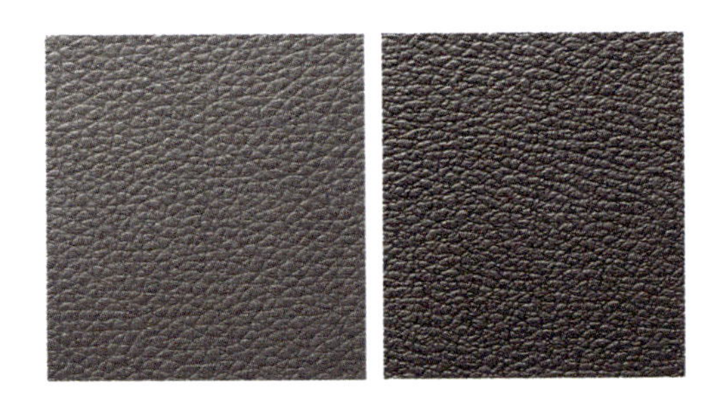

图6.17　荔枝纹

6.2.3 塑胶纹理风格分类

塑胶纹理风格分类主要以表面图形或花型结构来评判纹理外观特征。目前主流的塑胶纹理风格有仿皮纹、装饰纹、精细纹。

① 仿皮纹指仿造动物皮肤表面的纹理。仿皮纹层次丰富，给人感觉厚重，适用于正式场合（商用或商务用），用在较大的内饰件上，如正副仪表台、门内护板、座椅饰件、A/B/C柱等。目前该类型纹理的使用在汽车上仍是主流趋势，适用于各类车型。自然类仿皮纹中

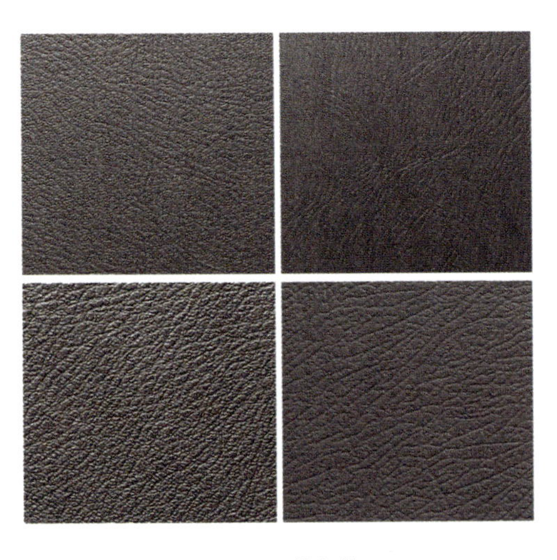

图6.18　线条纹

最为常见的是荔枝纹和线条纹。荔枝纹（图6.17）线条短小，紧密交织成如荔枝表面的颗粒状纹理，颗粒饱满、规则、细腻、立体感强。线条纹（图6.18）以线条排列为主，一般有一定方向或多方向，其线条线型自然，筋脉交织均匀，细腻且立体感强。

② 装饰纹大多应用在仪表板上饰板、门上饰板、仪表板饰件等主要表现区域。在装饰纹中，汽车常用到的有几何纹、仿生纹等。

几何纹以方、圆、菱形、点、线等几何图形组织形成，排列灵活，根据主题创意自由发挥，可分为拉丝纹、科技纹、编织纹。由于较为美观，通常应用于仪表板装饰件、门板装饰件、中控面板饰板、立柱等装饰区域。

拉丝纹（图6.19～图6.21）在汽车内饰装饰件中很常见，它比亚光镀铬效果更丰富，拉丝形式主要分为直纹、乱纹、螺纹、波纹和旋纹等，其中连续直纹与不连续直纹最为常用。

科技纹（图6.22～图6.25）常用于新能源汽车。近年来，随着国家政策对新能源汽车的支持以及新能源汽车技术的日趋成熟，新能源汽车开始走进普通民众的生活。相比传统的燃油汽车，新能源汽车的整体设计更能体现科技感和时尚感，其装饰件图案经常包含几何元素，纹理通过多种工艺形式表现，如以背投光形式折射纹理、激光雕刻呈现3D触感、超强金属质感体现科技感等。

编织纹是指仿造竹、苇、藤、麻

图6.19　拉丝纹——连续直纹

图6.20　拉丝纹——不连续直纹

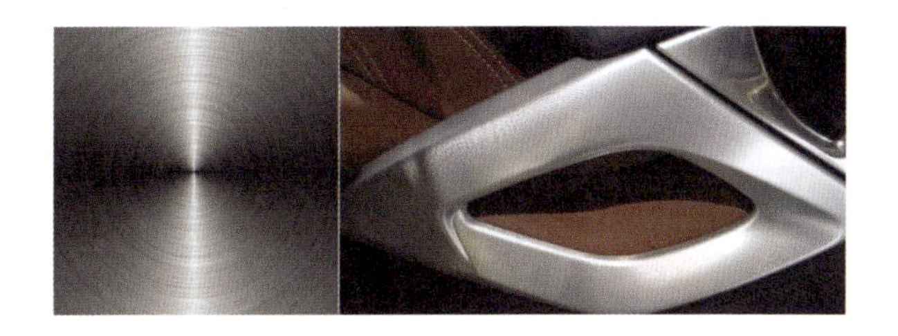

图6.21　拉丝纹——螺纹

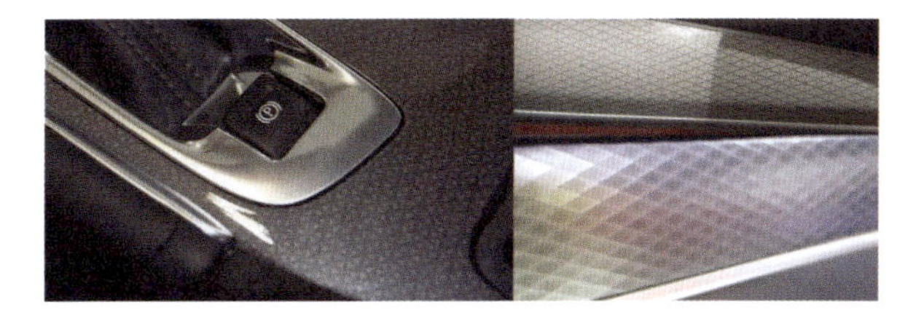

图6.22　科技纹——菱形纹

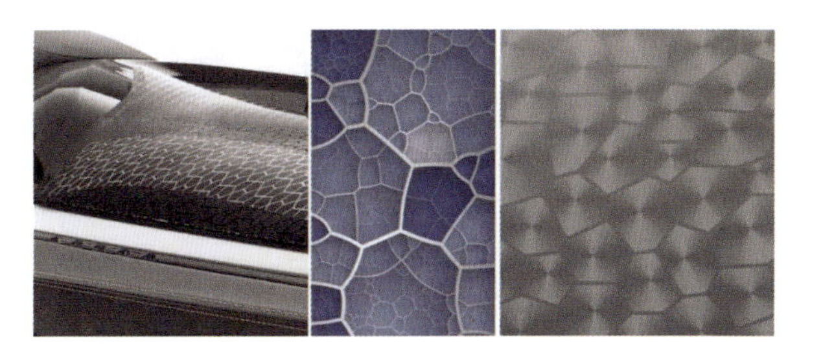

图6.23　科技纹——细胞纹

图 6.24　科技纹—— 3D 纹

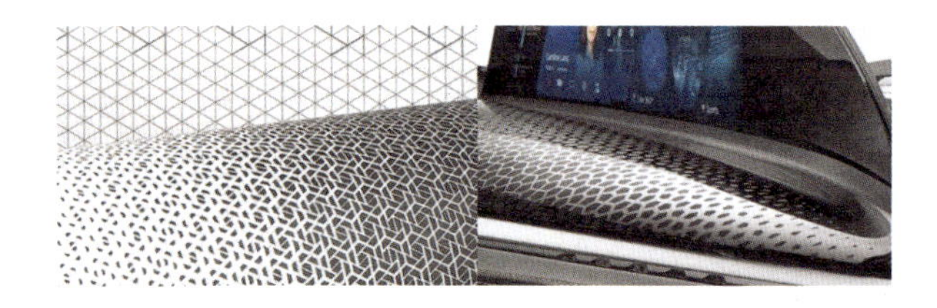

图 6.25　科技纹——参数化

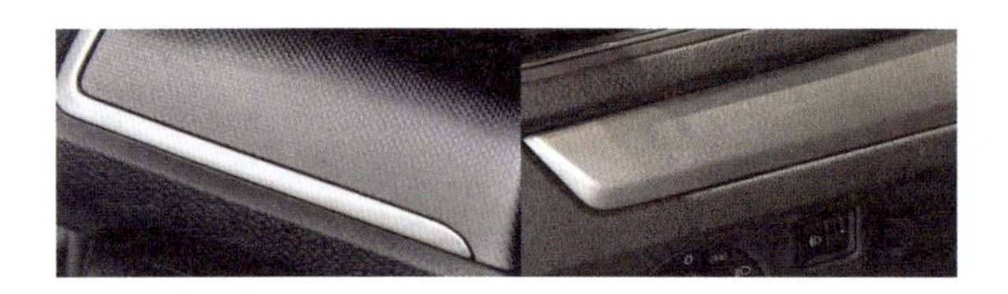

图 6.26　几何纹——编织纹 1

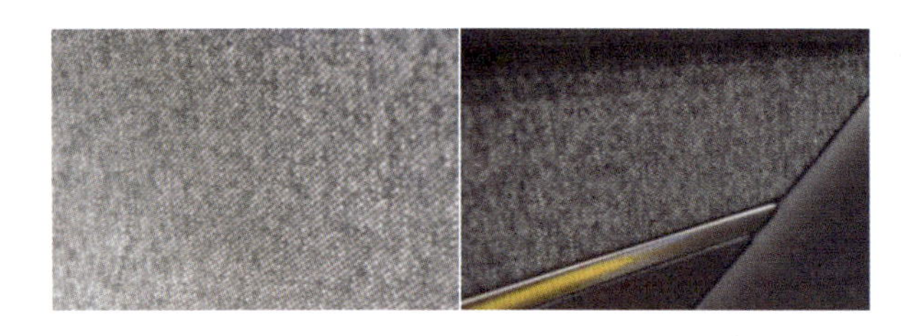

图 6.27　几何纹——编织纹 2

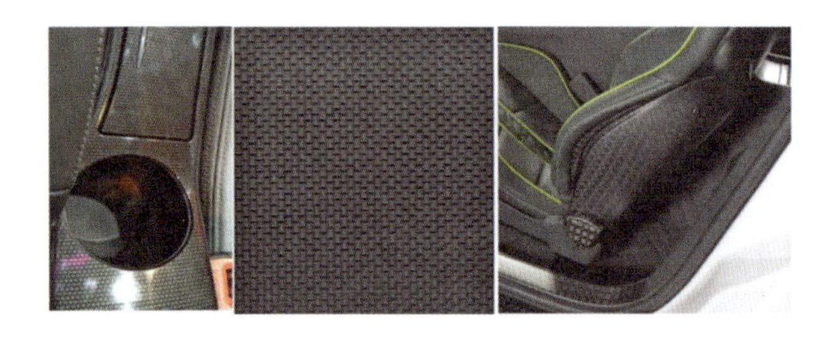

图 6.28　碳纤维纹——平纹形式

等编织物遗留在器物上的印痕的纹理，除了常见的编织纹（图 6.26 和图 6.27），还常使用碳纤维纹。碳纤维纹根据其编织的结构不同，可分为平纹形式（图 6.28）和斜纹形式（图 6.29）。碳纤维纹是高端豪华车型常用到的新材料，因其成本和工艺因素影响，很多中低端车型为了达到碳纤维质感，会选择使用仿碳纤维的膜片纹理（图 6.30），既节约成本，又起到装饰作用。

仿生纹是指提炼动物、植物花卉、树皮、大理石、蜂窝纹理等自然界生物的表面纹理特征，进行修饰演变后用于汽车装饰上的纹理，包括仿木纹、仿石纹、蜂窝纹和仿树皮纹等。

仿木纹也称装饰类木纹，是将木材最原始的纹理提取出来，并结合现在的油墨印刷技术以及模内成型技术（水转印、IMD/OMD/INS）摆脱原木纹的局限性，进行更加丰富的纹理图案设计，按纹理的形式可分为线型类、抽象类、参数化三大类。其中线型类包含直线纹（图 6.31）、斜线纹（图 6.32）、断线纹（图 6.33），主要体现在线条的形式和排列变化上；抽象类包含水墨纹（图 6.34）和云雾纹（图 6.35）；参数化类（图 6.36）是指将木纹装饰形式上表达得更加立体化、雕塑化。

图 6.29 碳纤维纹——斜纹形式

图 6.30 仿碳纤维纹

图 6.31 仿木纹——直线纹

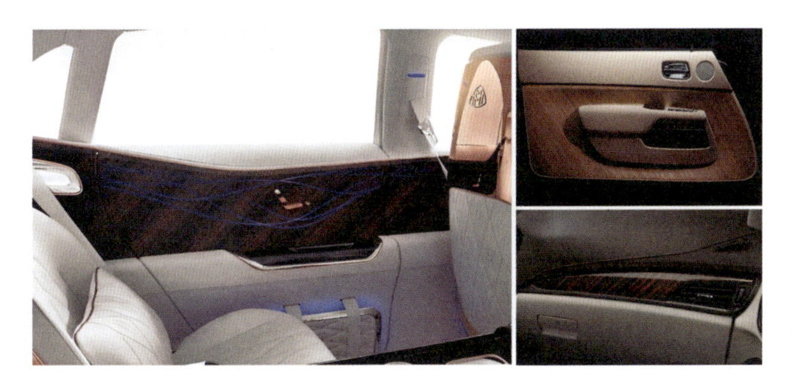

图 6.32 仿木纹——斜线纹

图 6.33 仿木纹——断线纹

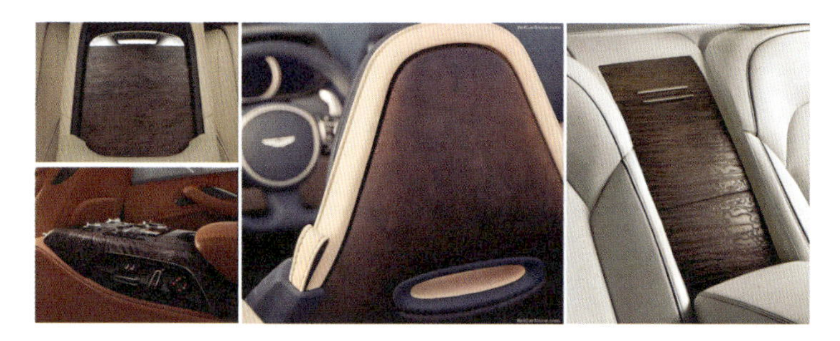

图 6.34 仿木纹——水墨纹

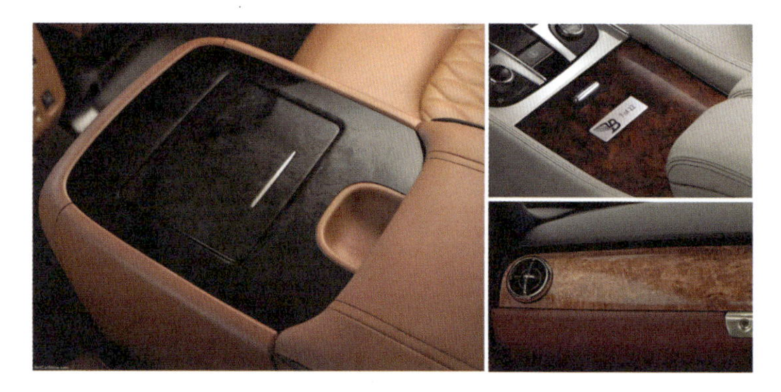

图 6.35 仿木纹——云雾纹

图 6.36 仿木纹——参数化

仿石纹是一种源自家居产品的装饰手法，具有效果逼真、纹理清晰、图纹牢固耐磨等优点。仿石纹自然色彩丰富，岩石花纹种类较多，如图 6.37 所示的山水纹、图 6.38 所示的云雾纹、图 6.39 所示的裂纹等，可媲美天然花岗岩石材。

图 6.37 仿石纹——山水纹

图 6.38 仿石纹——云雾纹

图 6.39 仿石纹——裂纹

其他仿生纹还有蜂窝纹、树皮纹，如图 6.40～图 6.43 所示。

图 6.40 仿生纹——蜂窝纹 1

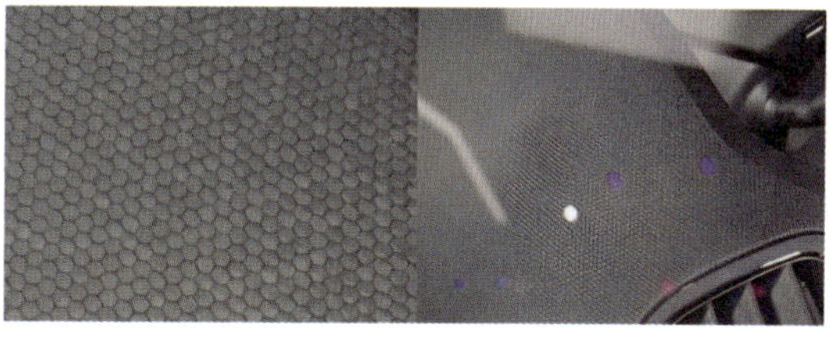

图 6.41 仿生纹——蜂窝纹 2

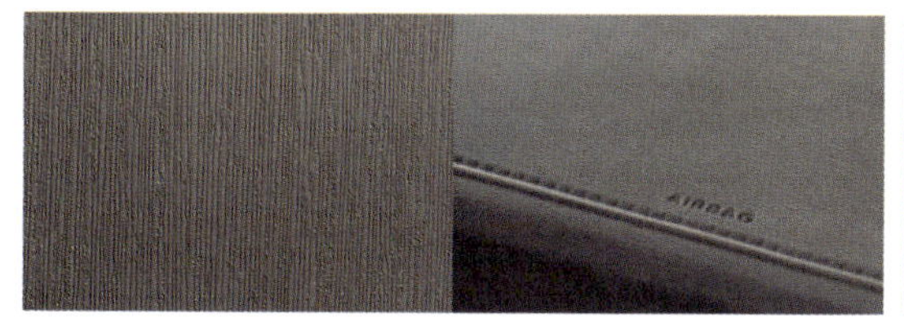

图 6.42 仿生纹——树皮纹 1

图 6.43 仿生纹——树皮纹 2

③ 精细纹（图 6.44）是一种精致细腻的纹理，类似砂石表面的纹理状态，主要有火花纹、喷砂纹等。精细纹表面分为极细腻、小颗粒感和大颗粒感，不同细腻程度所应用的部件也有区别。其中，极细腻和小颗粒感的纹理主要应用于按键、出风口叶片、旋钮以及饰盖面板，而大颗粒感的纹理主要应用于外饰件和内后视镜。

精细纹（大颗粒感）	拨杆			
精细纹（小颗粒感）	按键			

图 6.44　精细纹

6.2.4　塑胶纹理的流行趋势

在新款车型的内外饰设计过程中出现越来越多的新式纹理，工艺也由原来的模具腐蚀升级为激光雕刻、复合工艺等新技术。科技纹理、渐变纹理、纹理与色彩面料的有机结合创新，提升了内饰的精致感、层次感。塑胶纹理的流行趋势包括几何纹与传统皮纹的结合、复合造型拉丝、立面造型切割、大理石纹 / 模拟碳纤维纹、参数化几何、渐变 / 律动等。

几何纹与传统皮纹的结合分为两个阶段：第一阶段为几何纹与传统皮纹的结合（图 6.45）；第二阶段为几何纹与数位点阵科技感的细节纹理的结合（图 6.46）。复合造型拉丝是指在传统拉丝纹底部增加律动的造型，让整个产品视觉感更加丰富。参数化造型配合拉丝或者区块拉丝拼叠，改变传统整面直拉丝的单调性（图 6.47）。立面造型切割是指改变规则的几何排布方式，让其有参数化的感觉，造型面呈现出立体分割的动感。参数化几何需要融合 A 面造型进行独立设计，立面造型切割纹理将会是内饰氛围的亮点（图 6.48）。

图 6.45　几何纹 + 传统皮纹

图 6.46　几何纹 + 数位点阵科技感的细节纹理

大理石纹和模拟碳纤维纹是指将自然界中最真实的质感采用激光工艺模拟到产品中，成为独一无二的设计。自然界中的纹理细节丰富、层次鲜明，将这些自然界中最令人感到亲切的质感运用到内饰，是激光技术的优势（图 6.49）。参数化几何是指随产品造型进行特殊排布，进行变形、渐变、扭曲、对齐等一系列设计，让连续几何更富动感。将平铺的几何进行一些排布的改变，可以使整个产品焕然一新（图 6.50）。律动性渐变在内饰设计中起到点睛之笔的作用，可以提升整车科技感。渐变和律动的结合恰似翩翩的舞蹈，扣人心弦（图 6.51）。

图 6.47　复合造型拉丝

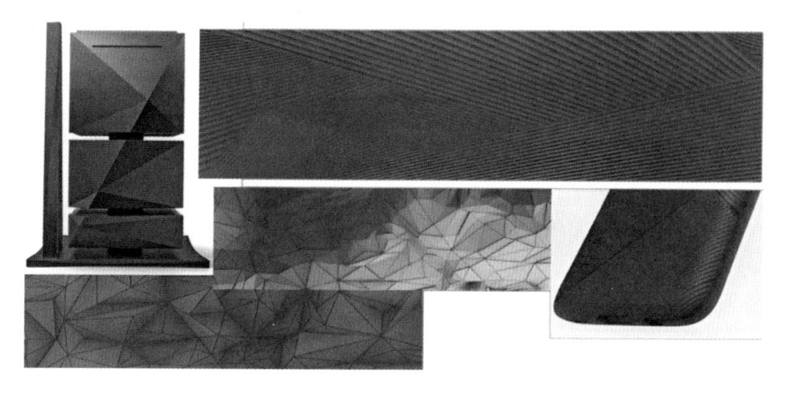

图 6.48　立面造型切割

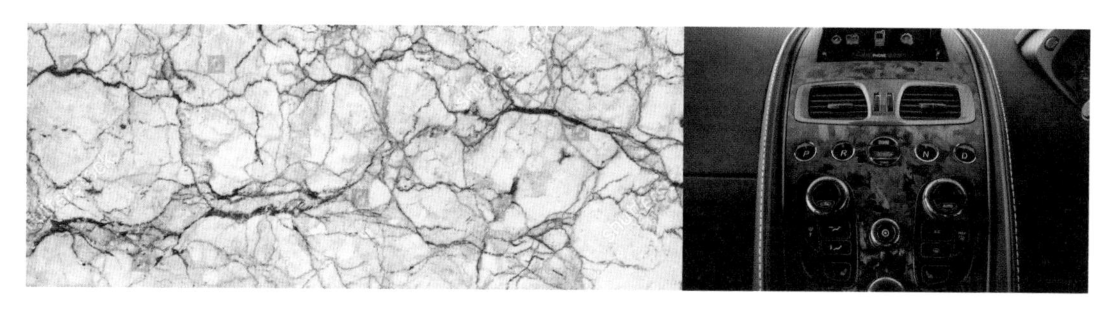

图 6.49　大理石纹 / 模拟碳纤维纹

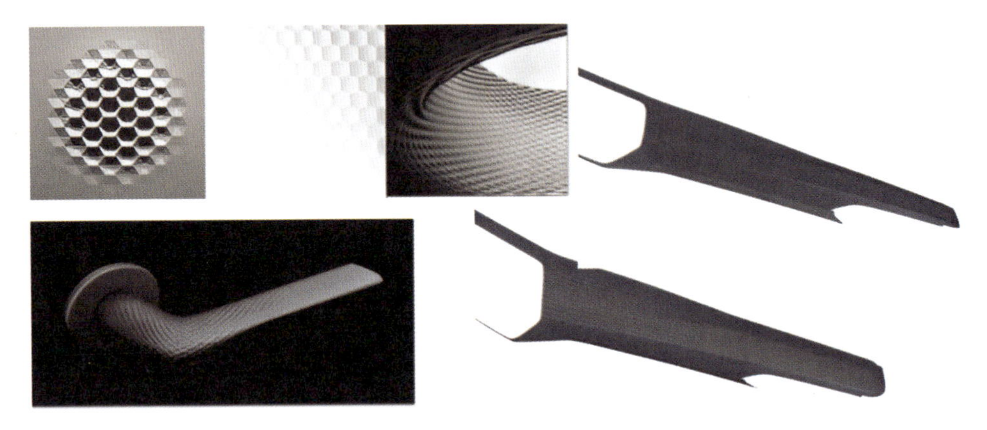

图 6.50　参数化几何

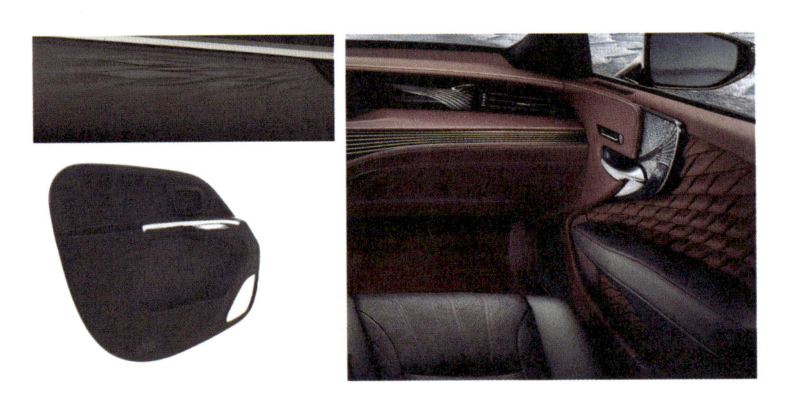

图 6.51　渐变和律动的结合

6.2.5　塑胶纹理的设计原则

进行整车内饰塑胶纹理设计时，纹理的种类不宜过多，以避免有杂乱感，纹理粗细也需适当搭配。对于纹理的设计，根据相对立体感和表现力的强弱可分为主副纹理。一般整车有 2～3 种主纹理，主要使用部位为主仪表板，尤其是上仪表板。副纹理主要使用部位为下仪表板、副仪表板及椅饰。门饰和柱饰既可用主纹理也可用副纹理，立柱上下可采用不同纹理。主副纹理结合使用的好处是可以体现出产品的层次感，通常车型档次越高，所选择的纹理的表现力应该越强。

在设计时要注意，不同纹理作用于同一形体表面会产生不同的色彩视觉效果。由于不同纹理对色光的吸收反射和透射不同，纹理的凹凸变化往往会造成表面的明暗差别扩大，即使是同一形体、同一材料用同一色彩表现，如果材质表面的纹理差异大，也会产生不同的色彩效果。因此要注意，如果对内饰造型生动、构思巧妙的构成形态施以最宜于表现它形态特征和色彩的纹理，则可获得锦上添花的艺术效果；相反，不经过深思熟虑的皮纹设计会损害本来经过认真推敲的形态形象。经验表明，形与色一旦和纹理相辅相成，就能获得整体感观上的成功（图 6.52）。

不同风格的纹理主要应用的位置也有所不同，一般情况下，具有反光特性的动物纹主要应用于仪表板上体、仪表板下体、中控台本体、门饰板本体等高关注区域；几何纹通常应用于仪表板中嵌、门饰板中嵌、门饰板饰条等装饰区域；其他低关注区域或小零件的表面常采用磨砂纹。其中，几何纹的设计非常具有立体感和不规则感，但是纹理耐用性较差，容易产生漫反射效果，更容易暴露出内饰件的瑕疵，所以易用性不高。从目前的工业设计水平来看，几何皮纹的维护较为困难，只要皮纹面出现损伤，就必须把整个面重新更换，而且更换之后接缝线明显，非常不利于维护，因此设计师在设计时应考虑到这一点。

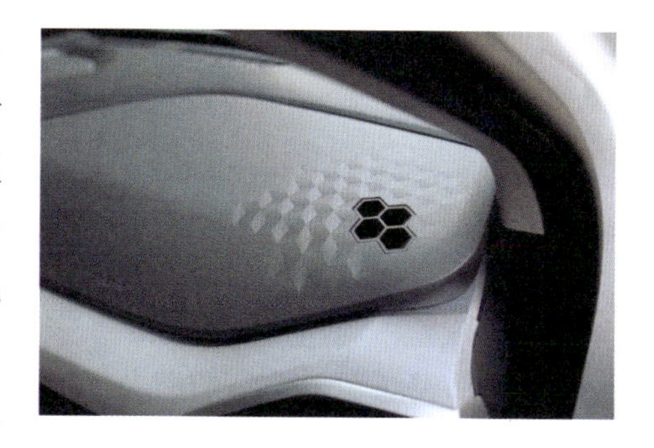

图 6.52 几何汽车——不同纹理相同色彩下的视觉变化

确保纹理美学意义的同时还应当保证其功能性，如杯托底部的纹理应当充分考虑其防滑功能，又如开关等需要经常操作的部位，做成磨砂纹效果，手感会较好。

汽车内饰零部件表面的纹理设计不是独立的，在保证其美观性和功能性的同时，不同的车企品牌会存在特定的设计要点，在设计时要符合品牌的家族化特征。例如欧美汽车品牌多崇尚更接近自然的纹理，像奥迪、宝马、奔驰、福特等汽车品牌的塑胶纹理主要以皮革纹为主，福特汽车的纹理比较粗犷，奥迪汽车的纹理相对细腻（图6.53）。而日韩汽车所用纹理则更与时俱进，符合现代年轻人的科技偏好和现代的生活节奏，通过几何纹或织物纹的巧妙搭配来体现时尚与科技。在进行皮纹设计时，不能与品牌的总体设计理念相违背，该理念应当贯穿汽车的整体设计。

图 6.53 福特金牛座 2019 款 EcoBoost 245 Vignale 臻享版（上）和奥迪 A4L 2023 款 40 TFSI 时尚致雅型（下）

面对不同的消费人群，也会同样存在特定的设计要点。例如，面对中高年龄段的用户，根据这一群体更加保守稳重的思维特点和身份地位，塑胶纹理往往采用更加光滑和整洁的细节特征，使其具有仿真皮而非硬质塑料的视觉效果和触感。而对于面向年轻人的经济车型，几何形式的皮纹不仅从风格上更适应年轻人轻快简洁的生活方式，而且可以大大降低模具制造和生产的成本。当然，这些结论也不是绝对的，在进行纹理设计时需要充分进行市场调研，深入了解该车型所面向市场人群的喜好。

进行外观设计时还应考虑工程和制造可行性，遵循一定的设计规则。

第一，纹理光泽不宜过高。内饰件光泽多为半亚光，测光仪测量结果需在3.0～3.5范围内，太高则有眩目感，太低则有陈旧感。

第二，纹理的最小拔模斜度必须小于工件的拔模斜度。对模具进行纹理加工时，模具的脱模斜度与纹理加工深度会直接影响零件的脱模性能。设计纹理时，不仅要考虑美观、品位，而且要考虑其制造可行性。根据制品的成型条件、材料性能、零件壁厚和零件的直立高度等因素，纹理深度和脱模斜度的比例关系会有所不同。如果制品设计时选用的脱模斜度太小，而选用的纹理结构较为复杂、纹理深度较深，则可能造成制品模塑脱模时发生卡滞、拉毛或白化等异常现象。脱模斜度与纹理加工深度的关系见表6.2。

表6.2 脱模斜度与纹理加工深度的关系（来源：嘉龙纹理）

塑料材料	脱模斜度1°		
	塑件壁厚3mm，零件直立高度30mm	塑件壁厚增厚50%或零件直立高度降低50%	塑件壁厚减薄50%或零件直立高度增加50%
PP	纹理标准深度为0.02mm	纹理深度比标准深度可加深25%	纹理深度比标准深度可减浅25%
ABS	纹理标准深度为0.02mm	纹理深度比标准深度可加深25%	纹理深度比标准深度可减浅25%

第三，综合考量纹理的主要特征。纹理的主要特征包括纹理结构特征、走向、纹理深度、脱模斜度和光泽等。纹理结构特征、走向和纹理深度是每款纹理的基本特征，而脱模斜度和光泽需要根据基材性能、制造工艺和制品性能要求等因素的不同而变化。光泽效果的处理会影响视觉效果，比如将车身外部塑胶件的纹理光泽处理成灰色，可以和喷漆部位形成明显反差。这些都是选用纹理时应综合考虑的因素。

6.3 织物设计

织物是汽车内饰常用的材料之一，主要应用在座椅、顶棚、仪表板等零部件上，不仅具有很强的装饰性，而且设计花型灵活、工艺多样化，也能满足零部件的性能要求。

织物的表面花型日新月异，根据不同纤维特性、编织结构和制作工艺可以区分其风格和品位。进行织物设计之前，设计师需要了解面料的工艺和结构特点，以便更好地适应零部件的选配要求。

6.3.1 织物工艺

织物工艺包括压花技术、印花技术、激光雕刻技术、高频贴塑技术、绗缝刺绣技术、网格布工艺、磨毛/拉毛工艺和烂花工艺等。

压花技术可以在面料表面形成3D立体效果，符合偏运动的车型的内饰风格，因此目前在车用内饰面料中逐渐被应用起来。在一定温度下，用带有不同图案的轧辊压轧织物，在织物的表面制造具有浮雕风格的立体效果，使织物座椅在功能性的基础上，增添3D效果的视觉体验（图6.54）。压花的效果可以根据实际需要进行调整，可以选择单层面料的压花或不同海绵厚度复合面料的压花。花型层次上也可以有多样的变化，如常规的单一高度的压花、高低不同的双层压花以及有坡度和斜面的立体压花。

印花技术采用染料、颜料或墨水等在织物表面印上花纹，可以丰富面料的色彩及层次，增加视觉上的变化效果。印花技术在花型图案及色彩多样性和灵活性上有着很大的优势，尤其是随着数码印花技术的发展，未来印花技术在车用内饰面料上也会有更广阔的应用空间（图6.55）。

图6.54　压花技术

图6.55　非接触式喷墨印花

激光雕刻技术是指利用激光能量在汽车面料上根据输入的花型进行表面雕刻印花的工艺（图6.56）。这种技术的特点是环保高效、无污染，花型变化灵活。

高频贴塑技术即高频焊接技术，是将特殊的塑料制品通过高频电磁场并引起介电损耗而加热，从而使结合面熔合黏结在汽车面料上的一种技术。该技术可以制作个性的标识图案，或者采用特殊的绒面PVC和荧光效果材料，按照设计的花型排列附着在汽车面料上，通过不同材料的混合搭配和材质对比效果，体现出汽车内饰风格的时尚、个性和前卫（图6.57）。

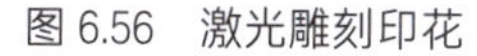

图6.56　激光雕刻印花

图6.57　高频贴塑

绗缝刺绣技术是从民用家纺和服装行业引入车用内饰纺织品领域的。这种技术的特点是可以通过缝线的绗缝或刺绣来实现花型图案的丰富变化，营造3D立体美感（图6.58）。

网格布工艺是指将网格面料用独特的工艺贴合在印花布上，图案通过网格面料若隐若现，给人一种犹抱琵琶半遮面的含蓄美感（图6.59）。

图 6.58 绗缝刺绣

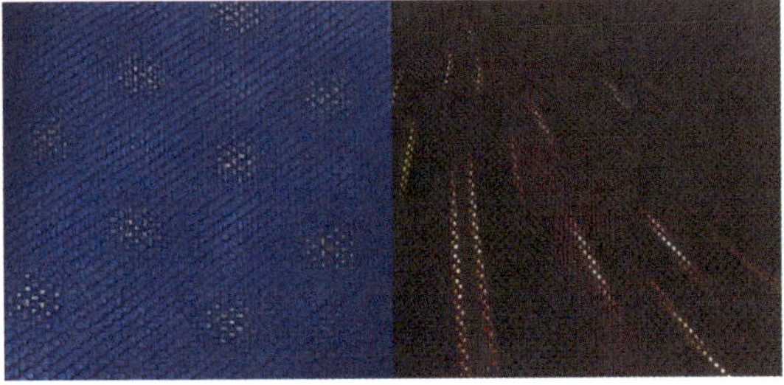

图 6.59 网格布工艺

磨毛 / 拉毛工艺是指用砂皮辊或金属辊在布面上摩擦的工艺。拉毛也叫起绒，是用呈一定角度的钢丝弯针插入纱线内部，钩出纤维，形成毛羽（图 6.60）。

烂花工艺是在两种或两种以上纤维组成的织物表面印上腐蚀性化学药品，经烘干处理，使某一纤维组分破坏而形成图案的印花工艺。烂花工艺多用于丝绒织物，这种花纹或凹凸有序，或呈半透明状，装饰性强（图 6.61）。

图 6.60 磨毛 / 拉毛

图 6.61 烂花工艺

6.3.2 织物表面花型分类

汽车织物常用的表面花型可分为几何类、装饰类、蜂窝类、平纹 / 斜纹类及绒面类。

几何类的表面图案由各种几何形状组成，如各种形状的点、线、圆等，图案形式丰富，色彩多样（图 6.62）。装饰类织物花型主要由图形单元不断连续、重复排列而组成，每一个单元为图形元素、变形图形或组合图形，风格包括古典、现代、抽象或仿大自然等

图 6.62 几何类

（图6.63）。蜂窝类表面纹理由蜂窝状图形组成，排列紧密、规则，凹凸感强（图6.64）。平纹/斜纹类纹理一般只体现单纯的编织纹理和一种颜色，无明显图案（图6.65）。绒面类纹理表面以长短不一的绒毛为主（图6.66）。

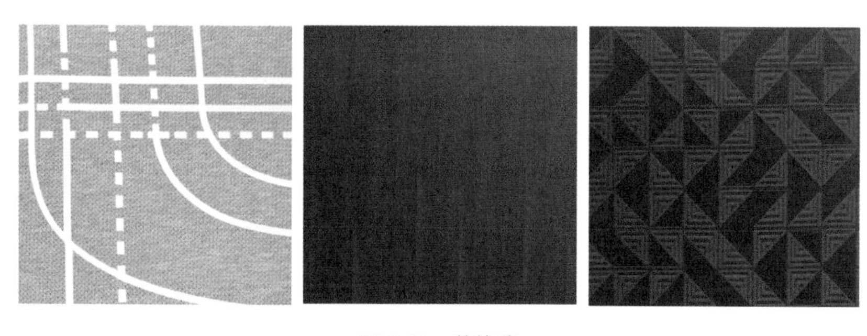

图6.63　装饰类

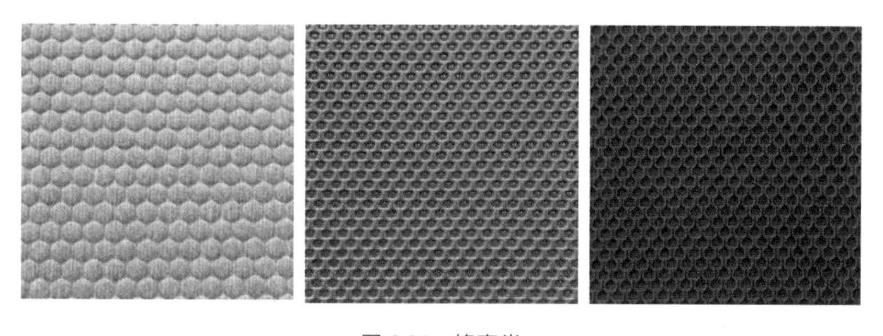

图6.64　蜂窝类

图6.65　平纹/斜纹类

图6.66　绒面类

6.3.3 织物颜色

织物的颜色分为单色和多色两种形式。根据图案的组织风格不同，可用的颜色多种多样，评定织物的颜色以主色调为主。

黑色、深灰色等低明度、低彩度的深色系织物较常用于SUV和高档轿车中；中明度、低彩度的灰色系织物中，偏暖调的中性色更受欢迎；高明度、低彩度的浅色系中，人们比较偏爱纯净的白色，而相对于冷白色，带有一些暖黄色调的鹅黄色更受喜爱，新能源环保汽车中常常会用到这些浅色配色。

不同人群对颜色的喜好也有所不同，年轻人会选择活泼、醒目的明亮配色，其中女性会更关注流行时尚的配色，而大部分男性则会选择更具有运动气息的配色。织物色彩的协调性研究如图6.67所示。

图6.67 织物色彩的协调性研究
（来源：上海交通大学设计趋势研究所）

6.3.4 织物在零部件上的设计原则

内饰织物设计的主要内容为顶棚、座椅、仪表板及门内板饰件所涉及的包覆工艺，需要基于内饰整体风格及外观配置的要求设计面料的主花型，并进行花型搭配，设计过程中需要考虑车型特点和车型等级对选料质地的要求，同时也要考虑生产工艺和成本，使设计能够更实际地应用于车型生产。

顶棚使用的织物大致分为平织布、无纺布和仿麂皮三类，一般采用热模压工艺加工而成（图6.68）。色彩上以浅色、单色为主，以减轻小型车内饰空间头部上空的压抑感。为呼应顶棚颜色纹理的一致性，遮阳板、立柱等其他零部件也需要进行同样的包覆。

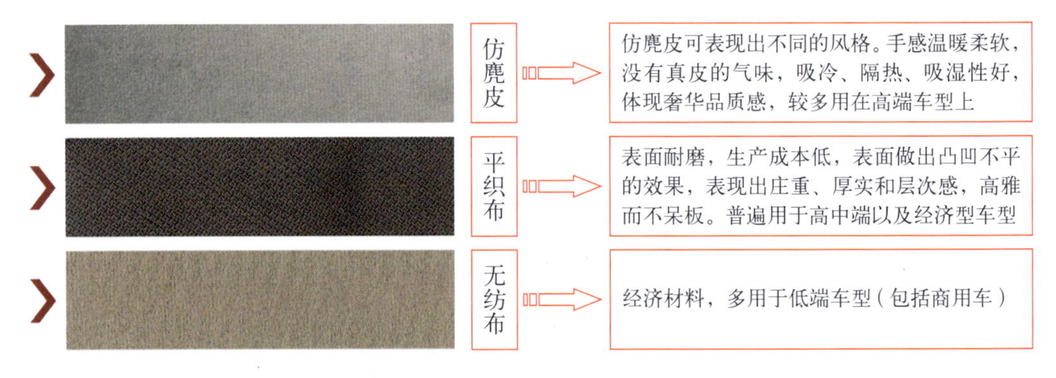

图6.68 顶棚织物的常用分类

地毯按面料不同主要分为针刺地毯和簇绒地毯两类，使用热模压工艺加工而成（图

6.69）。座椅面料包括机织面料、纬编面料、经编面料等，采用包覆工艺制作而成。座椅织物的色彩与花型设计紧密相关，颜色服务于花型设计，一般较少使用单一的色彩。座椅的花型根据车型设计理念、目标消费人群的文化背景及流行趋势来制定，与主题设计风格相符合（图 6.70）。

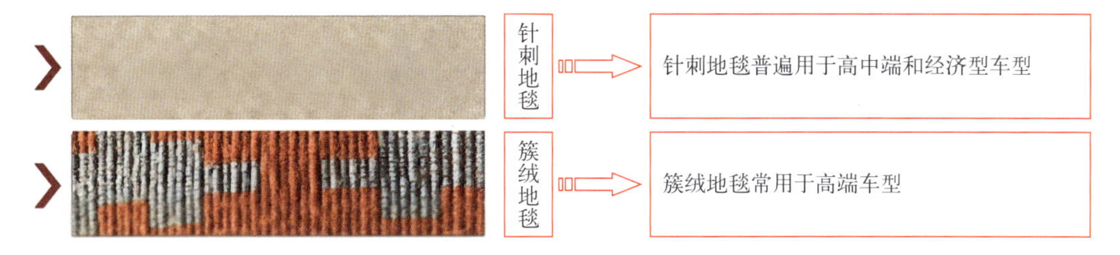

图 6.69 地毯的常用分类

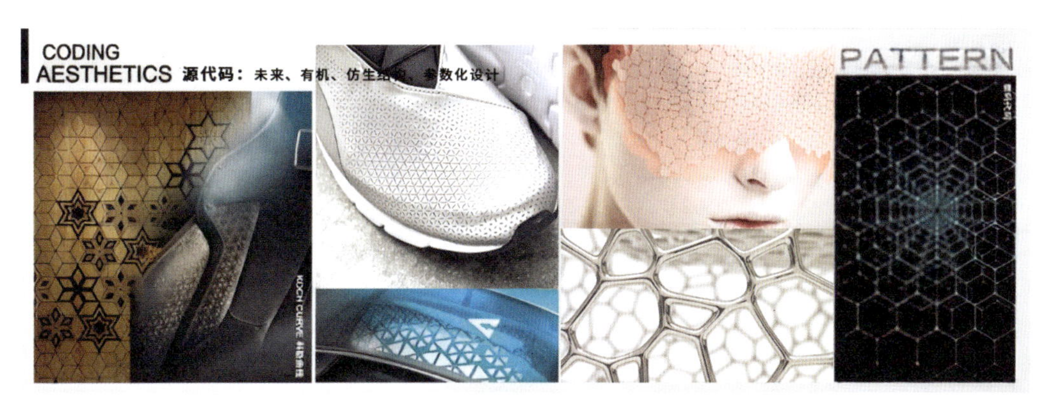

图 6.70 面料花型的前期设计主题

面料的主花型设计与颜色图案和主、辅面料相搭配，对整车内饰的设计风格和产品等级起到主导作用。例如，使用同一款花型，通过不同颜色的搭配、定义不同编织结构，表现出的视觉效果和品质是不同的，这将影响一款车型的等级定位。

仪表板饰板和门内饰板一般采用机织、纬编或经编面料等，采用包覆工艺和低压注塑工艺制作而成。对于面料，还需考虑与汽车内饰环境的整体协调，一般与门内饰板和座椅使用同种材料与工艺（图 6.71）。

图 6.71 雪铁龙 C3 仪表板饰板、门内饰板和座椅

6.4 皮革设计

在汽车内饰的设计中，皮革（图6.72）主要被应用在汽车座椅、扶手、头枕、方向盘、仪表盘、门板等零部件上，皮革纹理的设计能够决定整车的档次，例如人造革通常使用在中低端车型上，而真皮材质多使用在中高端车型上。设计时，首先需要了解皮革的材料分类与制作工艺、材料的柔软度和拉伸度等相关性能，再根据皮革材料特性，运用于同等级的车型上。

图6.72 皮革（来源：CMF Shanghai 2021，上海交通大学设计趋势研究所）

6.4.1 汽车内饰皮革分类

汽车内饰皮革分为真皮和人造革两类。

真皮又分为头层皮和二层皮。头层皮是带有粒面的牛、羊、猪皮等，是由原皮直接加工而成的，或将较厚皮层的牛、猪、马等动物皮脱毛后横切成上下两层，将纤维组织严密的上层部分加工成各种头层皮。其中水牛皮的毛孔较粗且疏些，黄牛皮则较水牛皮的毛孔细且浓密，羊皮的毛孔则更细密且有点斜度。二层皮是纤维组织较疏松的二层部分，经化学材料喷涂或覆上PVC、PU薄膜加工而成。汽车真皮常用名称及等级分为Nappa、Merino和Dakota。

Nappa（图6.73）指幼年牛、羊等动物的柔软皮革，特点为极细腻的纹理和柔软的触感，可以使座椅柔软舒适。这类真皮主要用于豪华车型，应用于座椅、方向盘、仪表板等的包覆工艺。如图6.74所示，奔驰S级顶配车型中就使用了全Nappa真皮的内饰设计，从方向盘、仪表盘到座椅都有着极佳的柔软触感，经过细微修饰的皮革纹理给人以完美的视觉享受。在奥迪的内饰皮革之中，可以看到Feinnappa和Seidennappa字样，其实它们都是合成词，Fei在德语中有细致精巧的意思，而Seide是丝绸的意思。如图6.75所示，Feinnappa的表面瑕疵被人工修饰，有较为轻微的人工压花，而Seidennappa则只是涂了一

图6.73 Nappa

图6.74 奔驰S级顶配车型中使用全Nappa真皮的内饰设计

图 6.75 Feinnappa

图 6.76 Seidennappa

图 6.77 Merino

些涂料（图 6.76），皮质的原有纹理被保留下来，这种差异就是半粒面与全粒面的区别。

Merino 源自澳大利亚。美利奴羊是澳大利亚最重要的羊种，凭借其高纤维密度和优良的毛质成为世界羊毛皮中的珍品。如图 6.77 所示，宝马在 Nappa 之上提供了一种 Merino，这种真皮进行了滚边处理，皮质比 Nappa 更为细致。

图 6.78 Dakota

Dakota（图 6.78）属于高级轿车座椅材质的标准配置，触感不及 Nappa 细腻，皮质也硬一些。Dakota 可以带来高摩擦力，在宝马的配置表中经常出现，为宝马 5 系运动型轿车带来了防滑性能，又不失豪华感。

图 6.79 Alcantara 合成材料 1

人造革也称为仿皮或胶料，是 PVC 和 PU 等人造材料的总称，主要分为超纤皮革、PU 革和 PVC 革。绝大部分人造革的手感和弹性无法达到真皮的效果，从它的纵切面可以看到细微的气泡孔、布基或表层的薄膜和干干巴巴的人造纤维。

图 6.80 Alcantara 合成材料 2

超纤皮革的全称是“超细纤维增强 PU 皮革”，超细纤维增强 PU 合成革代表着人造革的发展方向，具有与天然皮革非常相似的性能，且具有极其优异的耐磨、耐寒、透气、耐老化等性能。例如 Alcantara 合成材料，与真皮相比，它拥有更高的耐用性，清洁与保养也相对容易，同时拥有更高的抗污能力与耐火性能，因此最早被使用在赛车上（图 6.79～图 6.81）。

图 6.81 Alcantara 合成材料 3

PU 即聚氨酯，而 PU 革指的是涂层为 PU 的一种人造革制品，质地柔软、耐折，且有一定的吸湿性（图 6.82）。PVC 革是人造皮革的第一代产品，它是以纺织或针织材料为底基、聚氯乙烯树脂为涂层的仿革制品，特点是近似天然皮革，外观鲜艳、质地柔软、耐磨、耐折且耐酸碱（图 6.83）。

图 6.82 PU 革

图 6.83 PVC 革

6.4.2 皮革表面装饰工艺

皮革表面装饰工艺包括打孔、绗缝、镭雕、压花、刺绣等。

汽车座椅上的打孔同时兼顾了座椅功能性和装饰性。功能性是指通风透气，打孔过后的皮革能够增加透气量，提高座椅的舒适性。装饰性是通过重复元素、渐变效果、透色打孔以及改变孔的形状等方式来丰富设计细节，增加皮革奢华感。由于打孔的特殊工艺要求，必须选用材质较好的皮料，体现真皮独特的美感，提高内饰的档次。

打孔的设计手法有穿孔、透色打孔 / 双色打孔及半穿孔 / 盲孔。常见的打孔孔形是圆形，此外还有菱形、方形等几何形（图 6.84）以及花形。孔的形状、大小、孔距、点阵排列等要符合车用皮革的性能要求，比如皮革的撕裂强度会影响孔的点阵排列。透色打孔（图 6.85）和双色打孔是通过基布底色与皮革表面颜色的反差设计，表现强烈的视觉冲击，该装饰工艺多运用在运动型 SUV 车上，更具活力。盲孔（图 6.86）是指没有完全穿透的孔纹，属于一种装饰性的皮革纹，多数用在合成革材料上。为盲孔添加色彩后能体现更新颖的效果。

图 6.84 打孔 / 几何孔形

图 6.85 打孔 / 透色打孔

图 6.86 打孔 / 盲孔

皮革表面通过孔的点阵排列可形成具有设计表达的图案，相比传统的打孔更加精致、高档。常运用的点阵方式有重复、渐变、LOGO（商标）点阵排列、打孔加缝线等方式。重复点阵方式是指将品牌元素作为重复使用的图形，以深化品牌形象，比如采用车企LOGO 首字母作为重复元素（图 6.87）。渐变点阵方式是指通过一个图形元素有规律的变化，来形成较强的未来感（图 6.88）。也可以对孔的大小进行渐变设计，通过孔形由大到小的变化形成渐变的效果。采用打孔加缝线的设计能避免纯粹打孔单调呆板的感觉。

图 6.87 重复元素

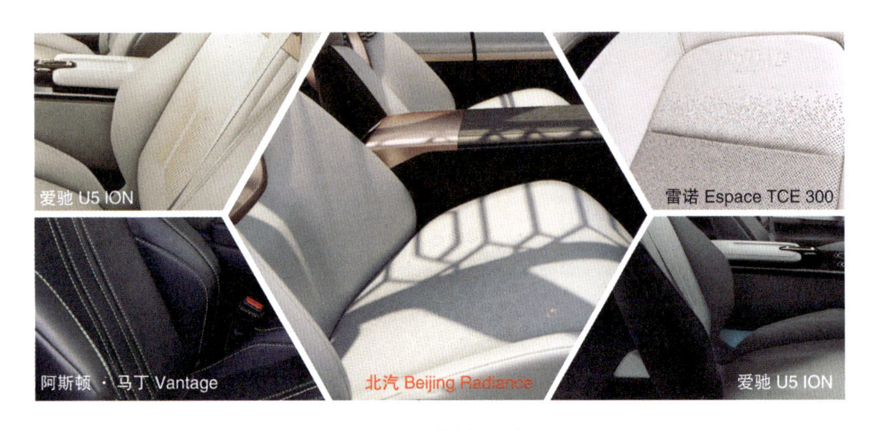

图 6.88 渐变元素

绗缝装饰工艺是指通过缝线在皮革表面上形成不同的线迹图案，线迹可以是直线、曲线、弧线，也可以是格条图案。在汽车内饰中绗缝应用最多的位置是座椅椅面，设计师通过各种图案缝线的效果来表达内饰 CMF 设计主题。设计师可以在皮革的表面利用缝线来增加更多的图案设计，缝线的手工精致感提升了皮革表面的触感，让人觉得汽车不再仅仅是代步的工具，而是艺术与科技的完美结合。

皮革绗缝的设计手法有彩线穿插、双色缝线、单双排搭配、图案绗缝等。彩线穿插运用鲜明色彩的缝线穿插点缀整个皮革，体现更精致的细节和设计感（图 6.89）。

图 6.89 彩线穿插

双色缝线在汽车应用上主要为法式双缝线，一般由结构线和装饰线组成，其最大作用就是突显豪华的气质。其中，结构线将两块皮料拼接在一起，负责结构的加强；装饰线出现在拼接线即结构线的两侧，提升皮革品质，如图 6.90 所示，采用两种不同颜色、粗细的缝线搭配设计体现主次，使之具有层次感。

单双排搭配手法是指单排缝线搭配双排缝线，缝线设计组合更加灵活，彰显了整体的品质感（图 6.91）。

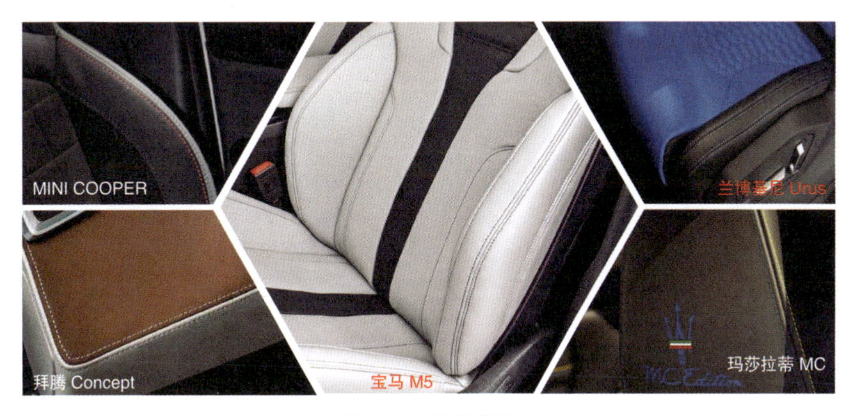

图 6.90　双色缝线

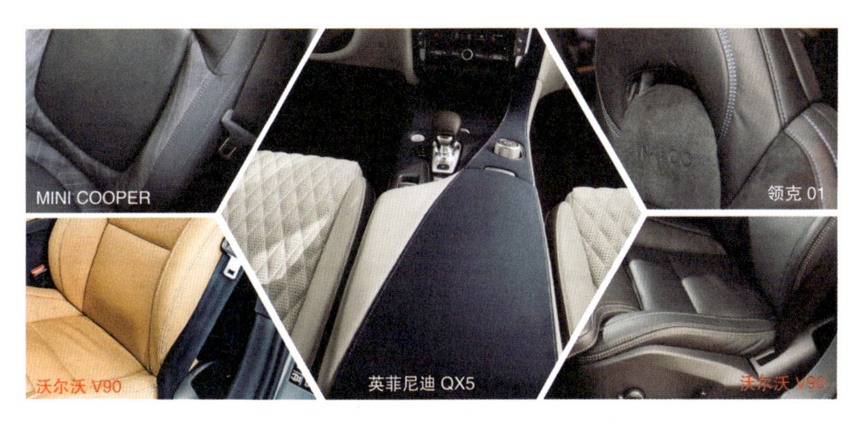

图 6.91　单双排搭配

图案绗缝是指汽车座椅集合图案的设计，可以突出绗缝工艺独特的廓形感，彰显其手感、立体感、弹性和肌理，将功能性与观赏性有机结合，释放绗缝工艺温暖而优雅的时尚魅力（图 6.92）。

图 6.92　图案绗缝

另一种装饰缝线手法以特别的花样形式来体现缝线设计的装饰感，称为花样点缀。如图 6.93 所示，DS7 用珍珠点缀装饰形式的缝线，而极星类似拉链方式的缝线装饰突出了座椅的特点。

图 6.93　花样点缀

滚边搭配是指采用滚边搭配缝线的形式，加强产品造型的线条感，使视觉效果更丰富，更有层次感（图 6.94）。

图 6.94　滚边搭配

镭雕（图 6.95）也称为激光雕刻，由于激光的精密准确性，可以实现非常复杂的花纹雕刻。激光可以在真皮表面雕刻，灼烧掉真皮表面的浅浅一层，也可以实现镂空花纹的效果。

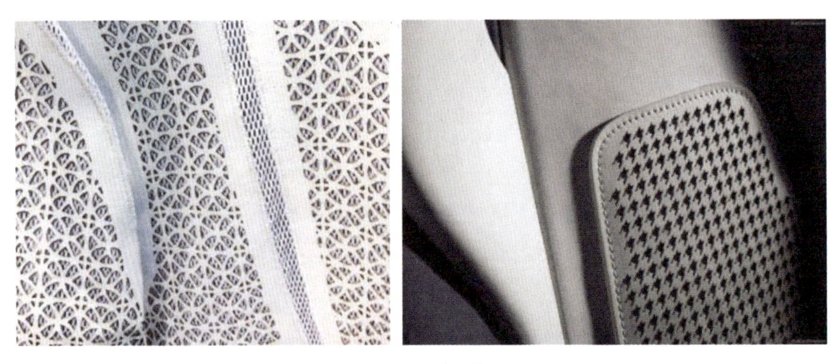

图 6.95　镭雕

压花是指将皮革经过高温高压压制，模具或压花辊上的花纹就会印制在真皮表面，压花过后的真皮表面凹凸感非常强（图 6.96）。在汽车中，压花一般运用在较小的区域，比如在头枕上压制车标图案，或用在靠背上的小区域（图 6.97）。通常刺绣也会用在类似的位置。

图 6.96 压花装饰

图 6.97 刺绣

在现代皮革产品设计中，设计师需要把握皮革产品的整体风格，将多变的设计手法和多样的图案元素有机结合在一起，才能达到理想的装饰效果。

6.4.3 皮革纹理外观

用于汽车内饰的皮革纹理丰富且各具特色。荔枝纹清晰可见，以颗粒面为主，走向较有规律，颗粒有平坦、较饱满或饱满之分。皱线纹存在两种形式：一种表面较平滑，挤压可形成皱褶纹理；另一种表面纹理以短小线条交织组成，线条紧密、排列不规律。毛孔纹纹理细小，有毛孔点或呈针孔状，无明显颗粒，较细腻。线条纹主要为线条，走势明显但无规律，颗粒不多、不饱满。磨砂纹也叫麂皮砂纹，表面无明显纹理，手感粗糙。绒毛纹的皮纹表层有绒毛，类似麂皮绒。光面纹表面平坦光滑，无明显毛孔和纹理。对于装饰纹，根据流行趋势，人为仿造具有各种特殊效果的纹理，如镭雕纹、压花纹，多用于皮革。

6.5　其他材料设计

6.5.1　原木材料设计

真木装饰工艺是以天然真实木材作为表面装饰的一种工艺，木皮经选材裁切、热压成型、注塑、切割、打磨、上色、表面涂装、后处理等多重工序处理后，加工制成具有真实木质外观的饰件。汽车内使用真木装饰的区域一般有门板装饰区域、中控装饰区域等，而对于超级豪华品牌车型的真木装饰范围更广。真木装饰工艺所呈现出的纹理图案即原木纹，包括胡桃木、枫木、橡木和岑木纹理。

胡桃木易于手工加工和机械加工，适合敲钉、螺钻和胶合，可以持久保留油漆和染色，有良好的尺寸稳定性，不易变形且抗腐蚀能力强（图 6.98）。

图 6.98　原木纹——胡桃木

枫木按照硬度可分为硬枫和软枫，木材呈灰橘色和灰红色，纹理交错，质轻而较硬，花纹图案优良，易于加工，且油漆涂装性能好（图 6.99）。

图 6.99　原木纹——枫木

橡木按品种可分为白橡木和红橡木，呈山形纹理，间杂冰裂细纹，质重且硬，结构粗，耐磨损，触摸时表面有凹凸质感，机械加工性能、染色及抛光性能良好。其中白橡木边材为浅色，芯材为浅棕色至深褐色；红橡木的白木质为白色至浅棕色，芯材为粉红棕色（图 6.100）。

图 6.100　原木纹——橡木

岑木颜色较为丰富，色泽呈金黄色至棕褐色不等，还有一些呈中灰色或中棕色。其天然属性包括针眼、树脂脉络、虫蛀纹和自然色斑等，这些自然优点赋予其极高的稳定性（图 6.101）。

图 6.101　原木纹——岑木

由于其昂贵的原料成本和纯手工的加工工艺，原木纹装饰多适用于高端汽车，例如劳斯莱斯、宾利、奔驰、宝马、奥迪等汽车品牌就非常青睐原木纹装饰。木材精致的纹理、真实的触摸感以及精细的手工加工方式为内饰装饰增添了尊贵奢华的气质。目前的汽车市场上，真木装饰一般用于 B 级和 B 级以上车型，但随着汽车家居化和智能化时代的到来，未来汽车内饰中可能会出现更多更平价的原木材料。

木纹是汽车内饰装饰纹理中最具有代表性和历史性的装饰类别。在现阶段新能源汽车的发展以及工艺提升的推动下，不仅会继续保留纯手工打造的原木类纹理，而且可结合当下的油墨印刷技术以及模内成型技术，进行更加丰富的纹理图案设计。线形化、抽象化和参数化都将是未来木纹类装饰的发展趋势，也将会融入更多科技和智能化的元素（图 6.102）。

图 6.102　2021 款宝马 iX 采用“Shy Tech”隐形创新科技的木质中控台

6.5.2 金属材料设计

汽车车身多用金属材料，如高强度钢板、铝合金、镁合金、钛合金和泡沫合金板等。一些汽车的车标也会用到金属材料，如奔驰标志多使用镀铬合金钢材。劳斯莱斯“飞天女神”车标的材质有三种版本（图 6.103），第一种银色标志是不锈钢材质，第二种金色标志由高纯度的黄金材质打造而成，第三种则是夜光琉璃标志。

图 6.103 劳斯莱斯“飞天女神”车标的不同材质

金属材料表面处理工艺主要包括表面前处理和表面装饰处理。金属表面前处理工艺主要包括表面机械处理、化学处理和电化学处理，而表面装饰处理主要表现为表面肌理工艺。金属表面肌理工艺是指通过锻打、刻划、打磨、腐蚀等工艺在金属表面制作出肌理效果，塑造不同的视觉效果。工艺主要包括抛光、喷砂、金属蚀刻和金属拉丝等。

抛光是指利用机械、化学或电化学的作用，使工件表面粗糙度降低，以获得光亮、平整表面的加工方法。抛光仅能得到光滑表面或具有镜面光泽的表面，并不能提高物件的精度、耐用性、抗腐蚀等性质。

喷砂是指采用压缩空气为动力，将喷料（如喷丸玻璃珠、钢丸、石英砂等）高速喷射到需要处理的工件表面，使产品表面产生雾面的效果。

金属蚀刻是指将材料使用化学反应或物理撞击作用而移除的技术，可以分为湿蚀刻和干蚀刻两类。通过曝光制版和显影后，将要进行金属蚀刻区域的保护膜去除，在金属蚀刻时接触化学溶液，达到溶解腐蚀的目的，形成凹凸或者镂空成形的效果。

金属拉丝是指在金属表面用机械摩擦的方法加工出有规则的纹路。金属拉丝工艺可以清楚地显示出每一根细致丝痕，使金属亚光中泛出精细的发丝光泽，赋予汽车内饰质感、时尚感和科技感。

6.6 光泽设计

光泽泛指物体表面上反射出来的亮光，光泽度主要取决于材料本身的折射率。按照反光能力的强弱和性质，材料的光泽可分为金属光泽和非金属光泽两大类。

光泽在金属、塑料、涂料、油漆等材料的加工中有重要的用途，对不同材料的颜色、纹理或图形的表面特性有不同呈现。例如对于相同颜色的塑料件，ABS 材质会比 PP 材质更亮。设计师在设计某个部件的时候，需要了解不同基材对颜色、纹理、光泽的影响。

汽车材料光泽一般分为高光 / 亮光、半亚光和亚光，从高光到亚光还可以通过数字等级量化细分，比如 3 分光、6 分光、8 分光、全光等，其光泽度从低到高。划分是根据对光线的反射程度来确定的。

涉及光泽设计和评估的零部件与工艺有车漆、喷涂、镀铬件或金属色塑料制品、金属膜、装饰贴膜、新材料等。

车身面漆涂装可以赋予汽车车身色彩，以提高外观装饰性，涂层具有高光泽、高丰满度和高鲜映性，漆膜光亮如镜，将汽车装扮得分外靓丽。车身面漆对光泽的表面要求较高，各车企有自己的车漆光泽评估标准以进行品控，根据不同车型的车漆颜色、光泽有不同的评估分值，如轿车车漆的光泽度值要求为 90。如今，亚光车漆的技术已达到可量产水平，逐渐出现在实际应用中。

表面喷涂属于微观的纹理，有高光面、磨砂面、亚光面等区别，应根据不同部件区别应用，主要应用于车身外覆盖件和外饰件。

电镀在汽车饰件中应用普遍，电镀外饰件广泛应用于汽车标志、车门拉手、后视镜、车轮壳罩、牌照板、保险杠饰条、散热器格栅、防擦条、后视镜、车顶行李架及门把手饰条等位置。电镀内饰件主要用于出风口饰框、仪表板装饰条、门内开把手、方向盘装饰、换挡手球、换挡盖板及门板饰条等位置。电镀在光泽上主要区分为柔光电镀、高光电镀和镜面电镀。随着电镀工艺的发展，也出现了代替电镀效果的环保技术，如 PVD 真空镀膜。

6.7　材料与感觉

材料感觉特性可分为物理属性和生理属性两个基本类别。物理属性即材料传达给人的知觉系统的信息，主要有材料的类别、特性等，体现为材料的几何特征和理化类别特征，如色彩、纹理、光泽、质感等。生理属性即材料作用于人的触觉和视觉系统的刺激性信息，如粗犷与细腻、粗糙与光滑、温暖与寒冷、华丽与朴素、浑厚与单薄、坚硬与柔软等。

6.7.1　材料与触觉

通过人的手和皮肤触及材料而感知材料的特性，是人们感知材料的主要途径。

触觉是一种复合的感觉，由运动感觉与皮肤感觉构成，是一种特殊的反映形式。运动感觉是指对身体运动和位置状态的感觉。皮肤感觉是指辨别物体机械特性、温度特性或化学特性的感觉，包括温觉、压觉、痛觉等。从物体表面对皮肤的刺激性来分析，触觉质感分为快适触感和厌憎触感。材料的触觉质感与材料表面组织构造的表现方式密切相关。材料表面微元的几何构成形式千变万化，有镜面的、毛面的。非镜面的微元又有条状、点状、球状、孔状、曲线、直线、经纬线等不同的构成，使人产生不同的触觉感受。材料表面的硬度、密度、温度、黏度、湿度等物理属性也是不同的触觉反应变量。

如图 6.104 所示，仪表板中饰板采用塑料材料来制造中饰板骨架，表面采用皮革材料进行包覆，给人带来柔软的触感；仪表板本体为采用塑料材料和注塑工艺制成的硬质仪表板，质感偏低。

图 6.104 汽车不同部件的触觉特征

6.7.2 材料与视觉

通过人的眼睛对产品的材料特征进行的感知，是材料被视觉感受后，经大脑处理产生的一种对材料特征的感觉和映像。当前，材料的视觉特性在设计中的应用数不胜数。如图 6.105 所示，汽车空调出风口周边装饰亮条，基材为塑料，表面处理采用电镀工艺，零部件被处理成金属质感，使产品品质得到了提升。

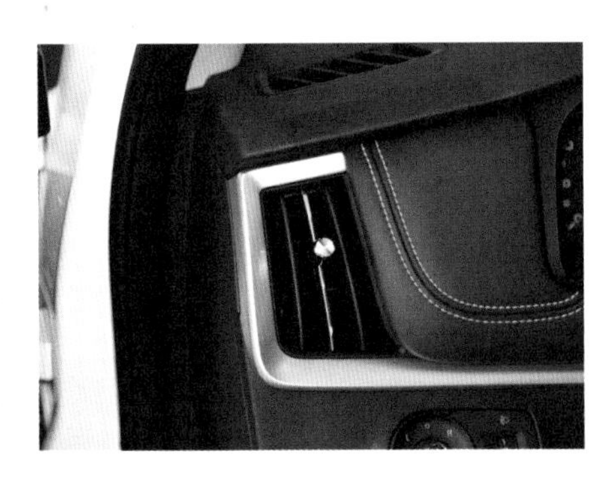

图 6.105 汽车不同部件的视觉特征

当视觉器官受到刺激后会产生一系列的生理和心理反应，产生不同的情感意识。材料对视觉器官的刺激因其表面特性的不同而决定了视觉感受的差异。材料表面的色彩、纹理、光泽等都会产生不同的视觉质感，从而形成材料的细腻感、粗犷感、均匀感、工整感、光洁感、透明感、素雅感、华丽感和自然感。

视觉质感是触觉质感的综合和补充。由于人们长期触觉经验的积累，大部分触觉感受已经转化为视觉的间接感受，对于已经熟悉的材料，可以根据以往的触觉经验，通过视觉印象来判断该材料的材质，从而形成材料的视觉质感。由于视觉质感相对于触觉质感具有间接性、经验性、知觉性和遥测性，因此也具有相对的不真实性。利用这一特点，可以应用各种面饰工艺手段，以近乎乱真的视觉质感达到触觉质感的错觉，例如制造印制木纹、布纹、石纹的产品。

6.7.3 材料与嗅觉

嗅觉是人鼻腔里的嗅细胞受到挥发性物质刺激，产生神经冲动并沿嗅神经传入大脑皮层而引起的感觉，包含气味的强度、类型、舒适度等信息。用户对材料气味的嗅觉体验，都会对心理产生影响，并会在好 / 坏、积极 / 消极、喜欢 / 厌憎的维度上对产品产生评价（图 6.106）。

奔驰汽车引入香氛系统，于传统视觉、触觉、听觉之外，第一次将车内氛围塑造提升到嗅觉层面。不同于传统形式的车载香水，香氛发生器主动散香装置利用微泵吸收香气，通过车辆通风管道形成循环向车内散香，剔除了传统车载香水的刺鼻感，使得车内的空气

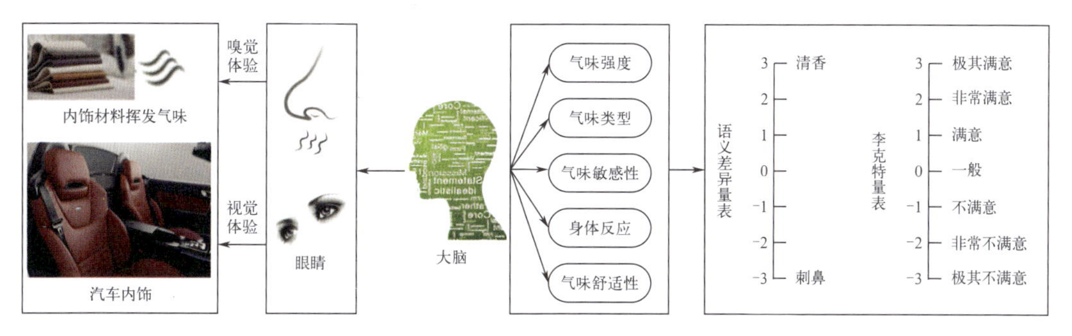

图 6.106　汽车内饰的主观评价

清新自然。开启手套箱后，香水瓶发出浅色冷光源，让车内质感再次提升（图 6.107）。

图 6.107　香氛发生器主动散香装置

6.7.4　材料与情感

材料的心理美感是指材质自身美感投射到人心里时所产生的情感意识和印象。同一材料、不同的表面处理工艺，可呈现出不同的感觉特性。

例如木材是自然、温润、亲切、协调、感性的；金属是现代、坚硬、光滑、冰冷、理性的；镜面高光是明亮、光滑、自由、高雅、精致的；皮革是温暖、奢华、品质、柔软、感性的；碳纤维是科技、现代、动感、坚不可摧的；而塑料是人造、优雅、细腻、轻巧、理性的。

在设计中，除了少数材料固定的特征以外，大部分材料都可以通过表面处理的方式来改变产品表面所需的色彩、光泽、纹理和质地，直接提高产品的审美功能，从而增加产品的附加值。肌理的形状、疏密、大小、颜色会产生不同的美感，不同肌理造成的视觉美感包括精细美、粗犷美、均匀美、工整美、光洁美、华丽美和自然美等。如大理石肌理表现华贵、高雅的意境，而布纹肌理传达了亲切柔和质朴的意境。同时，不同的表面处理工艺，会造成反射光的空间分布不同，从而产生不同的光泽度和物体表面感知性。比如，细腻光亮的质面反射光的能力强，会给人轻快、活泼但冰冷的感觉；平滑无光的质面由于光反射量少，会给人含蓄、安静、质朴的感觉；粗糙有光的质面由于反射光点多，会给人笨重、杂乱、沉重的感觉；而粗糙无光的质面，则会使人感到生动、稳重和悠远（图 6.108）。

图 6.108　汽车不同部件的感觉

第7章 汽车CMF设计品质控制

传统的汽车色彩设计往往是根据造型创意提出相符的色彩方案，讨论过程中向大家展示的是虚拟的色彩效果图，无论是通过手绘还是计算机软件渲染，大家对同一种颜色的理解可能会各有差异。每个人对颜色的感受和描述都可能不同，言语交流难以准确传达CMF方案（图7.1）。

图7.1　颜色的语言表达差异

面对这样丰富多彩的色彩创意，我们该如何实现呢？

汽车的色彩方案不仅仅是表面色彩的选择，更多的是色彩品质的呈现。色彩设计应从源头着手，进行色彩样板开发、建立外观标准及执行外观品质控制，将虚拟方案转为现实，才能更完美地实现设计方案。

7.1 色彩样板开发

7.1.1 色彩沟通方式

只用言语来交流颜色是复杂而困难的，通常不能准确传达色彩方案。进行实物样板研发是实现色彩设计的重要阶段，这个过程中CMF设计师与材料供应商的沟通方式很重要，最常用的交流方式是采用国际通用色卡，设计师向供应商提供颜色编号，供应商依据这个色号做出符合色卡颜色值的实物。这种方式是非常便捷的色彩开发模式。

在国际通用色卡都满足不了设计师方案需求的情况下，设计师就需要在色卡的基准上做一些调整，而调整就意味着色彩开发的工作难度会加大，明度深一点、浅一点？彩度浓一点、淡一点？这个调整度是多少？这些调整都会影响最终的颜色效果。如果没有能够直接满足色彩方案的色卡，可能需要提供接近于色彩方案的实物样品。在色彩创意上，参考的可能是大自然的某一物品或是某个商品的色彩，因此实物样品是一种更精准的色彩开发手段。

然而，经常存在一种情况，既无法满足国际色卡要求，也没有实物可供参考，那么怎么开发目标色彩呢？以往的方法是寻找基准，找到一个接近目标色的色卡，制作出一批实验色板，让设计师通过目测来找出最接近的颜色。但这种做法耗时耗力，且见效慢。因此，数字化色彩开发已成为当今色彩设计与开发的新技术。我们为色相、明度与彩度建立标度，用数字化的高精度设备来测量颜色，量化的色彩使得色彩信息的交流更加顺利、便捷和精确。颜色沟通的三种方式如图 7.2 所示。

图 7.2　颜色沟通的三种方式

7.1.2　色彩开发在汽车各制品中的应用

汽车零部件的载体种类繁多，包括塑胶制品、皮革、织物面料、涂料、装饰条等，其色彩开发都是由标准色板引出，再根据材料的特性进行调整和匹配，从而提高不同表面材质间色彩匹配的品质（图 7.3）。

图 7.3　不同材料的同一色彩匹配

初始样品表囊括了某辆汽车中所用到的全部色彩。表 7.1 仅展示了部分内容，但已可以使我们大致了解一辆车会用到多少色彩。很显然，调整不同材质表面间的色彩搭配，并且同时处理不同的加工方法，是相当耗费时间的。

表 7.1 初始样品列表

部件 / 材料	色彩名称				
座椅纤维	煤黑色	灰 60	米色		
座椅人造革	黑色		米色		
座椅织革	煤黑色	蓝色	石英蓝		
座椅 Dakota 革	黑色	灰 60	米色	柠檬色	土色
仪表盘顶 PUR	黑色				
仪表盘 PUR	黑色	灰 60	米色		
手套格 PUR	黑色	灰 60	米色		
仪表盘中央 PUR	黑色	灰 60	米色	柠檬色	土色
中间扶手人造革	黑色	灰 60	米色		
门衬里 TPO 管状泡沫	黑色	灰 60	米色		
B 形支架 PP/EPDM	黑色	灰 60	米色		
后板 / 前座 PVC 管状泡沫	黑色	灰 60	米色		
内部车顶衬里带编织装饰	里面灰	里面灰 60	米色		
底部储物架纺织品	煤黑色	灰 60	米色		

7.1.3 色彩标准建立

精确的色彩开发是建立在实物样品基础上的。材料或颜料制造商依据设计，手工喷出或调配出第一个色彩样板（皮革或 PP 样品），确认通过后形成基准色板，成为材料或颜料制造商使用的标准，这些色彩样板结合不同的材料表面，形成色彩材质标准板的大杂烩。

色彩样板可以给设计师带来一个整体印象，让他们能够预见未来汽车内饰的色彩效果。依据第一个实物样品的标准，颜料制造商或原材料供应商会在实验室中研制出几个塑料色板，设计师将在三种光源的灯箱和日光下评估这些色板。如果得到设计师的认可，不同色调的塑料色板就可以进行批量生产，并被送往汽车内饰材料制造商，他们将基于色板的标准制作实验室样品。设计师会再次评估这些样品（包括全部其他材料），提出改正建议，并最终发放作为生产依据的原始样品。色彩开发相关词汇如图 7.4 所示。

标准样板可能是 PP 板或皮革材质。目前汽车内饰使用的材料多为 PP，那么 PP 作为标准样板，可提前进行汽车用塑料与颜色性能试验。而皮革的调色灵活性佳，便于在设计样板阶段反复调整。一旦样板确定后，经过仪器检测和目测，设计师将记录色彩数值和光谱反射率并存档封样，这样就形成了标准样板。

标准样板一方面以工作样板的形式发放给不同原料供应商以进行色差控制，另一方面作为标定依据，用于翻新过期的标准样板。标准样板与不同基材的色彩验证如图 7.5 所示。

标准色卡：

选用现有或国际通用的颜色色卡进行开发和比较

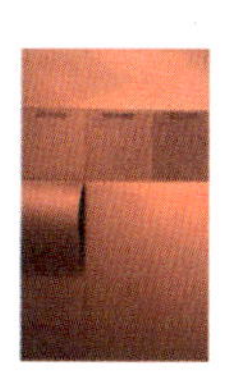

标准样板：

1.以PP板为基准板，进行不同材料色板的开发
2.新开发车型均使用标准样板
3.外观检测人员负责样板的测量；有效样板的背面贴有测量数据及相关人员签字和图章
4.封样板的复制及分发

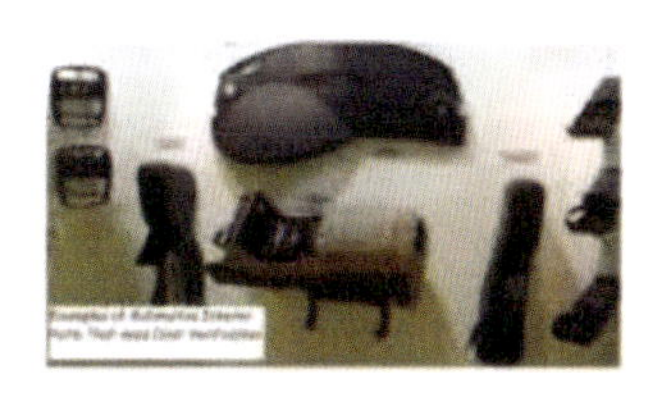

标准零件（封样件）：

主要对零部件的纹理和外观整体综合状态进行比较评估

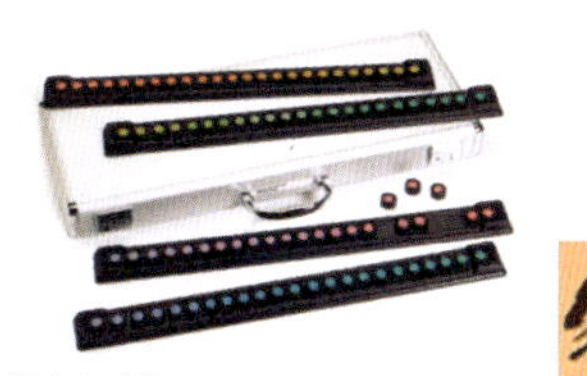

外观专测人员：

通过MUNSELL色棋对评判人员的眼睛色觉进行严格测试的人员，该人员专门从事颜色评判的检测工作

图 7.4　色彩开发相关专业词汇

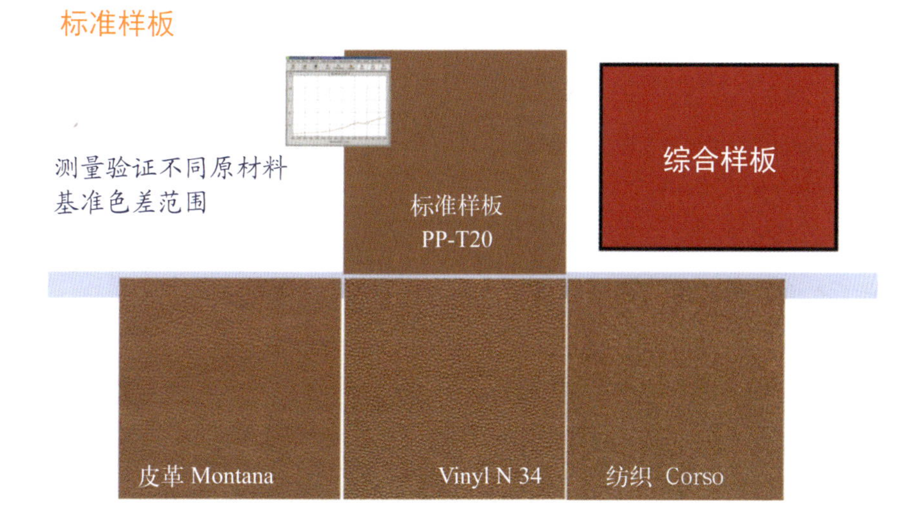

图 7.5　标准样板与不同基材的色彩验证

7.1.4　样板的作用

（1）颜色样板

规定该颜色的各项参数，指导零部件开发商、材料供应商进行配色和色差控制，并作为供货时外观验证和评审的依据。

（2）纹理样板

规定该纹理的各项特性参数，指导零部件的脱模斜度设计、模具开发商纹理制作和外观品质控制，并作为供货时外观验证和评审的依据。

纹理，尤其是微观纹理，对颜色的观感有一定影响，光亮的表面与毛糙的表面颜色存在差异，在如图7.6所示标准纹理颜色样件的对应区域可以明显看出。因此，颜色的评估只能在纹理完全相同的情况下进行。

图7.6　PPG 2022年全球流行趋势色彩样板

7.1.5　样板研制工作内容

设计师需要结合造型效果图和油泥模型，进一步细化外观方案和外观效果图渲染，同步开发各类载体的基准样板，进行CMF设计并提出《CMF设计综合描述报告》。

样板研制阶段的主要工作内容如下。

① 基准样板设计、开发和研制。

② 涂料色板制作，包含平面漆板、车形板、弧形板。

③ 塑料色板制作，通过不同的厚度、高光、亚光以及纹理展现出不同的效果。塑料色板从颜色品级定位、展示、评审，到配色辅导、试验样板研制、测试，最后经过专家确认后完成。

④ 对于纹理样板，用生产批量相同的材料进行制作，一般由一个光区和几个常用的皮纹区组成。

⑤ 色、纹综合样板制作。色、纹综合样板是颜色、纹理综合在一起的外观品质样板，该样板是已确认的颜色、纹理的综合状态的展示，能够准确地再现零部件的色彩纹理状态。

⑥ 快速样件、样车的纹理验证。这是在光坯样件上覆盖已确认的纹理设计的一种手段，可用于快速检验样件、样车外观效果。

⑦ 蒙皮样品及包覆验证。对现有样件进行蒙皮新设计包覆，展示外观效果并验证。

⑧ 装饰条样板、样件制作，分为图案设计膜片、曲面样板和装饰条样件实现外观效果三个阶段。

⑨ 由研究院负责组织对以上各项方案进行内部评审，最终提交《CMF设计综合描述报告》。

7.1.6　色彩样板研发流程

在色彩定义完成之后，进入色板开发环节，打出的第一批色板称为“实验色板[1]”，实

[1] 实验色板：为初次打样的色板，用于对比、评估颜色的可行性。

验色板是需要调整和改进的。调整后的实验色板经过多方评估通过后，确认的色板称为“基准色板❶”。基准色板分为“标定色板❷”和“工作色板❸”，工作色板用于汽车各零部件制品颜色的调整匹配，从而控制各零部件供应商的零件外观颜色。

第一批工作色板需要准备若干块，用于进行各项工作实验，检验各项性能，如色老化、色牢度等。同一颜色与皮革、塑料、织物等不同制品的结合，会产生不同的视觉变化，因此为了达到目测一致，需要反复做调整，再通过评审确认后成为标准样板。工作色板在批量发放之前需要进行验证。对于低饱和度 PP 色板，其验证标准为 $\Delta E \leqslant 0.2$（ΔE 指衡量色准的参数，值越小说明显示器的色彩偏差越小）。

标定色板作为验收产品的依据，每年需要更新一次。色板研发与品控流程如图 7.7 所示。

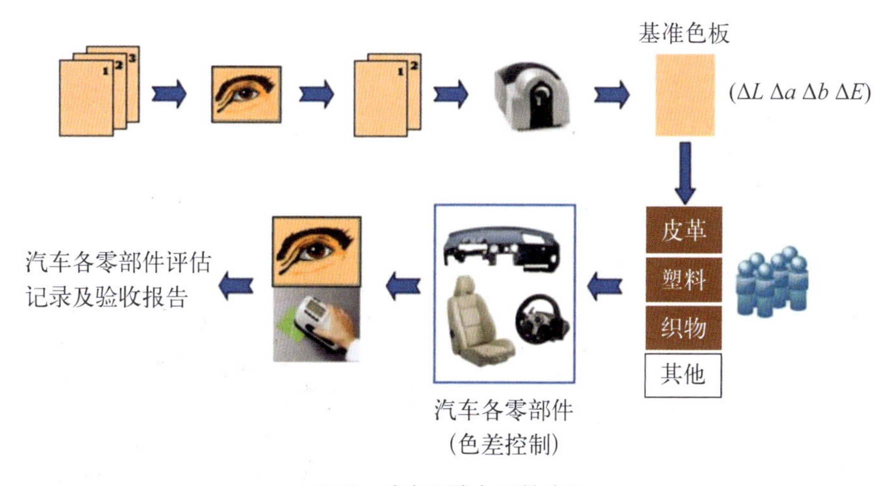

图 7.7　色板研发与品控流程

7.2　CMF 验证手段

7.2.1　数字化虚拟验证

随着科技的发展，数字化、信息化设计时刻助力汽车产品的更新换代（图 7.8）。VR 虚拟现实技术可将汽车以全尺寸、高质量的图像信息进行展现，将汽车外观造型、空间布局、颜色图案以及材料质感呈现给驾乘人员，还可以让人用自然的方式与虚拟环境中的人员进行交流，使之产生等同真实环境的“沉浸式”感受和体验。借助虚拟现实技术，可缩

❶ 基准色板：评审通过后，该色板颜色已确定并用于各零部件相关材料的匹配实验、验证。
❷ 标定色板：基准色板的一种形式，作为标准器用于对工作色板进行鉴定并保存，作为验收产品的依据。
❸ 工作色板：基准色板的另一种形式，分发到主机厂相关部门和各零部件供应商手中，用于汽车各零部件的颜色品质控制。

短汽车产品开发周期，减少开发成本。

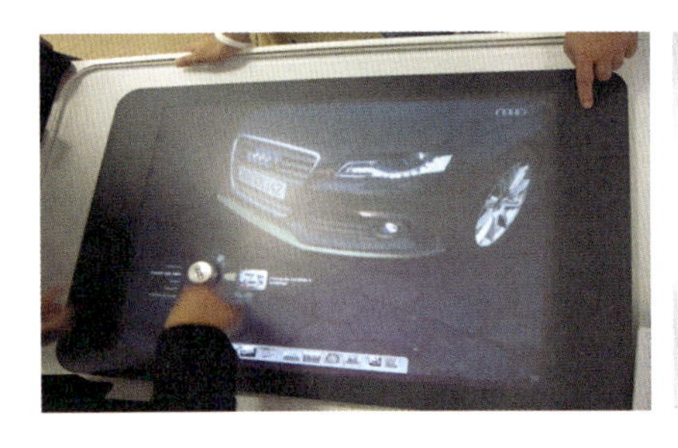

图 7.8 数字化验证

常用的汽车材质渲染软件包括 RTT、VERD、VRAY、KEYSHOT、SUBSTANCE 和 CINEMA4D 等。涉及的设备包括高精度扫描仪、虚拟评审灯箱和 VR 设备等。色彩材质虚拟评审工作流程如图 7.9 所示。

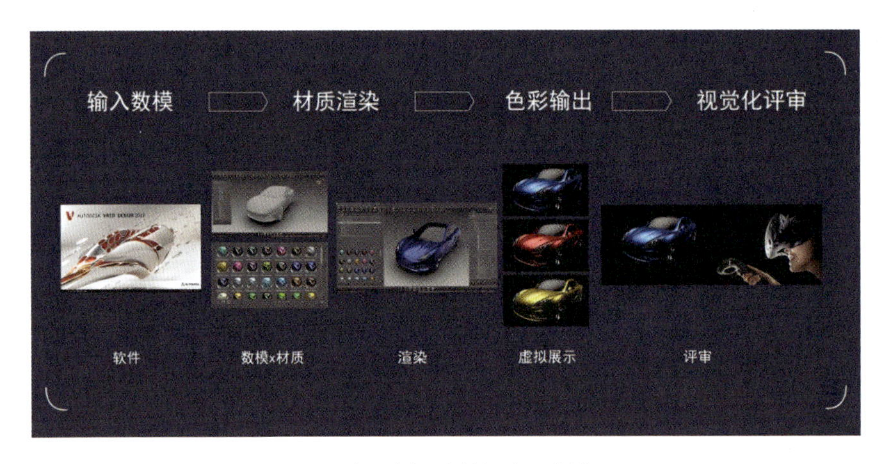

图 7.9 色彩材质虚拟评审工作流程

7.2.2 CMF 设计效果图综合展示与验证

在整车造型评审阶段，将 CMF 方案与造型效果图结合，展示外观样板和外观设计平面展板，这也是真实展示色彩、纹理、材质的一种常用方法。外观样板包含涂料色板、外饰件颜色纹理样板、内饰色板、纹理板、装饰件样板、面料纹样等，可以展示新车型各主要可视的零部件实际应用材料的实物外观效果，还可以从不同角度、光线和环境的改变中感受设计部件的外观效果，包括视觉、触觉和嗅觉效果。外观设计平面展板评审是将外观设计转为各载体样板并进行验证的第一阶段，之后在外观品质验证阶段还会再次进行。

外观设计平面展板评审阶段的主要工作内容如图 7.10 所示。

在这一阶段，需要评审选定年度车型的色彩效果，用于开发标准色板，以便进行整车外观件的颜色匹配，并控制不同零部件的色差。这一过程评价的外观效果是颜色、纹理在不同载体上反映出来的综合视觉感受，三者是一个不可分割的有机整体。

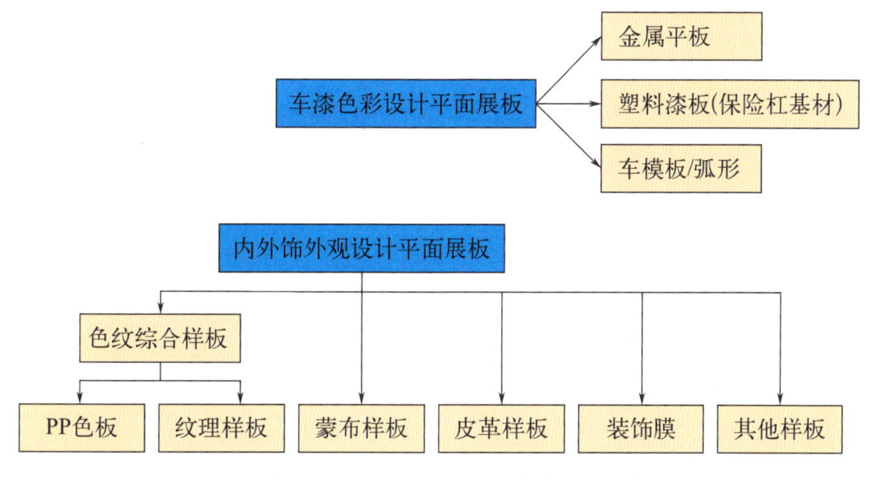

图 7.10 外观设计平面展板评审阶段的主要工作内容

7.2.3 CMF 设计样车（油泥）展示与验证

样车（油泥）模型是指传统车身设计中用油泥雕塑的汽车车身模型，是用油泥材料和仿真的效果来表达汽车实际结构和外观的一种方法。它比效果图更加真实、直观、有说服力，便于及时发现设计中存在的问题。通过油泥模型，汽车的细部结构和在效果图中并未被发现的问题，可进一步得到改进和处理，使设计方案得到最终的完善。汽车外形设计对表面质感的光滑度要求极高，而油泥质感细腻光滑，符合近乎严苛的表面要求。油泥模型师在雕塑油泥模型的过程中可以很方便地对所有表面细部形状进行试验、探索、比较和修改（图 7.11）。

图 7.11 宝马加利福尼亚州设计工作室

在样车的外观验证阶段，需要通过各类标准样板来控制新开发零部件的外观品质，是确保从色彩、纹理创意到样板研制，再到样车、样件的零部件外观的风格品位和谐一致性的重要阶段。验证包括颜色、纹理、光泽等方面，能够更实际且直观地让设计师感受到实车实样的色彩纹理效果，同时能有效评估和验证样车样件的结构、装配及材料工艺等。

CMF 设计的样车评审与验证如图 7.12 所示。

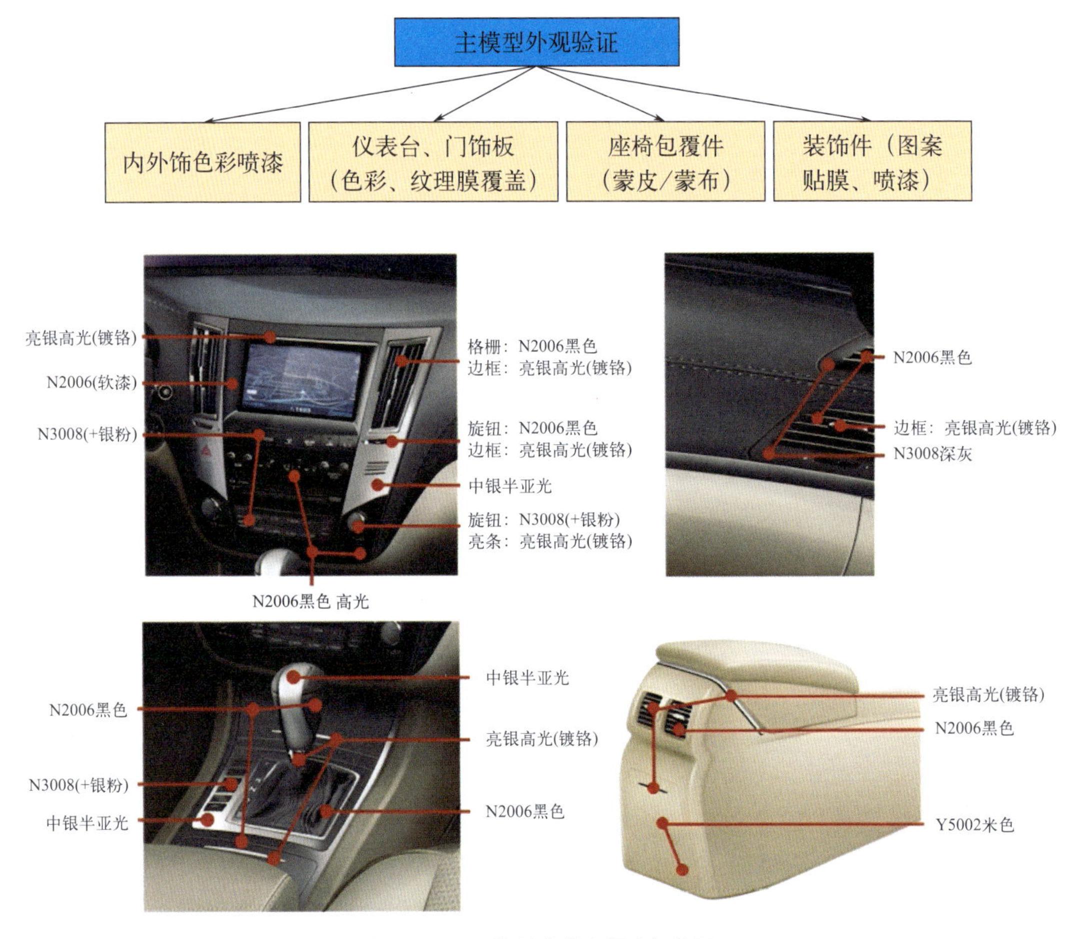

图 7.12 CMF 设计的样车评审与验证

7.2.4 CMF 设计工装样车（OTS）展示与验证

OTS 全称为 off tooling sample，中文名为“工装样件”，指使用硬模和工装制造的工程样件，允许不按照正式生产节拍进行制造。对于工装样件，一般情况下是已经开了模具的，不能直接用于销售，只能供供应商和车厂用来做一些试装和验证。由于设计的零件基本已经确定，因此 OTS 主要用于性能、制造可行性及品质可行性方面的评价，目的就是验证大规模生产零件供应商的硬工装的能力。OTS 通常由工程部门负责认可，工程样件得到认可后形成的报告为 OTS 认可报告。试制成功后，提交 OTS 认证报告并进入下一阶段，即 PPAP（production part approval process，生产件批准程序），它规定了包括生产材料和散装材料在内的生产件批准的一般要求，目的是确定供应商是否已经正确理解了顾客工程设计记录和规范的所有要求，以及其生产过程是否具有潜在能力，在实际生产过程中能够按照规定的生产节拍，达到顾客要求。CMF 设计工装样车展示与验证如图 7.13 所示。

图 7.13 CMF 设计工装样车展示与验证

OTS 认可是多个部门共同的工作，各个部门有着不同的责任分工（表 7.2）。从 ET（engineering trial，指工程调试及设计验证阶段：在车型开发初期，由设计公司对白车身的精度以及各个空位的精度进行验证和修正的阶段）样件开始同步验证外观件的色牢度，避免量产件出现颜色衰退或暗淡。

表 7.2 OTS 各个部门的责任分工

序号	部门	职责
1	设计部门	设计的批准，变更的记录批准，检具方案的确认，试验样件的现场抽样，供应商图纸的有效性
2	采购部门	负责供应商的选择，零部件采购（新项目流程执行后，职责发生改变）
3	质保部门（采购质量）	检具的验收，配合设计部门现场取样。负责供应商产品符合设计的图纸及相关技术文件要求，负责对供应商的考核
4	试验部门	负责对试验的零件进行接收、存放、管理、试验（材料、性能、道路）及报告，并建立台账

7.3 外观品质控制技术

物体（object）的视觉外观（visual appearance）是影响消费者选择的最重要的因素之一，因此工业界在大规模量产时须对外观品质进行控制及量化，保证产品的一致性和可重复性。任何物体的整体视觉外观都是在特定观察场景（viewing environment，如标准灯箱、4S 店、阳光、路灯等）下对色彩特性（chromatic attributes，如色调、饱和度、亮度等）和几何特性（geometric attributes，如光泽、半透性、纹理、造型等）的整体感知。物体外观视觉的三要素包括光源、物体和观察者（图 7.14），任何一个要素的改变都将改变物体外观的感知，如图 7.15 展示了相同的物体在不同光源下使观察者产生不同的色彩感知。

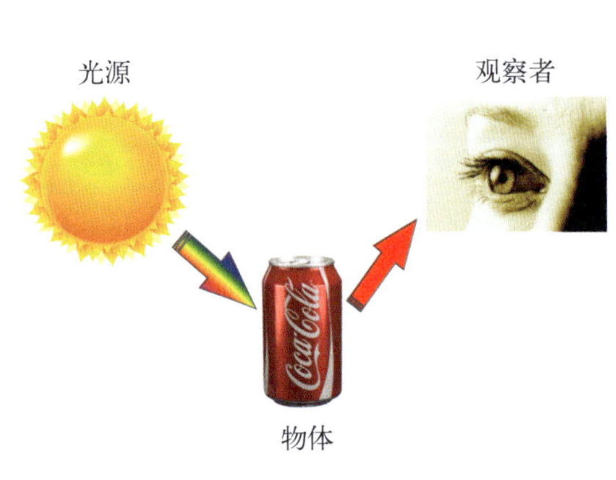

图 7.14 物体外观视觉三要素

图 7.15 不同光源下的相同物体

汽车 CMF 设计的目的是采用某些材料、色彩、纹理、搭配等来达到符合功效和消费者审美的设计，主要是从改变“被测物体”这一要素入手；而外观品质控制的目的是采用某种测量设备在固定的条件（如特定照明光源、特定的观察角度等）下测量相应的量化参数，主要固定“照明光源”和“被测物体”这两个要素，用测量设备替代观察者来实现量化测量（图 7.16）。

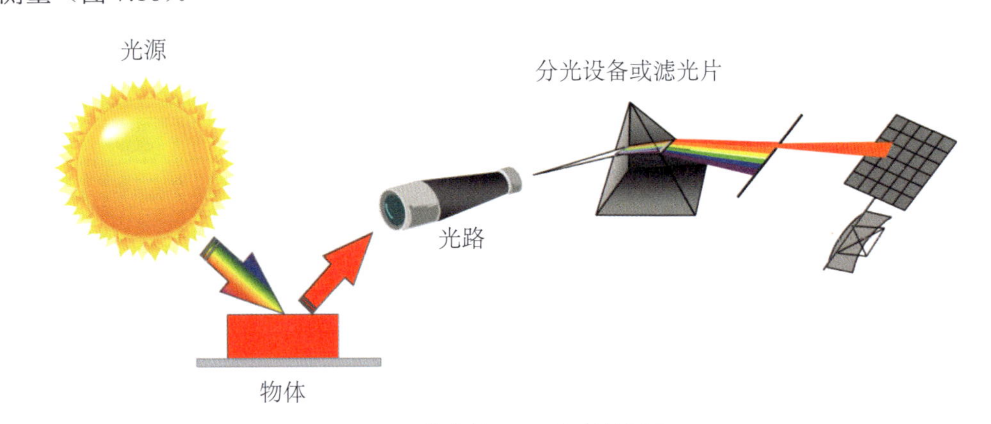

图 7.16 物体外观品质参数的测量

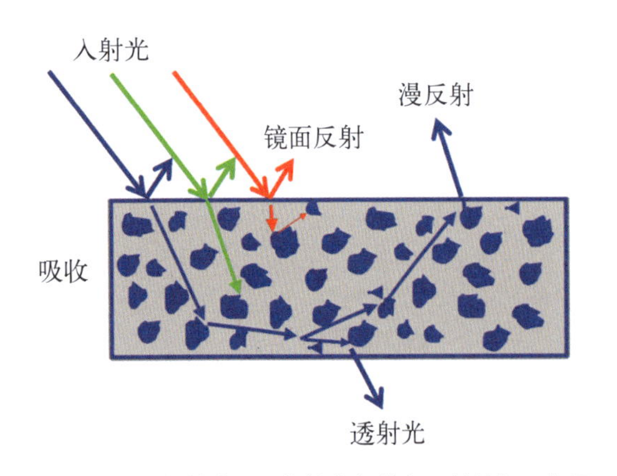

图 7.17 光在物体表面和物体内与着色颗粒的相互作用

为了客观地量化并测量物体外观，须准确地描述光与物体表面以及射入物体内后与内部着色颗粒的相互作用（图 7.17）。现代的光学模型已经可以较好地描述这些相互作用，包括色度参数、Kubelka-Munk 理论、多通道散射理论和 MIE 理论等。目前，商业的配色软件都是基于上述光学模型，尤其是 Kubelka-Munk 和多通道散射理论，包括美国 X-Rite 公司的 InkFormulation、瑞士 Datacolor 公司的

MatchPigment、日本 Konica Minolta 公司的 Colibri 等配色软件。

国际照明委员会（CIE，法语 Commission Internationale de l′Eclairage）于 2005 年发布了新的技术报告 CIE 175:2006《针对外观测量的框架》（*A framework for the measurement of visual appearance*）。该框架将物体的光学特性分为四个参数：色彩（colour）、光泽（gloss）、半透性（translucency）和纹理（texture），如图 7.18 所示。目前，所有商业性的外观品质测量仪器均基于四个参数中的某个或多个进行量化测量。

外观的品质管控方法可分为视觉评价管控和测量仪器管控两大类。7.3.2 小节将对视觉评价管控进行展开介绍，而 7.3.3 小节将对测量仪器管控展开介绍。

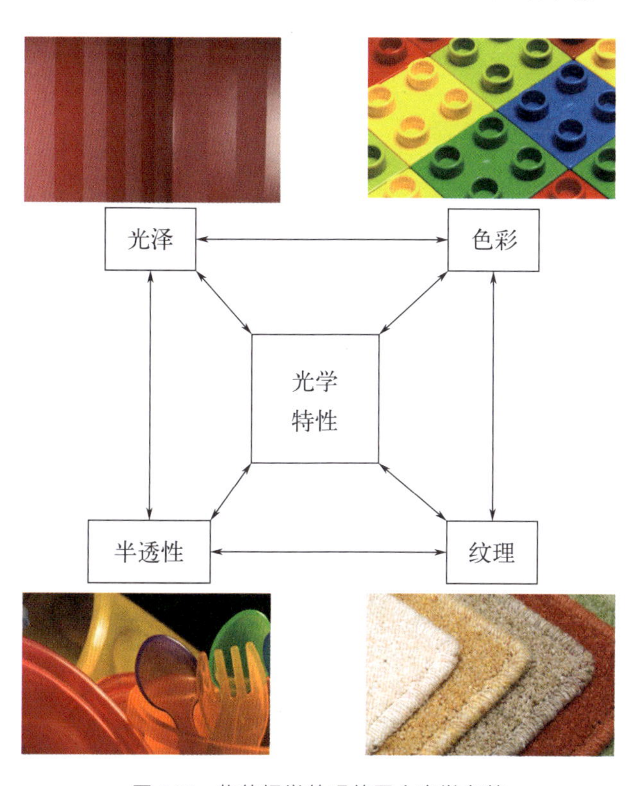

图 7.18　物体视觉外观的四个光学参数

7.3.1　外观品质检测及评估工作内容

① 评价汽车内外饰整体设计风格。

② 评估汽车内饰整体颜色分布是否合理。

③ 测量及分析车身颜色及油漆涂层、光泽和品质是否达标。

④ 测量及分析内饰颜色、光泽，评价纹理（含花纹）及分布状态。

⑤ 分析车身、内饰各色系的颜色色差。

⑥ 分析颜色与不同材质的相互影响与评价范围。

内饰颜色数据分析如图 7.19 所示。

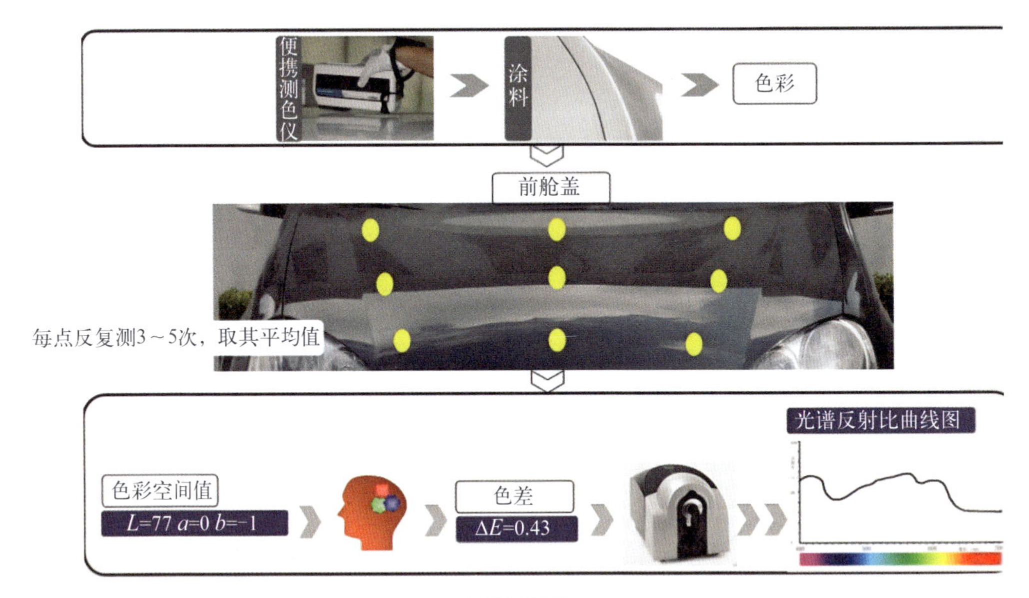

参考车内饰品质分析

色彩分布分析（米色内饰）

色彩分布统计表

深灰色系						
序号	部位	颜色				备注
		L	a	b	ΔE	
1	仪表板上部	30.78	1.10	0.18	0.19	AF
2	方向盘气囊	31.36	0.67	0.12	0.81	AF
3	方向盘下护板	30.71	1.40	0.40	0.34	AF
4	左前门内护板上	30.42	1.04	0.44	0.31	AF
5	左后门内护板上	29.69	1.08	0.33	0.89	AF
6	右前门内护板上	29.81	1.04	-0.03	0.99	AF
7	右后门内护板上	29.78	1.08	0.04	0.94	AF

黑色系						
序号	部位	颜色				备注
		L	a	b	ΔE	
1	副仪表板上表面两侧	25.28	0.45	(0.33)	0.19	AP
2	中控面板两侧	25.41	0.22	(0.41)	0.25	AP
3	左前门内护板拉手	25.28	0.45	(0.28)	0.22	AP
4	左后门内护板拉手	25.12	0.35	0.01	0.52	AP
5	右前门内护板拉手	25.36	0.42	(0.47)	0.22	AP
6	右后门内护板拉手	25.23	0.46	0.09	0.56	AP

银灰色						
序号	部位	颜色				备注
		L	a	b	ΔE	
1	中控面板	62.08	0.67	3.03	31.51	AP
2	副仪表板面板	62.10	0.92	2.71	31.50	AP
3	副仪表板背后面板	61.54	0.72	2.71	30.95	AP

米黄色系						
序号	部位	颜色				备注
		L	a	b	ΔE	
1	副仪表板两侧	59.12	3.04	9.95	0.12	AF
2	仪表板下部	59.51	2.98	10.11	0.37	AF
3	仪表板端盖	59.45	3.25	9.98	0.28	AF
4	左前门槛护板	56.48	3.07	9.54	2.77	AF
5	副仪表盘杂物箱端盖	58.32	3.52	11.07	1.49	AF
6	顶棚	61.60	1.83	10.70	2.79	织物
7	遮阳板	60.85	1.97	10.91	2.20	织物
8	天窗控制面板	59.33	3.29	10.35	0.44	AP
9	左A柱上	59.62	3.21	9.59	0.73	F
10	左B柱上	59.45	2.95	10.64	0.80	F
11	左B柱下	60.40	3.16	9.47	1.26	AF
12	左C柱上	59.54	3.13	10.42	0.58	F
13	后备厢左侧内护板	59.60	2.82	9.79	0.52	AF
14	后备厢盖板内护板	59.64	3.29	10.08	0.47	AF
15	左前座椅上表面中间	56.35	3.24	10.51	3.00	AF
16	左前座椅两侧	58.08	3.40	11.04	1.62	AF
17	左前座椅后侧	58.40	3.31	10.77	1.19	AF
18	左前座椅头枕	58.38	3.30	10.52	1.03	AF
19	左前门内护板中间	58.27	3.27	11.11	1.51	AF
20	左前门与仪表板连接部	59.19	3.34	10.06	0.36	AF
21	左前门内护板扶手	59.64	3.07	10.90	1.03	AF
22	左前门内护板下面	59.16	3.32	10.25	0.53	AF
23	顶棚扶手	58.47	3.11	10.81	1.13	AF/AP
24	前排座椅地毯	56.30	2.04	8.69	3.35	织物
25	后排座椅地毯	56.52	1.95	9.15	3.03	织物
26	后备厢地毯	62.20	2.69	10.23	3.01	织物

图 7.19　内饰颜色数据分析

7.3.2　视觉评价管控

人眼作为最原始的品质检测工具，对微小的外观品质差别有着很敏锐的辨别能力，因此人们长期利用目视比较的方法来区别产品的外观品质，该方法要求观察者具有丰富的经验和敏锐的判断力。但是目视方法的测量结果带有主观性，易受到视觉适应性、人与人之间的差异、目视比较时人的身体状况（疲劳程度）等因素的影响。目前，视觉评价在工业中越来越多地被测量仪器替代。然而外观品质的评价最终以人眼的判断为依据，所以视觉评价仍然广泛应用在 CMF 设计中。

工业界通常采用标准光源观察箱进行视觉评价。美国材料试验协会（ASTM，American Society of Testing Materials）D1729《漫射照明不透明材料色彩和色差视觉评价的标准规范》（*Standard Practice for Visual Appraisal of Colors and Color Differences of Diffusely-Illuminated Opaque Materials*）以及英国皇家染色学会（SDC，Society of Dyers and Colourists）CMC2011《物体表面色视觉评价用观察箱》（*Viewing Cabinets for the Visual Assessment of Surface Colour*）针对照明光源和观察条件提出了相应的要求，具体如下。

（1）光源（light sources）

日光模拟器 D65 的光谱功率分布应满足 CIE 15：2018 标准；同色异谱指数（ISO 23603：2005/CIE S 012/E）应满足 BC 等级（可见光部分 B 级，紫外光部分 C 级）或更好；显色指数（CIE 13.3：1995）CIE $R_a \geqslant 90$，单个特殊显色指数均须 ≥ 80；色温差异≤ ±200K。

（2）照明强度（level of illumination）

对于中等亮度样品的视觉评价，灯箱底面照度应该在 810～1880lx 之间，常用的照度为 1080～1340lx；对于高亮度样品，底面照度应为 540lx 左右；针对低亮度样品，底面照度应为 2150lx 左右（图 7.20）。

图 7.20　标准光源观察箱及相关要求

（3）照明均匀性（uniformity of illumination）

样品观察区域的照明均匀性应在 ±20% 以内，保证没有明显的照度差异。

（4）内部颜色（interior color）

整个观察箱的内部颜色应为亚光中性灰；CIELab 的亮度值（lightness）应在 50～70 范围内；对应 Munsell N5～N7 中性灰色卡，CIELab 的彩度值（chroma）≤ 1；光泽度在 60°测量角度下≤ 15。

（5）照明 / 观察角度（angle of illumination and viewing）

通常，将色样放置在灯箱底面，垂直于照明光线，选择合适的观察角度（如 45°）防止色样镜面反射，如图 7.21 的左图所示；有些情况下灯箱会配置一个可调角度的看样台，此时也要防止镜面反射进入观察角度，如图 7.21 的右图所示，需要注意的是该条件下可能会导致样品的照明不均匀；一般情况下，人眼与色样的距离在450～600mm之间。

如7.3.1小节所述，不同的照明光源会导致不同的外观品质感知，所以通常标准光源箱会内置多种不同的光源以呈现相同物体在不同照明环境下的外观感知，如图7.22所示。

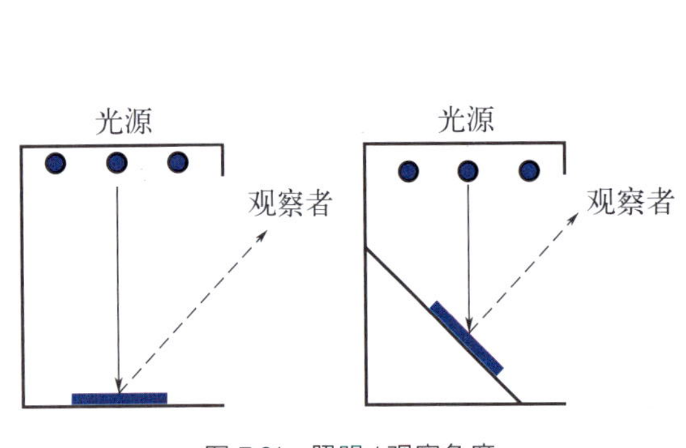

图7.21 照明/观察角度

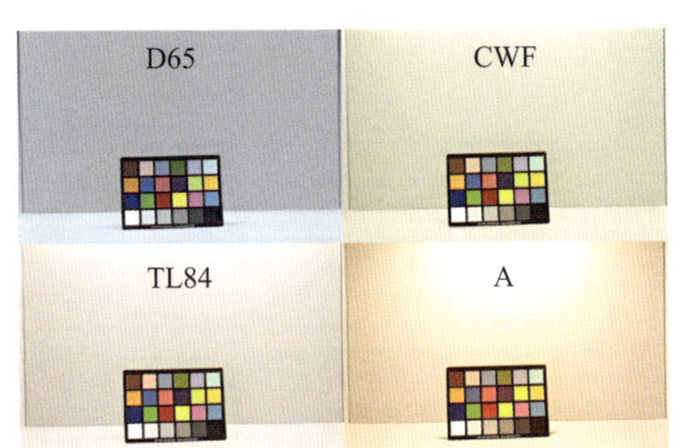

图7.22 相同物体、不同照明光源

表7.3给出了标准光源观察箱内常用光源及其相关光品质参数。

表7.3 标准光源观察箱内常用光源与相关光品质参数

照明体	描述	色温/K	显色指数	色品坐标（x，y）	商用光源名称
D75	北窗天空日光，偏深蓝，工业使用较少	7500	100	0.2990，0.3149	四类日光模拟器人工光源，不同品牌有不同的称呼
D65	平均日光，偏蓝，广泛应用于塑料、油漆、油墨、纺织等行业	6500	100	0.3127，0.3290	四类日光模拟器人工光源，不同品牌有不同的称呼
D50	日光，常用于摄影和印刷行业	5000	100	0.3457，0.3585	四类日光模拟器人工光源，不同品牌有不同的称呼
A	常用于家庭照明	2856	100	0.4476，0.4075	卤钨灯、白炽灯
Horizon	水平日光，工业使用较少	2300	100	0.4830，0.3976	卤钨灯
F2	标准荧光灯，常用于北美洲商店照明	4230	64	0.3721，0.3751	CWF
F11	窄带三基色荧光灯，用于商店照明	4000	83	0.3805，0.3769	TL84，U40
F12	窄带三基色荧光灯，用于商店照明	3000	83	0.4370，0.4042	TL83，U30
UV	用于检测荧光增白剂或荧光着色剂的存在	—	—	—	—

随着LED照明技术的快速发展，LED已经广泛应用于日常生活和工作场景。2018年，最新的相关标准CIE 015：2018 *Colorimetry*新增加了9种标准LED光源，包括日常工作和生活中常见的5种不同色温的蓝光激发的LED，其对应的光谱功率分布（spectral power distribution，SPD）见图7.23。

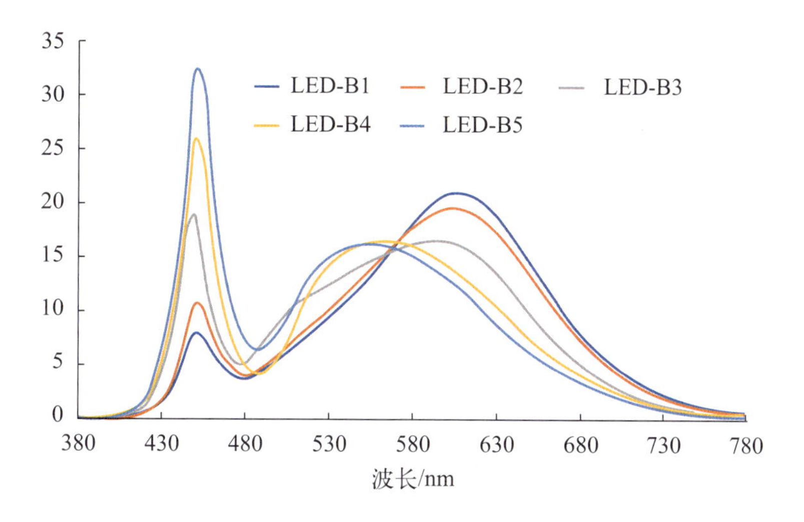

图7.23 5种蓝光激发的CIE标准LED光源光谱功率分布

标准光源观察箱经过几十年的发展，目前最新且最先进的标准光源观察箱采用多通道LED照明技术，如THOUSLITE的LEDView标准光源观察箱（图7.24～图7.26）。多通道LED技术通过覆盖紫外到可见光的十几种精选的高功率LED和匹配软件，可以实现对任意照明场景的模拟，包括高品质的日光（显色指数CIE R_a=99，同色异谱指数AC）、黑体辐射轨迹（2000～20000K）和最新的LED标准光源，照度强度可调节，无预热时间，具有稳定性强、可自校准等优点。

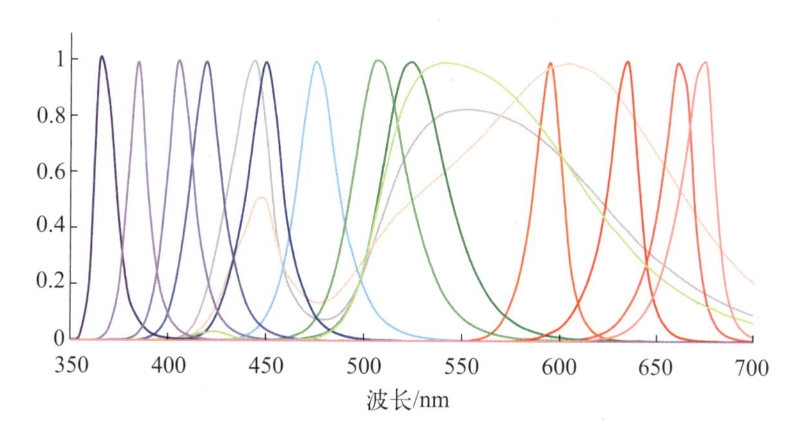

图7.24 LED通道光谱功率分布曲线

图 7.25 THOUSLITE 的 LEDView 标准光源观察箱

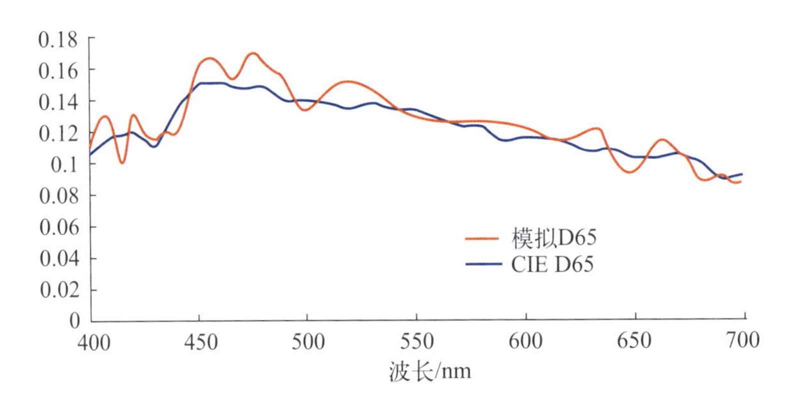

图 7.26 多通道 LED 技术模拟的日光 D65 光谱功率分布曲线

7.3.3 测量仪器管控

（1）色彩测量（colour measurement）

仪器测色用于测量物体的色彩信息，在工业界中应用十分广泛，从原理上可分为分光测色法和光电积分测色法。由于色彩视觉的复杂性，色彩测量必须标准化，这样结果才有可比性。根据国际照明委员会 CIE 的规定，色彩测量必须在以下三个方面实现标准化。

① 在计算被测量样品的三刺激值（tristimulus values，是引起人体视网膜对某种颜色感觉的三种原色的刺激程度之量的表示）时，照明光源选择标准照明体。常用的标准照明体有日光 D65、A、TL84 等。

② 计算被测量样品的三刺激值时，要选用标准观察者，小视场（1°～4°）选用 CIE 1931 标准色度观察者（W. David Wright 和 John Guild 通过使用各种强度的各种原色，和一些不同的观察者，所得到的所有实验结果被总结为标准 CIE RGB 颜色匹配函数，CIE 的特别委员会最终将颜色函数称为“1931 CIE 标准观察者”），大视场（10°）选用 CIE 1964

标准补充色度观察者（这里的“视场”也可理解为“视野”，指在任何给定时刻经由视觉或装置能看到的“可观察世界”的范围，以角度为单位来表示大小，视场大小取决于光学设备的特性和放大能力）。

③ 测量装置必须选择标准化几何（geometry）条件，即标准照明观察条件。

最新的相关标准 CIE 15：2018 *Colorimetry* 对于几何条件进行了规定，针对反射和透射色度测量分别推荐了 10 种和 6 种几何条件，以下对常见的几何条件进行介绍。

漫射：8°几何条件，包含镜面成分（di:8°），反射色度测量。其中，di 是 diffusion 和 included 的缩写。如图 7.27 所示，取样孔径被以其平面为界的半球内表面从各个方向均匀地照明，测量区域过充满。探测器对取样孔径区域的响应均匀，反射光束轴线和样品中心法线成 8°角，在接收光束轴线 5°内的所有方向上认为取样孔径反射的辐射是均匀的。

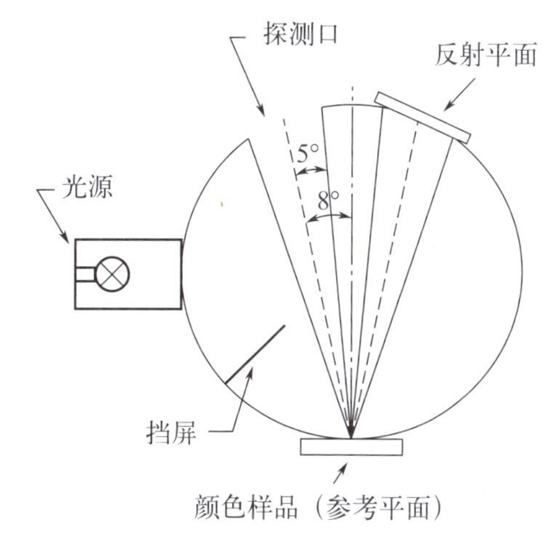

图 7.27　CIE 的 di:8° 几何条件

漫射：8°几何条件，排除镜面成分（de:8°），反射色度测量。其中，de 是 diffusion 和 excluded 的缩写。如图 7.28 所示，首先满足 di:8°的条件，但是用一个光泽陷阱取代了 di:8°的反射平面，吸收所有的镜面反射。

45°环带 / 垂直几何条件（45° a:0°），反射色度测量。其中，a 是 annular 的缩写。如图 7.29 所示，从顶点位于取样孔径中心、中心轴位于取样孔径法线上、半角分别为 40°和 50°的两个正圆锥之间各个方向射来的光均匀地照明取样孔径；探测器从顶点位于取样孔径中心、中心轴沿样品法线方向半角为 5°的正圆锥内均匀接收反射辐射。这种几何条件可以将样品质地和方向的选择性反射影响降至最低。

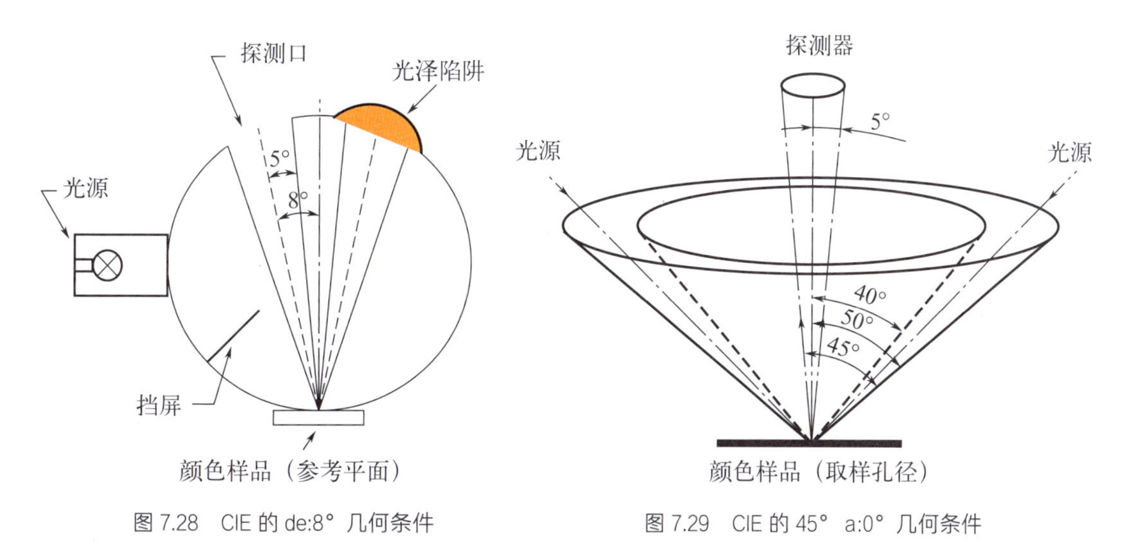

图 7.28　CIE 的 de:8° 几何条件

图 7.29　CIE 的 45° a:0° 几何条件

45°单方位 / 垂直（45° x:0°），反射色度测量。其中角度和空间条件满足 45° a:0°的条件，但辐射只从一个方位角发出，这排除了镜面反射，但突出了质地和方向性。符号中的 x 表示入射光束从某任意方位照射参考平面。

垂直 / 垂直几何条件（0° :0°），透射色度测量。如图 7.30 所示，入射与测量的几何条件都是完全相同的正圆锥状，正圆锥的轴位于取样孔径中心的法线上，半角是 5°，取样孔径的面辐射和角辐射以及探测器的面响应和角度响应都是均匀的。

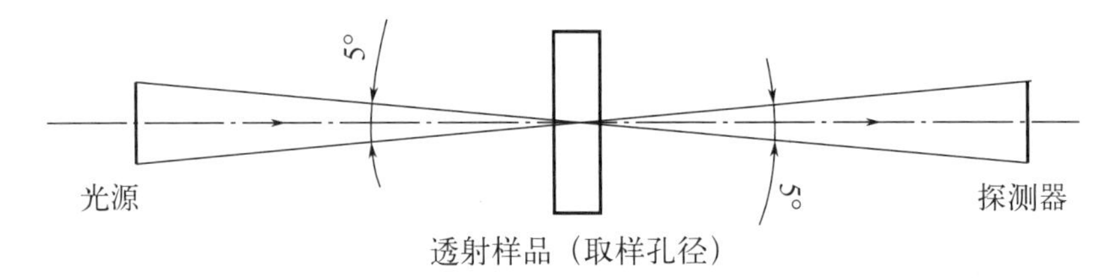

图 7.30 CIE 的透射测量 0° :0° 几何条件

漫射 / 垂直几何条件，包含规则成分（di:0°），透射色度测量。如图 7.31 所示，取样孔径被以第一参考平面为界的半球从各个方向均匀地照明，测量光束与 0°:0°几何条件的规定相同。

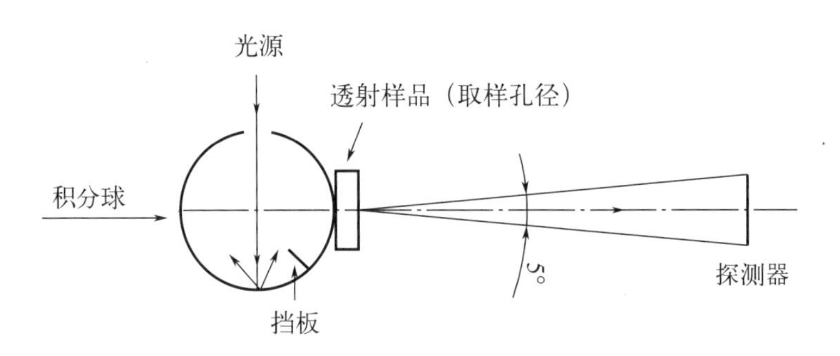

图 7.31 CIE 的透射测量 di:0° 几何条件

漫射 / 垂直几何条件，排除规则成分（de:0°），透射色度测量。该几何条件满足 di:0°，但当开放取样孔径（例如不放置样品）、测量取样孔径中心时，没有直射到探测器的光，并且在 1°以内也没有直射光。

垂直 / 漫射几何条件，包含规则成分（0°:di），透射色度测量。该几何条件如图 7.32 所示。

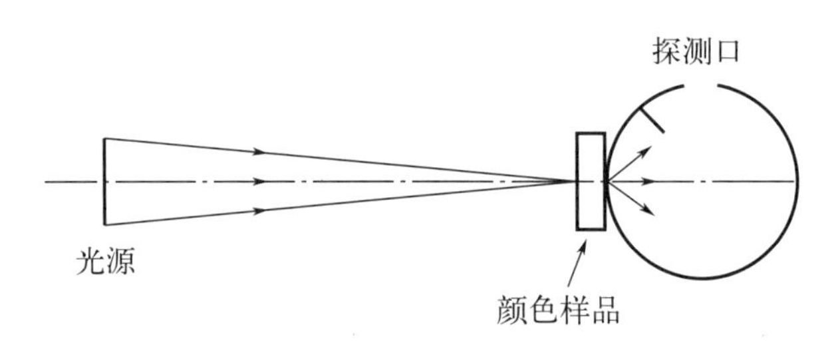

图 7.32 CIE 的透射测量的 0° :di 几何条件

（2）色度计（colorimeter）

色度计的工作原理主要基于人眼对颜色的感知和光的三原色理论。人眼感知颜色的能力主要来自视网膜上的视锥细胞，它们对红、绿、蓝三种颜色的光有不同的敏感度。色度计通过模拟这种感知机制，使用红、绿、蓝三种颜色的滤光片，测量物体反射或透过的光的强度，然后通过计算得到颜色的三个参数：色度、亮度和饱和度，如图 7.33 所示。

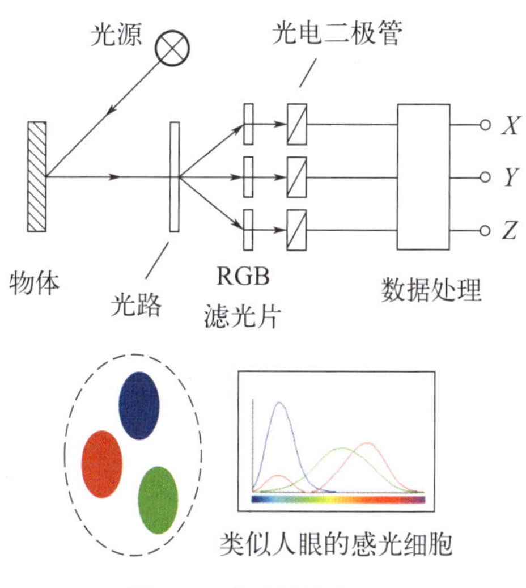

图 7.33 色度计基本原理

常见的色度计有美国X-Rite公司的 RM200QC（几何条件为 45° /0°）（图 7.34）和瑞士 Datacolor 公司的 ColorReader（几何条件为 45° /0°）（图 7.35）等。

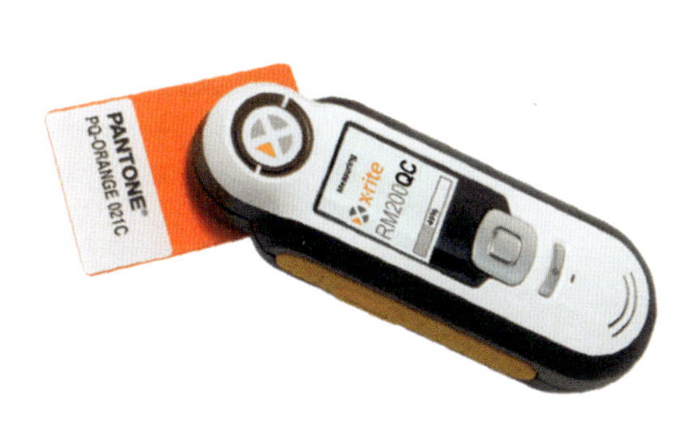

图 7.34 美国 X-Rite 公司 RM200QC

图 7.35 瑞士 Datacolor 公司的 ColorReader

色度计是性价比很高的测色仪器，价格较低，适用于色差的管控，但也有相对的限制。色度计的绝对测量精度较低，主要是因为其实际的光源和滤光片没有完全与 CIE 的标准人眼响应曲线相匹配；测得的 CIE XYZ 三刺激值仅适用于仪器内的光源，而无法提供多种照明光源下的三刺激值；无法区分同色异谱匹配，即两个色样在某一个相同光源下是几乎相同的颜色，但在另外一个光源下，这两个色样颜色差异显著的现象。

（3）分光光度计（spectrophotometer）

分光光度计是色彩测量中最基本的仪器，它不直接测量颜色，而是测量样品的光谱反射特性或光谱透射特性，经过计算求得色样的 CIE XYZ 三刺激值。现代的分光光度计由照明光源（整个测量波段每一波长上都应有足够能量，如氙灯）、提供单色光的色散系统（如棱镜、光栅、可调谐滤光器等）和对通过仪器的光辐射进行测量的探测器系统（光电二极管阵列）组成。通常在仪器内部将由色散系统产生的单色辐射分成测量和参考两条光路。当将物体样品放在测量光路内时，两条光束相等的状态被破坏，探测器检测到差别，得到该波长上物体样品的透射比或反射比（图 7.36）。

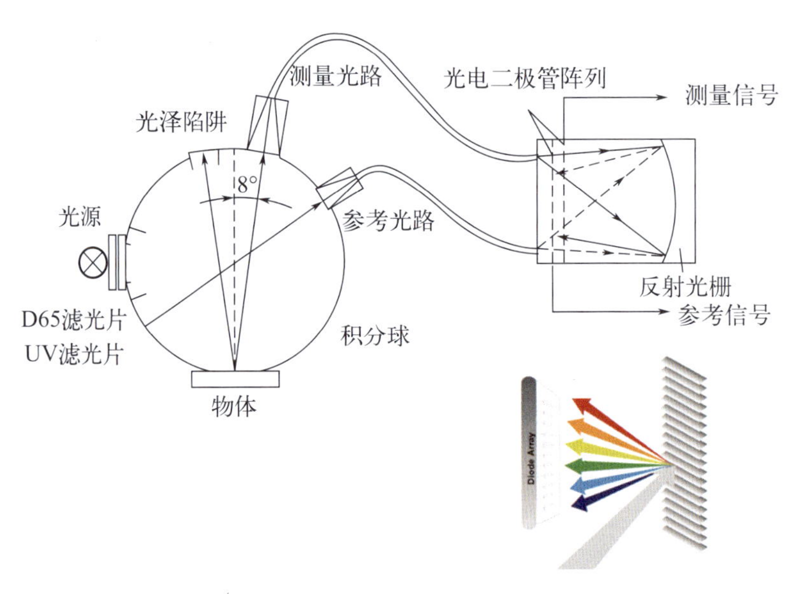

图 7.36 分光光度计基本原理——双光束

在 CIE 1931XYZ 系统中，物体色的 CIE XYZ 三刺激值的计算公式为

$$X = K\int S(\lambda)\beta(\lambda)\bar{x}(\lambda)\mathrm{d}\lambda, Y = K\int S(\lambda)\beta(\lambda)\bar{y}(\lambda)\mathrm{d}\lambda, Z = K\int S(\lambda)\beta(\lambda)\bar{z}(\lambda)\mathrm{d}\lambda$$

式中，$S(\lambda)$ 为 CIE 标准照明体的光谱功率分布曲线；$\beta(\lambda)$ 为标准测量几何条件下被测物体的光谱反射比；$\bar{x}(\lambda)$、$\bar{y}(\lambda)$、$\bar{z}(\lambda)$ 为 CIE 1931XYZ 系统标准观察者的光谱三刺激值函数。图 7.37、图 7.38 给出了分光光度计实测光谱反射比的样例。

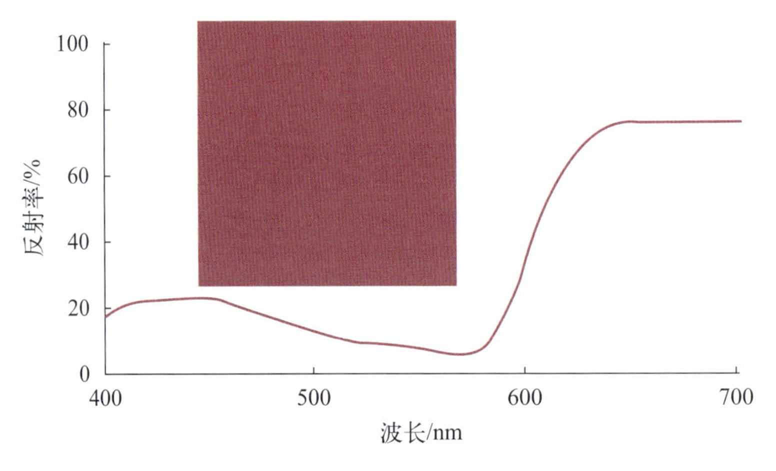

图 7.37 梅红色色样的实测光谱反射比

常见的分光光度计有美国 X-Rite 公司的 Ci7860（几何条件为 d/8°，桌面式）和 eXact（几何条件为 45° a:0°，手持式）（图 7.39 和图 7.40）、瑞士 Datacolor 公司的 800 系列（几何条件为 d/8°，桌面式）和 45 系列（几何条件为 45° a:0°，手持式）（图 7.41 和图 7.42）等。

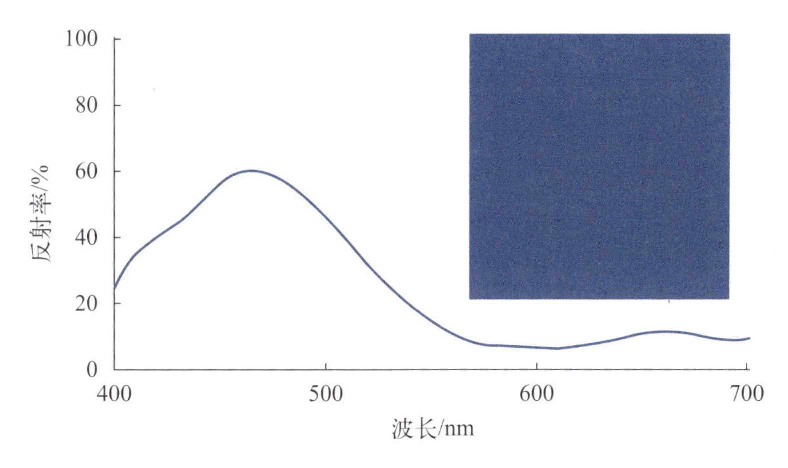

图 7.38 蓝色色样的实测光谱反射比

图 7.39 美国 X-Rite 公司的 Ci7860

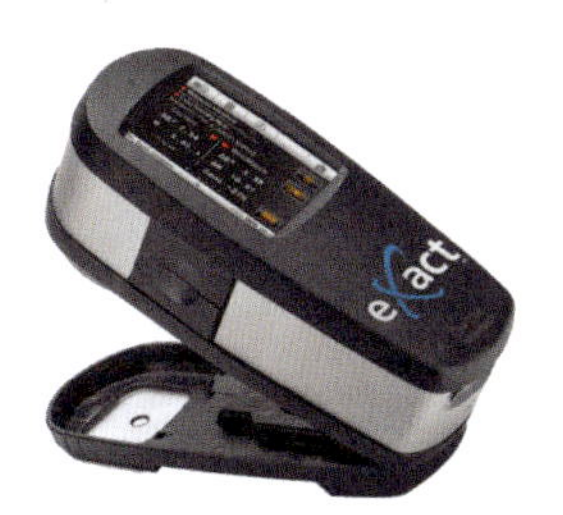

图 7.40 美国 X-Rite 公司的 eXact

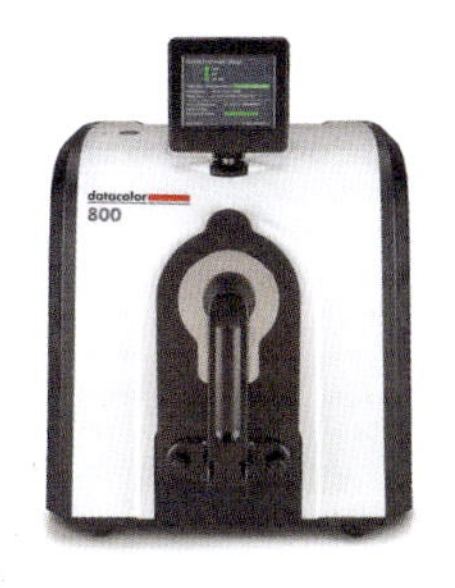

图 7.41 瑞士 Datacolor 公司的 800 系列

图 7.42 瑞士 Datacolor 公司的 45 系列

分光光度计有效地解决了色度计的种种不足，精度高、重复性好，非常适合用于色差的管控，但价格相较于色度计更高。当然，分光光度计也有一些局限性。分光光度计测量时需要和物体进行接触，不适合表面易损坏或不易制作的样品测量，如粉末、液体；测量时有对应的孔径大小，所以测得的反射率是测量孔径内的平均值，无法测量小尺寸色样、包含多种色彩的样品、包含曲面的色样等，如纺纱细线、木纹表面、图案等；每次仅能单点测量，且需要相对较长的测量时间，不适合用于需高速测量的产线级管控。

（4）多角度色彩测量仪器（multi-angle color measurement）

汽车的外漆经常采用效果颜料（图 7.43），如珠光颜料（pearlescent pigment）、金属颜料（metallic pigment）等。

图 7.43 效果颜料实物

传统的测色仪器无法对效果颜料不同角度呈现的不同色彩进行测量，美国材料试验协会（ASTM）E2194《基于金属片颜料着色色样的多角度色彩测量的标准测试方法》（*Standard Test Method for Multiangle Color Measurement of Metal Flake Pigmented Materials*）推荐采用图 7.44 中至少 3 个角度（15°、45°、110°）的色彩测量以实现对效果颜料的色彩测量。目前商用的多角度测色仪还可能包括 –15°、25°和 75°。

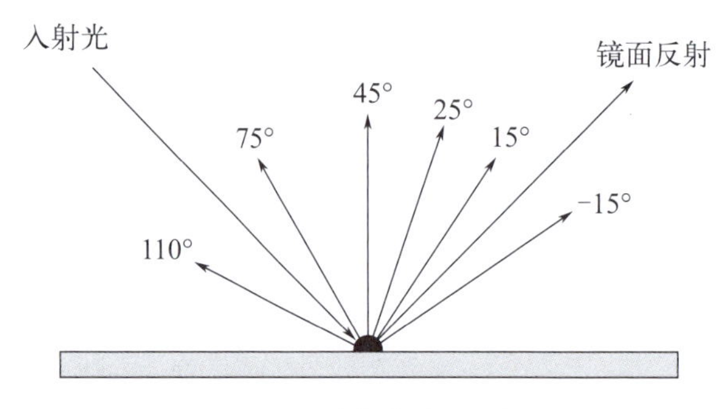

图 7.44 多角度测量示意

常见的多角度测色仪有德国 BYK 公司的 BYK-mac i 多角效果测色仪（图 7.45）、日本 Konica Minolta 公司的 CM-M6 多角度分光测色计（图 7.46）。

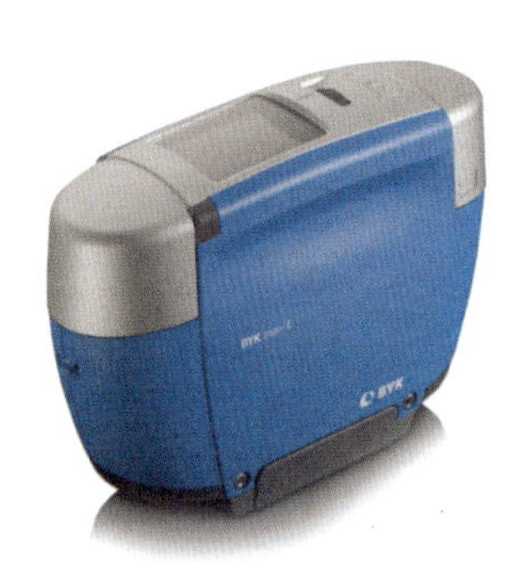

图 7.45 德国 BYK 公司的 BYK-mac i 多角效果测色仪

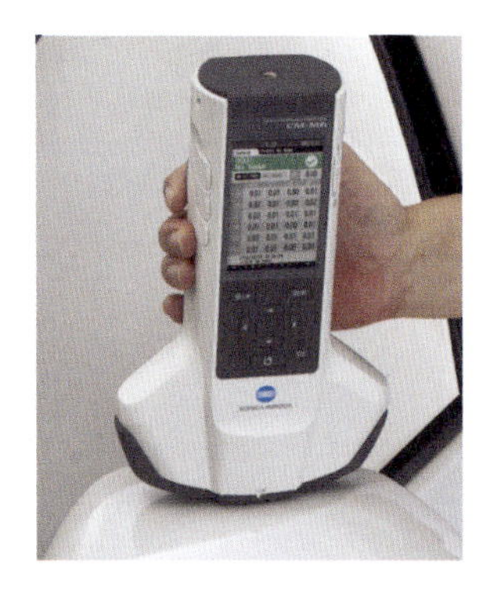

图 7.46 日本 Konica Minolta 公司的 CM-M6 多角度分光测色计

在未来，基于图像的色彩测量方式可以非接触式测量小样品、曲面等，单次拍照图像可以测量所有像素的色彩信息，且可保持图案等纹理信息。瑞士 Datacolor 公司的

SpectraVision（图 7.47）和英国 Verivide 公司的 DigiEye（图 7.48）均为基于图像的测色设备。此外，基于生产线应用的快速化非接触式色彩测量（图 7.49）是色彩测量仪器未来发展的另一个重要方向。

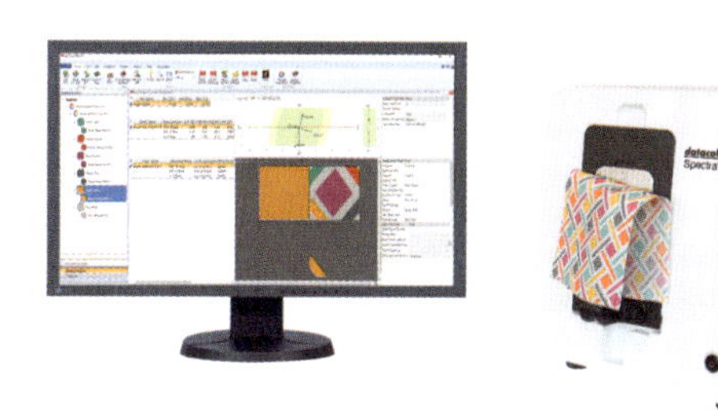

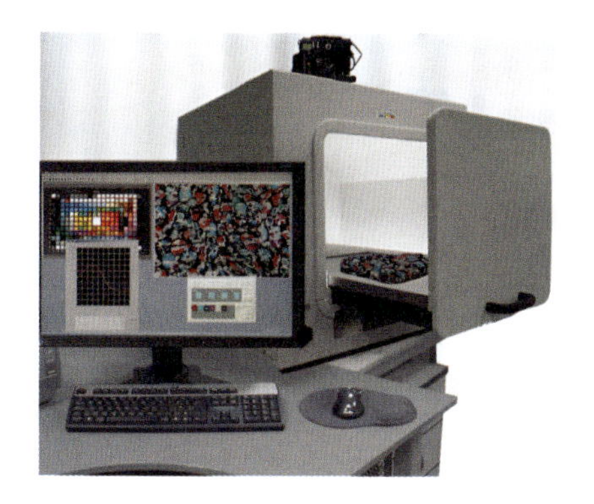

图 7.47　瑞士 Datacolor 公司的 SpectraVision

图 7.48　英国 Verivide 公司的 DigiEye

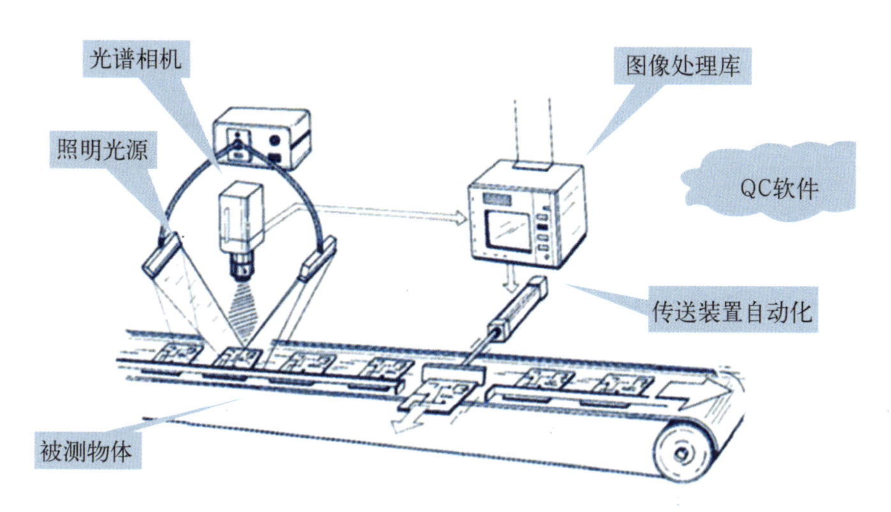

图 7.49　基于生产线应用的快速化非接触式色彩测量

（5）光泽测量（gloss measurement）

光泽（gloss）是一个非常重要的外观参数（图 7.50），CMF 设计中常常会用“亚光”“高光”等词语对其进行描述。美国材料试验协会（ASTM）D523《镜面光泽的标准测试方法》（*Standard Test Method for Specular Gloss*）定义了镜面光泽的测量方法。

图 7.50　汽车漆不同光泽表面

物体的光泽度是通过将光束以固定的强度和角度投射到表面上并以相等但相反的角度测量反射光的量来确定的。ASTM D523 定义了 3 个光泽测量角度，如图 7.51 所示，包括 20°、60°和 85°。针对一般光泽测量，可选用 60°；若 60°测量角度下光泽度大于 70，则选用 20°；若 60°测量角度下光泽度小于 10，则选用 85°。

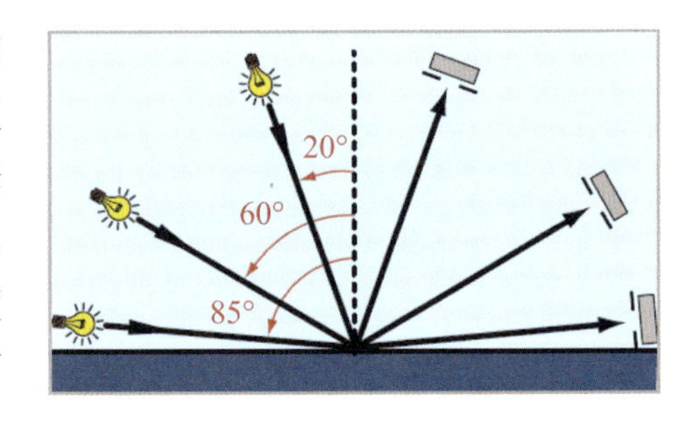

图 7.51 ASTM D523 三个光泽测量角度

常见的光泽度仪有德国 BYK 公司的微型三角度光泽度仪（图 7.52）。

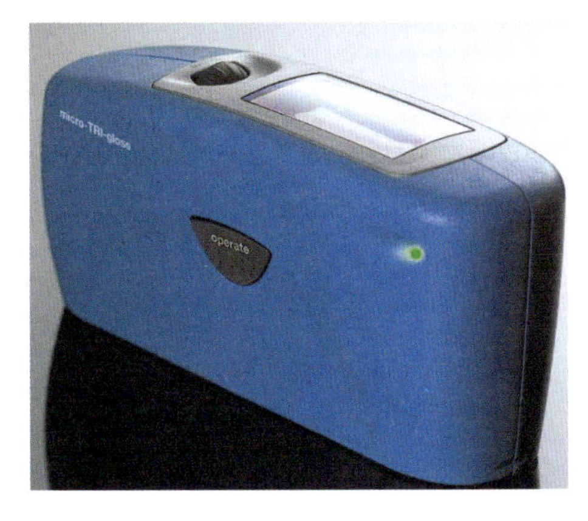

图 7.52 德国 BYK 公司的微型三角度光泽度仪

鲜映度（distinctness of image，DOI）也被有些仪器用于测量外套外观的光泽特性，本书不做介绍，感兴趣的读者可阅读 ASTM E430 和 ASTM D5767 两个标准。

（6）半透性测量（translucency measurement）

物体的半透性主要取决于其对光的吸收和散射。人眼能够观察到的半透性通常分为两种现象：雾影（haze）和清晰度（clarity）。对于具有半透性的材料，测试材料的可见性变得更为重要，可见性低会降低观察到的物体的对比度，影响消费者的感知（图 7.53）。

图 7.53 半透性效果

美国材料试验协会（ASTM）D1003《透明塑料的雾度和亮度透过率标准测试方法》（*Standard Test Method for Haze and Luminous Transmittance of Transparent Plastics*）定义了半透性测试方法，如图 7.54 所示。通过准直的光线入射被测样品，在被测样品后用积分球接收所有透射的光线，积分球内有两组探测器，分别测量漫散射光（diffused light）和直接垂直透过光（directly transmitted light），从而实现对雾度和清晰度的测量。

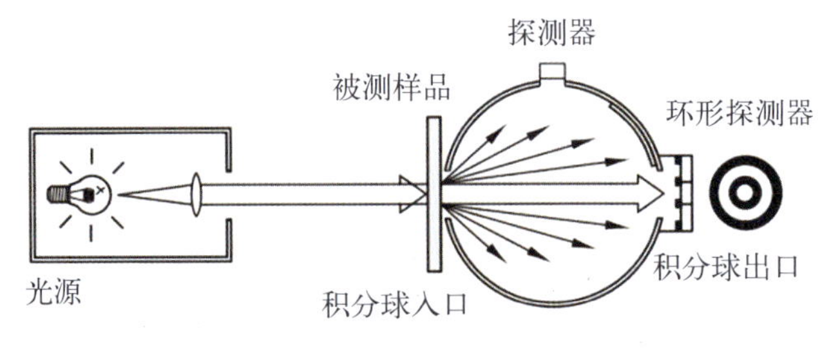

图 7.54 ASTM D1003 雾度测量基本原理

常见的测量雾度的设备有德国 BYK 公司的透射雾影仪（图 7.55）。

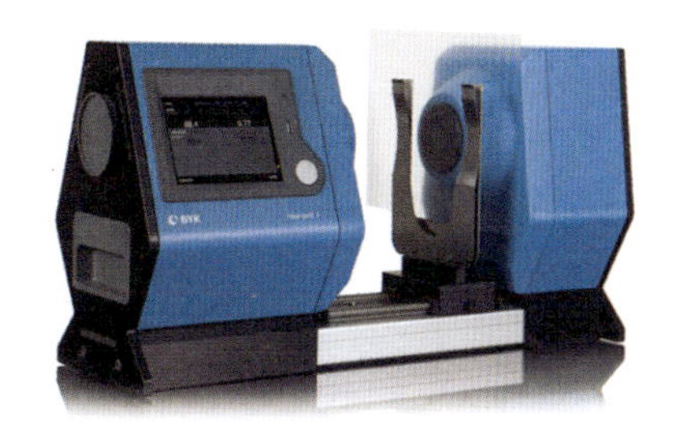

图 7.55　德国 BYK 公司的透射雾影仪

（7）纹理测量（texture measurement）

纹理的测量是非常具挑战性的。对于纹理，需要区分物体表面的纹理（如物理尺寸、图案的变化）和物体内部的纹理（如着色层中着色剂的不均匀分布），同时需要区分二维的和三维的变化，而且会受到照明的角度、观察距离等因素的影响。工业界常将橘皮仪用于某种维度的纹理测量。到目前为止，学术界没有统一的理论来解释纹理，也还未有统一的国际测量标准。

随着数字图像技术的快速发展，目前市面上已有基于图像的外观测量方法（均基于各厂家自己的标准，未有统一的国际标准）用于测量纹理，甚至整体外观。美国 X-Rite 公司的 TAC7 3D 材质扫描仪（图 7.56）基于 4 个单色工业相机、32 个白光 LED 点光源、8 个光谱滤光片和相应的软件，可以实现在多个角度的照明光源下捕捉并存储物理材料样品的色彩、纹理、光泽和其他表面外观特征。英国 RHOPOINT 公司的 TAMS 全外观测量系统（图 7.57）基于相机系统实现对对比度（contrast）、锐度（sharpness）、波纹度（waviness）和波纹主尺寸（dimension）的测量，并符合视觉感知的定义。

图 7.56　美国 X-Rite 公司的 TAC7 3D 材质扫描仪

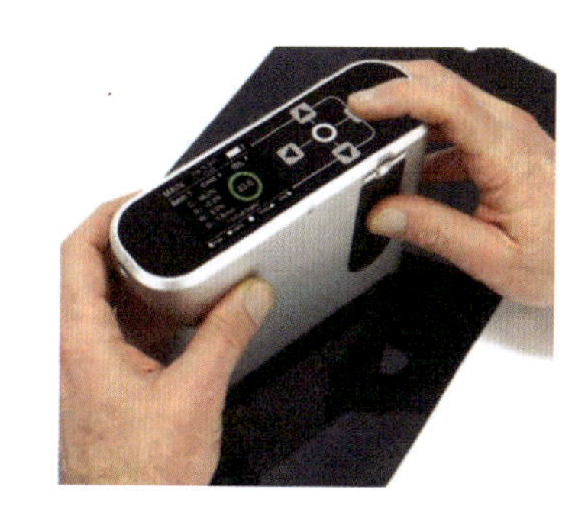

图 7.57　英国 RHOPOINT 公司的 TAMS 全外观测量系统

7.3.4　造型设计时内外饰的品质设计

① 从标准样板库中寻找合适的解决方案。企业已经建立的样板库包括供应商的解决方案、过往自主开发的样板、竞品样板等。根据设计的目标，在样板库中寻找最接近理想效果的样板。

② 以标准样板进行局部修改。比如纹理样板保持原来的纹理特征，仅在纹线上局部修改；又比如，在标准涂料样板基础上进行色相、明度、彩度的调整，达到更加理想的效果。

③ 设计、开发新标准样板，扩大现行标准样板库。把新开发的样板整理好，标注上相关信息，纳入样板库，不断扩充样板库。当然，定期清理过时样板也是很重要的工作。

a. 同步进行各类样板库的建设和健全，并根据实际情况对样板库按照车型、等级等情况进行分类整理（表 7.4）。

表 7.4 织物来样登记表举例

织物来样登记表													
序号	厂家名称	面料样块图	××编号	纤维材质	编号	克重	宽幅	数量	××项目应用	编制方式	适用部位	已用车型	备注

b. 建立材料数据库，并根据供应商产品实际使用情况，对各类材料按照车型、等级、零部件等情况进行分类整理（表 7.5）。

表 7.5 材料数据库举例

零部件名称	材料类型	产品牌号	符合整车厂标准编号	测试项目及标准			生产厂家	参考价格	应用车型	备注
				密度	填充物含量	……				
				GB/T 1033.1	GB/T 9345	……				
前保险杠	PP+EPDM-T20	ABP-2036J	MN200	1.05±0.02	20±2	……	上海金发	××××元 /t	马自达 6	
		PR1M4I-02	TL52388	1.05±0.30	20±3	……	浙江俊尔	××××元 /t	大众宝来	
		C3322T-2	……	1.05±0.20	20±2	……	普利特	××××元 /t	……	

7.4 CMF 设计评审

汽车造型设计是将造型艺术、色彩设计、材料及工艺选用和工程设计等不同专业技术在汽车产品上进行有机结合的过程。CMF 设计主要围绕着三个要素进行开发，即颜色、材料和工艺。有人比喻它是为汽车做软装，而如何装潢体现了设计调性思考和给予消费者的心理情感传达。因此在整车设计开发中，汽车 CMF 设计工作很重要，相应的 CMF 设计评审则是其中相当重要的一环，了解评审的整个流程和评审交付物，对于汽车 CMF 设计师来说是必要的一课。设计评审交付物会根据不同的项目节点、通过不同的评审方法来展现。设计评审的目的，是让设计方案在开发过程中的每一个环节完美展现并顺利推进，亦是提出改进意见进行优化，让设计更加完善，最终使产品达到吸引客户、愿意购买的目标。

7.4.1 CMF 设计评审方法

从宏观上以评审手段来区分，CMF 设计评审方法可以分为物理评审和软件与数字评审两大类。物理评审是通过陈列样品等实体物件来作为交付物的评审方法。软件与数字评审则是通过数字软件或者人工智能等虚拟媒介来模拟真实场景的评审方法。

（1）物理评审 / 实物评审

优势：由于 CMF 设计的特殊性，对颜色的准确度要求极高。物理评审是目前最直观、最能真实反映设计意图的评审方法之一。评审者可以通过视觉了解设计师的色彩设计组合表达，也可以通过触觉甚至嗅觉来体验材质带来的直观感受，可以是豪华的、现代的、天然的或简约的，继而感受到设计师赋予这辆车的情感价值，与目标消费者产生共鸣，达到“第一眼就爱上它”的效果。这就是 CMF 设计给予用户的一种直击灵魂的感受。

挑战：对于物理评审，需要购买或者制作加工实体展示品，当项目成本有限的时候，需要合理控制展示品数量。另外，颜色在不同光线和环境中的显色状态不同，同一颜色在相同环境光线下，在不同型面上的视觉呈现也不相同，因此实物评审时也会受环境和光线的影响。所以内外饰色彩主题的评审场地选择对评审的结果也是至关重要的。

应用场景：物理评审通常应用于重大节点评审，因为实体展品会让非设计专业背景的评审者对设计创意的理解和感受更为直观。

（2）软件与数字评审 / 虚拟评审

优势：软件与数字评审通常采用数字软件来模拟真实场景，通过数字软件（例如 Vred/Unreal Engine 等）可以快速渲染颜色主题，对多种颜色分区方案进行探索和尝试。软件与数字评审有速度快、灵活度高的优点，且不受制作成本和时间的限制，可以减少实体制作的模型、缩短研发周期；配合虚拟现实技术（VR）以及可穿戴高技术设备的辅助，可以打造一种全新的数字评审体验，实现高沉浸感的虚拟呈现。

挑战：由于颜色受数字媒介的影响比较大，目前还无法 100% 通过电子屏等视觉媒介来还原真实色彩，展示效果往往会失真，对于颜色表达的准确度和真实性有一定的局限；软件与数字评审主要依靠电子设备，前期投入成本是必不可少的。

应用场景：因为对颜色表现的局限性，不推荐作重大节点评审，一般适合设计过程中的评审（如设计专业内部评审）；主要用于内饰颜色的搭配、颜色材质分件的确定、车身颜色在细分车型上的探讨等不需具体参考颜色真实性的评审。

从以上两种评审方法的介绍可见，事物都有两面性：物理评审好处颇多，对于 CMF 设计是相当必要甚至不可或缺的，也是最直观且真实反映设计意图的评审方法，但会受预算的限制，无法满足所有的评审需求，有些时候还需要借助数字与虚拟的方式来实现高效的评审结果。评审方式各有千秋，主要是根据评审目的来选择最合适的评审方式，从而达成最优的结果。

7.4.2 设计评审流程

在整个汽车 CMF 设计开发的过程中，哪些节点要用物理评审？哪些节点需要数字虚拟辅助呢？做这一决策，需要对设计过程的评审流程有一定的掌握。以某汽车公司的流程为例，在整个设计过程中，CMF 设计评审设定在四个重大节点，分别是概念创意发散阶段评审、创意设计阶段评审、产品设计主题评审及产品设计最终签署评审。

（1）内外饰CMF设计评审流程

当新车型项目设立后，内外饰CMF设计工作与内外饰造型设计工作同时启动。前面提到，在整个车型开发过程中，会进行四次重点评审，下面针对每个评审进行介绍，包括各个设计阶段的评审内容、评审方式、评审者等。

1）概念创意发散阶段评审

这个阶段在整车项目开发正式立项之前，会根据拟定目标人群的喜好进行产品定位，对同级别车型进行调研分析，对电子产品、服饰、家居等的流行趋势进行提炼，并对新材料、先进工艺的情报进行搜集研究。通过这些前期调研，可以确定概念创意设计的大致方向和CMF的设计赢点。这个阶段的评审目标是确定概念创意设计方向的正确性和前瞻性。

评审内容，即节点评审交付物：该评审主要以前期调研和赢点分析为主要目标，因此评审主要以文本PPT作为评审交付物。文本内容具体包含以下几个部分。

目标人群分析。针对消费群体（图7.58）的年龄、学历、收入、价值观、兴趣爱好等方面进行剖析，了解不同消费群体的差异化，精准确立产品的优势。同时也便于未来进行更有效的品牌营销，更敏锐地捕捉潜在用户市场的动向。

图7.58 消费群体

竞争车型调研。通过对竞争车型进行CMF调研分析，收集竞争车型的内外饰颜色组合及关键材质设计亮点（图7.59和图7.60）。

图7.59 竞争车型内饰调研

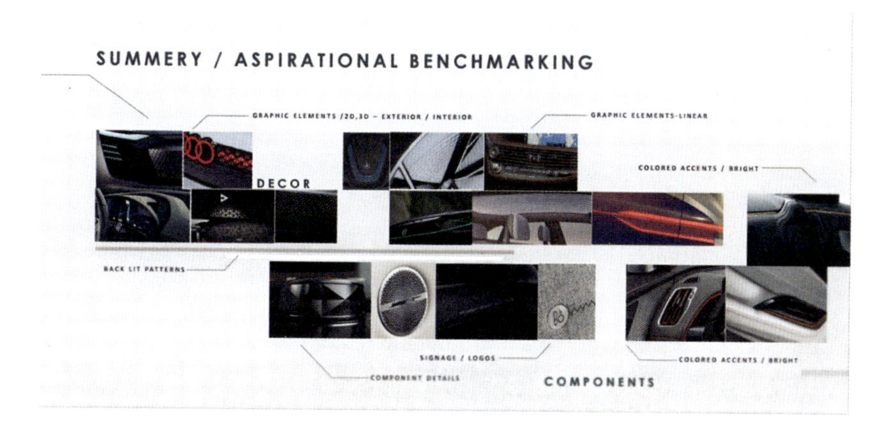

图 7.60 竞争车型外饰调研

结合流行趋势 / 材料工艺研究，进行 CMF 设计赢点提炼。通过对竞争车型进行拆解及对新材料、新工艺的搜集分析，将相关零部件用材及制造工艺进行初步梳理，找到新车型在 CMF 表达上的设计赢点（图 7.61 和图 7.62）。

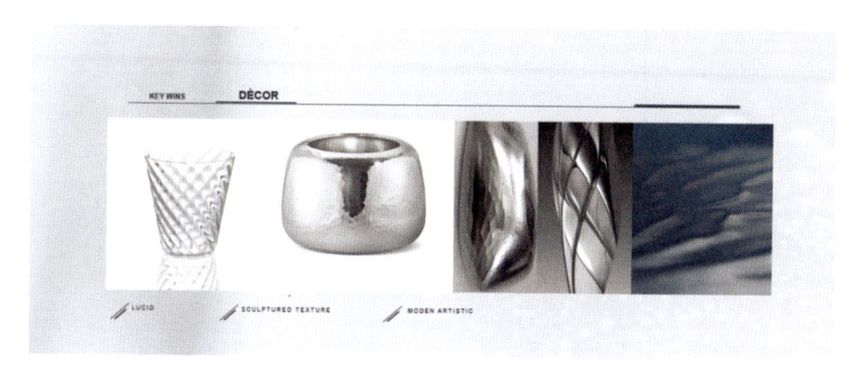

图 7.61 CMF 设计语言提炼 1

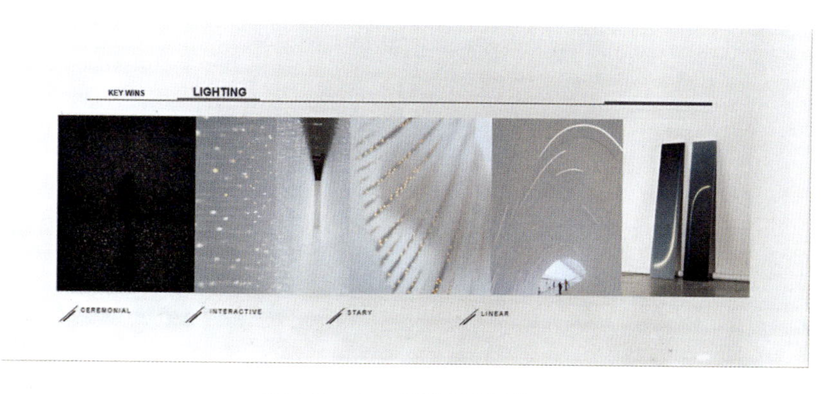

图 7.62 CMF 设计语言提炼 2

市场变幻莫测，只有充分了解消费群体的想法，将最新的流行趋势融合到 CMF 设计中，与消费群体的需求相结合，才能使产品立于不败之地。

评审者：市场部相关人员，规划部相关人员，设计部相关人员等。

2）创意设计阶段评审

项目正式立项后，需要参考汽车 CMF 要素进行数据采集分析；基于概念设计进行创意发散性思考及 CMF 赢点考虑；结合流行设计趋势和时尚元素，确定创意设计的主题或关键词，比如未来、简洁、科技、豪华等词语，并通过二维效果图和实物样品呈现出这些 CMF 设计主题。这一阶段的评审需要进行相关设计样品的收集和展示（内容和题材不限），评审目标是确认创意设计主题及创新点（新工艺、新材料等）的认可。

评审内容：该评审主要是展示色彩创意设计主题，因此评审主要以文本 PPT 为主，同时配合多个色彩主题的实物展示盘作为评审交付物（图 7.63）。具体包含以下几个部分。

图 7.63　创意设计阶段评审

最终目标客户定义。经过前一个阶段对于拟定目标客户的分析，在这个阶段最终确认细分目标人群，更加精准地定位用户画像。

材质灵感图版如图 7.64 和图 7.65 所示。设计灵感是保证产品持续性、创新力和生命力的关键。人无时无刻不在受周围自然、环境、建筑、服装、家电等因素的影响。通过对生活的发掘与对未来的思考，从中汲取新鲜灵感，将新图案、新颜色、新创意融入 CMF 设计之中。设计师需要将这些创意 CMF 灵感通过图示法的方式展现出来。

图 7.64　材质灵感图版 1

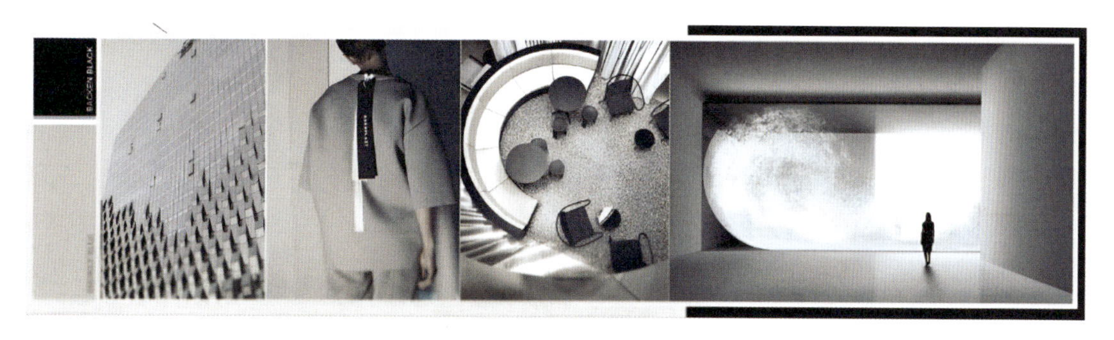

图 7.65　材质灵感图版 2

可视化创意概念如图 7.66 所示，包括二维的效果图及三维的颜色材质小样，新工艺和新材料可以重点展示，也可以包括一些初步的图案纹样及装饰件样品。

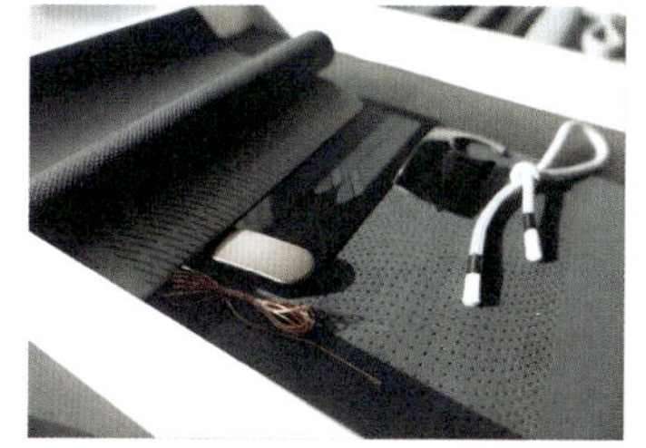

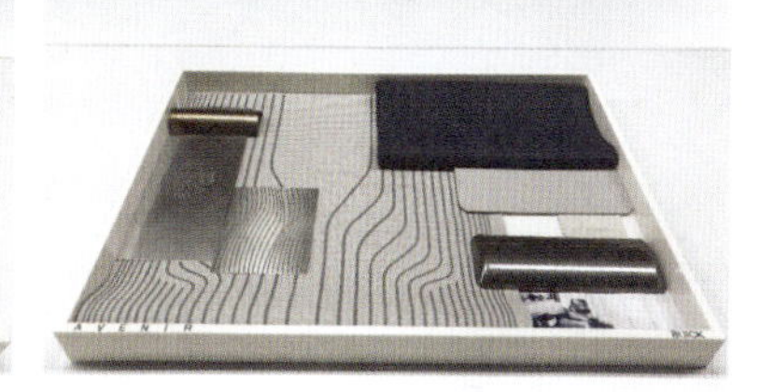

图 7.66　可视化创意概念

初步材质定义地图如图 7.67 所示。对内外饰零部件的材质信息进行初步定义，用于讨论不同材质对成本的影响及工艺的可行性。

评审者：公司最高决策者，整车项目平台相关人员，市场部相关人员，规划部相关人员，设计部相关人员等。

3）产品设计主题评审

这个阶段是从概念创意设计到实际量产的可行性材料分析、新材料和工艺的落地思考的过程。量产材料及零部件供应商需要参与新材料和新工艺的试验及可行性

图 7.67　初步材质定义地图

分析。针对车型的CMF产品方案设计进行评审，即对项目内外饰整体和局部细节进行CMF的模型实物设计展示。该设计评审的目的是最终确定量产的颜色数量和材质配置状态，作为后续产品开发的依据。这个阶段评审的小比例模型和局部模型上所展示的是经过初步验证有量产可行性的材料及工艺，评审目标是初步确认产品设计主题方案及确定量产的颜色数量和材质配置状态。

评审内容如下。

配置与材质内容如图7.68所示，包含车型的内饰色彩组合数量，以及每个配置下的具体材质信息确定。

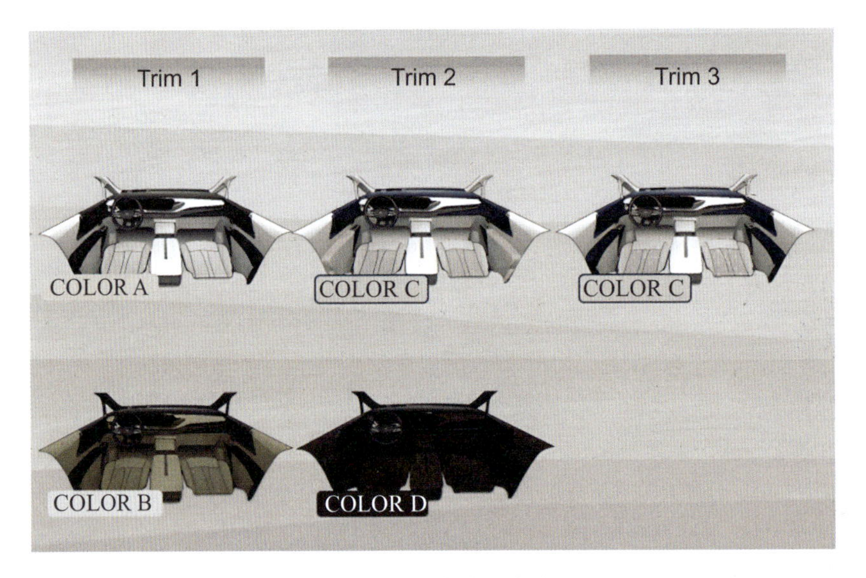

图7.68 配置与材质内容

可视化产品设计方案，包括二维效果图以及三维实物模型。三维实物模型（图7.69）在这个阶段包括两部分模型：座椅局部模型，可选择靠背或者坐垫作为局部模型，反映座椅的色彩材质搭配及应用于座椅上的图案设计，可以是面料的花型，也可以是打孔图形的设计等；中控台局部模型或副控台局部模型或门板局部模型，主要体现内饰主色调、材质

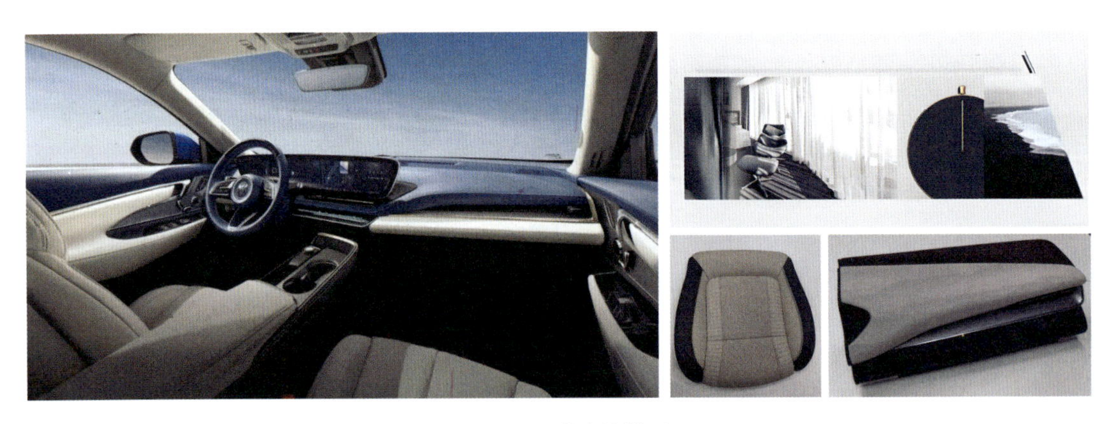

图7.69 三维实物模型

搭配以及新材料、新工艺应用的区域和效果。具体选择哪类局部模型，根据不同创意设计会有不同侧重。目前随着电子化、智能化的普及，也会增加灯光点亮模型，模拟实际点亮后的状态以及灯光颜色对于内饰的影响。

评审者：公司最高决策者，整车项目平台相关人员，市场部相关人员，工程开发部相关人员，设计部相关人员等。

这个阶段通过上述“量的积累”，经过 CMF 设计师的融会贯通，将所提炼的颜色、图案、材料及制造工艺，根据项目的实际情况应用于产品之中，达到“质的飞跃”。同时，根据不同等级车型，综合产品成本要求，制定切实可行的 CMF 技术方案，与零部件供应商开展探讨，逐步完善技术方案，避免好的 CMF 设计创意被束之高阁。

4）产品设计最终签署评审

这个阶段是 CMF 设计最终被领导层确认的阶段，评审包括颜色搭配、材质应用、图形设计、装饰件设计和相关表面处理等细节设计。因此这个阶段的评审主要以实物评审为主，辅助最终效果图，也可按需增加虚拟评审作为辅助手段。这个阶段的评审目标是最终确定产品设计方案，冻结设计，转而进入量产工程开发阶段。

评审内容如下。

可视化产品最终设计方案。二维的最终产品效果图（PPT 和图版打印）以及三维的实物模型，通过若干个 1/4 的色彩材质模型（整车切割 1/4，通常是副驾驶员一侧，能更全面地体现 CMF 全套设计方案）以 1:1 等比例实物模拟最终产品的状态，100% 呈现最后量产产品的 CMF 设计状态（图 7.70），这是 CMF 设计在车型设计过程中最终的设计交付物，涵盖了 CMF 设计的全部内容。

图 7.70　二维的最终产品效果

评审者：公司最高决策者，整车项目平台相关人员，市场部相关人员，工程开发相关人员，设计部相关人员等。

在经过以上四次评审之后，CMF 设计的工作基本完成。产品设计最终签署之后，所有设计标准样品交付给材料开发工程师，开始量产材料开发。同时，整车所有涉及外观定义的零件信息通过外观定义表单输出给相应的产品工程师，用于后面的零部件产品开发。在之后的阶段里，根据量产过程中产生的问题进行一些不定期的后期评审，主要在于设计与量产的差异性评估，一般以物理评审为主。零部件产品品质控制，即在整车开发及生产阶段对供应商提供的零部件产品及整车内饰组合进行 CMF 品质控制，也是量产阶段的主要评审内容。

（2）车身颜色的设计评审流程

内外饰CMF的设计是根据项目节点开发流程来评审的，但车身颜色的设计评审流程是个例外，它不是跟着具体项目进度而设定评审。车身油漆的开发和实验周期比较长，需要通过2年左右的自然暴晒实验，因而一般全新的车身颜色开发要早于量产应用3年时间，其中1年为创意开发和评审的过程。车身颜色的设计评审流程主要分为以下两个部分。

第一是创意开发阶段的评审。主要是对根据社会大事件、文化及时尚行业的动态而得到的色彩趋势以及年度开发色进行评估，通常的评审物有色彩创意图版、油漆小色板、大曲板及1∶8模拟车姿的青蛙油漆模型等；因为车身颜色在不同大小比例上显示的效果不同，在不同细分车型（MPV/SUV/轿车等）上的表现也不尽相同，因此对于全新年度色也会喷涂实车用于评审，以确定车身色适合的车型及品牌。

第二是车身颜色应用阶段的评审。当全新年度色设计开发完成后，即进入实际量产的讨论中，设计师会根据细分车型推荐新开发的年度车身颜色。这个阶段需要市场部相关人员、项目相关人员及制造工程相关人员一起评审，确定具体车型量产的车身颜色，最后制造工程部进行量产前的实验认证工作。

7.5　CMF编码体系在整车和零部件的应用实践

7.5.1　整车内外饰颜色编码

整车颜色包括内饰色调和外饰色调。

内饰色调是汽车内饰颜色特性或属性，是以汽车内饰中零部件或零部件总成上的主观特性颜色或颜色属性进行定义的，主要依据仪表板、座椅、门护板等占内饰主要色彩的零部件色调，例如米色调、灰色调、黑色调等。

内饰色调代码用6位编码表示，并按照字母+数字进行编码。第一、二、三位为字母，第四、五、六位为数字。前两位字母采用颜色的英文名称的前两个字母，如米黄色（beige）用BE代表，黑色（black）用BL代表，蓝色（blue）用BU代表；第三位表示内饰的材料类别，一般以占内饰较大视觉区域的座椅包覆材料作为内饰材质定义基准，使用字母F、L、V分别表示织物、真皮、超纤/PVC/PU等材质；第四、五、六位代表主机厂的车系项目号，例如BEF888代表米色织物内饰888车系，GRL999代表灰色真皮内饰999车系等。

外饰色调是汽车外饰颜色特性或属性，是以汽车外饰中零部件或零部件总成上的主观特性颜色或颜色属性进行定义的，主要依据白车身、顶盖、保险杠等车身覆盖件的颜色，一般简称为外饰颜色。

外饰色调代码用四位编码表示，字母或数字均可，前两位表示车身（不含顶盖）色调，后两位表示顶盖色调。如果前两位与后两位相同，则为通体色车身；如果前两位与后两位不同，则为双色车身或简拼色车身。外饰色调编码可以按数字或字母的流水编码设置，例如ABAB表示幻影黑通体色车身，SKSK表示星光银通体色车身，SKAB表示星光银车身+幻影黑顶盖的双色车身等。

7.5.2 整车与内外饰颜色的使用关系

车型项目的《装备定义》文件中明确了车系内每一个高中低配车型与内饰颜色、外饰颜色的使用关系。例如某车系设置了尊享888V1、豪华888V2、旗舰888V3等配置，那么产品策划部门对高中低配车型定义的可使用颜色将有所不同，例如规定了该车系内尊享型可以使用五种外饰颜色中的三种，旗舰型可以使用全部五种外饰颜色，而双色车型仅允许旗舰型车型使用（表7.6）。

表7.6 不同车型可使用的颜色

项目	颜色代码	颜色名称	尊享型 888V1	豪华型 888V2	旗舰型 888V3
外饰颜色	ABAB	魅夜黑	E	—	E
	DMDM	极光蓝	E	E	E
	ABDM	极光蓝/魅夜黑	E	E	E
	CQCQ	雪地白	—	E	E
	DFDF	未来灰	—	—	E
内饰颜色	GEL888	灰色皮革	E	—	E
	BLL888	黑色皮革	E	E	E
	REL888	红色皮革	—	E	E

注：“—”表示不允许使用；“E”表示允许使用。

按照这样的定义，色彩设计师为相应的外饰件设计颜色信息时就需要注意，不能漏设计，也不能多设计。例如，尊享型车的前保险杠装配总成的零件号为××××××-AQ01，旗舰型车的前保险杠装配总成的零件号为××××××-AQ03，那么色彩设计师在设计保险杠的颜色信息时，尊享型AQ01件应设计3组颜色条目，旗舰型AQ02件应设计5组颜色条目，以确保解析出的整车物料编码级别的BOM（bill of material，物料清单）时零件物料编码不遗漏且不重复。

7.5.3 内外饰颜色编码约束

新车型项目的内饰颜色和外饰颜色并不是做最大化的组合，例如某车系设计了5种外观颜色、3种内饰颜色，并不代表该项目会生产5×3=15种组合的实车产品，生产出来的车型可能少于15种颜色组合，主要是考虑产品策划部门的要求或者冷暖色调之间的搭配，例如冷色调的外观不与暖色调的内饰进行组合。通过内饰颜色和外饰颜色的约束，可以实现精确的而非最大化的整车物料编码的生成，避免生成冗余数据。内外饰颜色搭配见表7.7。

表 7.7 内外饰颜色搭配

外饰颜色		内饰颜色		
外饰颜色代码	外饰颜色名称	灰色皮革 GEL888	黑色皮革 BLL888	红色皮革 REL888
ABAB	魅夜黑	E	E	E
DMDM	极光蓝	E	—	—
ABDM	极光蓝 / 魅夜黑	—	E	E
CQCQ	雪地白	E	—	E
DFDF	科技灰	E	—	E

注：“—”表示此种内饰颜色和外饰颜色不允许组合、不允许生产出整车产品；“E”表示此种内饰颜色和外饰颜色允许组合、生产出整车产品。

7.5.4 零部件颜色编码

产品 BOM 中，零部件设计师需要对颜色件设置“颜色件标识”，外饰颜色件如外后视镜、保险杠、扰流板等，颜色件标识设置为 I（interior）；内饰颜色件例如座椅、门护板、顶棚等，颜色件标识设置为 E（exterior）。内外饰中不是颜色件的部件则不需要设置颜色件标识，例如组合仪表、保险杠下格栅等。零部件设计师设置颜色件标识的目的一是帮助造型色彩设计师确定其工作对象的范围，二是辅助后续系统计算及解析颜色件相关编码。颜色件标识见表 7.8。

表 7.8 颜色件标识

零件号	零件中文名称	尊享型 888V1	豪华型 888V2	旗舰型 888V3	颜色件标识
×××××××-AQ01	前保险杠装配总成	I			E
×××××××-AQ02	前保险杠装配总成		I		E
×××××××-AQ03	前保险杠装配总成			I	E
×××××××-××××	右外后视镜总成	I	I	I	E
×××××××-××××	顶棚	I	I	I	I
×××××××-××××	副仪表板装配总成	I	I	I	I
×××××××-××××	主驾驶座椅	I	I	I	I
×××××××-××××	发动机总成	I	I	I	—
×××××××-××××	燃油箱总成	I	I	I	—

零部件设计师在 BOM 中标记完成“颜色件标识”后，还需要在零部件的二维图纸（一般为 CATIA 软件制作的 Drawing 文件）中标记出零部件的 A～E 等各个分区，分区的目的是使色彩设计师能够对零部件每一个“分区”的颜色和纹理进行定义，用于指导供应商根据分区的颜色和纹理信息批量生产符合主机厂设计要求的零部件。

色彩设计师接到零部件设计师完成的工作后，将启动零部件颜色条目和颜色分区的设计（表7.9）。颜色条目是指零部件在指定的内饰颜色或者外饰颜色下对应的颜色主码。

表7.9 零部件颜色条目和颜色分区

零件号	零件中文名称	外饰颜色代码	外饰颜色名称	颜色主码
×××××××-AQ01	前保险杠装配总成	ABAB	魅夜黑	1010
×××××××-AQ01	前保险杠装配总成	DMDM	极光蓝	1820
×××××××-AQ01	前保险杠装配总成	ABDM	极光蓝/魅夜黑	2630
×××××××-AQ03	前保险杠装配总成	ABAB	魅夜黑	1010
×××××××-AQ03	前保险杠装配总成	DMDM	极光蓝	1820
×××××××-AQ03	前保险杠装配总成	ABDM	极光蓝/魅夜黑	2630
×××××××-AQ03	前保险杠装配总成	CQCQ	雪地白	1040
×××××××-AQ03	前保险杠装配总成	DFDF	未来灰	2050

零件号和颜色主码合成新的编码，成为零件物料编码。零件号本身不体现具体的颜色，而物料编码体现具体的颜色。例如×××××××-AQ01表示888车系AQ01设计方案的前保险杠装配总成；×××××××-AQ01-1010表示魅夜黑颜色的前保险杠装配总成。

颜色分区是指零部件设计师对颜色件进行区域划分并按字母A～E等流水号编码，色彩设计师根据整车CMF定义文件对零部件每一个分区的颜色和纹理进行详细设计和定义，给出每一个分区的颜色编码和纹理编码，即颜色样板。用编码表示的颜色样板是主机厂和供应商之间沟通颜色、纹理信息的精确语言。每一种颜色件分区的多少视具体情况而定，例如外后视镜的分区较少、座椅的分区较多。颜色样板见表7.10。

表7.10 颜色样板

<table>
<tr><th>零件号</th><th>零件中文名称</th><th>外饰颜色代码</th><th>外饰颜色名称</th><th>分区</th><th>颜色编码</th><th>颜色名称</th><th>纹理编码</th><th>纹理名称</th></tr>
<tr><td rowspan="5">×××××××-AQ01</td><td rowspan="5">前保险杠装配总成</td><td rowspan="5">××××</td><td rowspan="5">魅夜黑</td><td>A</td><td>×××</td><td>黑色</td><td>×××</td><td>注塑纹理</td></tr>
<tr><td>B</td><td>×××</td><td>黑色</td><td>×××</td><td>亚克力</td></tr>
<tr><td>C</td><td>×××</td><td>高光电镀</td><td>×××</td><td>×××</td></tr>
<tr><td>D</td><td>×××</td><td>亮灰</td><td>×××</td><td>×××</td></tr>
<tr><td>E</td><td>×××</td><td>×××</td><td>×××</td><td>×××</td></tr>
</table>

7.5.5 整车物料和零部件物料的解析

根据以上CMF色彩体系各类编码的内容及编码之间的内在关联关系，系统自动解析计算出车系内具体车型的整车物料编码（含精确颜色）和零部件的物料编码（含精确颜色），并自动匹配整车物料编码与零部件物料编码之间的使用关系。

整车物料编码：888 项目的尊享型、豪华型、旗舰型三款车，根据每款车可以使用的外饰颜色、内饰颜色，以及内饰颜色和外饰颜色之间的约束关系，可以解析出如下整车物料编码，可见每款车型生成整车物料编码并不是最大化的，见表 7.11。

表 7.11 整车物料编码

车型名称	车型编码	外饰颜色		内饰颜色		整车物料编码
尊享型	888V1	ABAB	魅夜黑	GEL888	灰色皮革	888V1ABABGEL888
		ABAB	魅夜黑	BLL888	黑色皮革	888V1ABABBLL888
		DMDM	极光蓝	GEL888	灰色皮革	888V1DMDMGEL888
		ABDM	极光蓝 / 魅夜黑	BLL888	黑色皮革	888V1ABDMBLL888
豪华型	888V2	DMDM	极光蓝	BLL888	黑色皮革	888V2DMDMBLL888
		ABDM	极光蓝 / 魅夜黑	BLL888	黑色皮革	888V2ABDMBLL888
		ABDM	极光蓝 / 魅夜黑	REL888	红色皮革	888V2ABDMREL888
		CQCQ	雪地白	REL888	红色皮革	888V2CQCQREL888
旗舰型	888V3	ABAB	魅夜黑	GEL888	灰色皮革	888V3ABABGEL888
		DMDM	极光蓝	GEL888	灰色皮革	888V3DMDMGEL888
		CQCQ	雪地白	GEL888	灰色皮革	888V3CQCQGEL888
		DFDF	未来灰	GEL888	灰色皮革	888V3DFDFGEL888
		ABAB	魅夜黑	BLL888	黑色皮革	888V3ABABBLL888
		ABDM	极光蓝 / 魅夜黑	BLL888	黑色皮革	888V3ABDMBLL888
		ABAB	魅夜黑	REL888	红色皮革	888V3ABABREL888
		ABDM	极光蓝 / 魅夜黑	REL888	红色皮革	888V3ABDMREL888
		CQCQ	雪地白	REL888	红色皮革	888V3CQCQREL888
		DFDF	未来灰	REL888	红色皮革	888V3DFDFREL888

零部件的物料编码：从设计部门的零件号，到供应商、物流、生产部门的物料编码，是零件从本色件到颜色件的细分展开，本例中旗舰型使用的前保险杠装配总成××××××××-AQ03，使用了 5 种外饰颜色，则生成 5 种物料编码，见表 7.12。

表 7.12 零部件的物料编码

零件号	零件中文名称	外饰颜色代码	外饰颜色名称	零部件的物料编码
×××××××-AQ03	前保险杠装配总成	ABAB	魅夜黑	×××××××-AQ03-1010
		DMDM	极光蓝	×××××××-AQ03-1820
		ABDM	极光蓝 / 魅夜黑	×××××××-AQ03-2630
		CQCQ	雪地白	×××××××-AQ03-1040
		DFDF	未来灰	×××××××-AQ03-2050

以旗舰型为例，其解析生成的 10 个整车物料编码，对应使用 5 个前保险杠装配总成，见表 7.13。

表 7.13 旗舰型 888V3 零部件的物料编码

车型	外饰颜色	内饰颜色	整车物料编码	零件物料编码
旗舰型 888V3	魅夜黑	灰色皮革	888V3ABABGEL888	×××××××-AQ03-1010
	极光蓝	灰色皮革	888V3DMDMGEL888	×××××××-AQ03-1820
	雪地白	灰色皮革	888V3CQCQGEL888	×××××××-AQ03-1040
	未来灰	灰色皮革	888V3DFDFGEL888	×××××××-AQ03-2050
	魅夜黑	黑色皮革	888V3ABABBLL888	×××××××-AQ03-1010
	极光蓝 / 魅夜黑	黑色皮革	888V3ABDMBLL888	×××××××-AQ03-2630
	魅夜黑	红色皮革	888V3ABABREL888	×××××××-AQ03-1010
	极光蓝 / 魅夜黑	红色皮革	888V3ABDMREL888	×××××××-AQ03-2630
	雪地白	红色皮革	888V3CQCQREL888	×××××××-AQ03-1040
	未来灰	红色皮革	888V3DFDFREL888	×××××××-AQ03-2050

以上，对汽车主机厂内造型 CMF 文件在整车级文件体系中的应用做了简要的介绍。

Automotive CMF Design

Theories and Methods

材料篇

汽车制造的时间跨度很大，需要的材料与工艺也十分多样，制造的难度可想而知。因此为了确保制造过程的顺利，需要各行业的材料供应商进行合作，以减小主机厂的压力。材料供应商负责产品的研发、制造并提供质量保证。在研发时，供应商作为材料的源头，需要开发各种前瞻性的工艺与材质表面，为主机厂的 CMF 设计师提供更大的设计想象空间，并展示其企业在某个材料行业的领先性。

在材料篇，我们邀请了各个材料行业的顶尖供应商，详细介绍汽车行业需要用到的材料的特性与设计方法。

第 8 章 汽车涂料工艺与设计

8.1 汽车涂料工艺定义

汽车涂料（automotive coating）是指涂装在各类车辆车身及零部件上的涂料，一般指新车的涂料、辅助材料以及车辆修补用涂料。汽车涂料和一般的涂料一样，由成膜物质（树脂）、助剂、颜料和溶剂组成。车体用到的涂料其实有很多种，除了此章重点介绍的车身外饰涂料之外，还有内饰涂料、钢材表面功能涂料、电池防护绝缘等分门别类的诸多涂料。从功能性上讲，车身外饰除了需要有装饰性和美观性以外，还需要具备长期的耐候性、耐化学品性、抗石击等性能，使车辆外观保有涂料品质的同时永葆艳丽。

8.2 汽车涂料发展历史

随着汽车工业的百年发展，从最初的功能和生产基本需求到质量驱动，再到如今的法律驱动，汽车涂料以及工艺领域在不断更新发展（图 8.1）。在涂料的应用上，从最初的油性天然树脂涂料、硝基涂料不断发展到现如今各类集高耐久性、美观性和环保性于一体的涂料；在喷涂技艺上，从刷子到喷枪，再到如今更加高科技的涂装工艺和流程，车厂和涂料行业也在探寻更加高效、环保、智能的方式来完成汽车涂装。

汽车作为长期在室外使用的交通工具，耐久性和附着性强的油漆是不二选择。但是受限于技术和工艺，直到 20 世纪初，亚麻籽油等天然底漆仍用于汽车制造。天然漆的烘干周期长，对于当时已经开始生产线造车的汽车制造商来说，严重影响了汽车的生产周期和生产速度。

在工艺上，涂装方式也在不断发展。值得一提的是，喷枪的发明与使用是涂料喷涂工艺里程碑式的进步。20 世纪 20 年代，DeVilbiss 家族创立了专注于雾化技术的世界知名品牌 DeVilbiss，扭转了工业涂装领域用刷子刷漆的局面。1923 年，喷枪开始全面进入工业涂装领域。DeVilbiss 致力于雾化领域已有 100 多年的历史，现在是工业喷枪和医用雾化器领域的领导者。

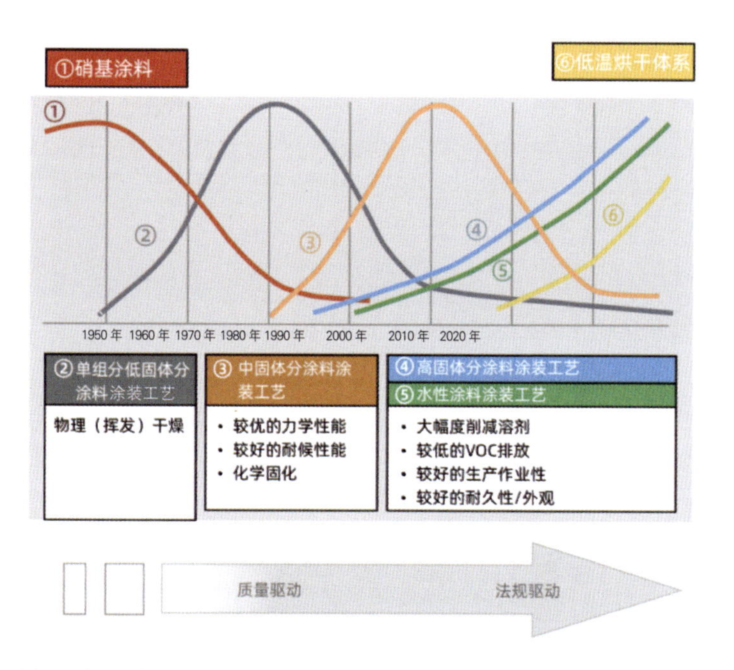

图 8.1 全球车用（OEM）涂料涂装技术发展趋势（来源:《汽车涂装 · 涂料行业腾飞的 40 年》）

到了 1924 年，杜邦公司开发了一种快干硝基漆，这在一定程度上解决了涂装施工周期长的问题。杜邦公司开发的 DUCO 硝基漆，是以硝化纤维素为主要原料，与合成树脂、增塑剂、溶剂和稀释剂混合而成。相比天然底漆需要一周甚至几周时间才能干透，硝基漆只需要两个小时就能干透，干燥快这个优点极大地提高了汽车涂装速度。同年，通用汽车几乎所有的生产线都开始使用杜邦公司生产的硝基漆。但是，如果在潮湿的环境中喷涂硝基漆，涂层易变白，失去光泽，再加上硝基漆这类模塑涂料对石油基溶剂的耐腐蚀性很差，汽油及油气会加速周围漆面的老化和破损速度。

20 世纪 30 年代，醇酸树脂磁漆被应用于汽车涂装领域。硝基漆的烘干步骤需要 3～4 步，而醇酸树脂磁漆在烘干箱中烘干只需 2～3 步，且形成的膜具有非常高的耐久性和耐汽油性。醇酸树脂磁漆也有缺点，例如在阳光下漆膜易氧化、褪色，但是至今醇酸树脂磁漆仍然是涂料技术的重要组成部分。

第二次世界大战后的 20 年间，欧洲轴心国被限制了如硝化纤维素涂料所需的硝化纤维素这类可以制造炸药的化学材料在工业制造中的使用。在这种限制下，这些国家的企业开始专注于搪瓷涂层技术，并开发了丙烯酸聚氨酯涂层系统。通用汽车开始使用热塑性丙烯酸涂料，因这种涂料独特的流变性能，在喷涂时需要多层低固喷涂，喷涂后的初始黏度也很低，可以通过在涂层中添加金属薄片，使金属箔变平形成反射层，来增强涂料黏度，金属漆也就诞生了。

第二次世界大战后的 20 年间，汽车涂料越来越注重车漆在质量方面的突破。这一时期，汽车不再仅仅是一种交通工具，也带有彰显社会地位的属性，因此汽车外饰的涂料需要看起来更加高档。1947 年，有的汽车公司开始在喷涂前对金属表面进行磷化处理，以提高油漆层的附着力和耐腐蚀性。在技术上，底漆也由从前的喷涂工艺改为浸涂，即将车身浸入漆池中，获得更加均匀、全面的效果。然而，用浸涂工艺涂装完底漆后，涂装过程中部分油漆在随后的工艺中会被溶剂冲走，车漆的防腐效果大打折扣。

为了解决这个难题，在1957年，福特和PPG涂料公司开发了现如今被广泛应用的电泳涂装方法。电泳底漆的涂装效率更高，防腐性能更优，漆膜外观更佳、挥发性有机化合物（VOC）的排放更低。1961年，福特公司建立了世界上第一个阳极电泳涂装车间。

20世纪70年代，随着石油危机而来的是节能环保意识的提升，以及各国颁布的新的挥发性有机化合物法规，加上汽车车漆对耐久性的高要求，使得VOC含量高、耐久性弱的丙烯酸涂料无法被市场接受。

涂料领域研究人员开始从工艺和工序角度思考，在底漆外再涂一层透明漆层作为保护层，起到耐久的效果，此时内色漆就不需要像以前那么厚了，只用极薄的一层来装饰即可。漆层中还加入了UV吸收剂、保护透明层和底漆颜料，大大提高了底漆和色漆的使用寿命。在使用初期，这种涂装技术成本较高且透明漆层容易脱落。然而，在车漆的后续发展中，涂料行业不断改进涂层技术，降低了成本，还开发了更新的表面处理剂，极大地提高了透明层的使用寿命。

现如今，汽车厂和涂料行业仍不断探索着更加高效、环保、智能的涂装工艺和涂料。未来，有业内人士认为无涂层技术是主流发展趋势，即在注塑过程中，在外壳中加入相应颜色的纳米级金属粉末便可直接形成金属质感的车身外壳，以此免去喷涂过程，减少环境污染。除此之外，水性涂料、高固体分涂料以及粉末涂料等高耐性、环保、强附着属性的汽车涂料发展成为大势所趋。

汽车被发明以来，车身颜色也在随着涂料技术与工艺的进步而不断发展与变化。1920年之前，汽车车身都由工人手工上漆，上漆周期长，工艺粗糙且漆料质量低，导致车身色彩控制难度极大，易出现色差。但是利用人类视觉对深灰色感知弱的特征，福特公司最早推出的T型车都是统一的“黑色”，色差难以被发现。直到DUCO漆和喷枪喷涂工艺出现，彩色漆才开始在汽车车身上应用。前任通用汽车董事长斯隆在市场中引入彩色汽车来实现设计多样化，打破了黑色T型车“一统天下”的局面，从此汽车进入了彩色时代（图8.2）。

图8.2 福特T型车（左）和通用彩色车（右）

不同颜色的车身漆在历史中呈现出趋势性变化，下面选择黄、绿、红和蓝这四类在车漆发展中较为主流的车身色进行分析（图8.3）。

20世纪20～50年代
1
雪佛兰
Roadster1920
2
沃尔沃
Sport 1928
3
保时捷
1930
20世纪60～80年代
4
雪佛兰
1955
5
兰博基尼
1970
6
大众
K70 1970
20世纪90年代～2010年
7
宝马M3
1995
8
悍马
H3T 2004
2010年至今
9
奥迪A1 2012
10
Smart Forvision
概念车 2012
11
沃尔沃V40 Cross
Country 2014
12
迈凯伦 12C GT
Sprint 2014

20世纪20～50年代
1
法拉利
Spyder 1954
2
雪佛兰
Camaro 1969
3
法拉利
Dino 1974
4
克莱斯勒
2cv Club1980
20世纪60～80年代
5
悍马 H1
2003
6
丰田Aurion
2006
7
克莱斯勒
2008
20世纪90年代～2010年
8
法拉利 F12 Berlinetta
2013
9
雪佛兰
Corvette Couple 2013
10
雪佛兰
Camaro 2014

图 8.3

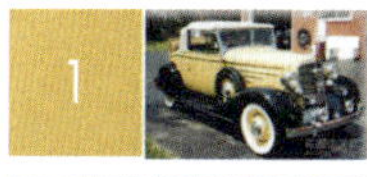

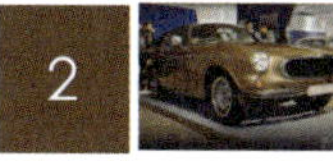

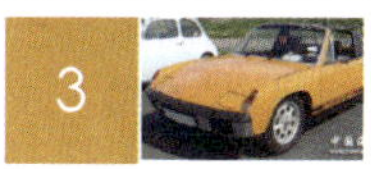

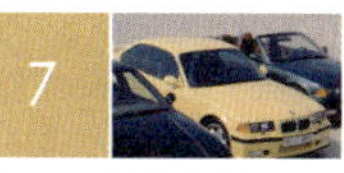

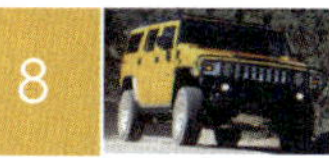

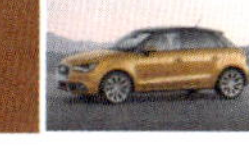

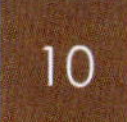

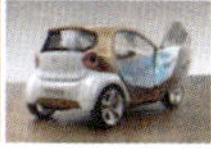

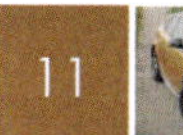

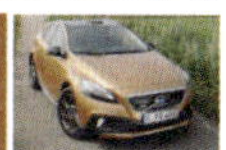

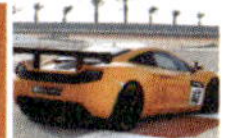

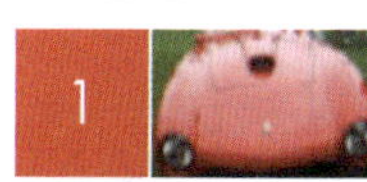

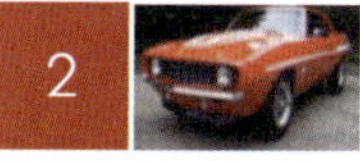

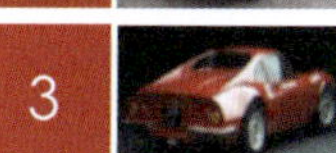

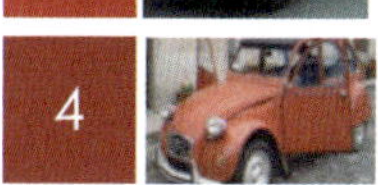

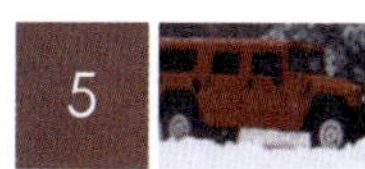

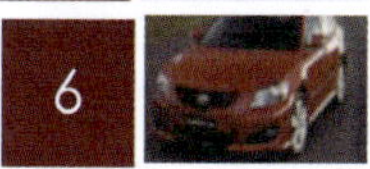

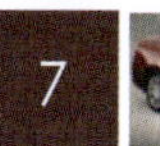

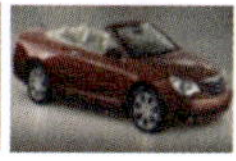

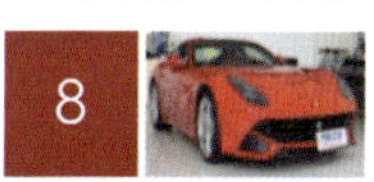

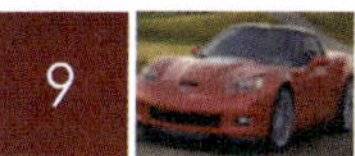

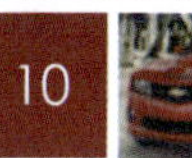

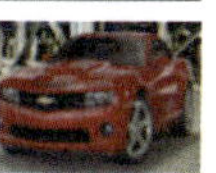

20世纪20～50年代

1 漫游者 1923

2 奥迪 1934

3 保时捷 1940

4 DS 19 1956

20世纪60～80年代

5 DKW Junior F11 1960

6 菲亚特126 1972

7 奥迪100Coupe 1976

20世纪90年代～2010年

8 大众Noah 1997

9 大众Iroc 2006

11 兰博基尼 lp640 2006

12 雪铁龙C3 2009

2010年至今

13 本田Jazz Hybrid 2011

14 保时捷Cayenne 2013

15 本田JADE 2014

16 斯柯达VisionC 2014

20世纪20～50年代

1 奥迪E Phaeton 1924

2 保时捷914 1930s

3 霍希830 1939

4 宝马Isetta 1950s

5 宝马502 V8 1954

6 宝马503 1956

7 雪佛兰Air Nomad 1957

20世纪60～90年代

8 宝马1500 1962

9 兰博基尼 Diablo SV 1996

21世纪初～2010年

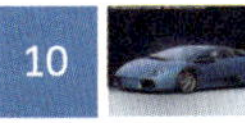

10 兰博基尼 Murcielago 2003

11 劳斯莱斯 2004

12 法拉利 California 2009

2010年至今

13 宝马Z4 2010

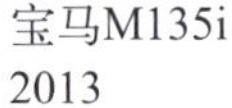

14 宝马M135i 2013

15 福特Focus 2015

16 法拉利 California 2015

图 8.3 黄、绿、红、蓝四类主流车身色的趋势性变化

（来源：上海交通大学设计趋势研究所）

20世纪20～50年代，浅咖色和浅黄色在汽车车身色彩中广泛使用。到了60～80年代，更高彩度的黄色流行起来，明黄色和咖色成为车身用色的主流。90年代至今，黄色色相向红色变化，橙色和土黄色的车身色彩在近年大量出现。

墨绿色也在20～50年代较为流行。60～80年代，随着技术革新，多种绿色开始应用在汽车车身上，其中以草绿色为主，在这段时间里绿色的彩度和明度逐步提高。90年代至今，草绿色依然是车身色彩的主流，并出现了翠绿的车身色彩的尝试。

在各品牌众多车型的车身色彩中，红色的运用非常广泛。近百年来，汽车车身的红色彩度不断提升，变得更加纯正、浓郁，这也与当今汽车不断追求年轻、运动的理念相呼应。随着历史发展，车身的蓝色被运用得越来越多。当蓝色往绿色方向发展时，能够表达出一种冷静、环保和科技的感觉。同时，随着蓝色彩度的提升，明度会有所降低，发展成为充满运动感而且浓郁的蓝色。

8.3　汽车涂料分类

汽车涂料的分类较为复杂，根据不同分类标准有不同的分类方式，如图8.4所示。

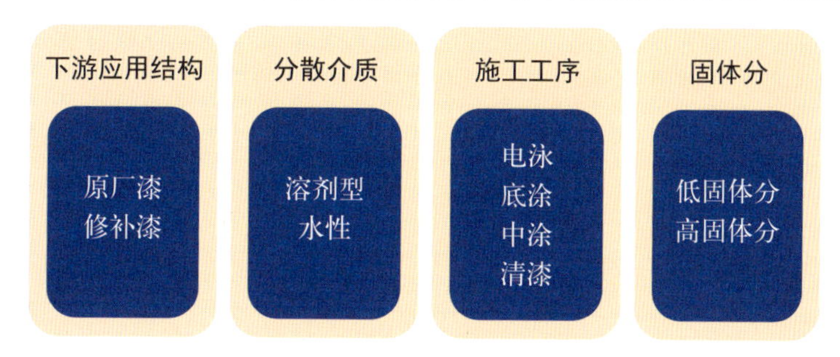

图8.4　汽车涂料的分类

（1）按下游应用结构分类

按汽车涂料下游应用结构可将汽车涂料分为原厂漆（OEM）和修补漆两大类。原厂漆是指汽车生产商在整车或零部件涂装车间进行喷涂的涂料，在高温下大批量流水线生产；修补漆是指仅用于修补车辆漆层小部分破损的涂料。两者在产品用途、结构设计、涂装要求、销售模式、终端客户等方面都存在差异，见表8.1。

表8.1　原厂漆及修补漆对比情况

项目	原厂漆	修补漆
产品用途	汽车生产商的车身及零部件涂装等领域	汽车修理厂后期车身修补漆
结构设计	单组分设计，需高温烘烤（120～140℃）	双组分设计，常温自干或红外线低温辅助烘烤
涂装要求	大批量流水线涂装，事先确定颜色	单车小用量涂装，现场调色
销售模式	销售给汽车及零部件生产商，类似B2B（企业对企业）服务，现场跟踪为主	采用代理方式，类似B2C（企业对消费者）服务，以对客户人员进行培训为主
终端客户	汽车及零部件生产商，以企业客户为主	汽车修理厂、4S店等，以个人客户为主

（2）按分散介质分类

按分散介质可将汽车涂料分为水性涂料和溶剂型涂料。水性涂料与溶剂型涂料最大的区别在于水性涂料以水为分散介质，而溶剂型涂料以有机溶剂为分散介质，也正是因为分散介质的差异，导致两种涂料在挥发性有机化合物（VOC）及易燃性上存在显著差异。与溶剂型涂料相比，水性涂料的可挥发性有机化合物较少且不易燃，既减少了因有机溶剂挥发所产生的环境污染，也消除了生产施工过程中的火灾隐患。在我国汽车涂料“油”改“水”的政策背景下，国内汽车涂料逐渐从溶剂型向水性转变。水性涂料与溶剂型涂料对比见表 8.2。

表 8.2　水性涂料与溶剂型涂料对比

项目	水性涂料	溶剂型涂料
分散介质	水	有机溶剂
VOC 要求	建筑领域限量值为 80g/L，工业领域限量值为 200～300g/L	工业领域限量值为 400～500g/L
成膜物状态	分散于水的非均相体系	溶解于分散介质的均相体系
黏度	取决于乳液粒径及粒径分布	取决于成膜物的分子量及分布
干燥性	可调，受环境影响大	可调，受环境影响小
易燃与安全性	不燃，安全	易燃，往往有毒
储存与运输	储存与运输需 0℃以上	运输工具需符合危险品运输要求

（3）按施工工序分类

汽车涂料按施工工序可分为电泳漆、中涂、色漆、清漆 / 光油，每一个涂层都有各自的功能（图 8.5）。

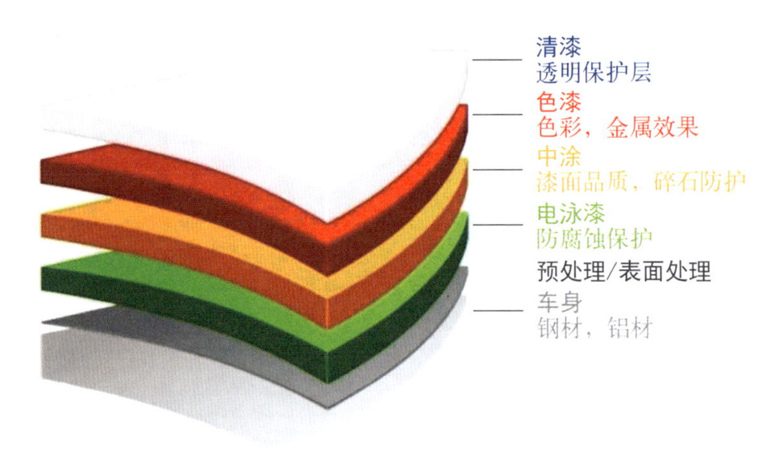

图 8.5　汽车涂层

① 电泳漆（electrocoat），提供防腐性能，增加基材与上面涂层的黏合力（防腐蚀），增加涂层基材的平整度。

② 中涂（primer），提供力学性能（抗石击性），增加 UV 防护，优化表面平整度。

③ 色漆（basecoat），装饰功能，提供颜色和表面外观。

④ 清漆 / 光油（clearcoat），保护中涂 / 色漆，提供耐 UV 和力学保护性能，增加光泽和最终表面外观。

（4）按固体分分类

汽车涂料按固体分可分为高固体分涂料和低固体分涂料。高固体分涂料因溶剂挥发后的固体含量不同，所含底漆干膜厚度比低固体分涂料厚，因此所需施工道数减少，产生的挥发性有机化合物下降 70% 以上，更加环保节能。

8.4 汽车涂料先进企业与品牌

我国汽车工业起步较晚，汽车涂料行业发展也晚于欧美国家和日本。目前国内汽车涂料企业主要集中占据低端市场，高端市场则被全球顶级汽车涂料生产商所占据。从全球市场来看，汽车涂料市场发展态势趋于稳定，PPG、巴斯夫、艾仕得、宣伟、立邦、阿克苏・诺贝尔等全球先进汽车涂料供应商占据绝大多数市场份额，且实现了涂料技术核心内容的技术垄断。

8.5 汽车涂料工艺的应用部位

汽车涂料是应用在各种车型的汽车车身和零部件上的涂料，主要应用在汽车的整车车身、保险杠、门把手、边柱、后视镜罩、灯罩等结构部件。由于汽车涂料多运用在汽车外饰部件，因此在其生产和应用中不仅要关注车漆外饰的装饰性及美观性，还需要具备长期的耐候性、耐化学性、抗石击等性能，让车辆外观保有靓丽涂料品质的同时永葆艳丽，因此对汽车涂料的设计、生产和喷涂等技术和工艺的要求是非常高的。

8.6 汽车涂料工艺实际应用的技术要领

在整车制造的总体估算成本当中，制造成本的 15% 中有七成成本是工艺，而材料只占三成。由此可见，涂料成本是非常小的一部分，反而提供涂装等工艺（例如雾化喷涂机器人手臂和喷头、整车烘箱）和支持的成本［例如国家按照生产审核碳排放（VOC）来计算税费］是较为经济且核心的（图 8.6）。

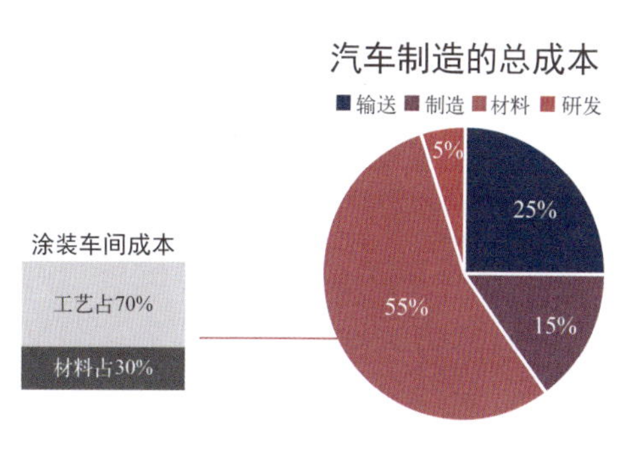

图 8.6 汽车制造成本占比

8.6.1　配方设计框架原则等技术控制手段

对于成熟的配方设计体系，根据颜色的基本特性（单色、铝粉金属色、珠光量多寡效果等），都有具体的颜基比（颜料占基料的比例，%）和遮盖力（hiding power film build）等数值的范围建议。整个配方设计体系的工具盒都有使用记录并验证过的选择列表。每一种新成分的引入，都必须通过研发部门的筛查核实和原材料基础性能试验有初步结论后，再引入一个高度成熟稳定的原配方中，用等量替换成分的方式，在汽车原厂漆的配套性能中再观测一遍。大批量生产涂料的供应商，在配方落地过程中，必然对原材料备货和全球供应的可能性做非常前置的确认。

与室内使用的电子产品、家电以及便携设备如手机等所采用的无须耐候性能（weather resistance）保障的室内漆（interior level paint）不同，汽车漆作为外饰用漆（exterior level paint），其配方原则显然受到诸多性能保障的限制。室内漆的表面触感效果更为丰富，如亚光面漆、橡胶面漆等，其原材料选择范围也更广泛，且配方性能标准相对宽泛，这些因素都是可以实现更多油漆效果的先决条件。与室内漆相比，汽车漆的原材料控制标准更高，以确保更精准的颜色配方批次稳定性，并满足颜色在线施工窗口的可调性要求。

在汽车涂料检测中，要求关注以下三方面的性能指标：液态性能（细度、黏度、固体含量、遮盖力、抗流挂性、密度）、施工性能（储存稳定性、闪点测定、干燥时间测定、打磨性试验）、漆膜性能（漆膜制备、颜色外观、漆膜厚度、硬度、光泽、附着力、柔韧性、杯凸、耐湿热性、耐温变性、人工老化等）。汽车车身涂层的主要性能指标见表8.3。

表8.3　汽车车身涂层的主要性能指标

项目		涂层分组、等级			
		TQ2（甲）	TQ2（乙）	TQ1（甲）	TQ1（乙）
应用		高级轿车车身	中级轿车车身	卡车、吉普车车身、客车车厢	卡车、吉普车车身、客车车厢
耐候性（天然暴晒）		2年失光≤30%	2年失光≤30%	2年失光≤30%	2年失光≤60%
耐盐雾/h		700	700	700	240
涂层厚度/μm	底漆	≥20	≥20	≥15	≥15
	中涂	40～50	≥30		
	面漆	60～80	≥40	≥40	≥40
外观		平整光滑、无颗粒，光亮如镜，光泽大于90	光滑平整、无颗粒，允许极轻微橘纹，光泽大于90	光滑平整、无颗粒，允许极轻微橘纹，光泽大于90（平光＜30）	光滑平整、无颗粒，允许极轻微橘纹，光泽大于90（平光＜30）
力学性能	冲击强度/（N·cm）	≥196	≥294	≥294	≥392
	弹性/mm	≤10	≤5	≤5	≤3
	硬度	≥0.6	≥0.6	≥0.5	≥0.4
	附着力/级	1	1	1	1

8.6.2 施工应用工艺

现代施工技术下的汽车外饰漆，与汽车所用的其他材质相比有非常不同的特点。涂料产品除了材质外，还需要结合精确的喷涂施工方式，由计算机程序控制的仿形轨道机器人手臂搭载悬杯（bell）或者喷枪（gun）的杯 / 杯（bell/bell）或者杯 / 枪（bell/gun），把液体涂料通过轨道输送到喷涂端，雾化后沿着仿形轨道机器人的设定轨迹移动，把漆雾均匀地附着在车体外表面以及内表面（门边厚度的侧边），再经过烘箱（baker）加热或者常温闪干。

主要的喷涂施工方式有以下几种。

（1）空气喷涂（air-spray）

空气喷涂是一种最常使用的方法，利用压缩空气将涂料雾化后进行喷涂。对于喷漆量、漆束形状、漆束直径、漆粒大小、空气压力等参数，必须根据涂料的种类与黏度加以适当调整。其优点在于：能够任意选择喷漆条件，比较容易操作，适合重视喷涂质量的工件。其缺点是：涂料利用率低，空气中容易携带水与油。

（2）高压无气喷涂（airless-spray）

高压无气喷涂是指使用高压柱塞泵，直接将涂料加压，形成高压力的涂料，喷出枪口形成雾化气流并作用于物体表面（墙面或木器面）的一种喷涂方式。相对于有气喷涂而言，高压无气喷涂的漆面均匀，无颗粒感。由于与空气隔绝，因此油漆干燥、干净。高压无气喷涂可用于高黏度涂料的施工，而且边缘清晰，甚至可用于一些有边界要求的喷涂项目。根据机械类型，也分为气动式无气喷涂、电动式无气喷涂、内燃式无气喷涂等多种。

（3）浸渍涂装（dipping）

浸渍涂装是一种用浸渍达到涂装目的的施工方法。其操作是将被涂物全部浸没在漆液中，待各部位都沾上漆液后将被涂物提起离开漆液，自然或强制地使多余的漆液滴回到漆槽内，经干燥后在被涂物表面形成漆膜。该法只能用于颜色一致的涂装，不能套色，且被涂物上下部的漆膜厚薄不均匀，溶剂挥发量大，易污染环境，涂料的损耗率也较大。

（4）淋浴涂装（shower）

淋浴涂装是将涂料储存于高位槽中，通过喷嘴或窄缝从上方淋下，呈帘幕状淋在由传送装置带动的被涂物上，形成均匀涂膜，多余的涂料流回容器，通过泵送到高位槽循环使用。通过喷嘴的大小或窄缝的宽度来控制产品上的漆膜厚度。

（5）幕式涂装（curtain-flow）

幕式涂装又称帘幕涂装。幕式涂装是利用压位差使漆流呈帘幕状连续淋涂到被涂器材表面的涂装工艺，具有涂膜均匀、厚薄一致、涂装效率高、涂料在整个涂装过程中不会形成漆雾、流剩的涂料可循环利用等特点。

（6）粉末静电喷涂（powder-electro-static）

粉末静电喷涂的工作原理与一般的液态涂料的静电喷涂法几乎完全相同，不同之处在于粉末静电喷涂是分散的，而不是雾化的。它是靠静电粉末喷枪喷出来的涂料，在分散的同时使粉末粒子带负电荷，带负电荷的粉末粒子受气流（或离心力等其他作用力）和静电引力的作用，附着到接地的被涂物上，再加热熔融固化成膜。粉末静电喷涂是在工业涂装领域中占主导位置的粉末涂装法。

（7）电沉积涂装（electro-deposit）

电沉积涂装又称电泳涂装，是依靠直流电的作用把成膜物质涂覆于被涂物表面的涂装工艺。

（8）静电涂装（electro-static）

静电涂装是指在喷枪或喷盘与被涂工件之间形成一个高压静电场，一般工件接地为阳极，喷枪口为负高压，当电场强度 E_0 足够高时，枪口附近的空气即产生电晕放电，使空气发生电离，当涂料粒子通过枪口带上电荷后，成为带电粒子，在通过电晕放电区时，进一步与离子化的空气结合而再次带电，并在高压静电场的作用下，向极性相反的被涂工件运动，沉积于工件表面，形成均匀的涂层。

环保政策推行下的常见涂装技术主要有以下两种。

水性三涂两烘（3C2B）工艺：采用“三涂两烘”可以提供良好的漆膜外观，在工件上形成多层漆膜，底漆采用水性电泳涂料，提高金属工件抗腐蚀性；色漆涂料和罩光涂料都是水性涂料，同时具有优异的耐老化性。3C2B 水性涂料为单组分，工件采用电泳涂料涂底漆，80～100℃闪干 3～5min 后，直接喷涂水性色漆涂料，两层涂膜同时固化，打磨修补（如需要）后再喷涂水性罩光漆。因此，水性三涂两烘（3C2B）具有以下优点：电泳底漆无须烘烤，简化涂装工艺；取消底漆打磨、修补工艺；减少烘烤、打磨次数，节省能源和工序；相对溶剂型涂料，降低 VOC 排放量。

湿碰湿水性涂装工艺：是指两道漆膜施工中，在第一道漆膜表干后、尚未实干前，就喷涂第二道漆膜，由此减少工序，缩短施工时间，有效提高涂装工艺的生产效率和资料利用率。湿碰湿涂装和常规涂装的区别如图 8.7 所示。

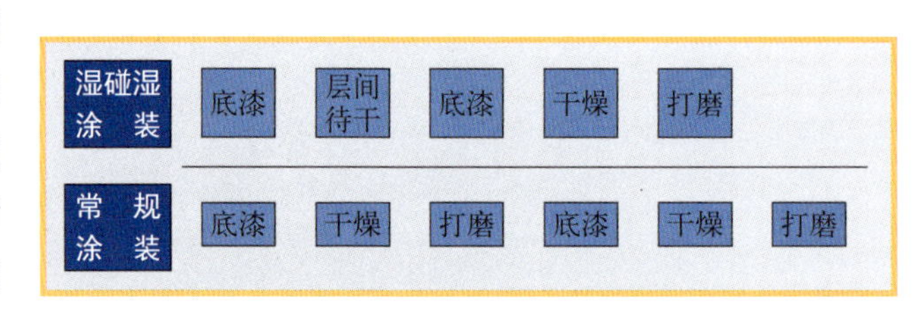

图 8.7　湿碰湿涂装和常规涂装的区别

8.7　汽车涂料在设计中的应用

8.7.1　汽车外饰涂料的开发流程

汽车涂料的产业链根据上中下游依次是各类原材料、化工品及溶剂的生产、涂料生产制造和汽车整车及零部件上的生产应用（图 8.8）。车漆的最终效果是由其概念设计、色彩调配、涂料选择、喷涂工艺等因素决定的，若车漆在这些方面都达到了很高水平，那么在视觉上会呈现出更高的档次。从行业规范操作上来看，笼统总结汽车颜色造型风格（color styling）开发的一些关键节点如下。

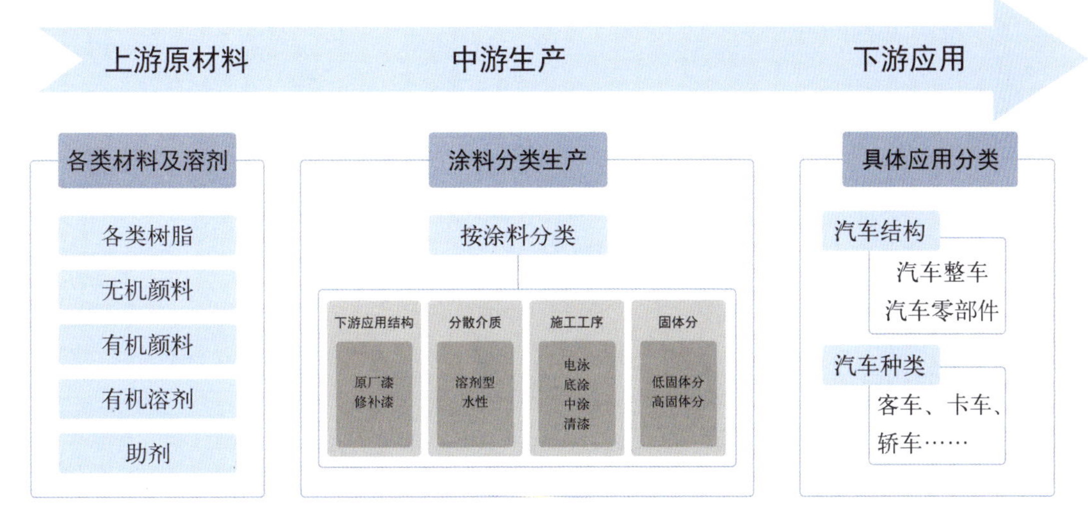

图 8.8 汽车涂料产业链图谱

前期，涂料供应企业在收到汽车设计师的色彩意向输入后，会结合市场趋势走向等实体数据统计报告给出适合目标车体造型的颜色质感建议；在初选颜色经过小平面色板看样、曲面色板展示、1:4 模型乃至实车喷涂等各个色彩大小评审环节之后，才会给通过的颜色颁发“准入证”进行工程化材料开发。

然后，通过实验室对量产技术施工的精确化模拟喷涂制板（为了最靠近量产车的颜色施工，实验室开发色板需要从底层电泳、中涂色、色漆层乃至清漆层一一匹配）来展现颜色效果，几番修改后得到设计师满意的色彩效果，同时需要确定落地色彩配方的组成、施工膜厚遮盖力、颜基比等基础考察项核查结果都在配方基准框架内，以此来保障量产施工的可重现性、可施工修正及成品外观。

针对全球各个量产技术体系，不同汽车品牌为了保证品牌辨识度和统一性，在投放全球不同区域市场的车型时，一定会有“同色输出”的不变要求。这就产生了颜色从单个起始技术体系开发定样完成后，必须跟进数个不同涂料体系的要求，其中除了车身技术体系外，为了保障汽车售后市场的终端消费者满意度，对颜色的可修补性也提出了相应的要求（即原厂颜色开发的交叉技术配色环节，指定修补漆产品做配套开发跟进）。

举足轻重的涂料各项性能试验验证，会并行于交叉技术颜色匹配阶段同期进行，其中就包含了试验历时最久的耐候暴晒试验（weather-resist feasibility test），大家所熟知的全球严苛天气环境地点之一——科罗拉多大峡谷就是人们最常用来暴晒试验色板的地方。

最后，如果一切顺利，胜出的颜色才得以进入“绝对标准”颜色母板批次（master/standard batch）的复制环节。目视的判断一致性是远远不够的，需要使用现今的色彩读取技术结合历史颜色数据库进行判定，并用特定仪器的扫描得出每一块色板油漆颜色的L*ab数据。目视结合客户指向的容忍值（tolerance）设定，批量制作出规范颜色的“标尺”母板（带有严格色彩数据控制和标签的0号板），作为各大主机原厂层层下发给全球各工厂和各层级供应商的唯一标准来制作开发各自的部件，最终才得以完成一整台车的颜色交付。

汽车外饰涂料的开发流程如图8.9所示。

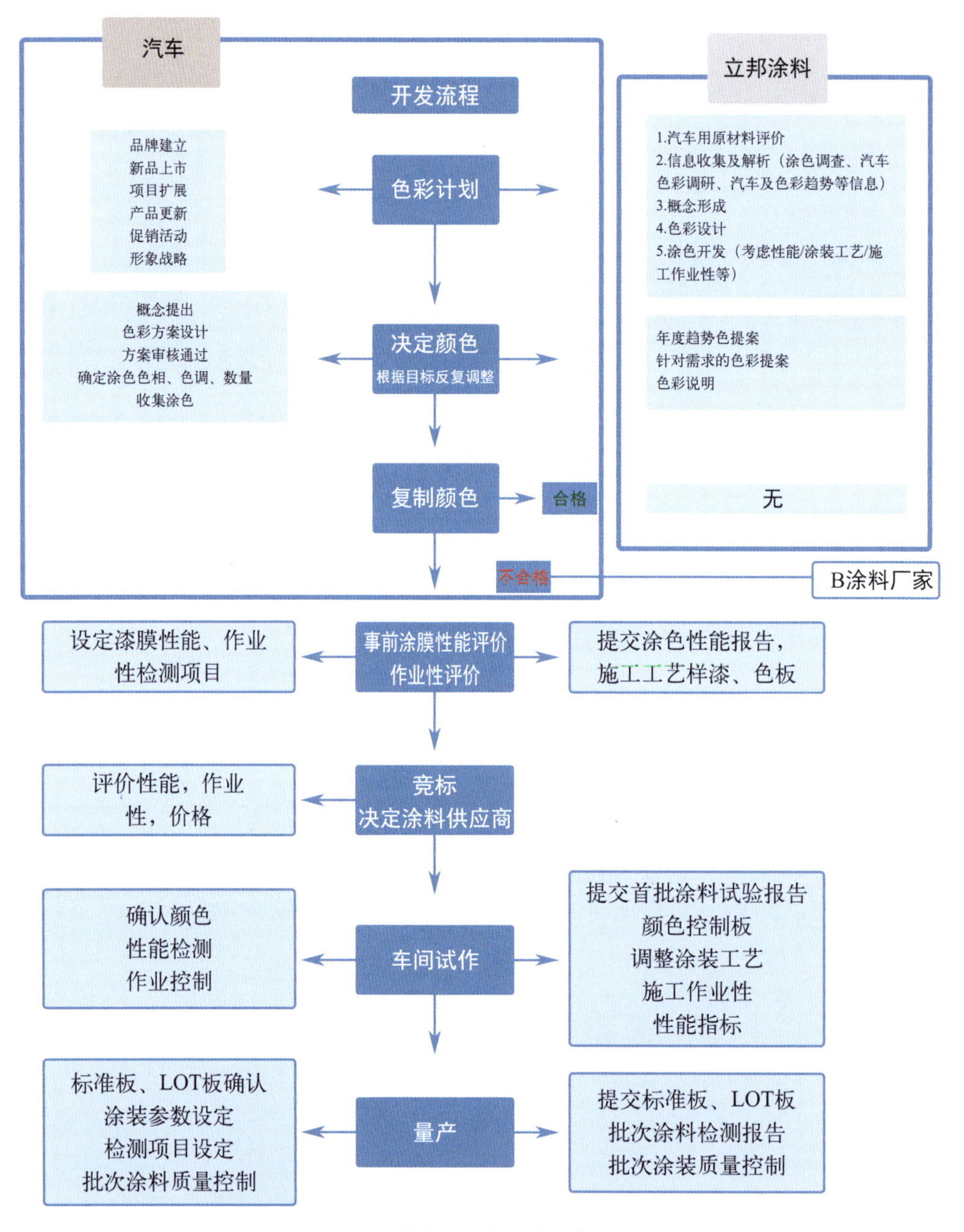

图8.9 汽车外饰涂料的开发流程

（来源：立邦涂料（中国）有限公司汽车涂料事业部色彩应用中心）

8.7.2 汽车外饰涂料的色彩设计

车身外饰的色彩设计应同时具有市场竞争性及新鲜潮流感，趋势化主题的炮制方式为车身颜色设计提供了可以年复一年的拓展方式。OEM 原厂漆按照“汽车型号目标上市年的色彩风格开发（color styling by model year）”模式，每年定时定量地按计划开发颜色，并且遵循工程验证测试周期规律，把颜色像银行（color bank）一样预先开发并且存档起来备用，是常见的国际品牌车身颜色开发模式。在已有未来三五年计划上市车型的蓝图下，对计划开发颜色的适用性进行设计方的自我研讨是非常有效定义颜色的前提。汽车品牌原厂设计师（color&trim designer），鉴于设计保密原则，是不会与材料供应商过多分享目标车型（特别是未上市的车型）的具体信息的，可能会透露车型级别信息梗概（例如 A0 紧凑新能源小型家用车，品牌核心 C 级传统热卖改款，SUV 分色车顶，MPV 旅行版中型车等），然后让涂料供应商的设计或者色彩市场部门来跟进颜色立项开发。一个车身颜色的成功研发，可能会辐射至汽车上市后很久的时间，并且在全球各个区域市场通行并用。例如，大众的极地白和落叶银、沃尔沃的水晶白、福特的安卡拉白都是兼备色彩配方成熟稳定性和出色销售市场表现的经典颜色代表作。

8.8 汽车涂料发展趋势

8.8.1 材料和技术趋势

汽车涂料在百年发展历程中，不仅追求更佳的耐久性，更加关注汽车涂料是否绿色节能。因此环保在汽车涂料领域中越来越被强调与尝试，如水性涂料在汽车涂料领域占比越来越重、巴斯夫和宝马依赖可再生原料生产汽车涂料。而在工艺上，追求更加高效、智能的涂装技艺，也在一定程度上减少涂料生产和涂装过程中对环境有害物质的排放。

上游原料厂正在通过不断革新原材料，提供更广的涂料可选空间。铝粉的上游供应商正在不断探究研发新的原材料，通过改变铝粉的微观形态来改变金属漆的粗细颗粒大小、正侧面反转角度测色反差值，以展现高亮或黝黑、颗粒均匀闪烁或是细腻如沙丁鱼皮肤一般液体流动的镜面金属效果；珠光粉的上游供应商由使用原先的天然云母矿发展成使用人工合成的优化珠光薄片，他们优化了薄片表面肌理并不断革新过筛技术，实现了特殊变色龙多角度随角异色的效果（人民币纸币上的变色数字是非常典型的一种变色龙幻彩油墨），具有彩虹色的激光粉效果（一般需要耐候级别表面处理才可以应用到汽车外饰漆）；原本遮盖力较强的实色色浆也渐渐发展出具有高着色力的半透明色浆等。这种种“新”因素糅合在一起，可以设计的新色彩配方效果所能涵盖的色域（color space）也就越发繁多。

车身新材质和新技术的使用导致了新的涂料应用需求。现今市场上最常见的传统工艺车身，通常以金属底材的高温烘烤工艺为主，例如：奥迪汽车品牌的镁铝代表底材，奔驰汽车的加强钢金属底材等。随着进入高速发展轨道的新能源车系，轻质化、高强度材质成为新趋向。譬如原本用于专业级赛车的碳纤维及玻璃钢纤维等，都可能是新能源汽车的车体应用材料。车身漆作为工程性材料，各个汽车品牌原厂对各项材质都有明确规范标准及测试要求。新材质的引入，必将更改对应材料工程的标准。碳纤维等纤维材质，由于其特定的编织型结构，在材质涂覆表面会形成无数微孔，且由于批次不同而产生材料的深浅色泽差异非常普遍，这就需要开发出特殊的透明保护性清漆及底涂（primer）来解决这些问题。除此之外，在全自动巡航驾驶（full self driving 4.0）等新技术要求下，车身还需要具备雷达探测需要的反射性及信号波的释放（不遮蔽）功能的双向要求！那么车身外饰漆作为车体表面覆盖面积最大的材料，必将有与新的反射值（total solar reflective value）相关的技术参数要求。

8.8.2 设计风格趋势

目前“90、00”后消费人群逐渐占据汽车消费市场，而这类人群的个性化需求强烈，对汽车外饰涂料颜色的选择也会更加多样化。黑、白、灰银等非彩色一直在汽车外饰色彩中占主导地位。新锐品牌蔚来 NIO 的实色灰作为不加收费用的颜色，着实获得了不小的市场认可，别致的车身剪裁设计也特别具有辨识度，影响了一波受众对水泥灰色调的枯燥认知，他们认为这是一种新颖且具有“现代奶油气质”的浅灰色。除此之外，如今彩虹色也在逐渐占领市场。如果买家不选择非彩色，通常会首选红色和蓝色。同时，黄色、橙色、绿色和紫罗兰色等颜色也正在逐渐抢占市场。这也说明汽车制造商正在接受比以往更加多样和广泛的色彩。随着汽车消费市场的年轻化及多样化趋势，车身分色设计也已经成为较为普遍的加强运动版 / 时尚版的区别性做法。《2022 年巴斯夫汽车原厂漆》报告和艾仕得涂料历年流行色如图 8.10 所示。

图 8.10 《2022 年巴斯夫汽车原厂漆》报告（左）和艾仕得涂料历年流行色（右）

除了色彩年轻化和多样化外，色彩个性化和定制化也是涂料色彩的一个发展趋势。大规模生产（在此并未包含劳斯莱斯、宾利这些超高端奢侈品牌）的原厂车身颜色通常因为生产线生产效益的限制而提供有限的在产颜色数量，并且特殊效果加价的销售方式也比较常见。个性定制化的方向是彻底不在原厂级别做文章，转战汽车售后市场。没有做不到，只有想不到。亚光、贴膜、喷绘图案，举不胜举。在喷绘制作上，早已不是工匠级别的创意工作，而是使用更为精密的各规格喷枪来精雕细琢出一个艺术作品。售后市场，除了较为传统的修补涂料需要具有相对较长的保质时间之外，原材料不需要有如原厂汽车漆那般严苛的耐候级别，从而为很多室内级别主要应用于电子产品的材质打开了大门：磁铁图案漆、温变漆（保时捷）、电流变色漆、紫外线光敏漆等，都是可以有非常惊艳的特殊效果的。

随着技术的发展与大工业产品的功能性发生质变，定速巡航、全自动驾驶、无人驾驶的不断推陈出新，人在这个移动交通工具的特定空间里面即将完成全新转换。传统驾驶中司机从固定位置、手握方向盘并目视前方的驾驶方式，演变成一位纯粹的乘客。那么短距离移动需求、共享汽车、长距离穿越洲际的旅行，都将会使对车体内外空间的设计要求发生颠覆性改变。加上汽车两极化演变加剧，家用轿车的私有化和共享出行的大中小型交通工具（不确定是否还能被称为汽车产品，比如有会飞和下潜的功能），“汽车”产品的角色将有很大不同。当下的产品单个平台开放数据智能共享，使得汽车可能不再是冷冰冰的工业产品和出行工具，而是存在伙伴式情谊的共生体。当传统用户的刚性习惯变得不那么抗拒，新兴汽车产品的机会将是另外一个高纬度“生物”的存在方式。那么这个“生物”在外观设计方面，可能与今时今日的汽车，有着颠覆性的不同起点。

过去几年间，世界经历了种种巨大的变化，这将深刻影响着人们对设计的期待。后疫情时代下，人们开始反思自己与地球以及自己与他人的关系，全新的价值排序正在形成，巴斯夫在2022～2023年度趋势色中，通过展示然然黄（RAN RAN）的顺势而为来诠释中国市场的趋势色（图8.11）。RAN RAN，意为泰然自若的闲适豁达，它始于明亮且丰富的黄色，但它既不过暖也不醒目，既不张扬也不柔和。巴斯夫亚太区汽车色彩设计师松原千春表示：“亚太地区的色彩勾勒出一个积极而又务实的未来。在这里，你可以远离现实社会的各种压力，运用五彩斑斓的色彩，描绘自我人生。”科技的发展与展望引导着人们审视现实与虚拟世界，元宇宙、虚拟现实等概念，使我们的目光望向未来。艾仕得发布

图8.11 巴斯夫然然黄（2022～2023年中国市场年度流行色）

了2023年度流行色——电音蓝（图8.12）。在历史长河中，经历过困难时期的人们都更倾向于选择丰富多彩的颜色，热情奔放的电音蓝传达着疫情过后人们的乐观主义情绪。艾仕得全球移动出行涂料业务高级副总裁Hadi Awada说道：“今年的年度色朝气蓬勃，活力四射。电音蓝与奢华的2022年全球汽车年度色——御品红形成了鲜明对比，使大众思维转向了未来。”

图8.12 艾仕得电音蓝

第 9 章 汽车效果颜料工艺与设计

9.1 汽车设计用效果颜料

颜料是工业生产中非常重要的一款着色材料，它不仅能为材料提供色彩和装饰性，更重要的是还能提供一定的物理和化学性能，起到相应的保护作用（图 9.1）。颜料和染料有很多相似之处，它们都是固体粉末，都能呈现不同的颜色，它们之间最大的区别是：染料能溶于水，而颜料却不能溶于水，只能分散在介质中。颜料的种类繁多，也有很多种分类方法，在此我们按照颜料的呈色原理将颜料划分成三类：吸收型颜料、金属效果颜料和珠光效果颜料（图 9.2）。

图 9.1　颜料

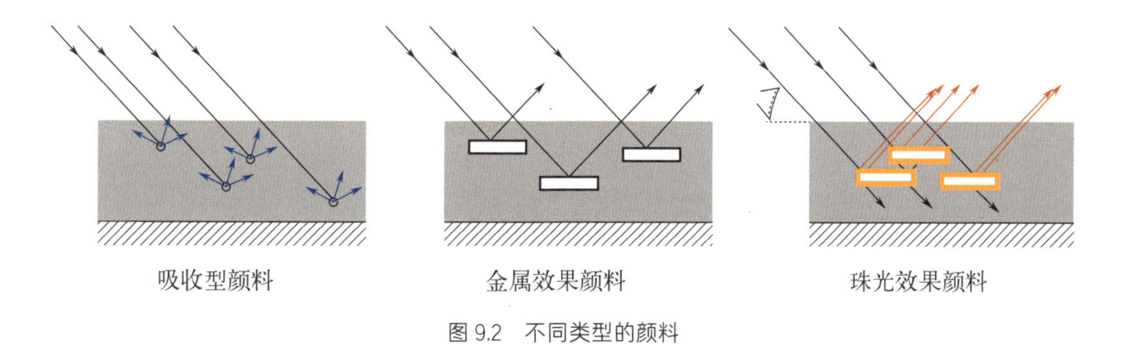

图 9.2　不同类型的颜料

这三类颜料各有特色，在汽车设计中都有着非常广泛的应用。吸收型颜料色彩稳定，观察者从各个角度看，都能看到均匀一致的颜色；金属效果颜料能提供强烈的金属效果，正、侧向明度跨度大，可以创造独特的效果；珠光效果颜料色彩丰富，彩度更高，可以呈现更多的质感，能够让汽车的色彩设计更具吸引力。如果将这三类颜料有效结合在一起使用，在汽车设计中，将会获得事半功倍的效果。

（1）吸收型颜料的原理

吸收型颜料能够吸收可见光中部分波长的光线，而不被吸收的那部分可见光就会反射到观察者的眼睛里，形成了该颜料的颜色。吸收型颜料的颜色通常比较稳定，不会因为环境、光源、观察角度等的变化而发生变化。但吸收型颜料往往只能提供单一的色彩，而无法提供特殊的效果，比如闪烁感、金属感等。

（2）金属效果颜料的原理

金属效果颜料一般指的是金属铝颜料，金属铝的薄片是主要呈色材料。光源照射到金属铝片上后，铝片就像镜子一样对可见光起到全反射作用，这些可见光在观察者的眼睛里重新汇合，就是我们看到的金属色。金属效果颜料能够为材料表面提供非常明亮的金属效果，但颜色比较单调，通常只能提供银白色的效果，这主要是受呈色材料的限制。金属效果颜料的一个显著特点是正面和侧面明亮度的变化强烈，若观察者在反射光角度能够看到非常明亮的反射光，该角度的亮度就非常高，当观察者转换观察角度，转移到比较大的角度时，之前所看到的强烈反光效果就会立即消失，而呈现金属铝片自身的银色，明亮度也会降到最低点。所以相对于吸收型颜料而言，金属效果颜料能够为材料提供强烈的金属效果和强烈的正、侧面明度的对比效果，如果想创作明度跨度较大的颜色，金属效果颜料是不错的选择。金属效果颜料的另一个优势是遮盖力非常好，只要加入少量的金属效果颜料就能提供较好的遮盖力，满足应用的需求。

（3）珠光效果颜料的原理

相对于以上两种颜料而言，珠光效果颜料的呈色原理就要复杂一些，涉及材料对光的干涉作用。珠光效果颜料是透明或者半透明的片状材料，当光线照射到该片状材料上后，会在材料上发生一系列的光学现象，一部分光线被反射，一部分光线被透射，其中透射过的光线又有一部分被反射，这些反射光线在一定的条件下就会起到干涉作用，从而获得不同的干涉颜色，这就是我们通常所看到的珠光效果颜料的颜色。与吸收型颜料相比，珠光效果颜料的颜色更有活力、更有质感；与金属效果颜料相比，珠光效果颜料的色彩更加丰富，透明度也更高。

9.2 珠光效果颜料的历史与发展

珠光效果颜料的历史非常悠久，这都归功于人类对美的追求和探索。在我国的文字记载中，早在3000多年前，人类就已经研制出人造珍珠的制作方法，但后来该方法失传了。伟大的人类从未放弃对美的追求和对技术的研究，近几百年来，不断有各种各样的珠光效果颜料被研制和生产出来，每个阶段的研究成果都给当时的工业设计带来相应的推进作用。

（1）天然珍珠精华（1656年）

1656年，在巴黎，Jacquin分离出鱼鳞内部的银色物质，并研制出一种具有银色光泽的悬浮液，这种拥有灿烂光泽的悬浮液被称作“东方精华”。它含有均一的物质，后来被称为天然鱼鳞。在17世纪，用这种材料制作的纽扣开始流行起来，并带动了欧洲各国纽扣工业的兴起，这就是人类制造的最早的珠光效果颜料。然而这种从鱼鳞中提取珍珠光泽的方法成本非常高，从4000条鱼中才能提取1kg有效的珠光效果颜料，属于非常奢侈的产品，一般只用于高档的化妆品和贵族们的装饰中。

（2）碱式碳酸铅效果颜料（1960年）

1940年，总部位于德国达姆施塔特的默克公司首次将铅的片状碱性磷酸盐制成“彩虹制剂P79”，并在1959年投入批量化生产，更为经济的珠光效果颜料的问世大大降低了珠光效果颜料的生产成本，默克公司为这一产业链做出了巨大的贡献。但这种颜料色彩单一，而且因含有重金属，并不环保。它的生命周期也比较短，随着之后新产品的推出，碱式碳酸铅类的珠光效果颜料慢慢退出市场。

（3）氯氧化铋珠光浆（1968年）

1968年默克公司研发出氯氧化铋晶体的制作方法，并在美国工厂投入生产，这种产品的品名为Biflair®（图9.3）。这是一款真正意义上的可以模拟天然珍珠效果的颜料，呈银白色，有丝绸般的光泽，细腻而优雅，无论是颜色还是光泽都与天然珍珠完全一致，可以达到以假乱真的效果，最重要的一点是这款颜料是无毒的，非常环保，所以被广泛应用于人造珍珠、印刷、纽扣和电子消费品等行业，而且氯氧化铋珠光浆的生命周期非常长。如今氯氧化铋珠光浆也在不断替代阳极氧化镀膜工艺，从而获得既环保又易于生产的色彩效果。

图9.3　Biflair®产品效果（来源：默克公司）

（4）以天然云母为基材的珠光效果颜料（1980年）

1960年美国杜邦公司根据二氧化钛的层状结构原理成功研发出新型的珠光效果颜料，它更加环保，色彩也更丰富。1970年德国默克公司开始工业化生产以天然云母为基材、外面包覆二氧化钛的珠光效果颜料，主要应用于印刷行业，其中壁纸是当时主要的应用领域。1977年德国默克公司收购了美国杜邦公司的珠光颜料业务，成为全球最大的珠光颜料供应商。1980年默克公司开始系统化自己的珠光颜料产品，将以云母为基材、外面包覆金属氧化物的这类珠光效果颜料赋予商品名Iriodin®，从此Iriodin®产品在全球的涂料和印刷应用领域被广泛应用。以云母为基材的珠光效果颜料的色彩非常丰富，除了常用的银白色外，红色、金色、蓝色、绿色、古铜色这些彩色的珠光颜料也深受设计师们的喜爱。

以云母为基材的珠光效果颜料是珠光效果颜料领域里应用最广的产品，虽然已经在市场上沿用了半个世纪之久，但是该工艺生产出的效果颜料色彩丰富、种类齐全，即使是在当下也不断有新的颜色和效果被开发出来，为色彩创造提供更多的选择和创意。

随着设计师们对色彩要求的不断提高，颜料专家们发现以人工合成的云母做基材可以创造出更加纯净的色彩，彩度也更高。所以近几年市场上以合成云母为基材的珠光效果颜料备受设计师喜爱。

以云母为基材、外面包覆金属氧化物的工艺来制作珠光效果颜料的技术是珠光效果颜料领域里最为传统的工艺，随着时间的推移，这种技术也被广泛传播开来，美国的安格公司（2006年被巴斯夫收购）、德国的爱卡公司以及国内的坤彩、欧克等珠光颜料制造商后来都采用这种方式来生产珠光效果颜料。

（5）以三氧化二铝为基材的水晶效果颜料（2000年）

随着工业发展的需要，市场对珠光效果颜料闪烁度的要求越来越高，设计行业尤其是汽车和电子消费品领域更倾向于闪烁度高的小粒径的珠光效果颜料。为此默克公司研发出了以三氧化二铝为基材的水晶效果颜料 Xirallic®，并于2000年在市场上推广，后续又推出二代水晶系列产品。这一系列效果颜料的特点非常明显，粒径小而且分布范围窄，非常便于使用，另外还拥有无与伦比的闪烁效果，添加了该效果颜料的颜色更有活力和3D质感，色彩更加通透，极具吸引力。因此这类效果颜料一经推出便深受市场的喜爱，并很快应用到汽车的色彩设计中，目前汽车漆中大量使用 Xirallic® 系列产品（图9.4）。

图9.4 基于 Xirallic® 产品开发的色彩样式（来源：默克公司）

（6）以二氧化硅为基材的多重色彩效果颜料（2002年）

默克公司在2002年成功上市了以二氧化硅为基材的多重色彩效果颜料 Colorstream®（图9.5），俗称变色龙。该产品的推出把珠光效果颜料的研制推向了一个更新的高度。这种以二氧化硅为基材的效果颜料的色彩和效果非常独特，同一款颜料会随着观察者观察角度的变化而发生色彩的变化，从每一个角度都能看到不同的颜色，这种独特的效果可以瞬间提高产品的奢华感。变色龙珠光效果颜料迅速应用到汽车的车身和内外饰上，同时也广泛应用到电子消费品中。

图9.5 Colorstream® 颜色效果（来源：默克公司）

对于变色龙珠光效果颜料，除了默克公司以外，另外一家全球知名的生产商就是美国的JDSU-FLEX公司，其生产的变色龙珠光效果颜料的随角异色效果更加强烈，3D效果明显，品种也非常丰富。只是价格非常昂贵，是普通变色龙珠光效果颜料的几十甚至上百倍，所以一般多用在防伪的领域。

（7）以玻璃为基材的星光闪烁效果颜料（2004年）

默克公司在2004年推出以钙铝硼硅酸盐（一种玻璃）为基材的高闪烁、高透明度的效果颜料 Miraval®，该产品在色彩纯净度上做了很大提升，颗粒感也非常强，但这种很强的颗粒感源于该颜料较粗大的粒径。经过多年的验证，发现这种粗大的颗粒虽然闪烁感比较强，却很难应用，尤其是在印刷、汽车涂料、电子消费品这些领域里。但这种大颗粒的材料也有它适用的地方，通常是在建筑涂料领域或者一些塑料制造中。

近几年也有一些珠光颜料的生产商推出了以玻璃为基材的小粒径珠光效果颜料，以日本的几家公司为主，比如日本的NSG、NKK公司和德国的爱卡公司，这些玻璃珠光粉的颗粒虽然相对较小，但是仍然超过汽车和电子消费品领域对珠光效果颜料的粒径要求，所以仍然无法满足汽车行业的需求，只能用在化妆品或者要求不高的一般工业领域里。

（8）以金属铝片为基材的彩色铝粉颜料（2012年）

金属效果颜料的金属质感强，遮盖力好，但是其有比较明显的缺点——色彩单一，因此开发彩色金属效果颜料是市场的需求。默克公司经过多年的研究后在2012年推出了以金属铝片为基材、外面包覆金属氧化物的彩色铝粉颜料Meoxal®（图9.6）。彩色铝粉颜料的推出立刻填补了金属效果颜料色彩单一的空白，彩色铝粉颜料保持了传统铝粉的金属质感和高遮盖力的特点，同时它的彩度大大提高，色域空间也大为提高，为汽车的色彩设计提供了更多的思路和可能性。

图9.6　基于Meoxal®产品开发的色彩样式
（来源：默克公司）

对于彩色铝粉的研究和制造，除了默克公司之外，还有两家非常知名的公司，分别是德国的巴斯夫（现DIC）和日本的东洋。巴斯夫公司的制作工艺和默克公司非常相似，东洋公司的彩色铝粉却略有不同，东洋公司原本就有多年的制作银白色铝粉的经验，它们的制作方法是在铝片的外面包覆吸收性颜料。

由于汽车行业对原料的高性能要求，目前在汽车领域里常用的彩色铝粉以默克和巴斯夫（现DIC）两家公司的为主。

珠光效果颜料的规模化生产和使用虽然只有50多年的时间，但在这50多年里，产品的种类和数量在不断增加，给了设计师们更多的选择。不同的颜色、光泽和闪烁效果都可以从这些材料中找到解决方案。珠光效果颜料的另一个优势是很容易与其他种类的颜料混合使用，比如吸收性颜料或者金属效果颜料，这又给色彩的开发提供了更多的便利。然而对于汽车行业而言，对汽车的材料选择更加严格，要考虑的因素也非常多，不仅需要满足性能需求，更要达到汽车施工工艺的要求，因此对珠光效果颜料的选择和应用也需要更加谨慎。

9.3　珠光效果颜料在汽车中的应用

珠光效果颜料能够展现某种效果以给观赏者提供视觉冲击力，是汽车设计中不可或缺的一类重要材料，它能为产品带来更具吸引力的外观，无论是汽车的车身设计还是内饰设计，都能轻易找到珠光效果颜料应用的细微之处。

9.3.1　珠光效果颜料在涂料工艺中的应用

汽车涂料是珠光效果颜料最常见的应用领域之一，不管是汽车车身涂料、车身零部件涂料，还是汽车内饰涂料，所有这些能用到涂料的领域都可以使用珠光效果颜料。在这些应用中珠光效果颜料所承担的主要职责就是装饰效果，让涂料的颜色更加艳丽，让光泽更加突出，让质感更加独特。

在汽车涂料的应用里，珠光效果颜料既可以单独用在涂料中，又可以与其他颜料混合使用，这样的使用方法可以让三种颜料的特长同时展示出来，让色彩的彩度、金属感、颗粒感达到最大化的效果。当然并不是每个设计师都喜欢这种最大化的效果，适当调整三种颜料的配比也能够获得意想不到的效果。

举一个非常常见的色彩案例，就是我国人非常喜欢珍珠白色的汽车，白色汽车在我国市场的占有率超过 50%，而这些车身色彩里都含有珠光效果颜料，这种珍珠白色更细腻、更奢华，更受购车人士的青睐。

9.3.2 珠光效果颜料在塑料制造工艺中的应用

汽车的车身和内饰中的零部件很大一部分都是塑料的材质，在这些塑料零部件的加工过程中，也会用到很多珠光效果颜料，用以提高塑料的“颜值”。珠光效果颜料用于汽车贴膜如图 9.7 所示。

图 9.7 珠光效果颜料用于汽车贴膜

（来源：默克公司）

注塑工艺是生产塑料制品常用的工艺，在注塑工艺里加入珠光效果颜料是非常简单的操作方法，制作出来的塑料产品的典型特点是在整个产品中，珠光效果颜料都可以均匀分布，而且这种工艺对珠光效果颜料的要求不高，所有的珠光效果颜料都可以使用。但是对于像汽车这样的特殊领域，要求相对较高，要选用具有耐候级别的颜料，否则会发生颜料黄变、褪色甚至材料龟裂等问题。注塑工艺虽然应用广泛，但是也有一定的弊端，在注塑口处通常会留有很深的流痕，尤其是加了效果颜料后，这种流痕就会异常凸显，很多塑料专家都在研究如何避免这种流痕的出现，然而结果却不尽如人意，直到现在还没有有效去除流痕的方法。

在此介绍两种新型的塑料加工工艺，这两种方法都是近几年出现的，还没有大量应用于汽车设计，但是用这两种方法制造出来的颜色和效果都非常独特。

（1）IM3D——在平滑的表面上展示 3D 效果

IM3D 是膜内注塑 3D 技术（图 9.8），是近几年由德国默克公司研制出的专利技术，在一些工业塑料领域已经开始应用。使用 IM3D 技术制作出来的塑料产品具有以下显著特点：将珠光效果颜料的色彩和华丽质感赋予塑料产品，外观平滑但具有强烈的 3D 视觉效果，产品具

图 9.8 IM3D 的效果展示

（来源：默克公司）

有完美的可重复实现性。在这项技术里实现3D呈现效果的材料就是珠光效果颜料，正是由于珠光效果颜料的快速不定向排列才将3D的效果呈现得淋漓尽致。

（2）RIM——让塑料产品拥有涂料般的完美外观

RIM是膜内反应注射成型技术（图9.9），目前在汽车的零部件中已经有了一些应用，尤其是在一些外资企业中，其中德国的VOTTELER公司尤其出色，他们用RIM工艺制作的产品已经成功地在汽车的零部件中使用。RIM工艺的显著优点是减缩了生产工艺，原本需要注塑+喷涂两道工艺的技术，现在用RIM一步就可以完成，而且在减缩工艺的同时并没有降低外观效果，因为使用RIM工艺制作出的材料外观非常高档，珠光效果颜料在RIM的工艺里可以得到完美的展现，不管是彩度还是闪烁质感都可以与涂料的外观相媲美，完全不会出现珠光效果颜料流痕的情况。但这一工艺又有一定的局限性，那就是依现有的技术，还无法制作大件的塑料产品，只能制作体积较小的部件。

图9.9　RIM工艺的色彩展示（来源：默克公司）

9.3.3　珠光效果颜料在印刷工艺中的应用

就使用量而言，珠光效果颜料最大的应用领域是印刷行业，因为印刷行业所涵盖的范围广大：墙纸、烟包、食品、化妆品、陶瓷、布料、皮革、邮票、书籍等。加入了珠光效果颜料的印刷产品色彩更加柔和，光泽也更丰富，让人的眼睛非常舒适。对于印刷中常用的一些工艺如丝印、凹印来说，珠光效果颜料的使用和选择范围也非常广。在此介绍两种新的印刷技术，也给设计师们提供一些灵感。

（1）RGB——一种新型的光学原理印刷技术

RGB印刷（图9.10）是默克公司几年前开发的专利印刷技术，其原理不同于传统的CMYK印刷技术。CMYK印刷技术基于物料的加色法原理，对于在白色和浅色底上印刷彩色的设计非常有益。RGB印刷则源于光的加色法原理，它与CMYK印刷的原理和色彩呈现完全相反，因而更适用于黑色或深色底的印刷。因为采用光学的加法原理，所以必须选用适用的颜料，也就是珠光效果颜料，只需要使用四种基础的珠光效果颜料——红色、

图9.10　RGB印刷（来源：默克公司）

绿色、蓝色和银色，便能通过一系列的套印手法得到相应的鲜亮色彩，最主要的是这些用珠光套印出的色彩同时兼具珠光的质感，操作简单，结果也让人非常满意。比如对于常见的金属色，常规的CMYK的方法是很难得到生动的金属色的，但是使用RGB工艺却可轻而易举地得到。对于汽车设计而言，很多部位的设计尤其是内饰都会选用金属色，通常采用镀铬的方法，但这种方法非常不环保，对人体也有很大伤害。RGB印刷工艺则可以有效解决这一难题。

（2）VE3D——在平滑的表面上印刷出3D的效果

VE3D是默克公司的最新的专利技术（图9.11），其特点是用印刷的工艺获得3D（立体）的效果，同时还不会破坏材料的整体结构，印刷的表面仍然平整光滑。这种工艺技术完全依靠珠光效果颜料的快速不规则定向排列而呈现。这种VE3D的效果能够印刷出很多之前的传统工艺无法获得的立体效果，尤其是动物的皮毛，可以呈现得根根分明、精致细腻。

图9.11 VE3D（来源：默克公司）

9.3.4 珠光效果颜料的特殊应用

除了提供色彩效果之外，有些珠光效果颜料还兼具功能性的作用，起到一举两得的功效，比如导电作用、激光吸收作用、雷达波穿透作用、热能反射作用等。

（1）珠光效果颜料提供导电作用

汽车的车身通常由金属材料制造，使用的涂料都是高温涂料（140℃及以上高温），在涂装过程中采用的多是静电涂装的工艺，起到节省涂料、节省能源、环保、高效的作用，最重要的好处是色彩均一。但汽车车身的零部件通常都是由塑料制造的，比如后视镜、保险杠、雷达盖等。塑料零部件不耐高温，所以只能选用低温涂料（通常在80℃以下），如何保证高温涂料和低温涂料获得色彩一致性呢？最好的解决方案就是对塑料零部件同样进行静电涂装。但塑料不像钢板那样有很好的导电性，所以就算用静电涂装设备也起不到静电涂装的效果，因此就需要赋予这些塑料零部件一定的导电性。导电珠光效果颜料可以完美地解决这一问题，这种应用目前在汽车领域非常普遍，最常见的是导电珠光效果颜料在保险杠上的应用。

（2）珠光效果颜料提供激光吸收作用

汽车设计师们总是能捕捉到新的灵感并尝试着应用于汽车设计。激光打标目前正被汽车设计师们尝试用在汽车的各种设计中。激光打标工艺高效、还原度高，能保证个体与个体的一致性，那些既复杂又无法用常规工艺所实现的外观设计都可以用激光打标的方法呈现出来。激光打标并不仅限于激光雕刻，激光雕刻通常是要破坏材料的，而激光打标所包含的范围和效果更广，很多工艺不用破坏材料就能呈现标识。但是基于汽车制造中材料的复杂性，并不是所有材料都能够做出理想的打标效果。于是，一种以珠光效果颜料为主要成分的激光吸收剂成为市场的宠儿，这种以默克公司的 Iriotec® 为代表的激光吸收剂可以提高底材对激光吸收的强度和效率，让图案标识得更加清楚、分明，甚至可以做出 3D 的效果，当然还有很好的色彩呈现效果，让原本枯燥的标识设计更具活力。

（3）珠光效果颜料使雷达波更容易透过

随着智能化技术的不断发展，可以想象出在不久的将来，人们可以解放双手，享受自动驾驶技术所带来的乐趣。自动驾驶离不开雷达波的畅通传输，这就对汽车设计中所使用的材料有着严格的雷达波穿透要求，那些会影响雷达波穿透力的金属显然已经不能适应自动驾驶汽车的需求。常用的金属效果颜料（铝粉颜料）由金属铝制成，所以无法再使用在汽车车身和零部件上。那么汽车设计师们那些原本漂亮的色彩设计如何实现呢？此时珠光效果颜料就能大显身手了，因为珠光效果颜料对雷达波有更好的透过性，不会影响信号的传输，从而保障了自动驾驶的安全可靠性。如今，珠光效果颜料已经成为智能化技术的宠儿。

（4）珠光效果颜料将热能阻挡在车身之外

相信大家都有这样的经验，炎热的夏季里要想进入在室外停靠了一段时间的汽车内避暑，但总是以失败告终，因为车内温度比户外温度还要高，根本无法坐在其中。在户外暴晒了几个小时的汽车，浑身的钢结构就像巨大的吸热器，把太阳光里的大部分热能吸入车内。为了解决这一难题，很多汽车设计师都绞尽脑汁，但仍然无法得到很好的效果。默克公司的功能性珠光材料 Iriotec® 可以有效解决这一难题。这种材料是以珠光效果颜料为基材的隔热颜料，其典型特点是，可以让太阳光中的可见光通过，而仅仅阻挡热能含量最高的红外线部分。Iriotec® 常被用在车顶或车窗玻璃里，经测试，使用了这种珠光效果颜料的环境会比不使用的环境降温高达 12℃。当然，这种解决方案只是缓解而非完全阻断，而且降温的程度会受到环境条件、使用情况等因素的影响。

以上详细介绍了珠光效果颜料的原理、发展以及在汽车设计中的应用，所提到的都是现阶段常用以及最新的技术和工艺。珠光效果颜料无论用何种工艺添加到材料上，都能赋予产品更具吸引力的色彩和更细腻的质感表现，为汽车设计增色。如今，珠光效果颜料的专家们仍在不断努力，开发出颜色更新、彩度更高、质感更丰富的珠光效果颜料，以满足设计行业的不断发展和需求。

9.4 汽车颜色设计风格趋势

汽车车身颜色是消费者首先接触到的、最直观的视觉体验，也是影响消费者选择的重要因素，因此汽车涂料的颜色设计至关重要。涂料生产商和汽车整车厂会定期发布最新的流行色及未来色彩趋势报告，用于展示当下最流行的色彩，并根据市场发展和自己的理解对未来色彩进行预测。汽车漆颜色也逐渐变得丰富多彩，各种新的创意和效果层出不穷。

最开始的汽车漆以黑、白、银色为主，后来越来越多的彩色出现。颜料的不断研发和创新，特别是珠光颜料的发展，给汽车涂料设计带来了更多的可能性。白色至今仍是一种主流色，但是它已经从最初的素色白发展到现在的珠光白，珠光粉的加入让传统的白色变得更加灵动、有层次感。

默克公司作为珠光颜料的领军企业，一直在研究汽车漆颜色的发展，利用自身丰富的产品线为汽车漆颜色开发提供方案，并时时发布新的流行趋势。最新一期的全球移动工具色彩灵感系列的趋势概念主题是：重置未来，基于我们对这个时代和社会的观察与研究。例如，未来主义表现为功能至上的极简主义设计，这种设计在汽车漆中被广泛采纳。为人们提供保护功能的科技系统以功能为导向，同时采用极简造型，未来感和科技感完美重合。一些灵感来自多姿多彩的自然界，结合微妙丰富的纹理质感，传递温情和自然界色彩的微妙变幻之美，给人身心带来疗愈。数字技术在视觉领域的强大功能成功吸引了人们的关注，同样也为现实世界带来了绚丽迷人的纷繁色彩，夸张的数字空间之美为色彩设计注入新的灵感。人造世界的美丽比自然界更加诗情画意和扣人心弦，彰显时代的印记。紫色脱颖而出，成为数字美学中的代表色，或是流光浮动、轻盈飘逸，或是闪烁灿烂、承载着巨量信息和惊人的多样可能，而强烈的变色效果则来自对于电光科技场景的迷恋。

此外，汽车颜色的变化紧紧跟随汽车技术的发展，当下新能源汽车发展势头正猛，所有车企都在该领域努力发展，也是未来的主流方向，清洁能源和创新精神成为新能源汽车有别于传统汽车颜色的特点。目前流行的新能源汽车颜色的特点如下。

（1）干净的色彩印象

人们研究和生产新能源汽车的目标是为传统的汽车动力寻找干净的替代能源，以减少对环境的污染。清洁能源这一特征正在被广泛采纳为汽车颜色所体现的最重要的特征。精致的珍珠白和清澈的蓝色因为其纯净的色相而成为新能源汽车广泛采用的主色调。

（2）创新的颜色效果

新能源汽车本身是产品创新的产物，创新的颜色效果可以更好地传递品牌的创新理念。而充满活力的年轻一代，作为新能源汽车的重要消费群体，偏好独特新颖的产品设计，科技感、现代感、创新精神是人们普遍追求的效果。

（3）自然色系

人们开始反思过度消费和现代工业给世界带来的负面影响。自然色系中的蓝绿色调，来源于繁茂丛林或者极致清澈的冰河，给人远离尘嚣而未经污染的印象，在新能源车型的颜色中呈明显的上升趋势。

第10章 汽车面料工艺与设计

汽车面料的概念有狭义和广义之分。广义上的汽车面料亦称汽车纺织品，是汽车中所有纺织品的统称，包括座椅面料、安全气囊面料、安全带、轮胎帘子线、碳纤维复合材料等。狭义上的汽车面料指的是用于汽车内饰零部件的表面包覆、起到装饰美观和某种功能作用的纺织面料，如座椅面料、车顶面料门板、仪表板面料以及遮阳帘面料等。人们通常所说的汽车面料多为狭义概念上的汽车内饰面料。

汽车内饰面料作为重要的表皮材料，必须具有耐磨耐用、抗老化能力强、透气性较好、化学性能稳定等特点。根据设计需要，可以通过原材料选用、颜色选择、组织纹理搭配等途径，灵活地设计开发符合消费者需求的产品。

内饰面料产品的设计研发首先要考虑满足近乎苛刻的技术标准要求，如耐磨、耐老化、阻燃等指标，确保消费者使用过程中的安全与舒适；同时，作为车用重要装饰材料，其产品设计开发还必须与整车的设计思想吻合，符合内饰空间的设计理念、色彩纹理搭配以及目标消费者个性化的需求等。

概括来说，汽车内饰面料的设计开发是以纺织技术为基础、以艺术设计为手段，同时满足汽车工业的设计开发要求的多领域、多学科交叉的一项工作。汽车内饰面料也是将科技与艺术完美融合的高新技术产品。

10.1 汽车内饰面料发展概况

汽车内饰面料的发展是伴随着汽车工业的发展而进行的。最早的内饰面料产品主要应用在汽车座椅上，后来才慢慢拓展到其他汽车内饰零部件的包覆，如门板、车顶以及仪表板等。最早的汽车是敞篷的，早期的座椅套都是皮质或者仿皮质，在合成纤维出现之前，主要使用棉和毛纤维材料；黏胶纤维和其他人造纤维出现之后也被用于汽车内饰面料。20世纪40年代，许多汽车开始使用维纶短纤维制成的织物座椅套。20世纪50年代，PVC涂层织物被广泛应用于服装、家装和汽车座椅套，一直到20世纪70年代，由PVC涂层织物制成的汽车座椅套才被广泛地应用于常规的汽车产品。1975年，意大利Alcantara人造麂皮面料产品成功面世，最初用于意大利品牌的轿车中。随着人们对汽车内饰舒适性的要求不断提升，从20世纪70～80年代开始，织物面料在汽车内饰中的应用显著上升。由于汽车内饰环境的特殊性，其对内饰面料的性能和质量等技术要求都比较苛刻，而具有较高耐磨性能、抗紫外降解性能、高性价比等优点的涤纶材料在汽车内饰面料中的应用占有绝对优势。目前，全球约 90% 以上的汽车内饰面料均采用涤纶材料。在主要的汽车消费地区欧洲和日本，内饰织物面料的使用比例约为 80%，而在北美洲汽车市场，纺织面料的应用比例也在 70% 以上。

我国汽车内饰面料产业的发展也是在 20 世纪 80 年代后期、90 年代初才起步的。1988 年，随着发达国家来华合资兴办汽车厂，引进国外车型，才打破了汽车座椅内饰面料领域内人造革一统天下的局面。最早的合资汽车厂包括上海大众、一汽奥迪、天津夏利等，都是由国内生产面料厂家仿造国外来样，进行座椅面料的开发和应用的。由于面料的豪华感和透气性、阻燃性、气味性等物理指标大大优于当时的人造革产品，1990 年以后纺织面料越来越多地用于汽车座椅和其他内饰件包覆中。2000 年以来，随着我国汽车工业的发展，我国的汽车内饰面料产业也得到了快速发展，已经形成了涵盖机织、针织、非织造等产品品类齐全、自主设计能力强和产业链完整的全流程研发制造体系。特别是近十年来的快速发展，无论在产品的设计研发能力、人才梯队培养、技术装备制造，还是在上下游产业链的融合和衔接发展上，都取得了长足的进步。

基于汽车内饰面料灵活多变和模块化搭配组合的重要优势，依托新材料、新技术和新工艺的不断研发与应用，为消费者提供更加绿色环保、健康安全、美观舒适的高品质、高附加值的内饰面料产品，已经成为目前汽车内饰面料产业发展的重要方向。

10.2 汽车内饰面料的分类

汽车内饰面料的分类方法有很多种。根据原材料不同，可以分为长丝类面料和短纤维类面料；根据使用部位不同，可以分为座椅面料、门板面料、车顶面料等；根据颜色上染的方式不同，可以分为有色面料（使用原液着色纱线制得）和染色面料（使用纱线或者面料进行染色制得）；根据其成形的方法不同，可以分为织造类面料和非织造类面料两大类，其中织造类面料又可以分为机织和针织。

广义上讲，机织面料是指以两组相互垂直交织的纱线为基础形成的片状聚合物；针织面料是指由织针将纱线弯曲成线圈，并使之相互串套连接形成片状聚合物；而非织造面料则是指直接由纤维铺网借助机械或者化学的方法构成的片状聚合物。

（1）机织面料（woven fabric）

机织面料可以分为平织面料和绒类面料两类，这两类产品在汽车内饰中都有使用。平织面料基本上是二维的，而绒类面料用二维平织物作为底组织，垂直的纱线织入底组织中形成一种三维结构的绒类效果。

平织面料可以分为多臂织机制成的平织面料和提花机制成的平织面料。两种机器的纬纱和经纱交织原理完全相同，但工艺控制机构不同。提花机使用通丝来控制每一根经纱，具有织造更大花型的能力；而多臂织机使用多个综片成组地控制经纱，选择范围有限，适合织造较小循环尺寸的花型。通常来说，汽车内饰面料中定位、独幅的大花型或者循环尺寸较大的面料都是通过提花织机织造的，小组织、小循环的座椅辅面料等则多是采用多臂织机织造的。

机织面料的性能一般由三个因素决定：① 纱线性能，如线密度、强度、延伸等；② 纱线在织物中的密度，通常以每厘米或者每英寸的纱线根数计量；③ 纱线交织的方式，即面料的组织结构，平纹、斜纹和缎纹是机织面料的三种基本组织，如图 10.1 所示。

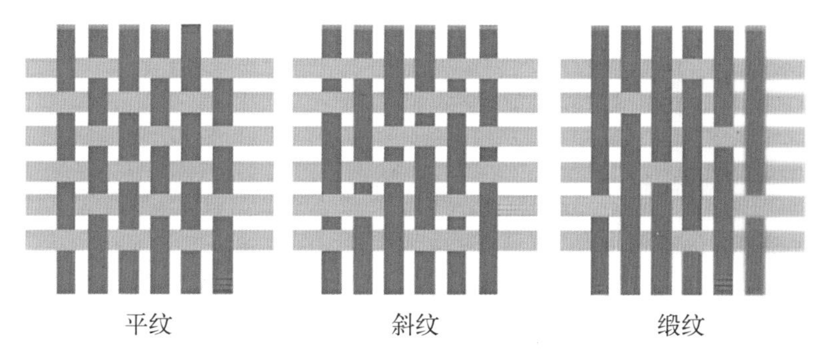

图 10.1　机织面料基本组织

（2）针织面料（knitting fabric）

针织面料的结构单元是线圈，根据线圈成形的顺序和方向可以分为经编针织（warp knitting）和纬编针织（weft knitting）两类。如图 10.2 所示为经编织物与纬编织物的结构示意。用一组或几组平行排列的纱线，于经向“喂”入机器的所有工作针上，同时成圈而形成的针织物即为经编针织物。由一根或若干根纱线同时沿着织物的横向，依次顺序地由织针形成线圈，并在纵向相互串套形成的针织物，即为纬编针织物。

常用的经编针织面料根据织造设备和工艺的不同，可以分为特利科脱织物（Tricot，又称单针床经编织物）和拉舍尔织物（Raschel，又称双针床经编织物）。汽车内饰用单针床经编针织面料多为轻薄型织物，克重范围为 140～450g/m^2，主要用于汽车座椅面料、顶棚面料和遮阳帘面料等；表面带有长浮线的单针床经编面料亦可通过染色和拉毛或磨毛加工，在面料表面形成绒面结构，制备具有良好手感的起绒织物。双针床经编针织面料多为厚重型织物，克重一般为 300～600g/m^2，这类织物由三层组织构成，即表层组织、底层组织以及连接上下层的连接层，根据不同的工艺和花型设计要求，表层组织可以形成六角、八角、椭圆等形状的网眼结构，织物的厚度也可以根据需要在 2～6mm 范围内进

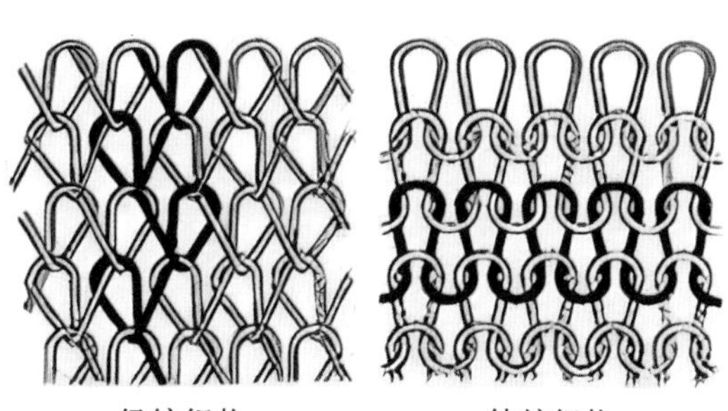

图 10.2　经编织物与纬编织物的结构示意

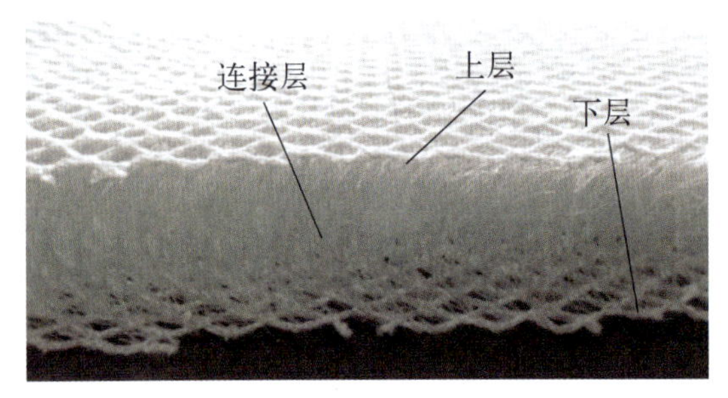

图 10.3 双针床经编间隔织物

图 10.4 豪华客车座椅用纬编提花绒面料

行调整。如图 10.3 所示为典型的双针床经编间隔织物，即 3D Mesh。间隔织物具有良好的压缩弹性和变形恢复性能，可以用作聚氨酯海绵的替代品，通过胶水复合或者胶膜复合的方式黏结在内饰面料或者皮革的背面起到支撑作用，透气性好，低气味，低 VOC。双针床面料一般用作汽车座椅主面料或门板等部分饰件的包覆材料。

常用的汽车内饰用纬编针织面料根据织造设备和工艺的不同，可以分为单面和双面两大类。双面纬编针织面料组织结构丰富，可以运用集圈、衬垫和胖花等组织产生凹凸立体、科技感的花纹，多用于座椅主料、门板和卡车顶棚。单面纬编针织面料包含提花绒布、素色面料和 3D 立体面料。单面提花绒布具有天鹅绒质地手感，设计风格多变，写意风格的大花型适用于豪华客车，如图 10.4 所示；精致立体小花型适用于轿车座椅主料和门板。单面素色面料延伸性好，易于包覆，适用于座椅、延伸要求高的车顶和门板、仪表板等部件区域。单面 3D 立体面料具有浮雕般的独特效果。

（3）非织造面料（non-woven fabric）

非织造面料又称为无纺布。无纺布的生产过程包括原料开松与混合、纤维铺网、纤维网加固以及后整理等工序。根据纤维网加固工艺方式的不同，汽车内饰用的无纺布可以分为针刺、水刺和缝编三大类。水刺无纺布、针刺无纺布和缝编无纺布主要用于与面料或者皮革材料贴合，也有一部分产品可以直接用于汽车顶棚的包覆成型。

采用海岛纤维为原料的针刺无纺布经过浸胶、开纤、磨毛等整理加工后可以制备具有高品质触感的仿麂皮面料，直接作为内饰表皮材料用于汽车座椅、门板、仪表板以及车顶等部件的包覆。目前在汽车内饰中应用较多的意大利欧缔兰（Alcantara®）和东丽奥司维（Ultrasuede®）产品即为非织造类仿麂皮面料。

10.3 汽车内饰面料的技术特性

汽车内饰面料与一般的民用纺织品如家纺、服装面料等不同，应用环境的不同决定了其材料技术特性要求也不同。汽车内饰面料必须与汽车本身的使用寿命相当，一般要使用 10～15 年，因此首先在材料的耐久性方面有着严苛的要求。汽车内饰面料的耐久性一般包含：耐磨、耐钩丝、耐日晒色牢度、摩擦色牢度、断裂强度、撕裂强度、抗起毛起球、永久变形、缝合强度、纱线滑移、剥离牢度等。除了耐久性外，透气性、柔软度、悬垂性以及抗静电、易清洁和防污性能也是衡量内饰面料舒适性的重要指标，动态/静态延伸率、断裂伸长率和弹性恢复等指标直接影响着内饰件的包覆及成形。

汽车内饰面料还要满足阻燃性相关强制技术要求。目前轿车内饰面料的阻燃性要满足《汽车内饰材料的燃烧特性》（GB/T 8410—2006）标准要求；对于客车及校车等车型的内饰面料，除内饰面料的最大水平燃烧速度由原来的不大于100mm/min提高至不大于70mm/min外，同时新增加了内饰材料极限氧指数LOI（limiting oxygen index）的规定，要求LOI ≥ 22%。

此外，汽车内部是一个温热封闭的环境，内饰材料的散发性能以及环保安全性能也是消费者关注的焦点，其中包含气味性、有机物挥发（甲醛、乙醛、丙烯醛、苯、甲苯、乙苯、二甲苯、苯乙烯）、雾化、总碳挥发量以及禁限用物质含量、抗菌、防霉、防螨等性能指标。

10.4　汽车内饰面料先进企业

汽车内饰面料产业经过几十年的发展，涌现出一大批国内国际知名的企业和品牌，为全球汽车品牌提供内饰面料的设计开发、生产制造等配套服务。

国外品牌主要有美国森织（Sage）、德国艾文德（Aunde）、德国李尔（Lear）、韩国科隆（Kolon）、韩国杜奥尔（Dual）、美国安道拓（Adient）、日本川岛（Kawashima）、日本世联（Seiren）、日本住江（Suminoe）、葡萄牙博斯蒂纳（Borgstena）、美国美利肯（Milliken）等。近年来，以上这些国外品牌也已经在我国独资建厂或者与我国企业建立合资公司，为我国汽车市场提供配套服务。

近30年来，随着我国汽车工业的发展，我国汽车市场已经成为全球关注的焦点，在这个过程中也发展壮大了一批汽车内饰面料的民族品牌，比较有代表性的企业有旷达科技、武汉博奇、宏达高科、浙江华光等。这些企业的产品已经基本涵盖了机织、针织、非织造等全部内饰面料门类，在产品设计开发服务、内饰件包覆加工或者座套缝制加工等产业链环节为合资品牌以及我国自主品牌汽车提供全流程配套服务。

10.5　汽车内饰面料的应用

10.5.1　汽车内饰面料的应用部位及技术要领

织物面料在汽车内饰件包覆与装饰中的应用区域主要为座椅、门饰板、仪表板、顶棚、遮阳板、天窗遮阳帘、遮物帘、扶手、立柱、侧围、卧铺等部位，如图10.5所示。因其使用部位的不同，相对应的内饰面料的技术要求和关键点也不相同，见表10.1。

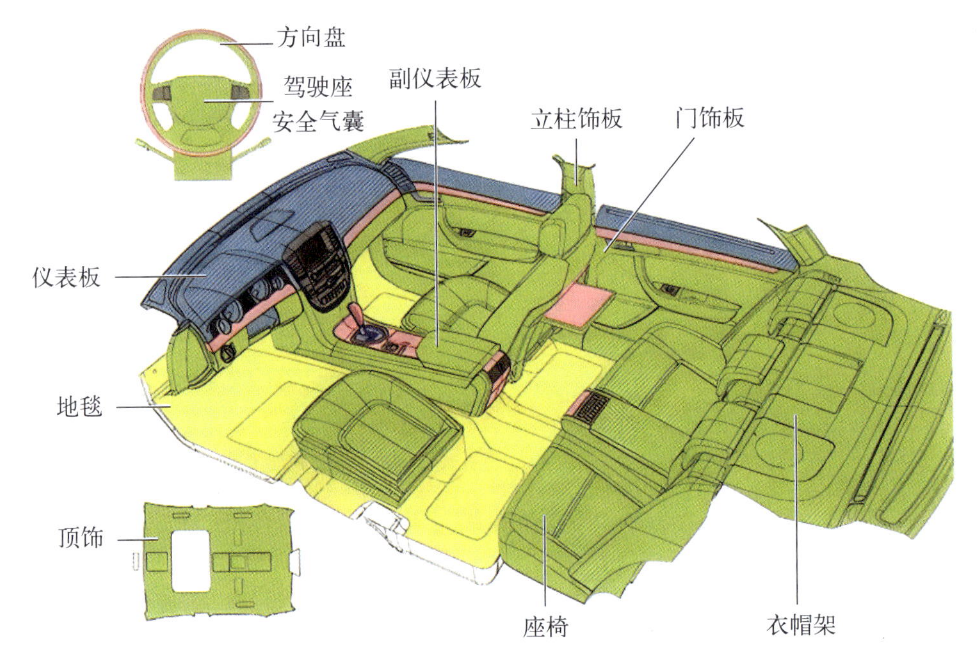

图 10.5 汽车内饰面料的应用分布

表 10.1 汽车座椅、门饰板、仪表板、顶棚对内饰面料性能的要求

项目	座椅	门饰板	仪表板	顶棚	项目	座椅	门饰板	仪表板	顶棚
拉伸强度	√	√	√	√	透气性	√			
接缝牢度	√				色牢度	√	√	√	√
剥离牢度	√		√	√	遮光性				√
弹性恢复	√	√	√	√	抗静电	√	√	√	√
延伸率	√	√	√	√	阻燃	√	√	√	√
柔软度	√	√	√		抗起球	√	√	√	
耐磨性	√	√	√		防污性	√	√	√	√
光老化	√	√	√	√	易去污	√	√	√	√
气味	√	√	√	√	雾化	√	√	√	√
VOC	√	√	√	√	禁限用物质	√	√	√	√

作为汽车中重要的内饰件，汽车座椅是内饰面料使用量比较大的区域。座椅面料与乘坐者接触的时间和机会最多，因此对座椅面料的技术性能要求也相对较高。汽车座椅面料性能的技术关键点如下。

① 耐磨性能：在汽车使用寿命周期内，要保证座椅面料不能发生表面纱线断裂、面料磨损破洞等问题出现，常用的耐磨性能评价方法有马丁代尔耐磨、肖泊尔耐磨、泰伯耐磨以及搭扣耐磨等，部分汽车主机厂技术标准中还对座椅面料使用过程中的抗钩丝性能、起毛起球等做了要求。

② 耐光老化性能：座椅面料的耐光老化性能主要是衡量光线照射后面料的色牢度和力学性能的变化情况。这个性能的评价方法主要是模拟座椅面料实际应用环境的光线辐射、温度和湿度等条件因素，通过一定的照射强度和照射周期后，比较实验前后面料的色牢度和断裂、撕裂等性能变化情况。

③ 透气性：座椅的热舒适性在一定程度上取决于座椅面料的透气性。

④ 延伸性和抗褶皱性：座椅面积相对较大，也是内饰空间的视觉中心区域，面料的延伸性和耐褶皱性直接影响座椅的包覆和外观质量。

⑤ 座椅面料的耐污和易清洁性能也越来越多地被关注。

对于门饰板、仪表板、立柱以及顶棚用内饰面料来讲，面料的拉伸弹性、延伸率和剥离牢度至关重要，主要由于这些饰件区域的造型设计通常都有比较大的曲面或比较深的弧度，变形量较大，这也要求包覆在其表面的内饰面料具备相应的弹性变形能力和剥离牢度，保证饰件成形过程中面料不发生损坏或层间分离，成形后的饰件不会出现脱壳、起鼓等问题。在这类产品的设计开发过程中，务必要先评估内饰件的造型及其拉伸形变情况。仪表板和立柱区域还对面料的耐光照性能有着更高的要求。门饰板与仪表板面料的耐污性和易清洁性也是设计过程中需要考虑的，大部分主机厂对这两个区域应用的面料有相应的技术要求。

天窗遮阳帘通常为单层面料，由于其为光纤直接照射区域，这就要求内饰面料具有非常好的耐老化性能，考量的指标主要是耐光色牢度和老化后的力学性能。

10.5.2　汽车内饰面料的应用案例

汽车内饰面料的应用案例如图 10.6 所示。

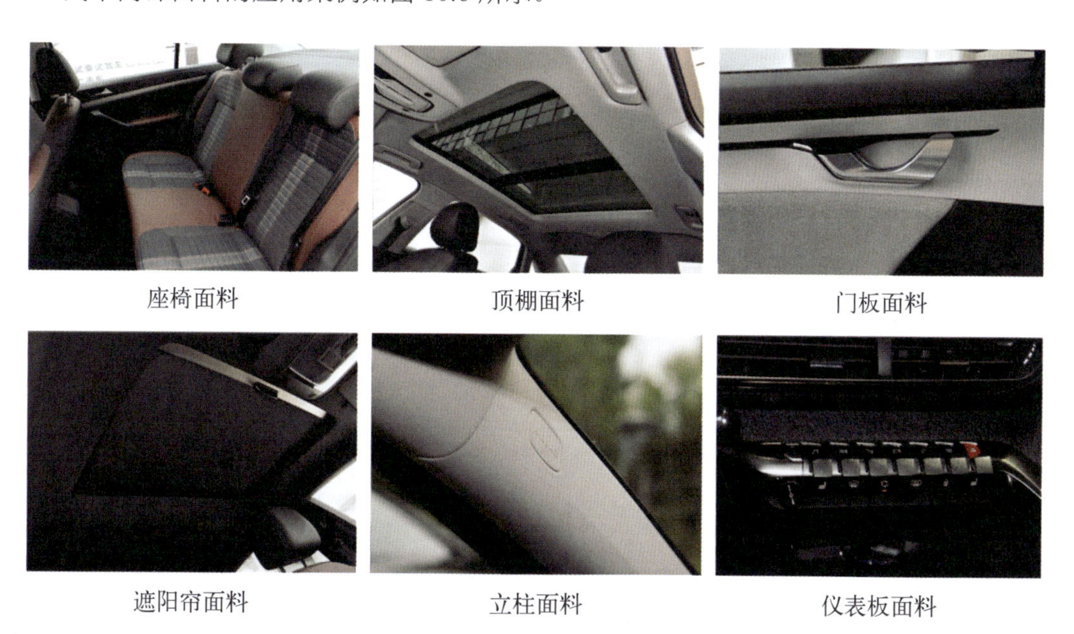

图 10.6　汽车内饰面料的应用案例

10.6 汽车内饰面料的设计

10.6.1 汽车内饰面料设计的重要性

随着经济社会的发展和人们生活水平的提高，汽车已经走进了寻常百姓家，成为了人们生活空间的延伸，汽车的角色也已经从最初的代步工具逐渐演变成一种时尚消费产品，成为人们生活方式的象征。当前，汽车的设计开发呈现出年轻化、个性化及多元化的发展状态。作为整车设计的重要组成部分，内饰的设计开发必须要满足消费者不断提升的多重感官体验要求，打造出美观舒适、健康安全的高品质内饰空间。

汽车内饰面料作为内饰设计中的重要表皮材料，是集装饰性及功能性于一体的技术型织物，它涵盖色彩美学、纺织科技、高分子材料等多学科多领域，是艺术灵感和纺织技术相结合的产物。汽车内饰面料的色彩纹理设计与搭配、材料与工艺选择等对汽车内部空间的装饰美学、功能性、安全性及舒适性体验等都会产生重要影响。

10.6.2 汽车内饰面料的设计开发流程

汽车内饰面料的设计开发工作是一项比较复杂的工程，耗时也比较长，不同主机厂的设计开发周期有所不同，一般情况下设计开发周期短则3～6个月，长则6～18个月。整个设计开发流程通常涉及三个阶段，即前瞻趋势研究分析、中期方案设计和后端设计转化，如图10.7所示。

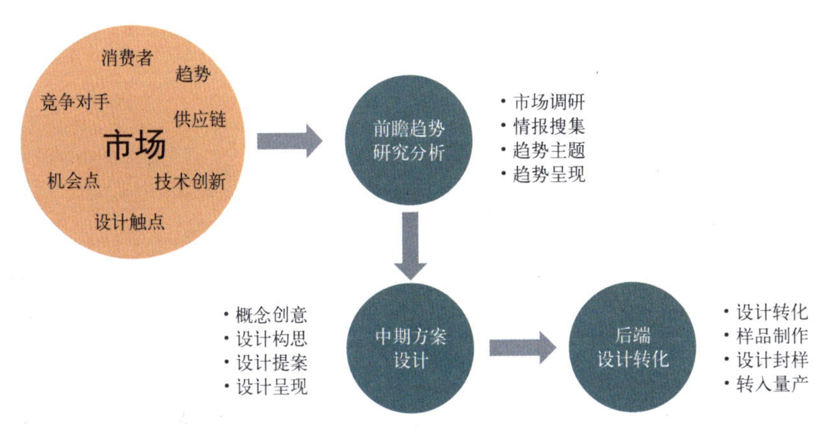

图10.7 汽车内饰面料的设计开发阶段

前瞻趋势的研究是汽车内饰面料设计开发的重要前提和基础。市场需求分析、消费方式解读、设计触点捕捉、技术创新洞察、供应链解析、竞争对手剖析、未来设计趋势展望等都是前瞻趋势分析与研究的内容。前瞻趋势研究工作既要有前瞻性和预见性，又要结合消费需求实际，为新项目的设计开发工作提供指导。具有全流程研发设计服务能力的内饰面料企业，通常会定期发布未来2～3年的汽车内饰面料流行趋势报告。

中期设计则是根据外部设计需求来制定产品设计策略，进行概念创意、设计构思、设计提案、设计呈现、虚拟仿真等。中期阶段主要是依靠数字化的设计手段，通过内外部设计评审与沟通进行方案的优化和改进，直至设计定案。

后端设计主要是将设计定案进行实际转化、样品制作、性能持续改进以及设计封样，最后转入量产阶段。这一阶段涉及原材料的开发、组织结构设计、试样制造工艺流程设计以及上机试制、工艺改进优化、产品性能测试认证等工作。

通常情况下，主机厂新车型汽车内饰面料的设计开发流程如图 10.8 所示。

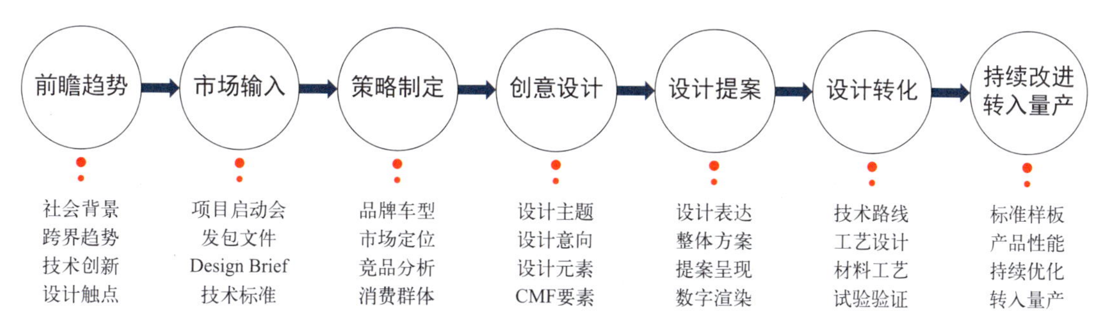

图 10.8　汽车内饰面料的设计开发流程

10.6.3　汽车内饰面料的设计工作内容

汽车内饰面料的设计主要是围绕着 C（color，颜色）、M（material，材料）、F（finishing，工艺）、P（pattern，纹理）四大核心要素进行的，也就是我们通常所说的 CMF 设计。色彩是内饰面料产品外观效果的首要元素，材料是面料外观效果实现的物质载体，工艺是面料成型与外观实现的重要手段，纹理是面料所要表达的产品精神符号的外观显现。

汽车内饰织物面料自身的结构特点，决定了其具有非常大的设计可塑性。依托织物面料的结构优势，可以赋予其多彩的颜色、丰富的图案纹理、多变的纤维材料搭配以及灵活的工艺加工处理等特点。

（1）汽车内饰面料的风格设计

汽车内饰面料的风格设计主要与整车的定位息息相关。面向什么样的消费群体，什么样的车型及市场定位，什么样的整车设计理念，是想要营造自然舒适的家居风格、极简复古的轻奢风格、时尚个性的运动风格，还是硬核未来的科技风格等，这些是在做内饰面料设计时必须要提前考虑的。

首先要制定色彩应用搭配策略，选择内饰面料的主色调，把握产品的协调性和整体性。只有确定了内外饰色彩总的倾向，才能保证汽车内外饰风格的一致性。汽车是一个整体的产品，在进行内饰设计的时候要把握整车统一的造型语言，使内饰的造型搭配外观造型，带给消费者观感上的统一。

其次是设计元素要符合汽车品牌的文化内涵和消费人群的需求。汽车内饰面料设计师要能读懂和把握所设计车型的文化内涵，在设计方案中体现出相应的文化符号，保证设计主题与汽车品牌的文化相符；同时要认真了解消费群体及其习惯、爱好等，运用相应的设计概念和元素，确保符合消费者的消费心理需求。

最后是注重形质色艺的协调统一。汽车内饰的美观取决于造型、材质、色彩和工艺设计的统一。因此，在进行汽车内饰面料色彩纹理的设计时，要充分考虑内饰件的造型、使用区域划分、所采用的工艺、与之相呼应的其他内饰件的色彩纹理等诸多因素。同样的座椅造型或中嵌件造型，面料使用区域划分不同，对于面料花型纹理的设计要求也不同。

此外，内饰面料的色彩纹理设计还要结合色彩纹理的流行趋势及对新材料、新工艺进行不断的创新应用，满足消费者对于汽车内饰的人性化审美、科技感受、时尚氛围、文化内涵以及精神情感的需求。汽车内饰面料的设计风格如图 10.9 所示。

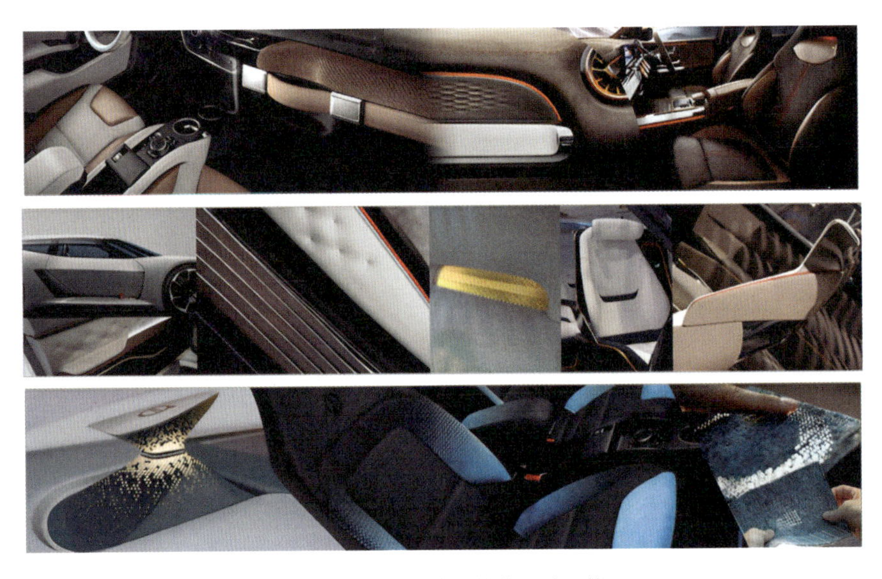

图 10.9 汽车内饰面料的设计风格

（2）汽车内饰面料的色彩设计

汽车内饰面料的色彩设计应遵循整车内饰空间的色彩设计策略，做到色彩设计与应用的协调统一。进行色彩设计时要考虑汽车品牌“DNA”、车型定位、文化背景以及流行色等因素的影响。由于内饰空间的有限性和封闭性，汽车内饰面料中的色彩多以黑、白、灰的中性色为主色调，根据内饰面料风格设计的需要搭配不同明度、艳度的彩色系作为点缀，色彩的对比可以是同类色的弱对比，也可以是视觉冲击力较大的强对比。

低调奢华风格注重内饰面料的轻奢和细节品质感，以庄重的檀木黑、复古的古铜色、棕色、高贵的香槟金、酒红色、暗金色，以及深棕、浅棕、橙棕、鹅黄、浅咖等色彩为主色调，如图 10.10 所示。

极简的舒适家居风格的内饰面料主要以黑、白、灰为主色调做衍生设计，黑、白、灰的对比及拼色设计，麻灰、毛呢质感的混色系，少许暖色系 / 裸色系的应用，来营造自然舒适、简约雅致的内部空间，如图 10.11 所示。

图 10.10　低调奢华风格

图 10.11　极简舒适家居风格

个性时尚风格推崇向往自由、彰显自我、个性时尚的运动生活，内饰面料的颜色以黑色 / 灰色为主色调，选取运动感比较强的太阳色系，欢快活泼的黄色、热情奔放的红色、轻盈明快的亮橙色、动感十足的橘色等作为点缀色使用，撞色应用实现了视觉的强烈对比，这些颜色起到提神却不喧宾夺主的作用，作为配饰也是极好的选择，如图 10.12 所示。

图 10.12　个性时尚风格

硬核科技风格的内饰面料则选用更能代表未来与科技感的颜色，如夜光绿、柠檬黄、科技蓝等颜色，尤其在新能源车中应用较多；纯白和纯黑色内饰表皮材料设计在概念车中应用趋多，如图 10.13 所示。

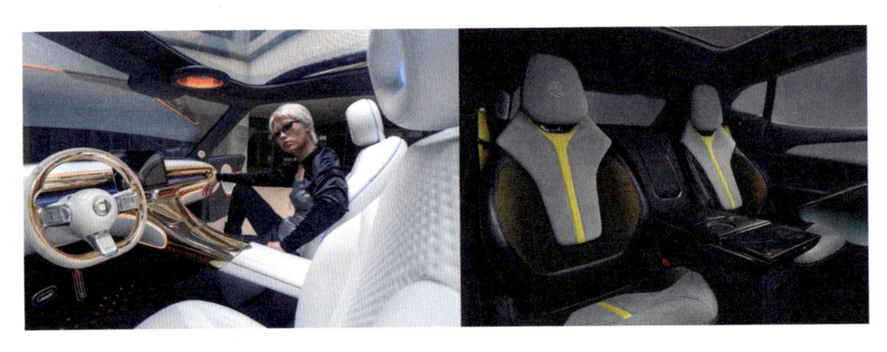

图 10.13 硬核科技风格

流行色就是流行的风向标，掌握了流行色的风舵，就能引领潮流方向。流行色的预测和发布通常是由权威机构经过大量的数据分析和总结归纳而来的。这种流行色一般会先从时装行业开始，并逐步扩展到纺织、印刷、建筑、广告设计、汽车工业等诸多行业。汽车色彩设计师会根据相关的流行色趋势，选择性地将一部分流行色应用到汽车内饰和车身颜色的设计开发上，而汽车内饰面料设计师也需有前瞻眼光和敏锐洞察力，结合原材料和工艺实现方式将流行色应用到内饰面料的设计开发上，如图 10.14 所示。这些流行色在每年度的国内和国际车展上均会找到其应用车型，一般都会率先在概念车上使用。

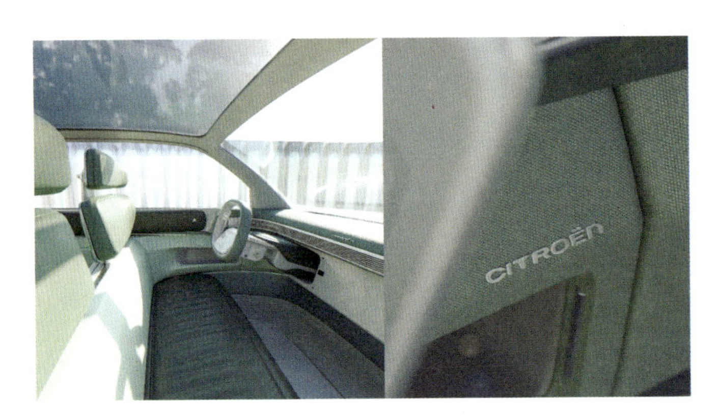

图 10.14 流行色在汽车内饰纺织品中的应用

在汽车内饰面料设计过程中还要做好色彩管理工作。通常情况下，根据输入的标准色板进行原材料的颜色以及面料颜色的开发和调整，调色的过程比较复杂，周期也相对较长。一般情况下，染色纱线的调色周期相对较短，基本为 1 周，而对于有色纱线，因其工艺的特殊性，每一轮调色周期通常为 3～4 周。通常情况下，颜色的校正调整需要 3～5 轮的开发时间。

在颜色开发过程中，颜色调整的精准度一般用色差来评价，采用的评价方法主要是目视法（标准灰卡）与测色法（色差测试仪）两种。因为汽车应用环境的复杂性，内饰面料与整车内饰件的颜色匹配问题尤为重要。通常，要评价内饰面料在不同光源环境下颜色的一致性（如 D65、F11、TL84 等不同标准条件下）。利用 Lab 色彩模型来表示色差范围：该颜色模型由三个要素组成，一个要素是亮度（L），a 和 b 是两个颜色通道。a 包括的颜色是从深绿色（低亮度值）到灰色（中亮度值）再到亮粉红色（高亮度值）；b 包括的颜色是从亮蓝色（低亮度值）到灰色（中亮度值）再到黄色（高亮度值）。目前大众汽车的内饰材料色差范围标准：L 为 ±0.7，a 为 ±0.3，b 为 ±0.3。此外，内饰面料的同色异谱问题仍然是色彩设计和开发过程中比较难以解决的问题，需加以重视。

（3）汽车内饰面料的图案纹理设计

汽车内饰面料中应用的图案纹理主要有以下几大类：经典规整的小花型、简约的线条、参数化几何渐变花型、无规则的自然纹理、数码点阵花型等。图案纹理的设计手法有参数化设计、留白设计、不对称设计、定位设计等。图案纹理依托于色彩、材质和工艺处理来表达其内在的设计精神。

风格简约规整的几何小花型是永恒不变的经典，经久耐看，尤其在德系品牌汽车上应用较多，最典型的为大众品牌汽车，常使用的单元元素为正方形、菱形、六边形、三角形等。活泼灵动、时尚动感的大曲线和折线花型，富有韵律和节奏，在美系品牌及法系品牌车型上使用较多。变化的小花型，讲究层次感和对比度，不单调，通过组织结构的细微变化重新组合，是一种新的表现技法；无规则或者有规则的几何元素组合排列，简洁清晰的边缘，通过压花等新的工艺手法表现凹凸感、力量感和厚重感。色彩绚丽的无规则尺寸较大的图案纹理在一些个性、时尚的小车内饰中多有使用。3D 立体的参数化纹理以及数码纹理的应用，视觉效果的随角变化，配以渐消的几何图案，增添了许多的设计故事，让内饰呈现出未来科技感。折纸式的型面设计，简约的大线条，分块留白设计，开阔的线条构造，简单且不失张力感，如图 10.15 所示。

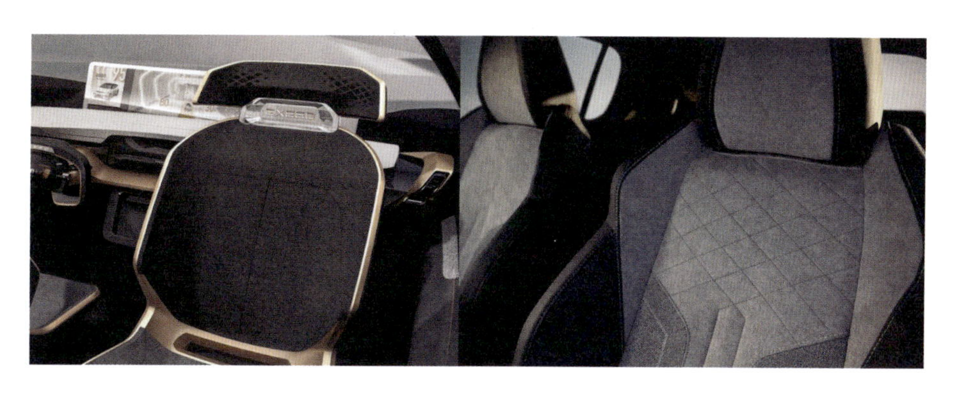

图 10.15　汽车内饰纺织品的纹理设计与应用

（4）汽车内饰面料的材质及工艺设计

汽车内饰面料的色彩、纹理不是单独存在的，它与所用材质以及制造工艺息息相关。材质、工艺与色彩、纹理之间有着相互的影响，而层出不穷的新材料又给我们带来新的色彩表现和感受，因此，可以通过科技创新来创造时尚。一个成功的汽车内饰色彩设计就是要使汽车内饰具备完美的造型效果，通过色彩、材质搭配和工艺来更好地体现车型和自身的功能特点，符合消费者的心理需求。

汽车内饰面料常用的纱线原料以涤纶低弹丝（drawn-textured yarn，DTY）、涤纶空变丝（air-textured yarn，ATY）和涤纶全拉伸丝（full drawn yarn，FDY）为主，涤纶短纤纱线则应用较少。部分面料为了满足面料的设计需要，也使用涤纶单丝、雪尼尔纱线、植绒纱、涂层纱和 TPU 纱线等特殊原料。为了满足内饰面料的手感和质感要求，异收缩、细旦高孔、超细海岛、加捻高密的纱线与组织结构巧妙搭配，大有光纱线的点缀、高光与亚光的对比也越来越多地被采用，特别是在日韩系汽车内饰面料中。另外，在新材料的运用上，一些功能性的材料也被运用到汽车内饰面料中，如抗菌纱、导电纱线、光纤材料、夜光纱线、可回收涤纶纱线、咖啡碳纤维、金属纱线或皮质纱线等。

在汽车内饰的材质搭配上，部分车型的中控台表皮也已经逐渐开始使用织物面料。另外，座椅的材质搭配也在原来的全织物座椅或者全皮座椅基础上发生了变化，越来越多的车型采用织物中布与皮质边料的搭配方式，这种不同材质的混搭与对比成为一种发展潮流和趋势。

后整理工艺的多样化给整个内饰面料产业带来了新变化。汽蒸、水洗、干洗、定型、涂层等工艺的选择应用，在改善面料的风格和物性指标上发挥着重要作用。拉毛磨毛、压花、丝网印花、数码印花、烂花及镭雕、绗缝、打孔、高频焊接、贴塑等新技术、新工艺的迅猛发展及应用，对于汽车内饰面料风格、手感和质感的多样性产生了重要影响。在工艺巧妙运用下，面料极富前瞻性和设计感，令人耳目一新。

10.7 汽车内饰面料的未来发展趋势

10.7.1 汽车内饰面料的设计风格发展趋势

随着经济社会的发展，汽车已经成为人们生活中不可或缺的一部分。消费者对于汽车的需求也已经超越了代步工具层面，汽车内饰空间成为人们生活和情感归属的延伸。新能源、智能互联和自动驾驶等新技术的快速发展正在彻底改变汽车内饰的设计以及未来驾驶舱的概念，年轻消费群体正在崛起，追求高品质生活的消费理念也不断深入，在这样的大前提下，内饰面料的多重感官下的美学体验、功能价值及舒适性等也变得越来越重要。汽车内饰面料的风格设计也呈现出以下几个趋势方向。

（1）内饰面料家居化设计风格

“可居住性”是未来汽车发展的一个主流趋势。复古而又带着历史温度的情感关怀，给人以舒适和温暖。极简的设计、轻奢的细节品质，彰显着高级感，表达自我心境、品位和信念。居家质感的内饰生活空间正在成为汽车内饰面料设计风格的主要趋势，尤其是伴随着自动驾驶时代的到来，这种风格的应用会越来越多，如图 10.16 所示。

图 10.16 家居化设计风格

（2）内饰面料年轻化设计风格

汽车消费群体呈现出年轻化趋势，年轻消费者逐渐成为汽车消费的主力军，拒绝寡淡、时尚趣味和彰显个性已经成为年轻人追求的生活方式；轻运动、让身心愉悦、随心随性，这是一种生活态度，也是繁忙都市生活中人们对压力的释放，以及对自然生活状态的追求，如图 10.17 所示。

图 10.17 年轻化设计风格

（3）内饰面料硬核科技设计风格

虚拟现实和智能互动的消费体验已经成为我们探索未来生活的一种态度。随着 5G 时代的到来，端到端生态系统与无线通信发生重大革命，自动驾驶和网联化、智能化座舱已经成为趋势，高技术多维度链接与集成，实现超乎想象的功能和价值附加，跨界的流通与融合带给人们新的感官刺激和体验，如图 10.18 所示。

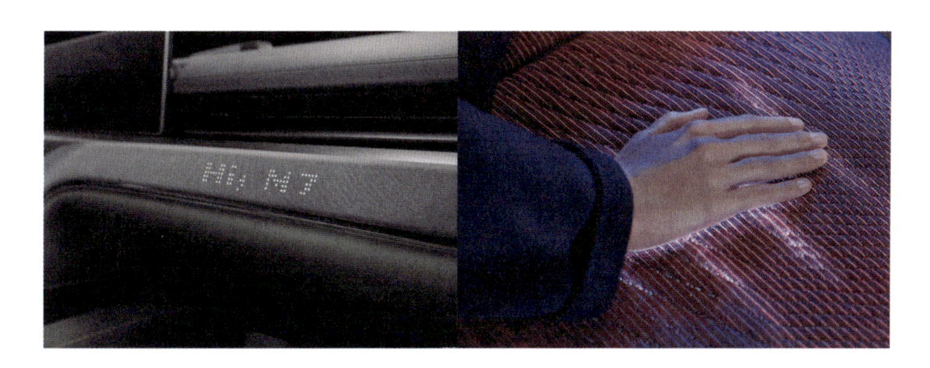

图 10.18 硬核科技设计风格

10.7.2 汽车内饰面料的材料与工艺技术发展趋势

作为内饰零部件的表皮材料，汽车内饰面料的主要作用可以概括为两个方面：一方面是其表面呈现的视觉价值；另一方面是内在本质的功能价值。这两个方面是我们在汽车内饰面料设计开发过程中进行技术创新的出发点。

内饰面料的视觉价值提升主要是通过色彩纹理的创新设计以及新的技术工艺应用来营

造更有视觉美感的车内空间。科技感较强的金属质感、光泽和拉丝效果的金属纱线、手感细腻的表面涂层纱线、细旦高孔纱线以及晶莹通透的单丝等创新型纤维材料的应用，为内饰面料产品的视觉品质提升提供了更多可能。应用混纺工艺制成的棉麻质感纱线，营造出简约、舒适、自然的视觉和触觉体验，备受消费者青睐，是未来汽车内饰面料设计开发过程中重要的材料选择方向。采用烫印技术是实现内饰面料 3D 立体视觉效果的重要工艺路径。对于印花，由于其颜色图案实现的多样性和灵活性，特别是随着数码印花技术的发展以及节能环保的趋势，印花技术在汽车内饰面料中的应用将会有更好的市场空间。高周波热熔焊接技术使得不同材料（PVC 或者 TPU 材料）间的材质、纹理和色彩的视觉对比得以完美实现，同时展现出汽车内饰风格的个性与时尚。绗缝、绣花和冲孔工艺可以通过缝线的绗缝与绣花，同时搭配独特的冲孔工艺，来实现花型图案的丰富变化，多种工艺的有机结合营造更加 3D 立体的视觉美感。

内饰面料的功能价值附加主要通过新型功能材料以及新的加工工艺的应用，赋予面料附加的功能性，营造健康安全、绿色环保的车内空间。仿生自洁、纳米抗菌功能、负离子健康功能、芳香功能、抗静电功能以及具有两种或者两种以上的复合功能产品的研发成为发展趋势，功能纤维材料的创新研发和功能整理技术的不断进步为内饰面料功能价值的附加提供了技术支撑。

10.7.3　汽车内饰面料的未来设计方向

内饰面料的高端化与绿色环保设计理念是未来相当长一段时间内汽车内饰面料设计开发的方向。更多的汽车品牌不再一味地追求真皮内饰的高端，而是采用高端织物面料，在选材和工艺应用上更加复杂，无论是在织物的视觉感受还是触觉感受上都体现出更高的品质。在未来车型制造的过程中，将更多地使用可再生和可回收的天然纤维及创新型材料，让整车更加符合环保的理念。为了节约资源、降低能耗，正在发展的“新”材料领域包括：使用橄榄油鞣制的皮革、使用洋麻纤维和 PET 再生材料生产的座椅套、绿色环保的生物基材料等，未来这些“新型”材料都将在量产车型中进行推广。

在传统内饰表皮材料的基础上，通过柔性材料与传感器的引入，向智能化、可穿戴的内饰产品发展，实现跨界、跨学科的创新融合，将会是汽车内饰面料未来设计开发的另一个重要方向。随着车辆智能化的发展，灯光在汽车内饰设计中扮演着越来越重要的角色。通过多种多样的载体及丰富的色彩变幻，灯光能够营造出科技、未来、梦幻、奢华等氛围。采用柔性光传导纤维材料与微电子技术的集成设计，开发智能发光内饰面料，也是跨学科交叉融合创新的机会，融入了人机交互等智能化元素，给人带来全新的感官体验，如图 10.19 所示。

汽车产业的快速发展为内饰面料产业提供了难得的发展机遇和市场空间，而汽车消费的升级带来了人们对于内饰面料产品新的需求，这些新的需求给汽车内饰面料产品的色彩

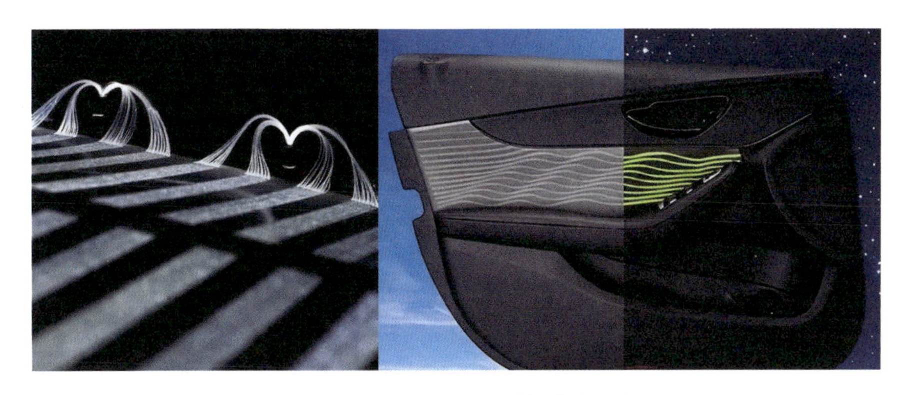

图10.19 汽车内饰面料的智能化设计

纹理设计与材料技术创新提出了更大的挑战。如何创新材料应用和工艺设计开发，为消费者提供健康安全、舒适美观的内饰空间，成为汽车内饰面料产品设计研发需要面对和解决的一个课题。

第 11 章 汽车皮具工艺与设计

11.1 皮革材料的发展简史

人类自古就会使用动物皮毛制作衣物、器具。皮革的历史几乎与人类的文明史等长，目前发现最古老的皮革制品是在公元前 1450 年左右的埃及浮雕上。从动物身体上取下的皮叫“毛皮”或者“生皮”，为了让易腐的生皮保存长久、手感舒适，人们对动物皮毛进行加工制成了革。常见的皮革有牛皮、猪皮、马皮、鹿皮、绵羊皮、山羊皮、鳄鱼皮、鸵鸟皮等。牛皮的优势可总结为性能佳和易获取程度两方面：性能上，牛皮厚度适中均匀、纤维致密、结实耐用、面积大；在易获取程度上，人类对肉牛的消耗量非常大，牛皮作为畜牧业副产品，产量大、来源稳定。因此，汽车内饰中使用的真皮绝大多数为牛皮。

皮革是天然材料，具有质地柔和饱满、柔韧，透水气性、阻燃性、耐热性优异的特点，主要用于汽车内饰的座椅、方向盘、仪表台、门板、球头等，赋予内饰豪华、尊贵、舒适、经典的感观。我们把专门用于汽车内饰的皮革称为汽车真皮。汽车作为精密复杂的工业产品，对安全性要求很高，其部件必须通过严格的性能测试，汽车皮革在雾化性、散发物质、耐光热老化等方面的性能要求较高，不同批次的色差控制也非常严格。

11.2 皮革材料的分类与技术特性

汽车真皮可按照使用部位、皮源、粒面状态、花纹、鞣制方式、涂饰层区等进行分类。

按照使用部位可分为座椅皮、方向盘皮、仪表台皮、门板皮、球头皮等。使用部位的不同，对性能的要求也不同，如座椅皮需要耐磨、色牢度、抗污，而方向盘皮和球头皮对耐汗的要求更高。

按照皮源可分为欧洲皮、北美皮、南美皮、澳洲皮、巴西皮、国产皮。

按照粒面状态可分为全粒面皮、修面皮、二层皮。

按照皮纹可分为压花皮和纳帕皮（nappa leather）。

按照鞣制方式可分为含铬皮（chrome leather）、无铬皮（free of chrome leather，FOC）。

按照涂饰层区分可分为苯胺皮（aniline leather）、半苯胺皮（semi-aniline leather）、完全涂饰皮。

那么牛身上的皮是如何变为汽车内饰真皮的呢？以上分类中所提到的名词，如“全粒面皮”“二层皮”“铬鞣皮”“无铬鞣皮”等，是什么意思，又是如何生产的呢？我们将在皮革制造工艺流程中一一找到答案。

使生皮变为湿皮的方式称为鞣制。用于鞣制的材料称为“鞣剂”，在古代，鞣剂一般为植物提取液、油脂、动物粪便、泥土等。最早发明皮革鞣制技术的是古代的希伯来人，当时鞣制一张皮革约需 6 个月方得以完成。18 世纪中后期至 20 世纪中期，皮革制造设备的发明和皮革化工材料取得的突破性发展，为现代制革工业构建了稳定的框架。尤其是 1959 年德国的查克武特（Chakavotr）发现铬鞣剂的综合鞣性最为突出，从而奠定了铬鞣在皮革制作工艺中的重要位置。此后，制革业形成了三大稳定的鞣剂：① 植物鞣剂，主要为栲胶，用于工业用革或底革；② 矿物鞣剂，主要有铬盐、铝盐，用于各种民用革；③ 有机鞣剂，主要有甲醛、戊二醛等，主要用于毛皮裘皮及各类细杂皮。另外，还有一种混杂了多种鞣制方法的工艺称为“结合鞣”。鞣制过程中，通过不同成分的配比，使真皮同时具有两种或多种鞣制工艺的优点。

汽车内饰皮革的制造工艺流程分为四大部分：鞣前准备阶段、鞣制阶段、复鞣阶段、涂饰阶段。

（1）鞣前准备阶段

牛皮是皮革的原料，皮革在鞣制前称为生皮，大多来源于肉牛。欧美国家用于汽车皮革的主要肉牛品种是海福特牛、夏洛莱牛、安格斯牛、瘤牛和西门塔尔牛。生皮根据行业标准按照重量和质量分级出售。生皮的质量体现在皮的纤维结构紧致程度和表面的缺陷等级。影响生皮质量的因素主要有牛的品种、气候（产地）、饲养方式、雌雄、年龄以及保存和加工得当与否。在牛的成长中产生的缺陷是自然瑕疵，包括但不限于愈合伤、开口伤、烙印、虻眼、湿疹、静脉纹、松面、颈部纹路等。牛皮部位不同，其粒面结构也不同（图 11.1），会导致外观品质的差异。牛皮背部和腰、臀部纤维紧实，粒面细致；脖颈部相对紧实，毛孔粗大，常伴有生长纹；腹部纤维松散。真皮是自然产物，世界上找不到两张一模一样的牛皮，自然瑕疵展现了牛的生长印迹，不应被视为质量缺陷。

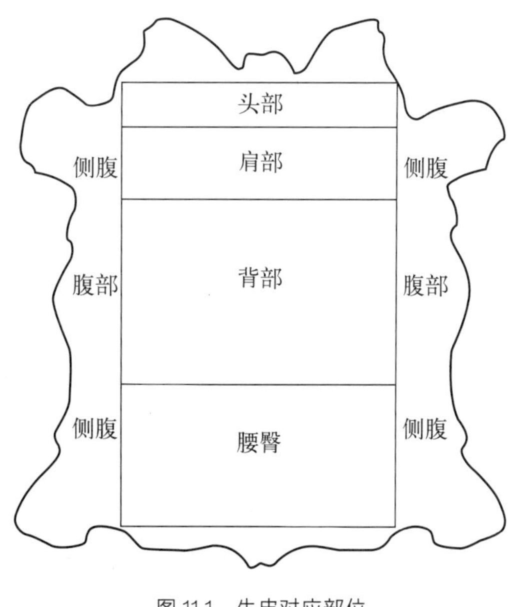

图 11.1　牛皮对应部位

动物生皮包含四个皮层：表皮层、乳头层（粒面层）、网状层、皮下组织，其中乳头层和网状层组成真皮层，如图 11.2 所示。在鞣前准备阶段，会将表皮层和皮下组织去除，只留下真皮层。我们常说的头层皮、二层皮就是把真皮层水平剖成两半，上层带乳头层的为头层皮，下层为二层皮。头层皮带粒面层的为正面，贴近网状层的那面为肉面。头层皮有较好的韧性，工艺可塑性较高。二层皮的表面就是头层皮的肉面，要模仿出头层皮的表面效果只能依靠重压花和厚涂饰。二层皮没有粒面层，如未使用重压花和厚涂饰，则韧性和手感都逊色于头层皮。中高端车内饰中大多使用性能更优的头层皮。

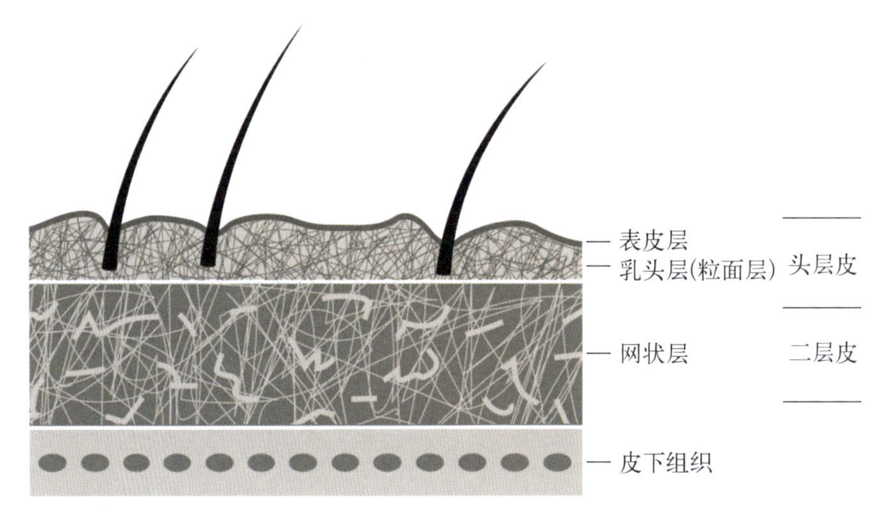

图 11.2 动物生皮皮层

鞣前准备主要进行生皮浸水、浸灰、片灰皮这几道工序。浸水是为了让生皮自然膨胀，并清除生皮上的杂质、可溶性蛋白质和防腐剂。然后加入石灰硫化物、表面活性剂等物质以去除毛发、表皮、油脂，此时生皮厚度膨胀。接着进行片灰皮，将残余的肉去掉，把皮片为头层皮和二层皮。

（2）鞣制阶段

在鞣制阶段（图 11.3），将生皮转化为皮革，使皮成为稳定、不易腐烂的材料。经过脱灰、软化、浸酸后开始鞣制，鞣制之前的工序目的是将皮的纤维打松、加入催化剂，让鞣剂更好地发挥作用，鞣制后产出蓝湿皮或白湿皮。在鞣制时加入三价铬（并非有毒的六价铬），即产出含铬皮，也叫蓝湿皮；若要制作不含铬的皮，则在鞣制时加入不含铬的鞣剂，成革颜色呈灰白色或淡黄色，称为白湿皮（图 11.4）。接下来对含铬皮或无铬皮进行挤水、等级分选、削匀以及中和酸碱度。

图 11.3 鞣制阶段

（3）复鞣阶段

皮革的皮坯颜色、柔软度、手感都在复鞣阶段进行调整，将皮革进行染色（图 11.5）、加脂、中和、伸展、干燥、振软、摔软，一步一步达到客户需要的效果。此阶段的产物为皮坯，等待后续涂饰。

图 11.4 白湿皮（来源：德禄皮业）

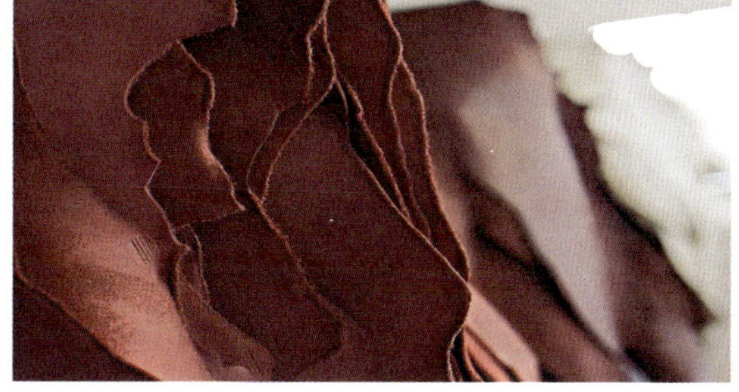

图 11.5 染色后的皮革

（4）涂饰阶段

涂饰赋予皮革颜色、纹理以及最终的手感，为皮革表面提供保护层，提高皮革的性能。涂饰颜色前要经过原皮分选、片皮、磨革、除尘、封底的工序。进行这些工序的目的是挑选合适的皮坯来制作相应的皮革产品，磨掉瑕疵、去除灰尘，为涂饰工序做准备。封底是将皮革肉面的纤维用树脂粘住，以免皮屑污染涂饰层。上等的皮坯瑕疵少，一般加工成全粒面真皮。经过打磨的皮坯称为修面皮，打磨后瑕疵减少，但是因为粒面层被部分磨损，所以皮革的粒面质感有所减弱，毛孔被破坏，影响成品皮手感。

标准的皮革涂饰分为三个阶段，相应形成三层结构：① 底涂层，颜色打底，增强颜色层的附着力，调节基本性能；② 颜色层，赋予皮革颜色；③ 顶涂层，最终修正颜色，保持颜色稳定性，给予皮革光泽度、手感，增强物理性能。相对于标准涂饰，有两种非标准的涂饰方式，就是我们平时所说的苯胺革和半苯胺革。毛孔充分可见、几乎没有表面处理的皮革称为苯胺革。轻度着色、毛孔仍处于打开状态的皮革称为半苯胺革。标准涂饰的皮革，涂饰层厚度为 50～60μm，而半苯胺革的涂饰层厚度为 25～30μm。涂饰对皮革物性影响很大，所以涂饰轻薄的半苯胺革在性能上要做些许让步。苯胺革几乎没有涂饰层，导致外观和物性要求可能达不到汽车零件的标准，而半苯胺革的涂饰层薄、遮盖力弱，必须选用等级特别高、瑕疵少的皮坯制作，成本非常高。

颜色层的涂饰方式分为辊涂和喷涂。辊涂是指用辊将涂料转移到皮坯表面进行涂饰，辊涂的涂料转化率高，浪费少。喷涂是指将皮坯置于喷涂仓，旋转喷头喷出涂料进行着色，所以涂层容易不均匀，涂料无法精准转移到皮坯表面，造成浪费，因此皮厂会尽量选择辊涂进行涂饰。涂饰后，皮革经过烘箱进行干燥。

皮纹通过压花来实现，压花工序在底涂之后进行。具有天然皮纹、手感柔软并且具有标准涂饰的全粒面皮革称为纳帕皮（nappa leather）。涂饰和压花完毕后的工序是干燥、颜色检测和性能测试。测试项目包括单位质量、密度、厚度、硬度、撕裂强度、色牢度、雾化、耐光性、阻燃性、收缩性等，主要总结为物理性能、化学性能、使用性能几大部分。由于设计阶段的测试要求不严格，此处省略对测试项目的逐一介绍。革类材料剖面示意如图 11.6 所示。

清漆
色漆
涂饰
皮坯

图 11.6 革类材料剖面示意

经历过上述四个步骤后，生产出合格的成品整皮，如有需要还会进行裁切或二道工序。从整皮到裁片要经历缺陷识别和标记、切割（预切割）、裁片检查、磨底（如有必要）、二道工序（打孔、复合、绗缝、压印等）、精裁、裁片检查、包装和出厂等工序。有些二道工艺若无法在皮厂完成，则会在汽车座椅面套厂进行制作。

11.3 皮革先进企业与品牌

图 11.7 柏德皮革

皮革的加工流程大同小异，但每一家公司都有自己独有的配方，就好像同一道菜经不同的人会烹饪出不同的口味。目前业界领先的全球化汽车真皮供应商为柏德皮革（Bader，德国家族企业）（图 11.7）、鹰革沃特华（Eagle Ottawa，2014 年被李尔收购）、美多绿（Midori，日本）等，国内的汽车真皮供应商有明新、卡森等。

11.4 皮革在汽车中的应用及趋势

一款新车的研发会经历 4～5 年时间，从概念提出，到产品开发阶段，到工程验证阶段，再到量产前准备阶段。内饰色彩与装饰设计（Color&Trim）的开发也伴随着整车研发而开展。设计师主要在概念阶段提出设计概念，确认材料、风格、颜色等方向，进而在产品开发阶段将概念实现。近几年的开发流程逐步加快，一般内饰的色彩和材质开发需在 2 年内完成从概念提出到工程验证的步骤。车型生命周期约 5 年，5 年中会有一次中期改款，为求新求变，中期改款也会对内饰的材料、颜色、二道工艺进行再次设计。

汽车内饰中，通常根据性能要求决定哪些部位用什么种类的皮。一般来说，座椅上使用含铬皮；门板、仪表台这类阳光直射的部位用无铬皮。无铬皮的特性是遇到高温的收缩率小，但其缺点是皮质偏硬，化料和制作工序都与含铬皮不同，成本略有增加。方向盘和球头这类经常会接触到驾驶员双手的部位需要耐汗性能高的产品。所以，当设计师得知皮革需要用在哪些部位后，基本上就能确定需要什么类型的皮革。

由于真皮是天然产物，天然瑕疵是无法避免的。不同瑕疵等级的皮可以用在内饰不同的部位。工程人员会对需要皮革包覆的部位做评级。一般目光可直视的大块面区域定为 A 区，俯身才能看到的部位定为 B 区。不同瑕疵等级可以用于不同等级的部位。在 A 区，必须使用瑕疵较少的皮革，而在B区，可使用瑕疵较为明显的皮革。一张牛皮可使用面积的多少，决定了真皮的利用率。皮革利用率是指一整张牛皮上能裁切出符合瑕疵标准的裁片所占整张牛皮面积的百分比。裁切时A区的裁片会使用瑕疵较少的牛背和腰臀部位，B区和更次级别的裁片等级会从瑕疵较多及松面的部位裁切，以提高整皮利用率，优化成本。

11.5 皮革工艺在汽车设计中的应用

皮革的纹理、颜色、光泽、触感都在涂饰阶段调整和完成，完成涂饰后称为成品皮。在成品皮上继续加工称为二道工艺。汽车座椅皮革上的二道工艺多种多样，除了表现美感外，也具有提升功能性、降本优化、增加产品附加值的功能。比较常见且可量产的二道工艺是打孔、绗缝、缝线、刺绣和压印。随着消费者对个性化产品的需求越来越高，设计师不断寻求更引人入胜的方案，除了在传统工艺上不断创新外，激光、数码打印、高周波压花等新工艺也开始出现。二道工艺大多用于汽车座椅部位，因为座椅占比非常大，位置明显，用户每次驾乘都能感受到。

11.5.1 涂饰阶段工艺

（1）纹理

纹理有细纹理、中等纹理、大纹理和几何纹理之分（图11.8），纹理的大小选择与设计理念相关。细纹理温润、高端，通常用于豪华或者高配车型；中等纹理自然、百搭，是一般汽车内饰的常用皮纹；大纹理经典、粗犷，可用于大型车、偏运动的车型；几何纹体现现代感和时尚感，凸显个性。

纹理的实现有两种方式，可以通过转鼓摔软产生自然纹理，也可以通过花辊压花产生。摔出的纹理就是牛皮本身的皮纹，所以效果非常自然，但是对皮坯的要求很高，需要紧实、瑕疵较少的皮坯，因而价格不菲。压花是用带花纹的辊或板在皮革上压出纹理。将辊或板加热到一定温度，施加一定的压力和时间，达到最终需要的效果，要形成某一种纹理，必定需要这三要素的配合协调。我们在皮革制品上常见的大小荔枝纹理、十字纹理、几何纹理等都是通过这种方式实现的。压花可以遮盖皮坯上的瑕疵，不压花或细纹理则需要高等级的皮坯进行制作，由此可知，纳帕皮的原皮等级高于压花皮。如前文所述，半苯胺皮涂饰少、遮盖力低，纳帕皮是正常涂饰的全粒面皮，一般半苯胺皮的皮坯等级高于纳帕皮。这就不难理解，高等

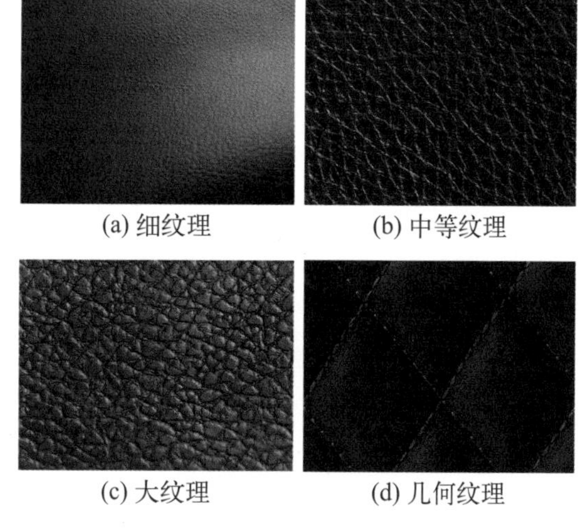

(a) 细纹理　(b) 中等纹理　(c) 大纹理　(d) 几何纹理

图11.8 常见的皮革纹理

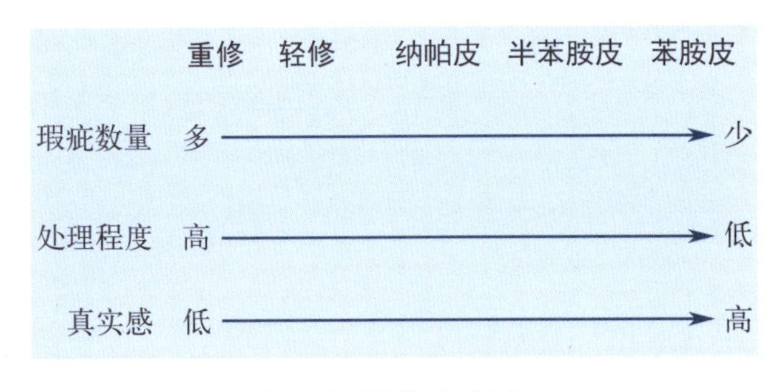

图 11.9 革类品质特点

级的原皮用于半苯胺皮的生产，半苯胺皮就没有使用压花的必要了。不同的皮坯等级制作相应的皮纹，可以有效地运用材料。等级略次的皮坯一般用于中等纹理、大纹理和细密的几何纹理，中、大纹理可以将皮上的天然瑕疵弱化和遮盖。革类品质特点如图 11.9 所示。

在开发阶段，要得到一个满意的花纹，需要技术人员的反复调试，直至达到设计师认可的状态。纹理评判一般为目测，标准主要为纹理的基本形态、深浅、颗粒大小、饱满程度和自然程度。由于开发压花辊需要投入大量时间和精力，成本较高，而且一种纹理还要用于内饰的其他几种材料（注塑件、PVC、PU），纹理太多会进一步影响开发成本和时间，后期也难以管理，所以每家汽车主机厂会选用固定的两三种纹理，一般将纳帕皮纹理或细纹理用于高端车型或配置，将中、大纹理用于中低端车型或配置。

（2）颜色

相对纹理来说，颜色的开发比较简单，设计过程中可变度最高、开发成本最低的就是颜色。最终的颜色是通过底涂、颜色层、顶涂三道工序来实现的。因为汽车内饰的设计要考虑安全性并通过要求较高的性能测试，所以大面积使用的颜色不能过于鲜艳或刺眼。

颜色的查看、比对都要在多光源标准光源箱中进行，这样可以消除外界环境因素的影响，确保设计师在相同的光源下观察颜色，对颜色进行客观评价。

不同汽车主机厂会指定在特定的几种光源下观察颜色，一般为 D65 光源和其他一或两种光源。同一颜色在不同光源下显示出的颜色不同，这称为同色异谱现象。如果一件产品产生同色异谱现象，那么它的色彩管理是不合格的。除了用肉眼判断颜色外，还可以通过测色仪读出颜色数值来判断颜色是否准确。在实际调色时，测色仪读取的 L、a、b 值的 ΔE 数值将为颜色的调整提供参考方向。

在某些情况下，设计师不只满足于纯色，他们希望颜色能展现出丰富的层次。金属效果和印花是能达成目标的两种工艺，它们都在涂饰阶段进行。前者通过在颜料膏里加入金属粉来实现，后者通过在颜色层上辊涂另一种颜色的花纹来实现，两种工艺可叠加使用。

在颜色中加入金属效果的粉或膏，可形成金属效果（图 11.10）。不同底色和金属粉的叠加、金属粉的颗粒大小不同都会产生不一样的视觉效果。金属效果的开发难度和风险在于金属粉在涂料中的均匀度不够，导致从不同角度观察会产生色差，造成认可阶段判断困难，或者加入金属效果颗粒导致耐磨性能受到影响，所以金属效果在颜色认可和实验认可时的标准要有所调整。

图 11.10 金属效果

印花效果是指利用刻有图案的花辊，将图案印到已经涂饰过底色的皮革上。印花图案一般为不规则图形，图案较大，比如云朵状、斑马纹。通过调节底色和印花颜色、印花涂料的稠度等参数，可以产生不同的效果。开发一款印花产品需要进行多次尝试，不同部位的花纹随机性导致了认可难度的增加。

1）染料印花

这种方式的优点是手感不会受到影响，但是用一般的染料做成的皮革遇到高温容易被蒸化。采用 1:2 型金属络合染料可以避免这个问题，晾干即可，缺点是染料价格高。选择好的染料，则制成的纺织品质量很好，牢度强、颜色鲜艳，而且不需要蒸化和水洗。

2）喷墨印花

这是一种将计算机数据输出到喷墨印花机并直接在物体上喷印的技术。喷墨印花精度高，接近于照片，无须制版，印刷快捷且成本低廉，可随时随地改色，无须支付额外费用，而且配有专业的色彩管理软件，操作简单，无须专业技能。一步完成，即印即取，可以满足快捷出样、出成品的需求。喷墨印花目前是皮革上最实用的印花方式之一。

3）涂料印花

这是目前产量非常大的印花方式。涂料印花能表达金银色，再配以烫膜，使得产品更是千变万化，能最大限度地表达皮革高贵、华丽的特点。

4）转移印花

转移印花是非常适合皮革的一种印花方式，按工艺分为干法、湿法两种。干法转移一般用热溶胶制成油墨，印于离型纸或 Bopp 膜（双向拉伸聚丙烯薄膜）上，在热压条件下转移至皮革上。湿法转移是先将一种特殊溶液喷在皮革上，然后通过热压使转移纸上的染料溶解，再固着于皮革上。转移印花目前是非常高档的一类皮革印花方式，其花型的精细度和视觉效果，非其他方式可比。

还有一种工艺制作出的皮叫双色皮（图 11.11），将皮坯和皮面做出不同颜色，是为了在打孔后能露出皮坯的颜色。对于皮坯，一般选择鲜亮和中高明度的颜色，如大红色、电光蓝、中黄、橙色、浅灰色等。皮面颜色要与皮坯颜色从明度、色相、彩度上拉开差距，这样才更容易透过小孔看到颜色。由于皮坯是用染色工艺进行着色的，因此其颜色无法做到与皮面颜色一样精准、均匀，好在只从小孔中透出颜色，因此不会察觉到色差。金属效果、印花效果、双色皮可以同时叠加使用。

（3）光泽度

光泽度相对于纹理和颜色来说不易被察觉。一般深色皮上用较低的光泽度，浅色和鲜艳的皮上用较高的光泽度。考虑到安全性和实用性，汽车座椅皮革的光泽度普遍较低。光泽度计可用于测量光泽。

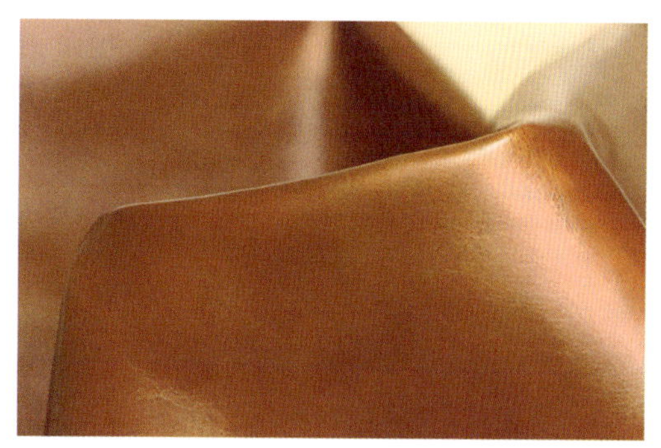

图 11.11　双色皮

（4）触感

评判皮革触感的维度有粗糙 - 光滑、柔软 -

僵硬、湿润 - 干燥、黏 - 滑。触感在皮革的复鞣阶段形成，调节手感的化料、甩软和振软操作都会对触感产生影响。纹理对皮的触感也有影响，中大纹理的皮触感粗糙，而细纹理的皮触感光滑。我们在追求极致的手感时，需要考虑各维度间的平衡。极致的柔软可能造成皮革松面；极致的光滑可能造成塑料感的视觉效果；极致的黏或者滑都会造成使用的不适。

11.5.2 二道工艺

（1）打孔

皮革上打孔早先用于通风座椅，是出于功能性的需要。打孔是指将部分皮革去除，在皮革上形成图案，既能为皮革减重，又能实现对皮革自然瑕疵的遮盖。所以在有些没有通风功能的车型上也会使用打孔皮革。打孔是较为成熟的工艺，可实现的图案多种多样，近年来为凸显品牌“DNA”、增加产品附加值，设计师开始更加注重打孔图案的设计。

工艺直接决定了产品的成本，所以设计师在设计图案时，必须先了解工艺和成本的关系，以免设计因为成本问题而无法走到量产阶段。以下为根据生产工艺总结出的打孔图案的类型。

1）pass-through-perforation

pass-through 是传递、传送的意思。顾名思义，就是皮革在传送的过程中打孔，将一块皮革放在传送带上，传送带以一定速度传动，模具在固定的位置以一定时间间隔起落进行打孔。这是最传统、成本最低、量产可行性最高的打孔工艺，适用于规则孔型和二方连续图案。皮革打孔模具（图 11.12）只需一个图案单元，就能在皮革上不限长度地打孔，

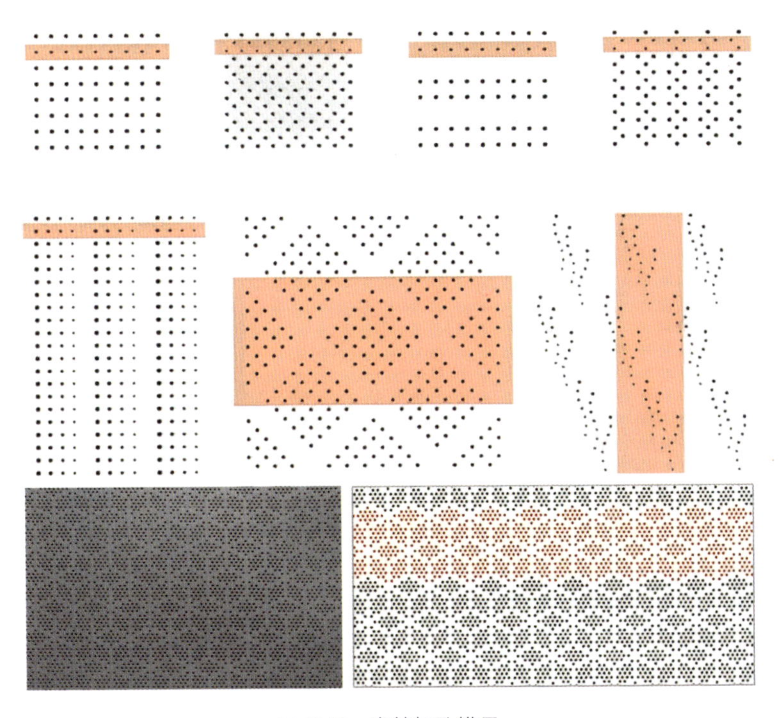

图 11.12 皮革打孔模具

形成一大片图案。单个图案单元可由一排孔形成，也可以由多排直径不同的孔组成。设计时需要注意图案单元的尺寸，宽幅视设备型号而定，一般为 700～1500mm；单元高度一般为 50～75mm，有的设备甚至能达到 100mm。

2）gating technology

gate 是门的意思，gated 是控制进出的意思，gating technology 就是控制模具上的针的起落的技术，也被称作 selectable pin。在传统打孔模具上，所有针都被固定在一块钢板上，打孔过程中这些针是无法活动的，而 gating technology 的针是可以活动的。将图案程序输入设备后，设备能够控制模具上的每一根针，让正确的针在适当的位置落下去打孔。

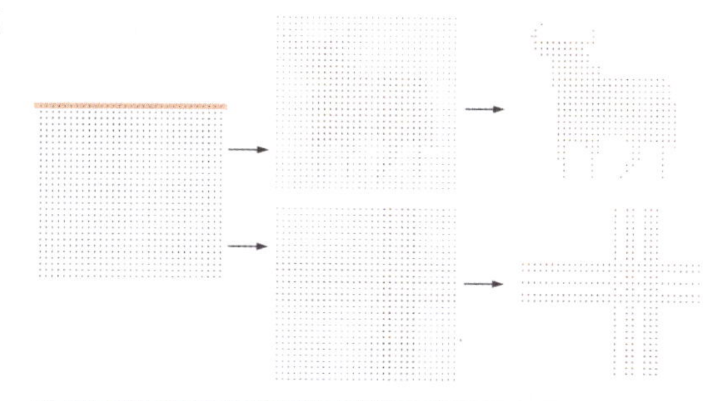

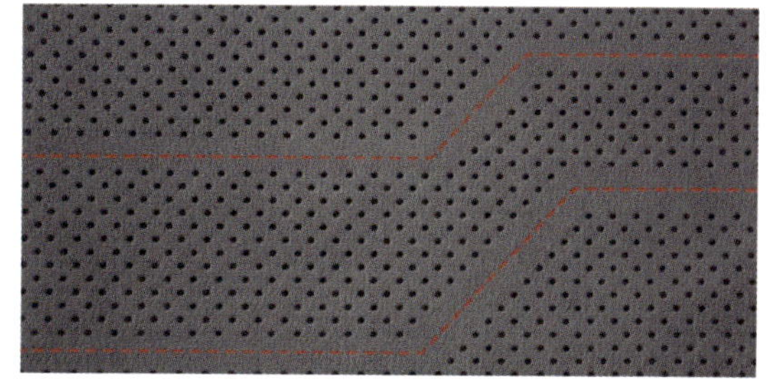

图 11.13　gating technology

gating technology 的打孔图案必须是基于规则的基础图形而变化产生的。如图 11.13 所示，只有一排针的模具既可以做出规则孔的样子，也可以做出动物形状和纵横间隔线条的图案。这种工艺除了具有用一套模具制作多种图案的优点外，还有一项功能性的优势：在打孔区域留出要走缝线的位置。以往在布满小孔的皮革上做缝线，有时针会滑入旁边的小孔，或者针线在小孔边缘走过，导致线迹扭曲。所以现在很多车型上会用 gating technology 打孔，在后期需要缝线的地方留出空白。

gating technology 的优势在于，前期投入一副模具后，可以在模具的规则图案基础上做任意图案的变化。一套模具可以用于不同形状的裁片，在模具生命周期内的任何时候都能改变图案而不需要重新开模。它的局限性为较高的前期设备和模具投入，并且只能在固定的孔型基础上做图案变化。

图 11.14　placed perforation 模具照片

3）placed perforation/single stroke technology

placed perforation/single stroke technology 也叫定位打孔，即将皮革裁片固定在一个模具上，一次冲孔成型（图 11.14、图 11.15）。定位打孔的一副模具只对应一个裁片形状和一种图案。定位打孔用于完全无规则的图

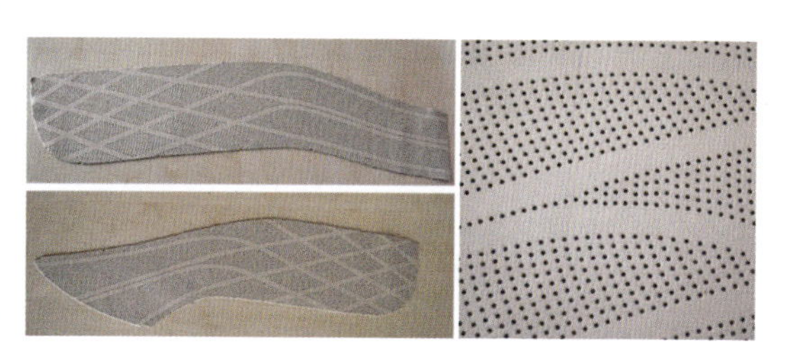

图 11.15　placed perforation 打孔图案

案，这些图案无法使用重复单元，或者无法在固定孔型的基础上实现。由此可见，placed perforation 的图案非常自由，一个画面可以有若干孔径的孔，孔的位置也没有限制。一款打孔裁片只对应一个模具，且每完成一片打孔就要人工更换裁片，这就意味着成本的增加。但是与 CNC-perforation 相比，设备冲击一下即可完成冲孔，从效率角度来看是适合量产的。

4）CNC-perforation

CNC-perforation 即计算机数控打孔，只要在设备工作尺寸范围内，即可以实现任何图案，且不需要模具。只需一台数控打孔设备和一套各种规格的针，将打孔图案文档输入设备，即可开始打孔。其局限性为工作区域大小和孔径数量。虽然数控打孔的灵活性很高，但是因为生产效率低，所以不推荐用于量产，较适用于前期开发打样。另外，CNC 打孔的针大多为空心针，而以上三种打孔模具使用实心针。实心针耐用，并且打出的孔边缘较光滑；而空心针的寿命有限，可能一根针只能打几千个孔就报废了，并且孔的边缘粗糙。

无论美观程度如何，设计最终都要走向量产，所以设计过程中需要考虑量产可行性，避免方案无法落实。在设计时要考虑孔径、孔距和工艺实现方式。汽车内饰皮革上的打孔孔径（直径）一般为 0.8～1.8mm，两孔间垂直或水平间距不小于 3.8mm。需要注意的是，这里所说的孔径一般指皮革上呈现的孔径，而非打孔针的孔径。孔形大多为圆形，也有正方形、椭圆形、六边形等形状。孔径过大、孔形带尖角都会导致皮革撕裂或裁片变形的问题。带尖角的孔形，在打孔过程中，尖角处会钝化。最后需要注意的是，打孔前，真皮必须进行封里（肉面过胶），否则肉面纤维会伸出小孔。适合打孔的孔形如图 11.16 所示。不适合打孔的孔形如图 11.17 所示。

图 11.16　适合打孔的孔形

图 11.17　不适合打孔的孔形

（2）绗缝

绗缝（quilting）是指在背后附海绵的皮革上进行缝纫，形成立体效果，羽绒服上也使用这种工艺。绗缝是线和皮的“华尔兹”，当线穿过皮时，线迹微微嵌入富有弹性的真皮，在线迹经过处形成细纹，可以从中体会到真皮的质感。

绗缝可通过传统缝纫机实现，也可用数控（CNC）缝纫机实现，两者各有优缺点。用传统缝纫机制作的长处在于，缝线在裁片上的定位由人眼识别，不需要进行反复的定位试制；短处是如果图案比较复杂或要求精准，失败率高，所以非常考验操作者的水平。用 CNC 绗缝机制作的优点是预先设定好线迹后，哪里停止、哪里转折可以做到丝毫不差，且制作效率高；缺点是真皮和海绵都极具韧性和弹性，难以固定死，下针的时候真皮会挤向没有绗缝的地方，因此需要制作模具将真皮固定，并且仍可能存在一定的报废率。

绗缝一般与打孔相结合，这两者是目前汽车座椅皮革上最常见且最常一起出现的二道工艺（图 11.18～图 11.21）。当打孔和绗缝结合时，需注意绗缝线与孔之间的距离。距离过近易增加线迹和孔边缘形状的对比，或者针走入孔中，使得线迹扭曲。如果使用 CNC 绗缝机，前期需要很多次调试，让打孔和缝线的位置完美对应。

（3）刺绣

刺绣在服饰行业的使用非常普及。但由于刺绣线非常细且不耐磨，而且刺绣会在真皮上密集地缝线，对撕裂强度造成影响，所以真皮上的刺绣面积一般较小，主要在座椅靠枕或靠背上部这类不受力和摩擦少的部位使用。刺绣结合真皮，有着复古、尊贵的气质，故而特别版和豪华车内饰常用刺绣工艺展示车标或设计图案，如图 11.22～图 11.24 所示。

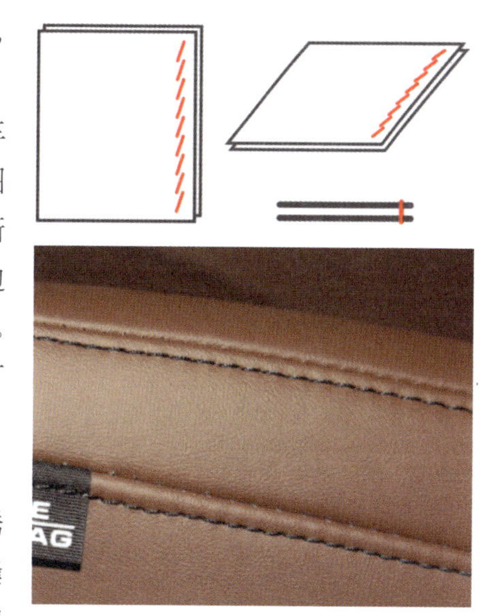

图 11.18　普通绗缝

图 11.19　双色绗缝

图 11.20　打孔图

图 11.21　宝马 5 系真皮座椅 [打孔 + 绗缝工艺，鹰革沃特华汽车皮革（中国）有限公司制]

图 11.22　宾利添越 V8（2018 年）

图 11.23 劳斯莱斯幻影 Serenity（2015 年）

图 11.24 劳斯莱斯幻影 Tranquillity（2019 年）

（4）压印

压印的原理与纹理形成的原理类似，用模具以一定温度、压力、时间，使皮定型，呈现出图案。压印的图案分为凹陷状（deboss）和浮雕状（emboss）。凹陷状的压印比较常见，是用一个一定温度的阳模对皮的表面进行施压，形成图案。浮雕状的压印较少见，成型困难一些，需要阴模和阳模配合，施加温度和压力以形成图案。压印利用热量和压力这些物理能量成型，所以局限性是图案的起伏较小，视觉上仍然较平面化，如图 11.25 所示。

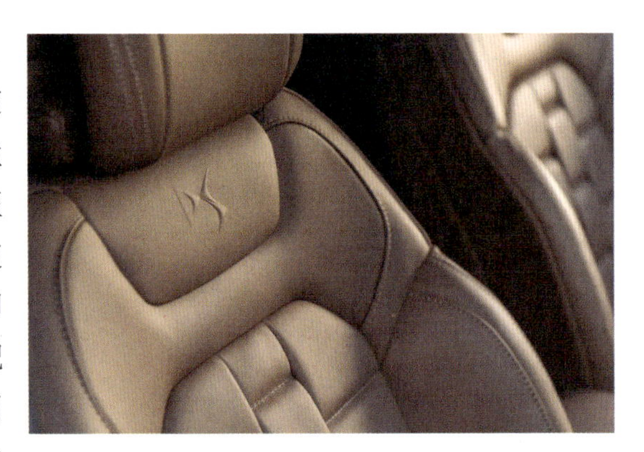

图 11.25 DS-4（2016 年）压印效果

11.5.3 皮革新工艺

（1）激光打孔 / 雕刻

激光打孔 / 雕刻（laser perforating/etching）是用高能量密度的光束照射到材料表面，使材料灼烧气化，使皮的表面变色或将真皮烧穿。激光可形成两种效果：一种是皮革表面被灼烧变色形成图案，称为激光雕刻；另一种是将真皮穿孔形成图案，称为激光打孔。激光雕刻的图形几乎没有限制，能画出来的图案就能雕刻出来，并且可以调节能量大小或停留时间，来调整雕刻的深浅以形成颜色的变化，让画面更有层次。激光打孔不需要任何模具，孔型排列非常自由，孔径大小和数量也没有限制（一般一个 CNC 打孔的图案最多只有 4～5 个孔径）。其局限性是图案受到设备的工作区域大小限制，光束难以在运行时调整能量，只有灼烧完后才能做下一次调整。另外灼烧处的真皮会变成焦黄色，颜色难以人为选择。因为激光雕刻会对皮革表面形成破坏，可能造成物性测试无法通过，而激光打孔工作效率低、孔边缘有灼烧痕迹，故而激光很少在量产中应用，如图 11.26～图 11.28 所示。

（2）数码打印和丝网印刷

数码打印是一种使用专业打印机在皮革表面打印图案的技术。其优点是无须开模，打印的图案和颜色不限、精度高、可定位，打印尺寸可以根据设备尺寸而定，可裁片打印，也可以在一张皮革上打印。缺点是目前色牢度、颜色精确度都无法保证，尚处于开发阶段。

图 11.26 宝马 Z4 概念车（2017 年）

丝网印刷在工业产品中的使用范围广泛，工艺成熟，但在真皮上也尚无量产经验，主要是因为产能太低。

图 11.27 巴德激光蚀刻（趋势展示概念产品）1

（3）高周波（高频焊）压花

高周波（高频焊）利用高频能量，使塑料分子极化和剧烈运动以产生热量，让分子重新排列，从而将两个或两个以上物体的塑料部分焊接在一起，如图 11.29 所示。其焊接的牢固度和材料本身的牢固度相当，且焊接处外观美观。高周波在服装行业使用广泛，大量用于化纤材料、PVC 等。真皮是天然材料，原本不太适用此技术，但在工艺改进后，可以在皮革上进行加工，用于皮革裁片上制作大面积、深度较大的图案，一般会在皮革后面附加海绵，以达到立体、饱满的效果。此工艺在真皮上的应用也处于研发阶段，随着使用时间的增加，压花是否会回弹、海绵和真皮是否容易脱落，都是仍需研究的课题。

图 11.28 巴德激光蚀刻（趋势展示概念产品）2

不同的工艺可以产生不同视觉效果的纹理、图案，这也是皮革设计师一直不停寻求新工艺的原因。但由于汽车内饰的实验标准高，即便是常规的工艺有时候也很难形成量产。比较实际的做法是将两种比较成熟的工艺结合一下，产生新的视觉效果，比如打孔 + 绗缝、打孔 + 压印、双色绗缝线等。

图 11.29 高周波（高频焊）压花

11.6 皮革在汽车设计中的趋势

近几十年来，皮革在汽车内饰中应用的比例显著增加，如今汽车内饰材料正向着绿色、健康、环保、舒适的趋势发展，传统汽车（如奔驰、宝马、奥迪等）正逐步减少真皮内饰的用量，进一步扩大仿皮内饰的应用比例，而对于新能源汽车（如特斯拉等），由于提倡环保和可持续发展理念，汽车内饰仍继续采用仿皮材质。

随着我国碳达峰、碳中和的目标愈发明确，环保也不再是少数人的选择，科学家们都在寻找一种质感可以取代动物皮革的全新环保材料。在轻量化要求（将真皮座椅换成超纤革座椅，重量最高可减轻 30%）的大背景下，预计未来汽车内饰中真皮用量将下降，而环保型材料（如无溶剂 PU 合成革、超纤革）的比重会增加。但由于环保型材料价格较贵，且生产厂商有限，在短期内无法取代真皮和其他具有价格优势的传统仿皮。

国外动物保护组织的抗议也为使用真皮材质提出新的思考，很多人认为使用动物的皮是残忍地对待动物，而实际上汽车内饰真皮多为牛皮，作为畜牧业的副产品，只要人类不停止吃牛肉，牛皮就会源源不断地产出。欧美国家都有动物福利方面的法律法规，我国《畜牧法》也有体现动物福利的理念，所以没有必要将使用牛皮和“残忍”挂钩。还有人认为，鞣制阶段使用大量酸碱化学物质，会严重影响环境。其实正规的汽车真皮制造工厂都会设置完善的污水处理系统，真皮行业也会为污染物处理合格的工厂颁发认可文件。但凡工业化产品，在生产过程中都会产生有害物质，我们要做的不是不使用工业产品，而是通过改进技术找到减少污染的方法。

真皮是天然而古老的材料，而人类尤其是很多女性对胶原蛋白有着深深的迷恋。柔软、弹性、饱满、润滑是真皮特有的触感，柔韧、透气的天然材料属性也只有真皮拥有。每一张真皮都是独一无二的。豪华、天然是千百年来人们对真皮的认识，未来的真皮需要继续保持这种感官，也要在性能和视觉感受上带给消费者良好体验。

就皮革本身而言，轻量化、环保，同时保持真皮的真实感观，是汽车真皮发展的趋势；二道工艺方面，除了新工艺的应用和几种工艺的叠加外，设计上会有更多的故事性，阐述品牌理念、表达品牌“DNA”，也不排除在未来出现个人定制图案。

近些年由于汽车销量增长而对成本控制的放宽、环保主义的崛起以及汽车内饰替代材料的增加，使真皮的使用量有逐年下降的趋势。PVC、PU、超纤材料的应用都对真皮形成了不小的冲击，它们价格低廉、利用率高，但是这些化工材料无法模仿真皮的天然质感和特性。

第 12 章 汽车塑料工艺与设计

塑料是聚合物的一种，根据我国国家标准《塑料术语及其定义》（GB/T 2035—2024）的定义，塑料是以聚合物为主要成分，并在加工为成品的某阶段可流动成型的材料，并注明弹性体材料也可流动成型，但不认为是塑料。塑料的抗形变能力中等，介于纤维和橡胶之间。我们通常所用的塑料并不是一种单一成分，而是由许多材料配制而成的。其中聚合物是塑料的主要成分，此外，为了改进塑料的性能，还要在高分子化合物中添加各种辅助材料，如填料、增塑剂、润滑剂、稳定剂、着色剂、抗静电剂等，才能成为性能良好的塑料。

12.1 塑料发展史

人类社会的进步与材料的使用密切相关，人类要生存、要发展就离不开材料的使用，从石器时代、铜器和铁器时代发展到今天，人类使用的材料主要有四大类，即木材、硅酸盐（水泥、陶瓷）、钢铁和塑料，其中塑料是 20 世纪才发展起来的一类新材料，是高分子材料中最大的一类材料。

20 世纪初，随着电器工业的发展，使得对绝缘材料的需求急剧增长。当时常用的绝缘材料是虫胶，它是一种东南亚紫胶虫的树脂分泌物，但是其产量远远不能满足市场需求，仅美国年需虫胶量就要由高达 150 亿只紫胶虫产出，因此寻找虫胶的替代物成为科学家的研究热点。1907 年，德国科学家贝克兰德为了寻找虫胶的替代物，在查阅科技文献时注意到诺贝尔奖获得者、染料化学之父 Bayer 曾经报道，苯酚和甲醛反应容易生成一种黏稠的液体，可以固化并牢牢粘于瓶底，其本意是提醒人们避免这种现象的出现以免造成反应瓶报废，但是贝克兰德反其道而行之，开始设计实验来进行苯酚和甲醛的反应，最终发明了酚醛树脂，通过木粉等增强后，既可以完全代替虫胶作绝缘材料，也可以做成各种各样的电木等材料，至今仍在广泛使用，这是真正的第一种人工合成高分子材料，随后其发展速度逐步加快，大量的合成树脂剂塑料开始研发和生产。

20 世纪 30～50 年代是高分子材料全面奠基的时期，石油化工的蓬勃发展为塑料的生产提供了丰富的原料。20 世纪 60 年代以来，通过共聚、共混、填充、复合等对高分子材料进行改性，通过控制聚合和加工工艺过程来改善高分子的微观结构以提高其性能，以及各种新工艺、新技术、新材料不断出现，各种工程塑料进入市场，塑料工业进入了较为成熟同时也继续快速发展的阶段。

12.2 塑料的分类与性能

塑料的分类有多种方法。

按起始原料分类，塑料可分为天然高分子改性塑料和合成塑料，合成塑料是相对天然高分子改性塑料而言的一类塑料，是通过化学方法合成而制得的，通常应用最多的也是此类塑料。

按受热行为分类，塑料可分为热固型塑料和热塑型塑料，热固型塑料是指成型后不能再加热软化而重复加工的一类塑料，具有不溶、不熔的特点；热塑型塑料是指成型后再加热可重新软化加工而化学组成不变的一类塑料，具有可溶、可熔的特点。

按用途分类，塑料可分为通用塑料和工程塑料，工程塑料又可分为通用工程塑料和特种工程塑料。

根据行业内实际应用、塑料的性能特点和制造方法不同，本章将热塑型塑料分成三类：通用塑料、工程塑料和改性塑料。

12.2.1 通用塑料

人们习惯将产量大、价格低、用途广、影响面宽的一些塑料品种称为通用塑料，其内涵常随时代及科学技术的发展而有所变化。通用塑料主要包括 PE（聚乙烯）、PVC（聚氯乙烯）、PP（聚丙烯）、PS（聚苯乙烯）、ABS（丙烯腈 - 丁二烯 - 苯乙烯）、聚甲基丙烯酸甲酯和氨基塑料等，通用塑料的产量占整个塑料产量的 90% 以上，故又称为大宗塑料品种，前五者因其应用范围广、价格低、占比大，在整个塑料工业中占主导地位，在业内被称为“五大通用塑料”。

（1）PE（聚乙烯）

PE 是我国产量最大、消费量最多的塑料品种，其特点是价格便宜、性能较好，可广泛应用于工业、农业、包装及日常生活中，在塑料工业中占有举足轻重的地位。PE 极易燃烧，耐水性较好，但难以黏合和印刷，经表面处理后才可改善。力学性能一般，拉伸强度较低，抗蠕变性能（材料在恒载 / 外界载荷不变的情况下，变形程度随时间增加的现象）差，耐冲击性能较好。PE 的耐环境应力开裂性（环境应力开裂是塑料制件在使用中因特殊介质，如腐蚀性介质、溶剂和某种气氛，以及应力的共同作用而产生许多小裂纹，甚至发生断裂的现象）差，但会随着分子量的增大而改善。耐穿刺性好，可作为高压绝缘材料；耐化学品性好，常温下可耐酸、碱、盐类水溶液的腐蚀，但不耐强氧化剂，如浓硫酸、铬酸等。因 PE 分子中含有少量双键和醚基，其耐候性不好，日晒、雨淋都会引起老化，需加入耐候助剂加以改善。

（2）PVC（聚氯乙烯）

PVC 是热塑型高分子化合物，无毒、无臭，物理性能优越，化学稳定性很高，加工性和可塑性良好。PVC 不溶于一般无机、酸性、碱性溶液。电绝缘性优良，具有良好的阻燃性，点燃后会产生氯化氢气体，但离开火源后火焰将自动熄灭。由于热稳定性和光稳定性差，因此在高温环境中放置或者长期暴露于日光下，PVC制品会逐渐变黄变脆。在PVC中加入不同添加剂可呈现不同的性能，制品主要应用于生产型材、异型材、管材、发泡板、门窗、薄膜、电缆套等领域。PVC是实现工业化以来，最先投入加工领域并取得广泛应用的通用塑料。

（3）PP（聚丙烯）

PP与其他通用热塑型塑料相比，具有原料来源广、熔融温度低、耐磨、耐腐蚀、耐高温、无吸湿性、价格低廉、表面光洁度好、优良加工性的优点，同时具有良好的透明性和电绝缘性等特点。但也有机械强度低、易老化以及同极性材料的相容性差等缺点，因此在很大程度上受这些缺点的限制而不能投入广泛的应用中。作为近年来通用热塑型塑料中产量和增长最快的品种之一，PP已经普遍用于工业生产和日常生活的各个领域，目前已经在汽车内饰、电器内外壳、包装材料和建筑行业得到广泛的应用，其纤维制品常用于缆绳、鱼网、衣衫、滤布等。

（4）PS（聚苯乙烯）

PS是世界上应用最广泛的通用塑料之一，具有良好的尺寸稳定性、电绝缘性以及优良的透明性，也具有质硬、刚性、低吸湿性、易染色等特点。因此，在汽车、工程工业、家用电器等领域获得了广泛应用。但由于其硬而脆、耐冲击性能差以及较低的断裂伸长率，一定程度上影响了它在工业上的应用，因而需对其进行改性研究。

（5）ABS（丙烯腈－丁二烯－苯乙烯）

ABS具有韧、硬、刚相均衡的优良力学性能，同时兼具良好的加工成型性能（图12.1）。作为通用塑料，ABS的性能接近工程塑料，具有良好的耐冲击、耐热以及加工性能，因此广泛应用于建筑、交通、通信电子、家电、日用品等领域，在纺织器材、包装容器、家具等领域的应用也正在逐步扩大。我国是全球ABS塑料最大的消费国，主要原因为我国是全球的加工中心，这种消费结构决定了我国ABS的市场需求受到国际经济形势的影响较大。我国的ABS塑料主要用于汽车、家用电器、办公设备等。

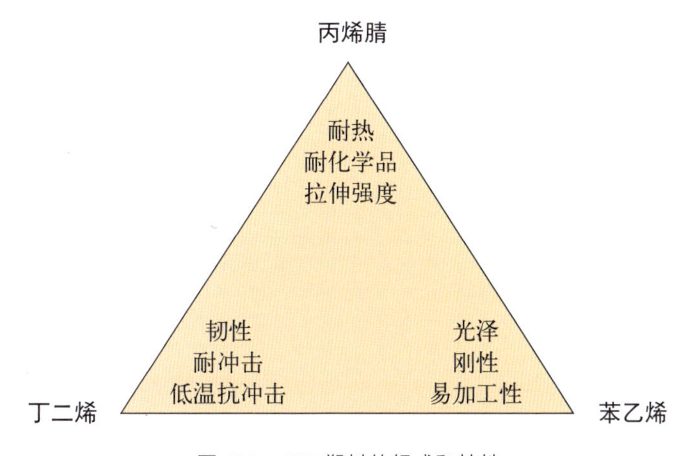

图12.1　ABS塑料的组成和特性

ABS 的特性包括：易加工；良好的韧性、刚性和力学性能平衡；可着色性好；良好的尺寸稳定性；无毒；良好的耐水性；优异的耐化学品性。

12.2.2 工程塑料

工程塑料是化工新材料中最重要的领域之一，是化工新材料中产量最大、技术最复杂的分支。自 20 世纪 80 年代开始，工程塑料成为衡量一个国家工业发展水平的重要指标之一。

工程塑料分为通用工程塑料和特种工程塑料，前者是指可在 100℃以上环境下长期使用的塑料；后者是指可在 150℃以上环境下长期使用的塑料。与通用塑料相比，工程塑料具有更优异的力学性能、电性能、耐化学品性、耐热性、耐磨性、尺寸稳定性、耐候性等优点，比金属材料轻，成型时能耗低，可以代替某些金属作为结构材料使用，已经成为当今世界塑料工业增长速度最快的材料。

工程塑料是电子信息、交通运输、航空航天、机械制造、国防建设等行业不可或缺的基础材料。其发展不仅对国家支柱产业和高新技术产业起着支撑作用，同时也推动了传统产业的改造和产品结构的调整。

（1）PA（聚酰胺）

PA 作为五大通用工程塑料之首，是工业化最早、综合性能优良的工程塑料，在工程塑料中种类最多，其力学性能好，强度高、韧性好，同时具备良好的耐热、耐油、耐磨损和耐腐蚀性，能够满足工业制品低成本、轻量化的要求而逐步取代金属材料。PA 在交通运输器材、电子电器设备、机械零部件等方面已经得到了广泛的应用。PA 产品日新月异、性能优良，已覆盖汽车工业、电子电器、纺织服装、军需装备、建筑、机械等各个应用领域，成为国民经济及日常生活的重要组成部分。

PA 纤维是世界上最早实现工业化生产的合成纤维，也是化学纤维的主要品种之一，其综合性能优良，除具有良好的耐磨损性、耐化学品性、耐热性、质轻性外，还具有易加工、吸湿性好、摩擦系数低的特点，适于填充增强材料以改性，以及添加阻燃剂、抗菌剂等功能性方向的开发，更具有良好的力学性能。国际上大型的 PA 生产厂家有美国杜邦、陶氏化学、巴斯夫、拜耳、日本东丽等公司。

（2）PC（聚碳酸酯）

PC 作为一种用途广泛的工程塑料，具有以下优点：光学透明性好、玻璃化温度高、常温韧性好、尺寸稳定性好、吸水率低、阻燃性和电绝缘性好，因此被广泛应用于电子电器、医疗器械、运动装备、汽车部件和建筑材料等领域。

PC 具有很多优异的综合性能，包括耐蠕变性、无毒性等，特别是它的冲击强度在热塑型塑料中很突出，透光性在工程塑料中也是佼佼者。具有工业价值的 PC 是芳香族 PC，它的存在提高了分子链的刚性，增加了聚合物的机械强度、耐热性、耐化学品性、耐候性和尺寸稳定性，并且降低了在有机溶剂中的溶解性和吸水性。

（3）POM（聚甲醛）

POM 又称聚氧化亚甲基，在生产过程中通过不同的工艺可以制造出不同种类的均聚甲醛和共聚甲醛。均聚甲醛的密度、结晶度、力学性能均高于共聚甲醛，但热稳定性、耐强碱性不如共聚甲醛，且其加工温度范围较窄。

聚甲醛综合性能优良、加工方便、用途广泛，而且原料来源充沛，问世以后很快发展成为工程塑料的重要品种。其性能特点是减摩、耐磨、耐疲劳和耐化学品性能优异，制品刚性、弹性和尺寸稳定性好，因此特别适合制作尺寸要求精密、配合要求高的零部件。聚甲醛是目前比较理想的可部分代替铜、铸锌、钢、铝等金属材料的工程塑料，用途极为广泛，其主要的应用领域是农业器械、汽车、电子电器、仪表齿轮、建筑、轻工等行业，大量用作承受循环交变载荷的零部件，如叶轮、轴承、衬套、垫圈、拉杆、导轨管等。

（4）热塑型聚酯

大规模工业化生产和应用最多的热塑型聚酯是PET（聚对苯二甲酸乙二醇酯）和PBT（聚对苯二甲酸丁二酯）。由于PET具有生产原料多、生产技术成本较低、产品综合性能优良、熔体成纤性好等优点，因此主要用于纺制纤维。但经过多年的发展，纤维市场趋于饱和，拓展PET在非纤维领域的应用十分必要。在国外，PET已被广泛应用于工程塑料。而PBT具有优异的综合性能，如结晶度高、可快速成型、耐候性好、摩擦系数低、热变形温度高、电气性能佳、力学性能优良、耐疲劳性好、可以超声波焊接等。

PET是乳白色或浅黄色聚合物，拥有优良的力学性能和较强的刚性，可在120℃高温下长期使用。PET的分子结构高度对称，具有一定的结晶取向能力，同时具备较好的成膜性，非晶态的PET塑料还具有良好的光学透明性。此外，PET塑料电绝缘性优良，耐摩擦性、抗蠕变性、抗疲劳性和耐化学药品性等也都很好。因此，PET在纤维、薄膜和中空容器等方面具有广泛应用。尤其是纤维方面，由于PET熔体具有优良的成纤性能，其纤维织物强度高、耐磨、弹性好，因而PET纤维在PET的应用中占据非常突出的位置。

PBT是五大通用工程塑料之一，已在汽车制造、电子电器、机械设备、仪器仪表等诸多领域得到了广泛应用。PBT与PET的化学结构相似，其熔点只差30℃，理论上具备共混的条件。此外，PBT还具有结晶度高、可快速成型等特点，非常适合用于弥补PET自身的缺陷，但其耐热性和流动性不如PET。

（5）PPO（聚苯醚）

PPO是五大通用热塑型工程塑料之一，是一种耐高温的热塑型非结晶工程塑料，与PC（聚碳酸酯）、POM（聚甲醛）、PA（聚酰胺）、热塑料型聚酯（PBT、PET）并称为五大热塑性工程塑料。PPO具有很高的玻璃化温度、良好的尺寸稳定性、良好的自熄性、低介电常数与低损耗因子、低吸水率、耐酸碱等优点，因此可以应用于电子电器、自动化机械设备以及国防、社会、民生的方方面面，也是新能源、新材料大纲要求开发的高性能热塑型工程材料。

PPO的颜色为土黄或琥珀色，外观为粉末状，其密度较小，玻璃化温度一般为210℃，熔融温度范围一般为257～268℃，分解温度高达350℃，热变形温度为190℃。PPO表现出良好的力学性能，同时耐溶性较好，且具有一定的溶解性。其拉伸强度和弯曲强度很高，优异的抗蠕变性能在所有的工程塑料中首屈一指，常用作耐高压绝缘材料。

12.2.3 改性塑料

改性塑料发展至今，已经凭借其良好的性能渗透至生产和生活的多个领域，并取得了良好的应用效果。改性塑料是一种新型的高技术产品，其发展应用对于工业、国防以及国民经济都有着极为重要的提升作用。尤其是改性塑料发展至今并未显现出明显的技术瓶颈，具有广阔的发展前景，现今各国都先后投入大量的资金用于改性塑料技术的研发和改进，以便获得性能更强的改性塑料。

（1）改性塑料的发展应用现状分析

改性塑料的制作原理是通过在通用树脂中按照一定的比例加入改性剂，并通过一系列的物理、化学或是机械的方法来改善通用树脂的各项性能，从而使得其在光、电、磁、热、抗老化等一项或是多项性能得到改善以满足日益发展的材料需求，改性后塑料获得良好的性能。在现今改性塑料的制作工艺中应用较多的仍然是在塑料中加入合金并采用填充或是复合压制等的方法来进行加工制作。在改性塑料的制作过程中主要涉及的有长玻璃纤维增强技术、共混与合金技术以及填充与纳米技术等。

（2）改性塑料的发展应用趋势

随着技术的发展，改性塑料的性能在不断提升，在众多的行业中都得到广泛的应用。

1）通用塑料的工程化

为做好改性塑料的应用，对一些通用的低温热塑性塑料采用填充、增强和发泡等技术手段，可以使热塑性塑料的力学性能和耐热性都得到大幅加强。对此，国外的一些专家学者认为，塑料的工程化能够极大地提升塑料的性能，随后就可以进行大范围的推广，使其在耐用塑料产品市场上获得一定的市场份额，包括汽车零配件、电子电器零件以及办公自动化产品等市场。

2）高性能工程塑料

高性能工程塑料主要是指对工程塑料采用“合金化”的方法进行处理，将工程塑料及其他一些塑料采用共混、接枝以及嵌段等方式进行组合，从而将各种塑料的性能进行有机结合，构建出一种新型的兼容多种高性能的塑料材料。自第一种高分子合金 PC/ABS 成功投产后，一些新型的塑料合金持续不断地被研发成功，并在工程领域得到了较为广泛的应用。

3）改性塑料的应用领域不断拓展

新技术的应用极大地推动了改性塑料的应用和发展，使得改性塑料阻燃性、合金化的水平得到不断的提升，其应用也从单一的工业领域逐渐向建材、电气等领域进行拓展。例如，改性 PP 塑料能够有效替代大理石的应用，因为其具有质轻、成本低、加工性好等特点。

（3）汽车用改性塑料的发展

目前，汽车工业的轻量化、节能环保和舒适度是人们最关注的，也是其未来发展的主要方向。在该改性塑料工艺不断发展的过程中，人们发现塑料有着很好的综合性能，而且价格实惠，于是逐渐被应用于汽车行业。随着我国汽车业“以轻代重”“以塑代钢”的普及，对汽车的节能、高速、安全等要求越来越高，对塑料的要求也水涨船高。因此，市场上出现较多的新型树脂和通过共混、共聚、复合等改性方法得来的高性能改性塑料，其应用性能十分好，应用范围也更广。以下介绍PPO、PA、PP、PC、POM、ABS等塑料的研究成果和其在汽车中的应用。

PPO（聚苯醚）具有良好的耐热性、电气绝缘性和物理力学性等特点，而且强度高、吸湿性低、尺寸稳定性好，可以说，它是在所有热塑型工程塑料中使用性能最好的。在解决PPO树脂熔融流动性差和玻璃化温度高的过程中，通常使用抗冲聚苯乙烯“合金化”或者掺混聚苯乙烯的方法对PPO进行改性。因为PPO合金解决了PPO开裂的问题，使其加工性能更加完善，而且也更好地展示了其电性能、热性能和力学性能，PPO合金被广泛应用于各个领域，比如电器零件、汽车仪表板、机械器具和内外装饰零件等。PPO/PA合金有良好的耐热性、尺寸稳定性和耐磨等特点，所以它在汽车工业中占有重要的位置。

近年来，为了保护自然环境，汽车业着重改善汽车CO_2的排放量和耗油量，使得汽车业对耐热材料的要求更高。平常使用的塑料在耐久性、耐热性和耐化学品性上都存在一定的不足，而传统的PA6T、PA9T、PA46等耐高温PA（聚酰胺）也存在吸湿且耐高温性能不完善的情况。因此，为了满足各大领域对材料耐高温性的要求，开发人员在PA材料耐高温方面做了很大的改进，特别是针对半芳香尼龙中共聚改性和新型的半芳香PA的合成方面进行了改进。同样，这也是当前耐高温PA的研究重点。DSM公司先行研发出以丁二胺为原料的PA4T，作为21世纪第一种新聚合体材料，它有着超强的无铅焊接兼容性、空间稳定性和高熔点特性，并且在温度升高时还具有相当高的机械强度和硬度，这也是电子产品集中化和市场小型化对材料提出高要求的表现之一。

在杜邦公司新开发的耐高温尼龙（HTN）中，有54G、53G、52G、51G四个系列。53G系列中苯环含量较少，所以杜邦公司把它划为高性能PA。这些高性能PA系列都具有高耐热性、低吸水性、高耐化学品性、高流动性、高韧性、高结晶性和高尺寸稳定性等强大的综合性能，是非常具有发展前途的新品种，也是最早应用在汽车零部件和表面贴装技术中的材料。

PP（聚丙烯）是用量非常大的一种材料，几乎占据了汽车塑料总用量的55%。如今，汽车业所用的PP塑料也正在快速向专用材料的高性能、多样化的方向发展，并且有逐步取代PVC、ABS和其他工程塑料的趋势。当前，汽车业中PP的主要研究方向是低散发、抗刮擦和长玻璃纤维等，而已经开发出来的新PP产品主要有低挥发性有机化合物（VOC）、低密度玻璃纤维毡增强热塑型复合材料（GMT）和长玻璃纤维增强聚丙烯（LGFPP）等。

PC（聚碳酸酯）是塑料产品中具有透明性能的改性产品，其具有相对较好的耐热性能、机械强度、耐紫外线辐射等。同时，性价比较好，具有用化学修饰和物理改性的潜力。因为具有独特的隔声性、轻量化、抗冲击性、隔热性、透光度和强度高等特性，所以PC被广泛应用于汽车车灯、车窗、内外饰、新型薄层车顶原型和车身等方面。当前，PC

正在向高功能化和合金化的方向发展。在发展过程中，PC/ABS 合金是发展速度最快、应用范围最广的，很多公司都相继推出了可电镀、耐紫外线、阻燃和玻璃纤维增强等多个 PC/ABS 合金新品种。

POM（聚甲醛）在汽车行业中有很大的潜在市场。POM 具有生产成本低廉、加工成型简便、质轻、材料性能与金属性能相接近等优点。但是，因为其具有缺口敏感性太大、抗冲击强度不好和低温过脆等缺点，所以不能被广泛应用。改性后的 POM 则具有刚性强、耐磨系数低等特点，因此适用于把手、汽车泵、安全带扣、万向节轴承、输油管、气化器部件、仪表板、动力阀、曲柄、汽车窗升降机装置和电开关等的制造中，是制造齿轮、轴套等耐磨零件的最佳选择。

随着汽车工业的塑料化和全塑化汽车的出现，塑料电镀的应用日益广泛，目前国内外已普遍在 ABS、聚丙烯、聚砜、聚碳酸酯、尼龙等塑料表面上进行电镀，其中尤以 ABS 塑料电镀应用最广、效果最好。

电镀后的 ABS 有以下性能的改善：耐溶剂性提高，抗紫外线老化和耐热等性能改善；装饰性好，不仅有金属感，而且耐磨；商品档次提高；耐腐蚀性、导电性和导热性都明显提高。经电镀工艺的表面金属化处理可以赋予 ABS 良好的金属外观，常作为金属的代替品用于汽车装饰。如图 12.2 所示为电镀 ABS 在汽车散热格栅与铭牌中的应用。

图 12.2 电镀 ABS 在汽车散热格栅与铭牌中的应用

ABS/PC 主要用在汽车和通信器材上，但近年来随着 ABS/PC 应用领域的日趋广泛，要求材料在多种场合具备适用性，许多场合除关注常规性能外，还要求材料具备其他的性能，如电镀、耐候性、吹塑、耐化学品性、抗水解性、亚光等。

12.3 汽车塑料先进企业

12.3.1 塑料合成技术先进企业

塑料发展日新月异，从全球来看，合成技术上的先进企业见表 12.1。

表 12.1 塑料合成 8 家著名企业

企业	产品
沙伯基础创新（Sabic）	聚烯烃、ABS、PC 等
科思创（Covestro）	PC 等

续表

企业	产品
巴斯夫（BASF）	聚烯烃、工程塑料、苯乙烯泡沫塑料、聚氨酯等
陶氏 - 杜邦（Dow-DuPont）	聚烯烃、聚氨酯、ABS、PC、工程塑料等
三菱化学	聚烯烃、聚苯乙烯、PC 等
三井物产株式会社（MITSUI）	聚烯烃等
巴塞尔工业公司	聚烯烃等
中国化工集团公司	聚烯烃、聚氨酯、聚酯、PC 等

12.3.2　塑料改性技术先进企业

塑料改性技术先进企业见表 12.2。

表 12.2　塑料改性技术先进企业

企业	产品
科思创	PC 系列、PC/ 苯乙烯合金系列等
巴斯夫	聚烯烃、聚酯等
巴塞尔工业公司	聚烯烃
塞拉尼斯	聚酯、POM 等
沙伯基础创新	聚烯烃、ABS、PC 等
金发科技	聚烯烃系列、PC 系列、聚氯乙烯系列、色母粒系列、PPE 系列、AES 系列、PLA 系列、PS 系列、ABS 系列、增强系列、PPS 系列、ASA 系列等
上海锦湖日丽	改性 PS、AS、ABS、AES、PC、PBT、PET、PC/ABS、PC/ASA、PC/AES、PC/PBT、PC/PET、PBT/ABS、PBT/PET、PA/ABS、PMMA/ABS、MPPO 和 SMA 等系列产品
上海普利特	聚丙烯（PP）高性能材料系列、苯乙烯共聚物（ABS）系列、聚碳酸酯（PC）合金系列、聚酰胺（PA）及热塑型聚酯（PBT）工程系列、液晶高分子（LCP）材料
上海日之升	改性 POM、改性 PP、改性 PA6/PA66、改性 PBT/PET、相容剂、无卤阻燃系列、合金材料系列等
南京聚隆	PA66、PA6、PP、PBT、PC、ABS、PPO/PA6 合金、PC/PBT 合金、PA/ABS 合金等
会通新材料	各类低散发材料、增强复合材料、高稳定阻燃材料、免喷涂材料、健康防护材料、特色功能材料等
广东银禧	PVC、PE、PP、ABS、PC、PS、PA、PET、PBT、TPE、LCP 等

12.4　塑料在汽车中的应用

现代汽车结构、性能和技术的重要发展方向是节能、减重、降低排放和提高安全性。汽车质量与能耗呈线性关系，而能耗又和尾气排放密切相关。因此，在保持汽车整体品质、性能和造价不变甚至优化的前提下，减重对节能环保和提升安全性意义重大。

如今，汽车生产已经模块化，除了车身采用高强度的材料外，很多部件都会尽可能采用轻量化、耐腐蚀、易加工、易成型、易维修更换的材料。塑料具有重量轻、比强度高等特点，因此使用轻量化工程塑料材料成为减轻车重的主要途径之一。它不仅可减少零部件约40%的重量，而且可以使采购成本降低。除了密度低以外，塑料材料易于加工着色、不会腐蚀和生锈、可绝热保温、成型容易且能够大批量生产，因此成为汽车内外饰零件的首选材料。

塑料在汽车上的主要应用包括内装件和外装件，主要使用的材料有PP、ABS、ASA、PE、PC/ABS、PA、PBT、PC、PU、PMMA、POM、PVC等。塑料制造的内装件主要有仪表板、中控台、门板、方向盘、座椅、扶手、内门拉手、手套箱、遮阳板、立柱面板和车顶内饰件等；外装件主要有前后保险杠、格栅、扰流板、挡泥板、门槛饰件、防擦条、车门把手、发动机进气歧管/散热器水池、油箱、左右翼子板、车轮毂罩盖和字牌等。汽车内外饰零部件使用的典型的材料类型见表12.3。

表12.3 汽车内外饰零部件使用的典型的材料类型

序号	零部件名称	使用的典型材料	备注
1	硬质仪表板	PP-TD	
2	软质仪表板骨架	PP-TD、PP-GF、ABS+PC	
3	软质仪表板泡沫层	PU、PP泡沫	
4	软质仪表板表皮	真皮、PU、PVC、TPO	
5	仪表板装饰条	ABS+PC、ABS	表面喷漆、水转印或IMD、INS等装饰工艺
6	出风口、杂物箱等仪表板附件	ABS、ABS+PC、POM、PA、PP-TD	
7	副仪表板	PP-TD、PP-GF、ABS、ABS+PC、PU皮、真皮、PVC皮、胶、油漆	
8	门内饰板	PP-TD、ABS、ABS+PC、PVC皮、胶、油漆	
9	立柱、门槛装饰件	PP-TD、PP/PE	
10	座椅	PU泡沫、真皮、PU皮、PVC皮、针织面料、PP、ABS、ABS+PC、PA	除金属骨架外
11	顶棚	PU玻璃纤维板、PP玻璃纤维板、针织面料、无纺面料	
12	地毯	针刺面料、棉毡、PU泡沫	
13	前壁板隔热垫	EVA、EPDM、棉毡、PU泡沫	
14	衣帽架	木粉板、PP玻璃纤维板、麻纤维板、无纺布面料、针织面料	
15	保险杠总成	PP-TD、ABS、ABS+PC、POM、ASA、PC+PET	
16	扰流板	ABS、PP-TD	
17	防擦条	PP-TD、ABS	
18	后视镜	ABS、PA、ASA	

PP在汽车领域的广泛使用主要存在两个问题：易燃烧（会滴落燃烧物）和低温环境呈脆性的特点。针对这两个问题，在工业的实际应用中会掺加合适的添加剂，进行PP改性。用PP制造的汽车用制品很多，包括各种仪表板、门护板、立柱护板、保险杠、水箱、装饰板，且在汽车上的应用有着增长的趋势（图12.3）。

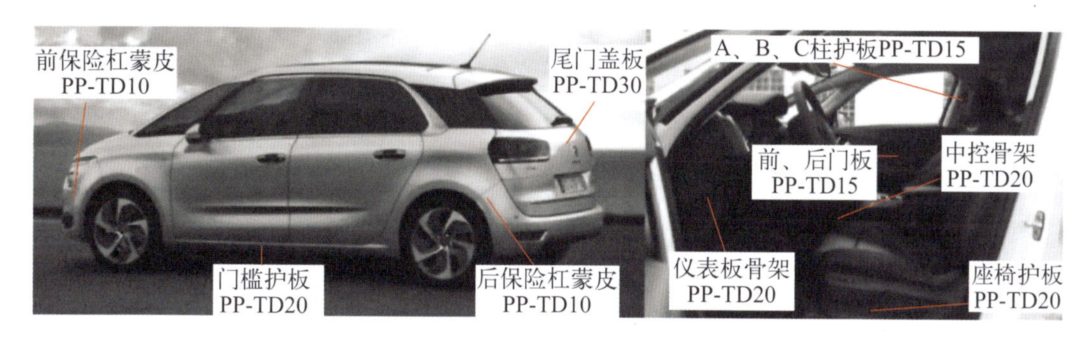

图12.3　PP的主要应用部位

PE（聚乙烯）的总体力学性能及耐温性能一般，制约了其在汽车领域上的广泛应用，但HDPE（高密度聚乙烯）作为高结晶度、非极性的塑料，具有不吸湿、蒸汽阻隔性好、熔体强度和韧性增强等特点，适合用吹塑工艺生产，在汽车中低温（<100℃）环境的复杂吹塑零件的应用上有着不可替代的地位（图12.4），如滤清器前的空气管路、油箱、风道总成等。

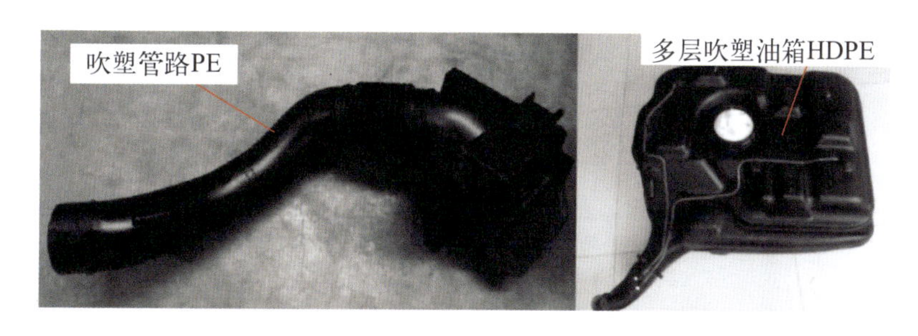

图12.4　PE应用在汽车吹塑件

PVC（聚氯乙烯）是多组分的塑料，由于各组分的含量不同，因此形成了各种力学性能差异很大的不同硬度的PVC颗粒，一般分为软PVC和硬PVC两大类。软PVC质地柔软、耐摩擦，绕曲弹性良好，吸水性低，易加工成型，有良好的耐寒性和电绝缘性能，耐酸碱。PVC主要应用于仪表板/门板蒙皮、塑料方向盘、塑料衬板和塑料汽车铺地材料。

ABS俗称超不碎胶，由于种类多、表面处理效果好且价格低，被广泛用于汽车领域。鉴于ABS的耐候性差，目前商用车中已经广泛使用高耐候的AES、ASA等材料替代ABS。当产品需要做表面处理（例如水转印膜、喷涂）时可选用ABS，而不需要表面处理时可选用ASA或AES。ABS在汽车中的应用包括散热器格栅本体、照明系统、轮毂罩、装饰亮条、换挡手柄头、牌照装饰板、后扰流板总成、后视镜本体、扶手等。

PMMA（聚甲基丙烯酸甲酯）俗称有机玻璃，耐室外老化，有极好的透光性，暴晒不会影响其透明度。机械强度较高，有一定的耐寒性、耐腐蚀性，绝缘性能良好，易溶于有机溶剂，尺寸稳定、易于成型，但质较脆，且表面硬度不够，易刮伤起毛，适用于有一定强度要求的透明结构件。由于其优异的透光性能和耐候性，PMMA 被广泛应用在汽车照明标志牌、车门玻璃和灯玻璃罩上。

PC（聚碳酸酯）在汽车领域主要用于制造灯罩（图 12.5），前组合灯配光镜普遍选用光学级 PC。近年来，随着材料技术的提升，PC 在汽车中的应用越来越多，例如作为三角窗玻璃、全景天窗玻璃等。考虑到刚性等因素的影响，PC 有机玻璃三角窗要比玻璃三角窗厚，而 PC 材料的密度是玻璃的一半，因此 PC 有机玻璃三角窗的重量约为玻璃三角窗的 2/3。三角窗玻璃对材料的雾度、耐刮擦、耐候性、耐化学品性、耐高低温等性能要求较高，而单独 PC 材料表面的耐刮擦、耐候性等非常差，因此用于三角窗玻璃时，PC 材料需要进行硬涂层处理，选用耐候性较好的硬涂层材料，然后进行热固化或者紫外固化（UV 固化）烧结涂层，一般而言采用热固化的效果更好。PC 另一个比较广泛的用途是用作光扩散材料，需要在 PC 中加入光扩散剂。

图 12.5 前照灯灯罩

PC 的优缺点比较明显，常用于与其他材料制成合金塑料，来改善材料的综合性能，如 PC/ABS 合金、PC/PBT 合金以及 PC/PET 合金等。PC/ABS 合金材料可以用在汽车内外门把手、左右轮罩护板、仪表挡板本体、耐高温电镀饰条、左右风框盖、中间风框盖、后保险杠缓冲垫等位置；PC/PBT 合金可以用在汽车保险杠、气辅成型门把手等位置；PC/PET 合金可以用在电镀格栅等位置。

PU（聚氨酯）广泛应用于汽车内饰和吸收振动的零部件上，如涂覆材料、聚氨酯硬质塑料板材、聚氨酯弹性体、座椅软泡沫材料、装饰件、沙发革、车顶饰品等，有隔振、隔声、降噪、保温隔热效果，还可制成车用聚氨酯涂料、黏结剂、密封剂等。汽车上的 PU 代表制件有仪表板、后视镜、保险杠、座椅软垫、头枕、方向盘、仪表板防振垫、支柱装饰件、前顶衬里、窗框架、顶棚与侧顶架装饰、门衬板、遮阳板、后顶架装饰等。

POM（聚甲醛），俗称塑钢，在汽车上用于制造仪表板手套箱附件、各种阀门（排水阀门、空调器阀门等）、各种叶轮（水泵叶轮、暖风器叶轮、油泵叶轮等）、各种电器开关及电器仪表上的小齿轮、各种手柄及门销等。

PA（聚酰胺），俗称尼龙，在内外饰部件中主要发挥其耐磨和刚性好的优点。工业上使用的 PA 种类较多，其中纯 PA66 主要用于卡扣、扎带和齿轮，PA+GF 材料更多地用在结构件上，如内开把手、后视镜底座、遮阳帘导轨等。

12.5 汽车内饰用塑料技术要求及应用案例

12.5.1 保险杠系统

保险杠系统包括前保险杠、后保险杠及散热器格栅，外露件材质基本以塑料为主。现在的汽车保险杠一般设计成由外板、缓冲材料和横梁三部分组成。保险杠外板材料即我们常说的蒙皮，一般用塑料材料制成，缓冲材料用塑料泡沫制成，横梁用冷轧薄板冲压成U形槽，外板和缓冲材料附着在横梁上。前、后保险杠的主要组成结构如图12.6和图12.7所示。

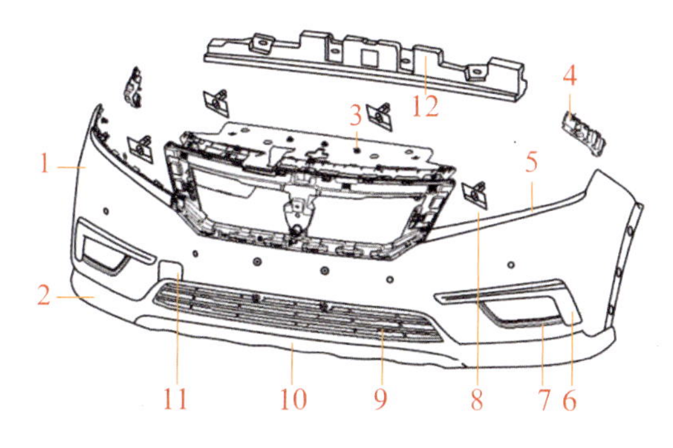

图12.6 前保险杠的主要组成结构

1—前保险杠上蒙皮；2—前保险杠下蒙皮；3—中部支架；4—侧边支架；5—上饰条；6—雾灯饰条；
7—雾灯盖板；8—雷达支架；9—下格栅；10—下护板；11—拖钩盖板；12—吸能块

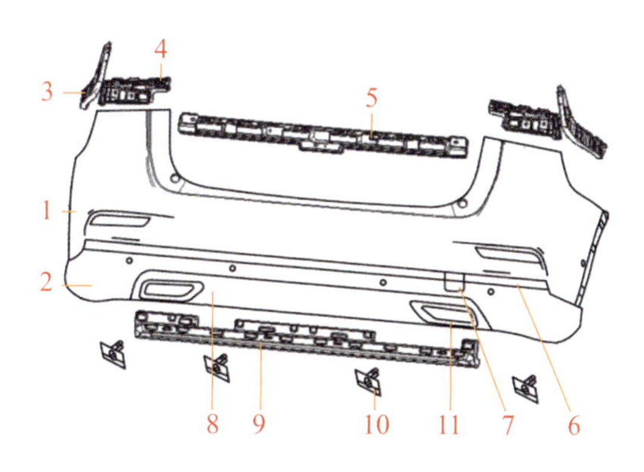

图12.7 后保险杠的主要组成结构

1—后保险杠上蒙皮；2—后保险杠下蒙皮；3—侧边支架；4—尾灯支架；5—中部支架；6—饰条；
7—拖钩盖板；8—下护板；9—吸能块；10—雷达支架；11—排气管饰框

12.5.2 保险杠

保险杠在整车结构中起着十分重要的作用。从安全上看，汽车发生低速碰撞事故时能起到缓冲作用，保护前后车体，而在与行人碰撞时，可有效降低被撞行人腿部受伤害的程度；从外观上看，具有装饰性，是体现整车外观美学的重要部位；在功能方面，保险杠也为其他功能部件如灯具、牌照、雷达等提供有效的支撑和定位。保险杠除了需要满足自身的功能性、可靠性及安全性等基本要求外，也要满足客户、环境、周边零件及各地方性法规的要求。

保险杠蒙皮需要防撞、吸能，应具有超高的耐冲击和韧性；同时由于汽车外部工作环境比较恶劣，要求能够耐高低温、耐老化和耐腐蚀；又由于其尺寸比较大，制造时成型困难，表面易形成流痕、熔接痕，这就要求材料具有较好的流动性、较好的尺寸稳定性和优良的成型性能；作为外观件，常需要表面喷涂以配合整体造型效果，需要材料有较好的涂装性能；保险杠材料用量大，经济成本也是选材时一个十分重要的因素，选择价格相对低廉、密度较小的材料可以有效降低使用成本。综合这些要求，最适合的材料是PP+TPE+TX，主要用于制造保险杠的蒙皮及其附件，以及保险杠的系统附件。其中PP为保险杠蒙皮的基体聚丙烯，TPE为热塑性弹性体，包括EPDM（乙烯、丙烯及非共轭二烯烃三元共聚橡胶）/EPR（乙烯 - 丙烯橡胶）/POE（聚烯烃弹性体），能够提高保险杠外罩的弹性，而TX的含义是材料中加上一定量的滑石粉，主要作用是提高保险杠外罩的刚度。

此外，安装受力支架需要比较好的尺寸稳定性和较强的力学性能，因此采用工程塑料聚甲醛（POM）或者PP+30%GF。除了以上常用材料外，PC/ABS、PBT等材料也可用于保险杠的生产与制造。PC/PBT合金力学性能好，尤其冲击强度远超PP制的保险杠。Sabic公司的Xenoy系列PC/PBT合金不仅能承受碰撞，而且车体与保险杠经过涂装（以使保险杠与车体保持同一色泽）时，能耐155℃（30min）的烘烤干燥。巴斯夫公司的Ultrablend系列PBT/PC合金不仅具有PBT的耐化学品性、耐油性及流动性，而且具有PC的低温韧性、耐热性及高力学性能。

12.5.3 下护板

对于SUV，前后保险杠经常设计成包含下护板的结构，下护板可以减少轿车行进中的阻力，美观汽车造型，同时保护车体。下护板选材基本和保险杠蒙皮材质相同，以增韧PP+TALC（滑石粉）为主（图12.8）。传统下护板选用喷漆工艺，工序复杂，成本高，污染大，碰撞后掉漆的现象明显。近年来，随着免喷涂技术的发展，越来越多的主机厂开始选用免喷涂的下护板。

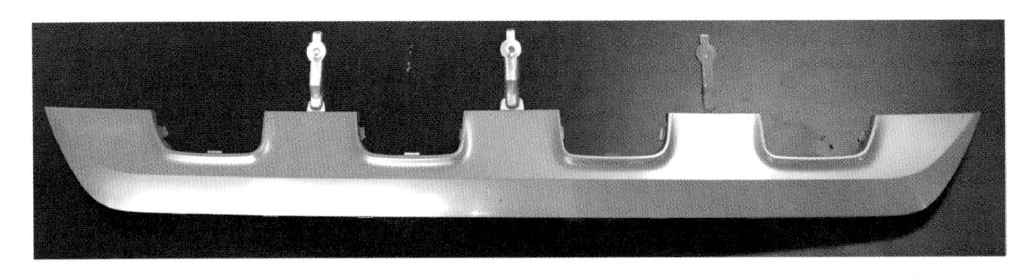

图12.8 免喷涂的PP+TALC下护板（锦湖日丽PP+12T）

12.5.4　散热器格栅

散热器格栅也属于保险杠的重要元素，是外部工作件。格栅的主要作用有以下几个方面：① 保护功能，保护水箱、保护发动机舱内的部件，避免受外物撞击；② 进气功能，发动机工作需要空气，发动机是否能吸入更新鲜的空气，是影响发动机燃烧是否充分的一大要素，因此进气格栅的设计要保证足够的空气能够进入发动机舱；③ 散热功能，冷却发动机和水箱；④ 改善发动机舱内的涡轮，优化空气动力学，降低风阻，改善燃油经济性；⑤ 装饰功能，掩盖发动机舱内部的机械结构件，形成品牌自己的风格，如今已衍化为家族化设计的代表特征之一，不同品牌汽车的散热器格栅外观都有各自的特点，具有很高的识别度。现在，不少车型在格栅上大量运用高亮电镀、柔光电镀、烫印等元素，让格栅在外观上更容易成为大众的视觉焦点。

图 12.9　现代起亚智跑散热格栅喷漆（锦湖日丽 ABSK7050）

图 12.10　广汽传祺高光免喷涂 ASA 格栅（锦湖日丽 ASAXC811G）

由于格栅本体尺寸较大，直接暴露在户外，同时还要结合喷漆、电镀等多种后加工，因此要求原材料具有一定的刚性、韧性、耐温性、耐候性，同时具有优良的流动性、尺寸稳定性以及良好的喷涂性能。格栅的选材会因其表面处理状态的不同而有所差异。对于亚光免喷涂的格栅，应选用耐晒性能好的 ASA 或者抗 UV 级改性 PP 材料；如果格栅喷漆后可以忽略基材自身颜色，则选用喷漆附着力更好的 ABS、ABS/PC、PC/PET 或者喷涂级改性 PP 材料；如果考虑烫印特性，则推荐使用高耐候 ASA。PP 增强改性材料的主要优点是性价比高，但强度和尺寸稳定性低于 ABS、PC+ABS、ASA 等材料，着色性偏差，喷漆附着力与上述几种材料相比也较差，故对于尺寸较大的格栅或者对刚度有特别规定的产品，推荐使用耐热 ABS、PC/ABS 等材料。近几年来，高亮成为格栅设计的一个趋势，高光免喷涂 ASA 以及 PMMA/ASA 钢琴黑免喷涂材料符合汽车外观设计要求，且可以大幅降低零件成本，受到中端和低端市场的青睐（图 12.9～图 12.13 和表 12.4）。

图 12.11　Jeep 电镀 PC/ABS 格栅（锦湖日丽 HAC8244）

图 12.12　锦湖日丽高光钢琴黑 PMMA 合金结合烫印用于格栅 1

图 12.13　锦湖日丽高光钢琴黑 PMMA 合金结合烫印用于格栅 2

表 12.4　格栅本体主要选材方案及特点

材料	特点	应用	综合成本
ABS 喷漆	外观靓丽，喷漆良率高	中高档轿车	中
PC/ABS 喷漆	综合性能好，耐热高	中高档轿车	较高
PC/PET 喷漆	耐热高	中高档轿车	高
电镀 ABS	金属外观，镀层结合力高，耐久性好	中高档轿车	中
电镀 PC/ABS	金属外观，镀层结合力高，耐久性好	中高档轿车	高
高耐候 ASA	免喷涂，成本低	低中高档轿车	低
高光 ASA	免喷涂，高光泽，成本低	低中高档轿车	低
PMMA 合金	免喷涂，高光泽，成本低	低中高档轿车	中
PP+TALC	免喷涂，成本最低，强度比上述材料低		

12.5.5　饰框（条）

饰框（条）的材料可根据外观效果进行选择。对于高光注塑外观零件，在选材时，不同材质高光注塑材料的光泽、色调有所不同，需要和设计师充分沟通，以便造型外观和材质匹配。使用电镀工艺时，考虑到电镀层的附着力和成本，一般选用 ABS；如果对强度或耐冲击性有特别需求，或者工艺过程中产品形状保持力比较差，可以选用 PC+ABS。

12.5.6　拖车钩盖板

若拖车钩盖板是喷漆件，一般选用 PC+ABS，它有更好的机械强度（尤其对于按压式盖板而言）和小圆角处的涂料附着力。若拖车钩盖板是免喷件，考虑到不同基材的色彩匹配较为困难，则一般选用和盖板周边零件相同的材质，如 ASA 或者 PP 改性材料。

12.6　塑料在汽车外观设计上的应用

12.6.1　汽车外观设计对塑料的要求

塑料在汽车零部件领域被广泛采用，从内装件到外装件以及结构件，塑料制件的身影随处可见。汽车材料应用塑料最大的优势是减轻车体的重量，但从汽车使用的材料来看，无论是外饰件、内饰件，对零部件的使用功能、结构和设定的性能标准，都对不同材料有着不同的要求。在材料满足各性能指标的情况下，对内外饰的外观要求越来越高。

12.6.2　塑料基材对颜色的影响

塑料基材不同，则对同一颜色的呈现也会不同，比如对于同一颜色，ABS 会比 PP 更亮。在设计某个部件的时候，需要了解不同基材对颜色的影响。

12.6.3　塑料基材对纹理的影响

纹理是提升塑料表面质感的重要因素之一。汽车内饰大量使用纹理加工技术以呈现整体的外观风格。不同材料制件与相同纹理的搭配，以及不同纹理在同一材料上的匹配，在 CMF 设计阶段是值得关注的。

图 12.14　密集盲孔皮纹

（1）同一塑料基材对不同纹理的选用

选用纹理需结合材料的特性，不同材料有不同属性。比如皮纹在软触感材料上的表达，纹理的粗细与深浅对触感有很大影响。同一种触感的 PP 材料注塑出不同纹理，如图 12.14 所示的密集盲孔皮纹的触感就没有如图 12.15 所示的立体凸块细皮纹好。

（2）同一纹理在不同塑料基材上的不同表现

同一纹理用在不同塑料基材上，会呈现不同的外观效果。结合纹理的外观效果了解基本的材料特性，对 CMF 产品设计有很大的帮助。如图 12.16 所示为同一纹理在不同塑料基材上的外观呈现。

图 12.15　立体凸块细皮纹

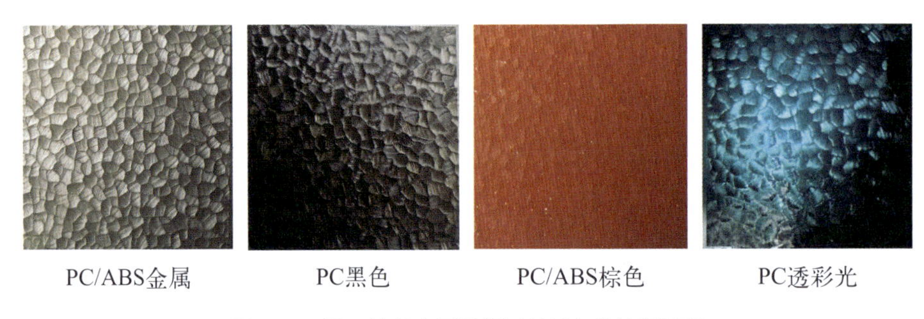

图 12.16 同一纹理在不同塑料基材上的外观呈现

12.6.4 美学塑料在 CMF 复合外观中的视觉竞争

汽车在绿色、环保、舒适的趋势发展下，美学塑料以其低气味、低 VOC、一次性成型等环保便利性的优势在汽车中得到越来越多的应用。美学塑料能实现的外观质感效果包括金属、珠光、闪烁、玉石、布纹、岩石纹理等，兼具外观和使用便利，为产品创造巨大的差异化和附加值（图 12.17）。

图 12.17 塑可丽® 可实现的外观质感

12.6.5 美学塑料 CMF 视觉竞争在汽车内外饰上的创新应用

CMF 设计是提高汽车整体美观与舒适的关键，通过色彩搭配、优良选材、精致工艺来体现整车品质。在智能化驱动下，汽车新材料、新工艺不断提升，装饰件已不再是单纯的装饰，而是随着外观与新材质、新工艺结合，外观集装饰和功能于一体，比如创新纹理结合透明、透光材质与照明装饰功能，铜色金属饰件的穿插，以及棉、麻等天然纤维、可回收环保纤维等，打造复合外观的视觉竞争方案。

随着汽车行业进入智能车时代，汽车不再拘泥于传统的内饰风格，内饰从单纯的装饰性变为装饰 + 功能性，带来的趋势包括：① 轻量化，材料及表面相比于传统设计更小、更轻；② 设计自由度，智能表面消除了传统的设计约束；③ 照明，智能表面集成照明使之更具科技感；④ 功能性，智能表面更直观的界面，触摸敏感，具有耐指纹、自修复等功能；⑤ 装配简单，智能表面的集成性使得零件更少，装配容易，更加经济。

汽车内饰材料在绿色、环保、舒适的趋势下也有所发展，如免喷涂材料以低气味、低

VOC、环保等优点在汽车内饰中应用越来越多。智能车的新技术发展将会带动创新材料发展，美学塑料在汽车上的创新应用前景广阔（图 12.18）。

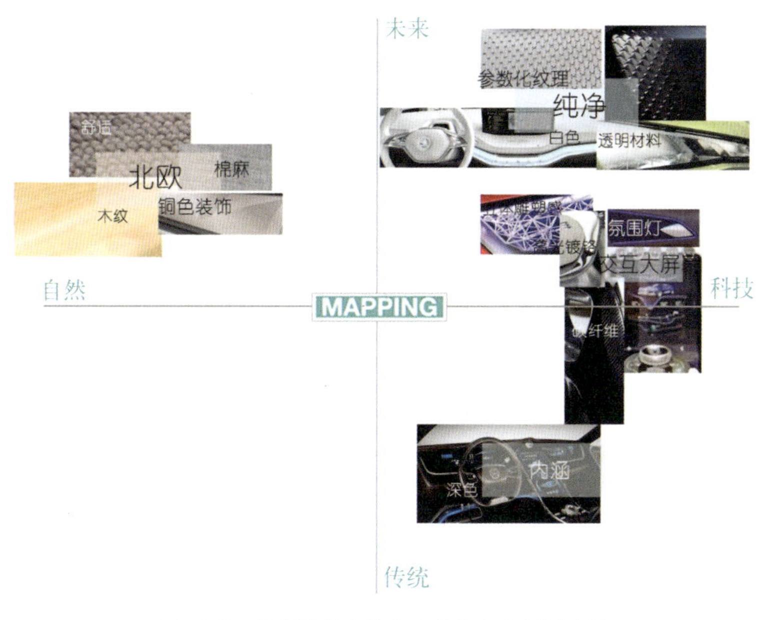

图 12.18 美学塑料在汽车内外饰上的创新应用

创新应用 1：近几年，随着运动风潮的火热，具有玩趣、活力且带有一定科技感的动感内外塑料装饰件趋势明显（表 12.5）。

表 12.5 创新应用 1 材料使用工艺及部位

材料	ASA、PP、ASA/PMMA、PC/ABS、ABS 等
工艺	新型免喷涂、特殊效果粒子注塑（代替：喷漆）
使用部位	外饰顶盖饰条、外立柱、三角窗饰板、内饰门板饰条、其他饰条等

活力动感通过鲜活明亮的色块在汽车装饰件上的点缀和穿插来彰显，更好地体现车型智能化、科技感、玩趣性等新潮流（图 12.19 和图 12.20）。

图 12.19 应用场景（外饰）

图 12.20 应用场景（内饰）

创新应用 2：对于较暗颜色的外观表现。近几年来，消费者开始追求低调的变化，比如又黑又亮的闪烁质感、深灰色闪烁质感、弱金属质感等，具有一种低调的高级感（图 12.21、图 12.22 和表 12.6）。

图 12.21 创新应用 2（外观）

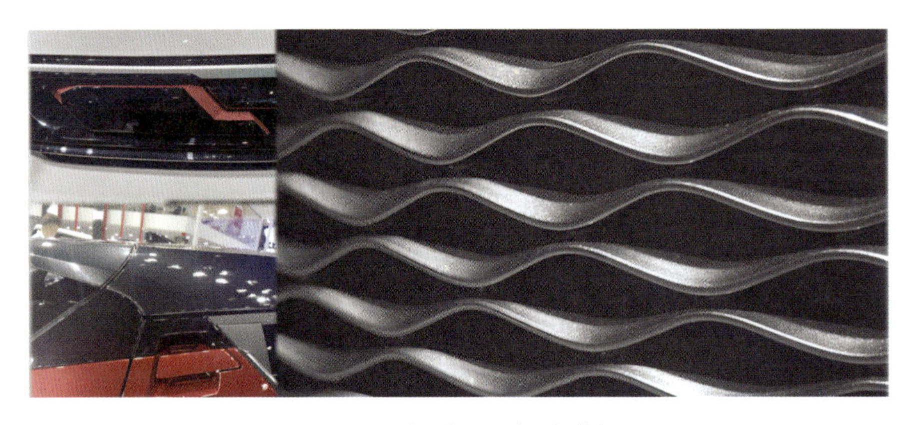

图 12.22 应用场景 2（零部件）

表 12.6　创新应用 2 材料使用工艺及部位

材料	ASA/PMMA、ABS、ASA、PP 等
工艺	新型免喷涂、特殊效果粒子注塑（代替：喷漆）
使用部位	外饰顶盖饰条、外立柱、格栅、雾灯盖板、保险杠、内饰装饰面板等

创新应用 3：汽车内饰的金属饰件在色泽上已经从传统的银色拓展为有色金属质感，如铜色系、香槟色系、金色系等，结合半亚光到亚光，能更丰富地体现有色金属的质感（图 12.23、图 12.24 和表 12.7）。

图 12.23　创新应用 3——金属质感 | 半亚光

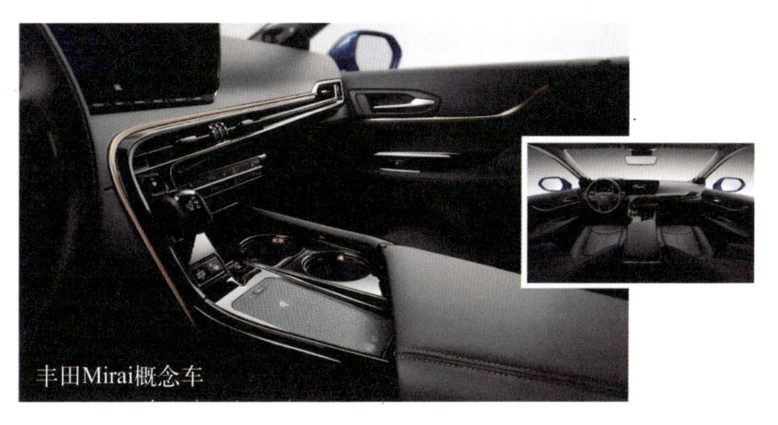

图 12.24　应用场景

表 12.7　创新应用 3 材料使用工艺及部位

材料	PC/ABS、ABS、ASA、PP、ABS/PMMA、ASA/PMMA 等
工艺	新型免喷涂、特殊效果粒子注塑（代替：亚光电镀、喷漆）
使用部位	外饰饰件、内饰装饰条、装饰面框、装饰件等

创新应用 4：如今的车型越来越强调智能科技风，其汽车纹理运用更为丰富的几何元素来诠释科技主题，纹理以多种形式组合呈现，如渐变式、发射式、环绕式等。在具有金属质感的前提下，结合科技纹理以及排列形式可以表现出更高级的金属饰件质感（图 12.25、图 12.26 和表 12.8）。

图 12.25 创新应用 4——金属质感 + 科技纹理

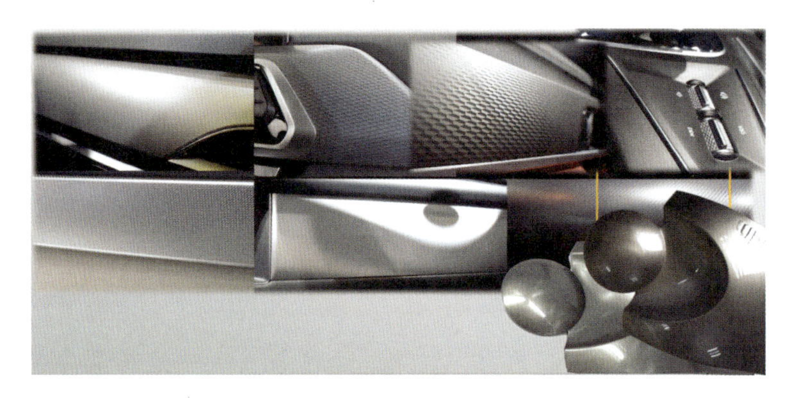

图 12.26 金属 + 科技饰件应用场景

表 12.8 创新应用 4 材料使用工艺及部位

材料	PC/ABS、ABS、ASA、PP、ABS/PMMA、ASA/PMMA 等
工艺	特殊效果粒子注塑 + 复合纹理（代替：电镀、喷漆、IMD）
使用部位	IP 饰条、门板饰件、仪表板及局部饰件等

光投射到金属材质后会出现发散现象，且反光性很强，车大灯内部常常做成反射性强的钻石纹，来仿造这种装饰效果。车灯灯组逐渐从实用性向实用性与装饰性兼具的方向发展。新材料、新工艺融入设计中使车灯灯组更加科技化、智能化、未来化（图 12.27、图 12.28 和表 12.9）。

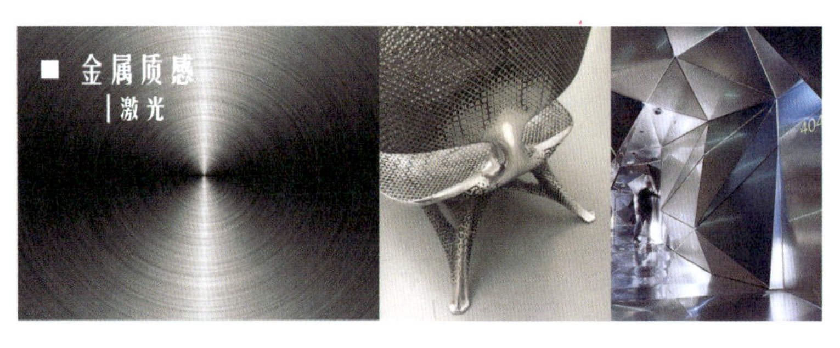

图 12.27 金属质感 + 激光纹理

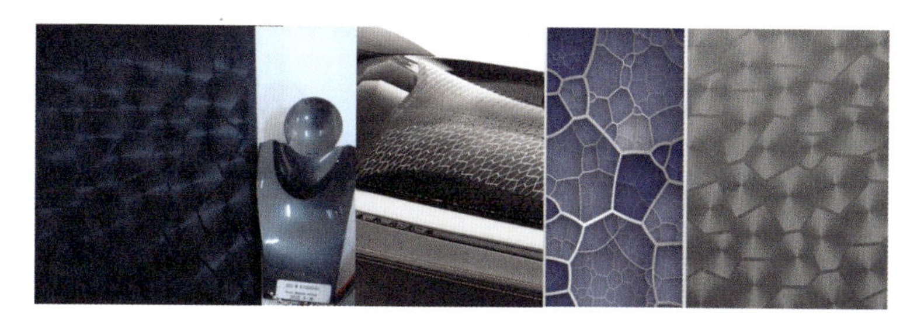

图 12.28　塑可丽®美学塑料金属灰系列 / 金属银系列 + 激光纹理

表 12.9　创新应用 4 材料使用工艺及部位

材料	PC/ABS、PC
工艺	特殊效果粒子注塑 + 复合纹理（代替：电镀、喷漆）
使用部位	内饰装饰件、灯内表面装饰件

创新应用 5：如今智能车内饰的灯光不再是单纯的氛围灯，而是以光的概念进行多维化设计，更多地通过人的视觉、触觉等感官感受与真实事物加以联系，更加突出并强调人与物的互联，进一步增强虚拟人机交互的真实感，最大限度地扩展用户界面的直观性、交互性、协作性及趣味性。设计师将灯光结合新型材料，以立体形式体现更强烈的空间感，使人仿佛置身于科幻世界中（图 12.29、图 12.30 和表 12.10）。

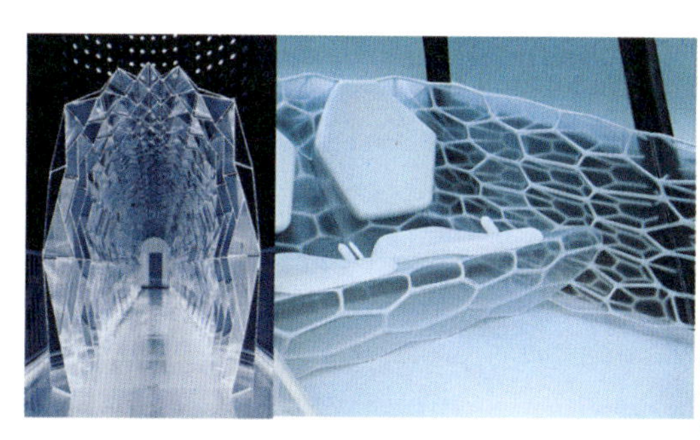

■ 透明材质
| 导光渐变

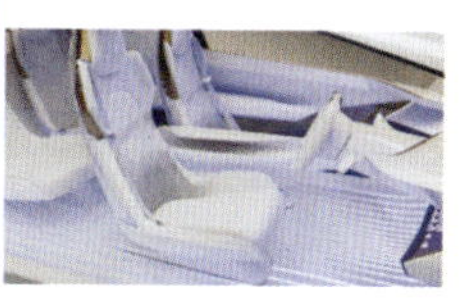

图 12.29　创新应用 5——透明材质（导光渐变）

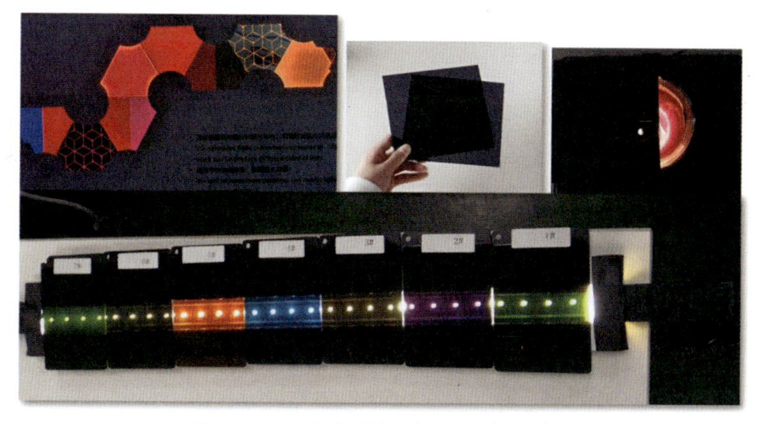

图 12.30　黑色制件投射出不同颜色的光

表 12.10　创新应用 5 材料使用工艺及部位

材料	PC/ABS、ABS、PP 等
工艺	特殊效果粒子注塑＋复合纹理（代替：织物包覆）
使用部位	IP 饰条、门板饰件、仪表板及局部饰件等

如图 12.31 所示为结合激光科技纹理的效果。

创新应用 6：汽车内饰材料正向着绿色、环保、舒适的方向发展。在内饰风格上，通过对洋麻、棉麻及原木等材料的应用，体现出“崇尚自然”的设计理念，在低碳环保、节能减排的大趋势下，对材料、技术及工艺进行了提升，将整车内饰营造出舒适自然、返璞归真的氛围，内敛又不失庄重，给人安宁平和之感（图 12.32 和图 12.33）。

图 12.31　结合激光科技纹理的效果

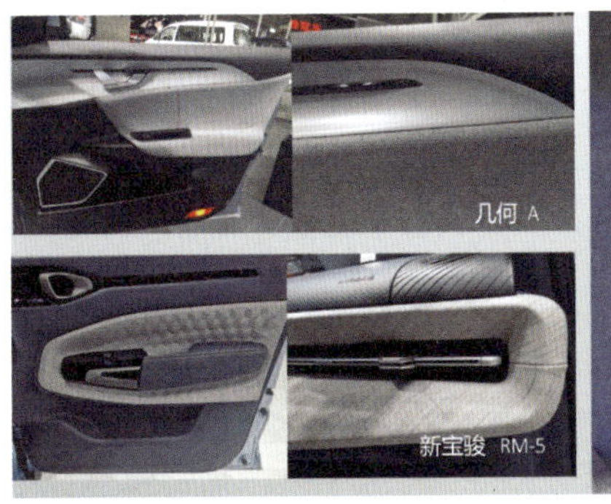

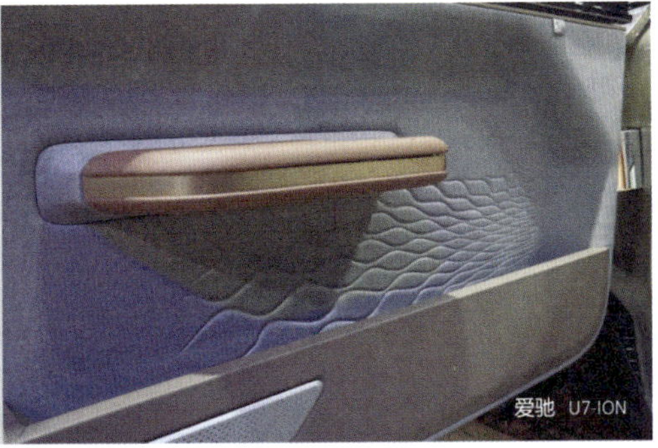

图 12.32　创新应用 6——自然纹理（仿布纹）

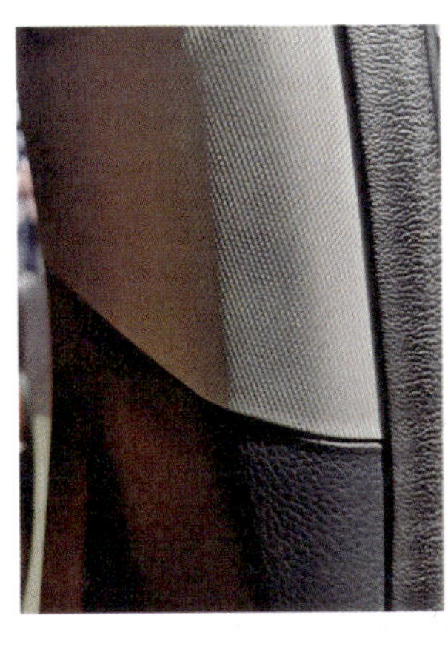

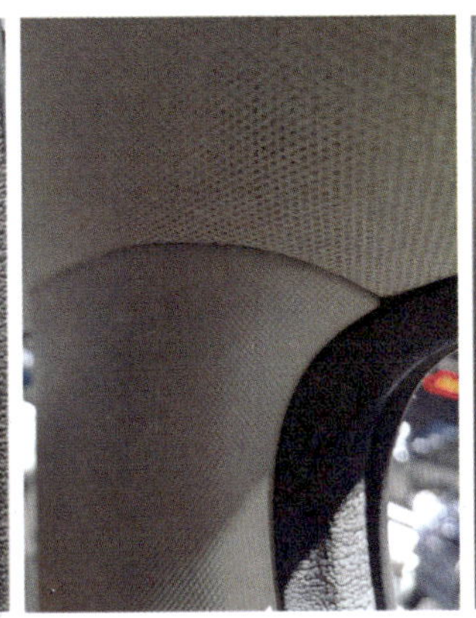

图 12.33　自然纹理 I 仿布纹应用场景

仿布纹的传统应用主要是汽车内饰立柱护板和搭配顶棚面料，但装配起来依然存在塑料质感明显、与顶棚存在色差、纹理不匹配的外观精致感问题。如今，新技术优化了仿布纹的外观效果，如在新宝骏 E200、长安 CS75 等自主品牌车型中，出现了使用免喷涂工艺的编织纹（图 12.34～图 12.37）。

图 12.34　应用场景：新宝骏仪表板

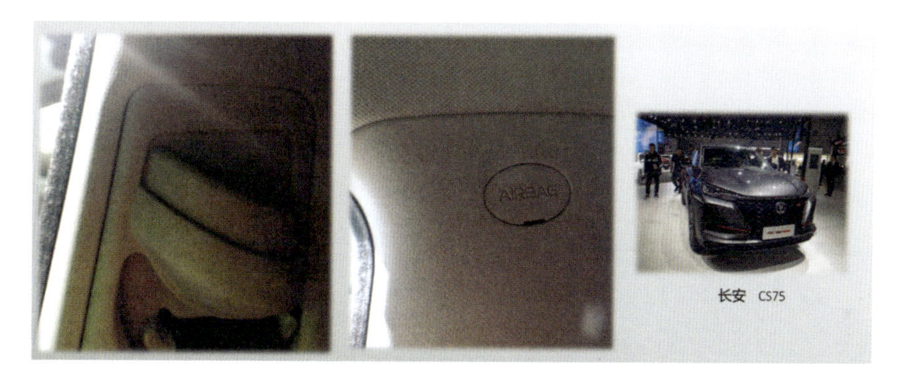

图 12.35　应用场景：长安 CS75 内立柱护板

图 12.36　塑可丽®仿布纹：绒灰效果

图 12.37 塑可丽®仿布纹：亚麻纤维

自然纹理 | 仿石纹：大理石在汽车内饰中属于个性化外观效果，根据内饰设计风格，应用大理石可以体现简洁、质朴的自然家居风格（图 12.38～图 12.40 和表 12.11）。

图 12.38 自然纹理（仿石纹）

图 12.39 自然流动的大理石纹

图 12.40　杂点粒子石纹

表 12.11　创新应用 6 材料使用工艺及部位

材料	PC/ABS、ABS、PP 等
工艺	特殊效果粒子注塑 + 复合纹理
使用部位	IP 饰条、门板饰件、仪表板及局部饰件等

Ecoblend® 大理石纹环保材料的设计灵感源于自然流动的大理石纹，通过特殊的塑料粒子形成浓淡相宜的仿自然纹理，流动代表生生不息，诠释着 Ecoblend® 环保再生材料的理念（图 12.41）。颜色主题来自中国水墨画的意境，自然流动，朦胧优雅，体现传统中国审美情趣的色彩及质感。

图 12.41　用于座椅背板的 Ecoblend® 环保材料

自然纹理 | 仿木质感：木纹类作为汽车内饰装饰纹理，最具有代表性且最具有历史性（图 12.42、图 12.43 和表 12.12）。

图 12.42 自然纹理（亚木）

图 12.43 木纹

表 12.12 创新应用 6 材料使用工艺及部位

材料	PC/ABS、PP 等
工艺	特殊效果粒子注塑 + 复合纹理
使用部位	IP 饰条、门板饰件、仪表板及局部饰件等

12.7 汽车塑料的发展趋势

12.7.1 塑料未来的技术发展趋势

（1）通用塑料的工程化

随着石油化学工业的飞速发展和高分子合成技术日趋成熟，PE、PP、PVC、PS 和

ABS已成为最主要的几种塑料，广泛应用于日常生活及国民经济各领域。然而上述大品种塑料存在耐热性差、强度低、模量低等缺点，无法用作工程构件，因此在现实应用中则需要综合性能优良或具有某些特殊功能的高分子材料替代金属材料。开发高性能工程塑料是一个重要发展方向，通用塑料的高性能化是当前材料开发中一个带有普遍意义的重要课题。

通用塑料高性能化的具体方法包括：将大品种塑料进行填充、增强、接枝、交联、共混等，质量有较大的提高或功能化，使之替代普通工程塑料；用通用塑料对工程塑料进行改性，提高工程塑料的某些性能，扩大应用领域或应用范围；用通用塑料对高性能工程塑料进行改性，改善高性能工程塑料的加工性能和经济竞争能力。

（2）工程塑料的高性能化

国内汽车、电气电子、通信和机械工业的蓬勃发展，对工程塑料如PC（聚碳酸酯）、PA（聚酰胺）、聚酯（PBT、PET）、PPO（聚苯醚）等提出了更高的性能要求。例如，用作节能灯底座的塑料要求耐高温、耐黄变；用作芯片托盘的塑料要求耐挠曲、抗静电；用作电子接插件的塑料要求高阻燃、高耐热、高流动；用作机械齿轮的塑料要求耐磨、高刚性、高尺寸稳定性等。工程塑料高性能化已成为一种趋势，如何通过物理、机械等方式改善工程塑料性能，如何提高材料的介电性能等，都是重要的研究方向。

（3）特种工程塑料的低成本化

特种工程塑料（SEP）就品种而言一般包括聚砜、聚醚砜、聚芳酯、聚邻苯二甲酸胺、聚酰亚胺、聚醚酰亚胺、聚酰胺亚胺、液晶高分子、聚苯硫醚和聚醚醚酮等。与通用工程塑料相比，特种工程塑料具有更高的热稳定性，比如有较高的熔点、玻璃化温度、热变形温度和连续使用温度，同时具有优良的耐化学品性和辐照及燃烧性能，此外还改善了刚度、强度、韧度、蠕变、磨耗和疲劳等力学性能。

特种工程塑料目前已广泛用于电气电子、交通运输、机械制造和医疗器械以及航空航天、核电等领域，但由于成本一直居高不下，很大程度上限制了其应用。因此，降低其成本成为需要解决的紧急问题。

（4）纳米材料技术给改性塑料带来新机遇

在塑料生产中，纳米材料同样可以添加到塑料材料中，对增强材料性质起到至关重要的作用，给改性塑料带来了新的机遇。例如，热塑性材料是指能够在一定的温度范围内进行加热软化和降温硬化的塑料，在各个领域都有着很好的应用效果，还可以通过把无机颗粒添加到塑料中的形式来降低生产成本，同时能够增加颗粒超维系技术在表面性能改造中的应用效果，进而对通用塑料的韧性、功能性等方面起到增强的作用。以往给塑料增加韧性的方式是在塑料基体中增加橡胶之类的材料，这种方式虽然能提高塑料的韧性，但同时材料的强度和可塑性也大大降低。

现今，纳米技术已经渗透到塑料改性的许多方面，促进改性塑料的高性能化，例如提高塑料材料的冲击抵抗性和韧性。纳米技术在塑料中的应用还需要得到更多重视，才能投入实际生产，给人们的生活带来便利。

（5）改性塑料的环保意识

随着全球环保意识的日益加强，消费者对塑料制品的阻燃要求越来越高，使用无卤、低烟、低毒的环保型阻燃剂已成为越来越普遍的要求。目前国内塑料改性阻燃剂中，近80%为含卤阻燃剂。2003年2月，欧盟出台了ROHS和WEEE两个环保禁令，除限制卤素化合物外，还对银、镉、汞、六价铬等重金属实行限量管制。

此外，在我国塑料消费量不断增长的情况下，塑料废弃物的合理处置对环境保护及资源再生方面的作用和影响日趋突出，作为一个新兴产业，其行业规模正在不断发展壮大，对我国经济、社会持续健康发展具有重要的现实意义。塑料与环境的关系问题及塑料再生利用已成为全社会关注的热点，在当今构建和谐社会、环保节约型社会、重视环境保护和资源再生的政策环境下更应引起足够的重视。

生物塑料具有可再生性，十分环保，应受到更多的重视。生物塑料的原材料为原生态植物，比如玉米、小麦等粮食作物都可以作为生物材料的生产原料。由于采用的原材料为原生态植物，生物塑料材料基本杜绝了未完全反应的小分子有害物质，因此其应用于新能源汽车内饰的前景十分广阔。应用生物塑料材料为内饰的车内，VOC挥发量会大幅度减少，且生物塑料材料能够分解并回收再利用，因此，生物塑料材料的环保性能要远远高于免喷涂塑料。随着科技的发展进步，部分国外企业开始将研究的方向转向生物塑料材料的应用，用相应的生物塑料材料替代传统的汽车内饰应用材料，例如，应用用糖发酵的生物材料进行汽车内饰的制造。随着生物塑料材料技术应用水平的不断提升，新能源汽车的制造将逐渐环保化、低碳化。

12.7.2 塑料在感觉（视觉、触觉、听觉、嗅觉）竞争方向的技术探索

（1）免喷涂美学塑料技术

美学塑料是一种通过一次成型即可实现制品靓丽外观的塑料材料，可以实现的外观包括金属、珠光、闪烁、玉石、布纹、岩石纹理等诸多效果，并且还在不断扩展。美学塑料不是染色塑料的简单升级，而是将色彩美学、材料技术、塑胶成型和模具技术多层次整合而生的新技术产物，颠覆了大众对于塑料廉价、简陋的认知，已成为极具潜力的塑料应用新领域。

美学塑料无须二次加饰，更便利、高效、环保，成型方法包括但不限于挤出、注塑和吹塑。这种材料可以应用于家电、小家电、交通、净水、热水器、开关、灯具、运动医疗、日化、美妆、玩具、娱乐、家装等众多领域，兼具外观和使用便利性，为客户产品创造了巨大的差异化和附加值。

美学塑料最大的优势就是可以为产品赋能。以往，产品设计师对材料的特性缺乏专业知识，而材料供应商也不清楚产品设计师的意图，只能被动响应。双方实际上各自在“黑箱”中工作，互不了解。而采用了美学塑料后，其特点决定了在产品设计之初，双方就需要紧密沟通。这就打破了“黑箱”，使材料供应商提前介入产品设计，既提升了效率，也能为产品赋能。

此外，在二次加饰的耐刮擦、耐候性能等方面，美学塑料还有很大的发展空间，是一种正在快速成长的品类。

（2）塑料触感

触感是人们通过手或皮肤接触材料表面而产生的触觉感受，材料表面组织构造方式直接影响材料的触觉质感，材料表面细微肌理的不同构成形式也会给人们带来不同的触感。同时影响触感的因素还包括材料表面的硬度、密度、温度、黏度、湿度等物理属性，使人产生不同的触感主要取决于不同材料各种物理属性的综合作用。

用于汽车内饰的材料要达到软触感效果，材料的邵氏硬度要低于 52D。对于改性聚丙烯复合材料，影响其触感的因素主要是制件表面的内部结构、硬度、黏度等其他力学性能。制件硬度越低，弹性越大，触感越柔软，但材料硬度过低会影响其使用性能，尤其是耐刮擦性能。目前，车用聚丙烯硬度较大、弹性较小，不能达到软触感的效果，因此为获得软触感，一般会在制件表面包覆一层软制 PVC、PVC/ABS 合金、PU 等材料制备的蒙皮（图 12.44）。另一种方式是通过二次注射成型的方法在聚丙烯骨架上包裹 TPE 热塑性弹性体，但这种做法不仅会导致工序变复杂、成本上升，而且这些软制的 PVC、PVC/ABS 合金都含有较多的增塑剂和重金属稳定剂，这会导致更多的 VOC 排放和难以回收利用的问题。因此，通过一次成型改性聚丙烯来达到兼顾耐刮擦和软触感的效果，就显得尤为重要。开发耐刮擦、软触感改性聚丙烯塑料，将延长汽车内饰材料的寿命，并提升美观和舒适的触感。

图 12.44　蒙皮包裹的内饰件

（3）防异响塑料

摩擦类异响（squeak）主要是由于在同一平面内相互接触的两种材料之间在一定法向力的作用下会产生黏滑（stick-slip）现象。

在相同的法向力和移动速度条件下，测试所得到的加速度越大，RPN 数值就越高，表明异响的风险越大。防异响摩擦材料在制造过程中，添加一定量的防异响添加剂，再经过特殊工艺处理后，可以具有优秀的防异响效果。

（4）塑料气味

1）低散发方向

塑料作为汽车内饰的主要组成部分，其 VOC 挥发量对于整车 VOC 的影响不容小觑。

尤其是在塑料生产、成型过程中使用的增塑剂、阻燃剂、脱模剂等，含有大量苯、甲苯等有害物质，极易残留在塑料制品内部并释放出来，成为造成车内空气污染的罪魁祸首。为了从根本上解决车内挥发性有害物质含量超标问题，各企业需加强 VOC 源头控制，研发低 VOC 塑料或有效替代材料。目前，汽车内饰塑料正朝着绿色、环保、健康的趋势发展。

2）香味塑料方向

随着人们生活水平的不断提高，在日常生活中使用香味剂越来越普遍，空气清洁剂、室内芳香剂已逐渐引起人们兴趣，具有香味的塑料制品也受到人们的欢迎。香味塑料制品是一种具有新型功能的塑料制品，由于在制品成型的加工过程中加入了增香剂，使制品在使用时散发出香味，给人以新鲜、舒雅、清爽的感觉。香味塑料除了具有普通塑料所具备的刚性、强度等优点外，还具有芬芳的优点，增加了制品的附加功能，使制品新、奇、特、美，已成为商品竞争的新方向。

香味塑料主要用于薄膜、室内装饰、汽车除臭器、注塑玩具和家庭用品等方面，可用于制造塑料香花、塑料香味工艺品、塑料香味玩具等，还可广泛用于卫生间、电冰箱、房间、公共场所等，起到装饰和调节环境气氛的功效。近年来，塑料加香技术的完善发展及对香味塑料有效性的深刻认识，正促使其向包装市场、纺织纤维、医疗用品及工程塑料等方向延伸。目前香味塑料研究的重点及热点是持久型香味塑料的研制。

香味塑料母粒由塑料载体、香料、添加剂三部分组成，通过一定的配方和加工工艺，使香料成分均匀地分散在塑料基体中并制成具有良好分散性的颗粒。制得的香味塑料母粒再经过进一步的挤出或注射成型，得到香味塑料制品。

第 13 章 汽车金属材料工艺与设计

材料与工艺是产品设计的基础，也是产品设计的前提。产品的功能和造型得以实现，都是建立在材料与工艺基础上的。任何产品，只有选对了材料，选择了恰当的工艺，才能在实现设计时，达到产品所设定的目标与要求。

13.1 汽车车身材料的变迁

1886 年，德国科学家卡尔·本茨获得了以汽油机为动力的三轮车的专利，车身沿用了三轮马车传统的木制结构（图 13.1）。多数人认为这就是世界上第一辆汽车。早期的轿车车身沿用了马车车身结构，而车身采用了大量木材。

图 13.1 奔驰一号

进入 20 世纪，由于材料、冶炼、成形、焊接、防腐以及车身结构设计等技术方面的进步，逐步开始采用薄壁结构制成金属整体承载式汽车车身（图 13.2）。

随着时代的发展，为了满足安全、节能、环保以及轻量化的要求，钢铁企业相继推出高强度汽车钢材系列钢板。利用材料高强度的特性，可以在厚度减薄的情况下依然保持汽车车身的力学性能需求，从而减轻了汽车重量，增强车辆安全性（图 13.3）。

图 13.2 奔驰 A 级

图 13.3 奔驰 S 级

金属材料具有良好的力学性能和工艺性能，且加工方便，因此在汽车制造工业中应用最为广泛。尽管依据节能减排的政策导向，为实现汽车轻量化，不少以钢铁为原材料的零部件被有色金属或其他材料所替代，但钢铁材料仍是汽车零部件用材的主要选择。汽车金属材料分类如图 13.4 所示。

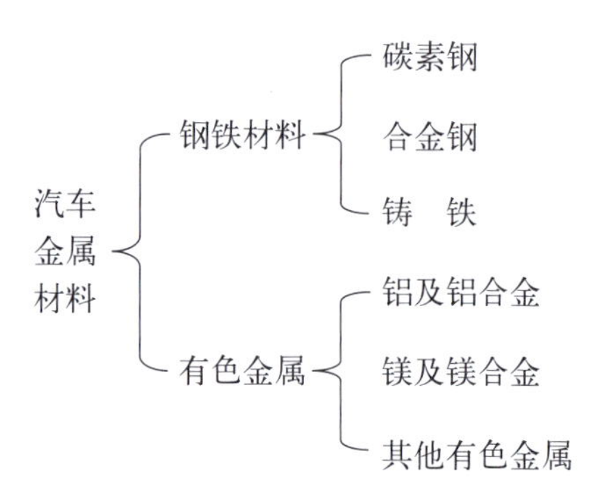

图 13.4　汽车金属材料分类

13.2　汽车用钢材介绍

近年来，高强度钢和先进高强度钢发展迅速，在汽车零部件制造及安全性方面的提升中发挥了重要作用。

汽车用钢材的分类方式主要有以下两种。

第一种是按冶金学定义划分的，通常分为低强度钢、普通强度钢和先进高强度钢三类，见图 13.5。低强度钢包括 IF 钢和软钢；普通高强度钢包括碳锰钢（C-Mn 钢）、高强度低合金钢（HSLA 钢）、烘烤硬化钢（BH 钢）、高强度

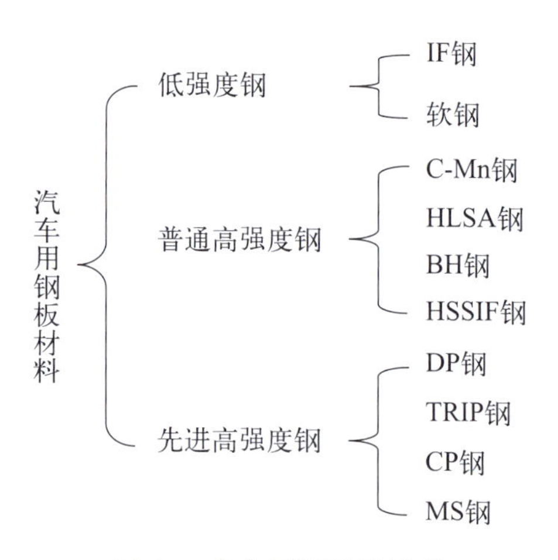

图 13.5　汽车用钢板材料分类

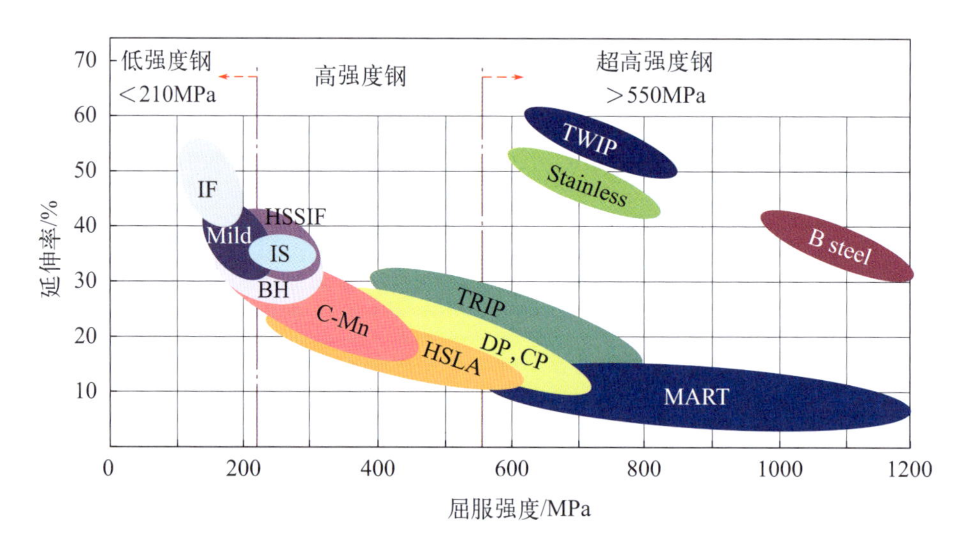

图 13.6　汽车用钢材示意

Mild—低碳镇静钢；IF—无间隙原子钢；IF-HS（HSSIF）—高强度 IF 钢；BH—烘烤硬化钢；IS—各向同性钢；C-Mn—碳锰钢；HSLA—高强度低合金钢；DP—双相钢；CP—复相钢；TRIP—相变诱发塑性钢；MS（MART）—马氏体钢；TWIP—孪晶诱发塑性钢；Stainless—不锈钢；B steel—热冲压用钢

IF 钢（HSSIF 钢）等；先进高强度钢包括双相钢（DP 钢）、相变诱导塑性钢（TRIP 钢）、复相钢（CP 钢）和马氏体钢（MS 钢）。更高强度钢包括 FB、TIP、Nano、热成形钢和成形后热处理用钢等。

第二种是根据力学性能划分的，因为汽车零部件选材一般按强度来选择。通常分为低强度钢、高强度钢和超高强度钢三类，其中低强度钢（LSS）的屈服强度小于 210MPa（抗拉强度小于 270MPa），高强度钢（HSS）的屈服强度为大于 210MPa 小于 550MPa（抗拉强度大于 270MPa 小于 700MPa），超高强度钢（UHSS）的屈服强度大于 550MPa（抗拉强度在 700MPa 以上），见图 13.6。

13.2.1　汽车车身用钢材分类

（1）低强度钢

1）软钢

软钢（mild steel）又称低碳钢，是含碳量较低、强度低、硬度稍小的一种金属材料。含碳量一般为 0.13%～0.25%，特点是硬度低（HB 为 100～130）、强度低（σ_b 为 372～470MPa）、塑性高（δ 为 24%～36%）、加工成形性及焊接性好，因此这种类型的钢材在工业产品中大量使用。

2）无间隙原子钢（IF 钢）

IF 钢英文全称为 interstitial-free steel，即无间隙原子钢，有时也称超低碳钢，具有极优异的深冲性能，伸长率和 r 值可达 50% 和 2.0 以上，在汽车工业上得到了广泛应用。

在 IF 钢中，由于 C、N 含量低，再加入一定量的钛（Ti）、铌（Nb）等强碳氮化合物形成元素，可将超低碳钢中的碳、氮等间隙原子完全固定为碳氮化合物，从而得到无间隙原子的洁净铁素体钢，即为超低碳无间隙原子钢。

（2）普通高强度钢

1）碳锰钢（C-Mn 钢）

在碳素钢中，锰含量为 1.2%～1.8% 的通常被称为 C-Mn 钢。人们通常会把 C-Mn 固溶强化方式为主的碳素钢称为 C-Mn 钢，但实际上，在几个大的标准体系（如 ISO、EN、ASTM、JIS、GB 等）及权威文献（如 ASM 的金属手册）中，并没有关于碳锰钢的确切定义，对 C、Mn 的含量范围也没有一个定量的界定范围。

按照 AZoM 的定义，碳锰钢是指一组中、高强度钢，是通过正确选择化学成分和热轧轧制工艺生产的产品，具有改善的成形性和韧性性能。生产过程中，通过提高锰含量来增加淬硬深度，改善强度和韧性。

2）烘烤硬化钢（BH 钢）

烘烤硬化钢具有高强度，又具有较高的可成形性，通过加工过程中的加工硬化和烤漆过程中的时效现象，以获得最终零件的强度。

BH 钢是在 IF 钢种上发展而来的，其主要原理为，钢中所含 Nb 和 Ti 量没有 IF 钢种中的含量高，这使得BH钢中含有一定数量的间隙原子。由于BH钢主要应用在汽车外壳上，经过冲压后需要进行喷漆和烤漆，而在烤漆过程中，间隙原子会在烤漆温度下进行时效的反应，因此使得钢在最后的加工中有一个固溶强化的过程，在成形后强度得到进一步的提升。

3）低合金高强度钢（HSLA钢）

低合金高强度钢是在碳素结构钢的基础上加入少量的Mn、Si和微量的Nb、V、Ti、Al等合金元素而得到的一类工程结构用钢。所谓低合金是指钢中合金元素总量不超过3%，高强度是相对于碳素工程结构用钢而言的。低合金高强度钢的研制原则是利用尽可能少的合金元素获得尽可能好的综合力学性能，以达到满足使用、成本低廉的目的。

低合金高强度钢能够满足工程上各种结构（如大型桥梁、压力容器及船舶等）的要求，如承载大、可靠性高、减轻结构自重、节约材料和资源等。

（3）先进高强度钢（AHSS钢）

1）双相钢（DP钢）

双相钢（dual-phase Steel）是由马氏体、奥氏体或贝氏体与铁素体基体两相组织构成的钢。一般将铁素体与奥氏体相组织形成的钢称为双相不锈钢，而将铁素体与马氏体相组织形成的钢称为双相钢。

与相同屈服应力的普通钢相比，DP钢的应变强化性能和高延伸率使材料具备更高的强度。与HSLA钢相比，DP钢有较高的小应变强化能力、高抗拉强度和低屈强比。如图13.7所示，DP 350/600的力学性能优于HSLA 350/500。

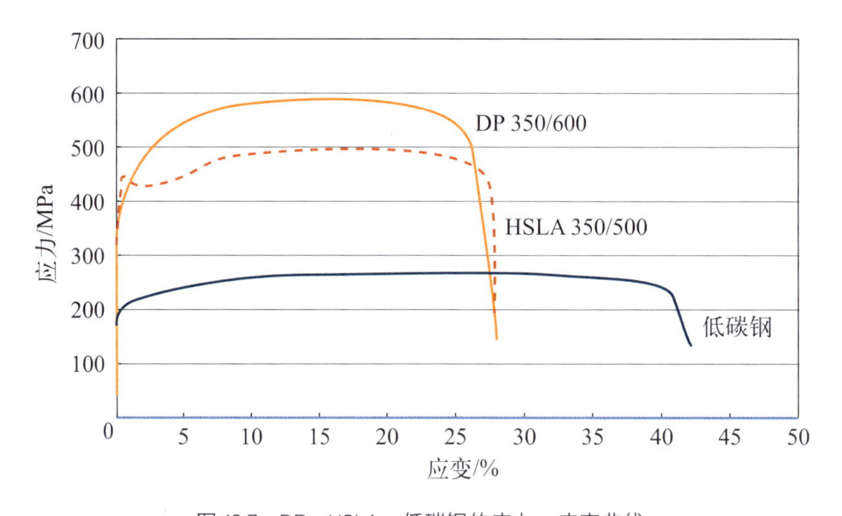

图13.7 DP、HSLA、低碳钢的应力－应变曲线

DP钢与传统钢相比的另一个优势是，它和其他AHSS钢一样具备烘烤强化特性。热烘烤强化特性，是指经过机械强化的板料在烤漆温度条件下，材料的屈服强度有所增加。AHSS钢的热烘烤强化特性的强度取决于材料的化学成分，以及钢板受热处理的过程。汽车零部件中DP钢材的应用情况见表13.1。

表 13.1 汽车零部件中 DP 钢材的应用情况

钢材	应用部位
DP 300/500	顶盖外板、车门外板、车身外板、地板等
DP 350/600	地板、发动机罩外板、车身外板、前围板、挡泥板、地板加强件等
DP 500/800	车身内板、侧板内板、后纵梁、减振加强件等
DP 600/980	B 柱、地板通道、发动机托架、副车架组件、座椅骨架等
DP 700/1000	车顶纵梁等
DP 800/1180	B 柱组件等

2）相变诱导塑性钢（TRIP 钢）

相变诱导塑性钢（transformation induced plasticity steel），是指由钢组织中逐步进行的马氏体相变过程导致塑性升高的超高强度钢。图 13.8 展示了 HSLA、DP、TRIP 钢的应力 - 应变曲线。TRIP 钢的初始应变强化特性比 DP 钢稍低，而在 DP 钢应变强化能力消失时，TRIP 钢还能继续强化。TRIP 350/600 的拉延性能优于 DP 350/600。

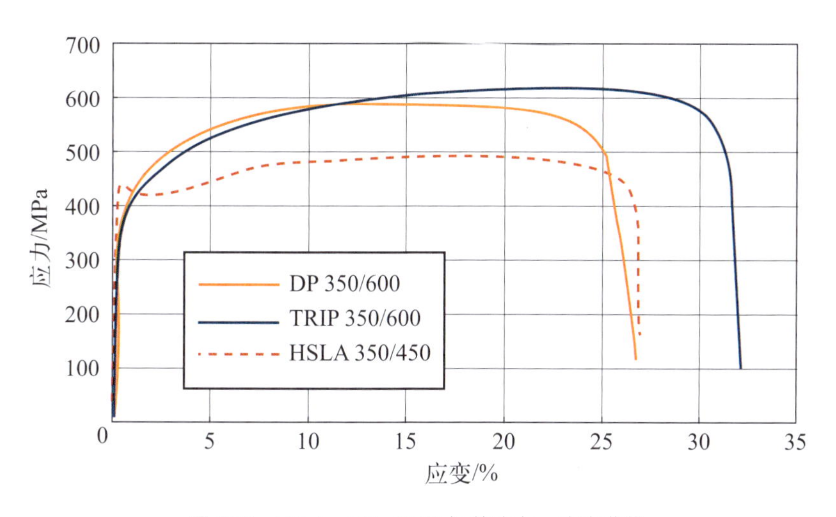

图 13.8 HSLA、DP、TRIP 钢的应力 - 应变曲线

与传统 HSS 钢相比，TRIP 钢的应变强化能力强，使材料有更强的延展性能。通常可利用材料的应变强化特性来使零件达到特定的力学性能，因此应变强化特性（包括烘烤硬化特性）性能比较重要。TRIP 钢在高应变时还具有应变强化性能，使其在极端的拉延条件下，比 DP 钢具有一定优势。汽车零部件中 TRIP 钢材的应用部位见表 13.2。

表 13.2 汽车零部件中 TRIP 钢材的应用部位

钢材	应用部位
TRIP 350/600	框架梁、梁加强件等
TRIP 400/700	侧梁、防撞梁等
TRIP 450/800	仪表板骨架、顶盖梁等
TRIP 600/980	B 柱组件、顶盖梁、发动机托架、前后导轨、座椅骨架等

TRIP 钢可用于加工复杂的车身零件，它具备的应变强化特性使材料在碰撞变形中吸收更多的能量。TRIP 钢中所需要的一些合金，降低了材料的点焊特性。该问题可通过修改焊接循环来解决，比如，脉冲点焊或多步焊。

3）复相钢（CP 钢）

CP 钢是一种强度非常高的钢，其结构中，显微组织主要是铁素体、贝氏体和马氏体，少量的马氏体分布在细小的铁素体和贝氏体基体中。

与 DP 钢相比，在同样具有 800MPa 以上抗拉强度的情况下，CP 钢具有更高的屈服应力。CP 钢具备高能量吸收能力和高残余变形能力，如图 13.9 所示。汽车零部件中 CP 钢材的应用部位见表 13.3。

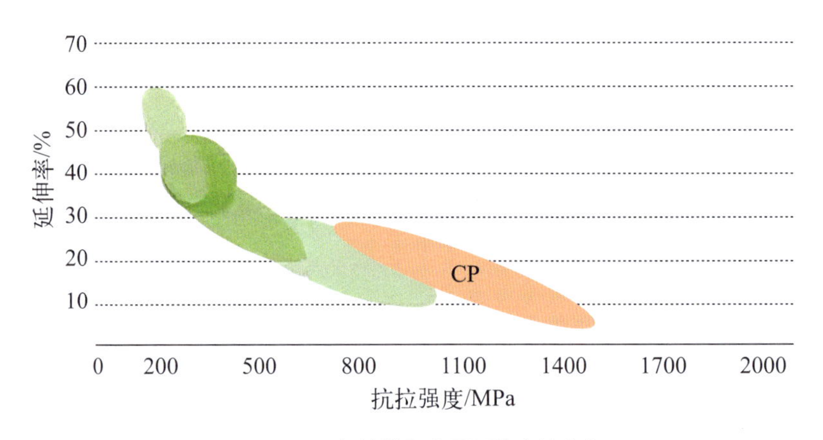

图 13.9 CP 钢抗拉强度及延伸率的分布

表 13.3 汽车零件中 CP 钢材的应用部位

钢材	应用部位
CP 600/900	车架纵梁、B 柱加强件等
CP 680/780	车架纵梁、底盘部件、横梁等
CP 750/900	B 柱加强件等
CP 800/1000	悬架支架、翼子板加强件等
CP 1000/1200	车架纵梁加强件、摇臂等
CP 1050/1470	保险杠防撞梁等

4）马氏体钢（MS 钢）

在马氏体钢（Martensitic steel）的制造过程中，对于热轧或热处理中的奥氏体，在钢带退火或在热处理冷却环节中几乎全部转化为马氏体。MS 钢中的基体是马氏体，中间含有少量的铁素体或奥氏体。马氏体钢具有很高的抗拉强度，但在如此高的强度下，通过进一步热处理可以改善其塑性，使其仍具有足够的成形性能，在成形后经过热处理也可以得到马氏体组织。

在多相钢中，MS 钢具备最高的强度等级，抗拉强度可达 1700MPa 左右，如图 13.10 所示，它是目前商业化高强度钢板中强度级别最高的钢种。

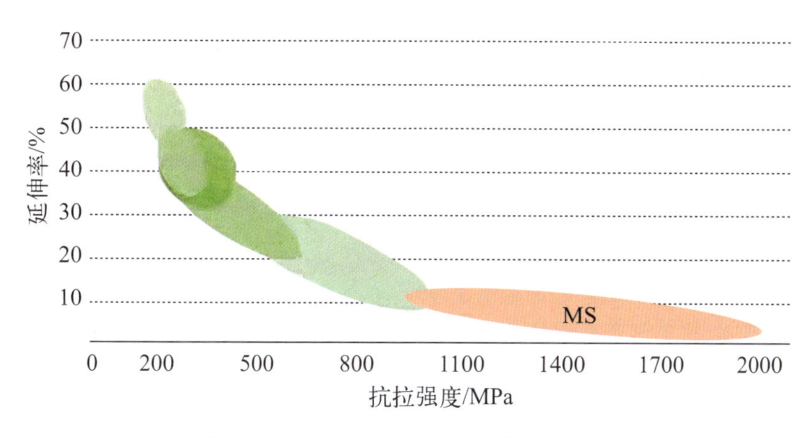

图 13.10　MS 钢抗拉强度及延伸率的分布

在 MS 钢中，碳元素可增加马氏体的强度，锰、硅、铬、钼、硼、钒、镍也可用于增加马氏体的强度。汽车零部件中 MS 钢材的应用部位见表 13.4。

表 13.4　汽车零部件中 MS 钢材的应用部位

钢材	应用部位
MS 950/1200	横梁、侧防撞梁、保险杠梁、保险杠加强件等
MS 1150/1400	摇臂、侧防撞梁、保险杠梁、保险杠加强件等
MS 1250/1500	侧防撞梁、保险杠梁、保险杠加强件等

5）拉伸翻边钢（FB 钢）

由于局部延伸率比较高，因此 FB 钢也称为拉伸翻边钢、高扩孔钢或 FB 钢，具有精细的铁素体和贝氏体，其材料硬化主要是组织的细化以及贝氏体的硬化所导致的。目前的 FB 钢一般为热轧钢。

FB 钢与 HSLA 钢或 DP 钢相比，有较强的边缘拉延性能和高护孔系数。与同强度的 HSLA 钢相比，FB 钢还具有高的应变强化系数和延伸率，如图 13.11 所示。FB 钢具备良好的焊接性能，在拼焊板中被广泛使用。FB 钢具备高碰撞性能和良好的疲劳寿命。汽车零部件中 FB 钢材的应用部位见表 13.5。

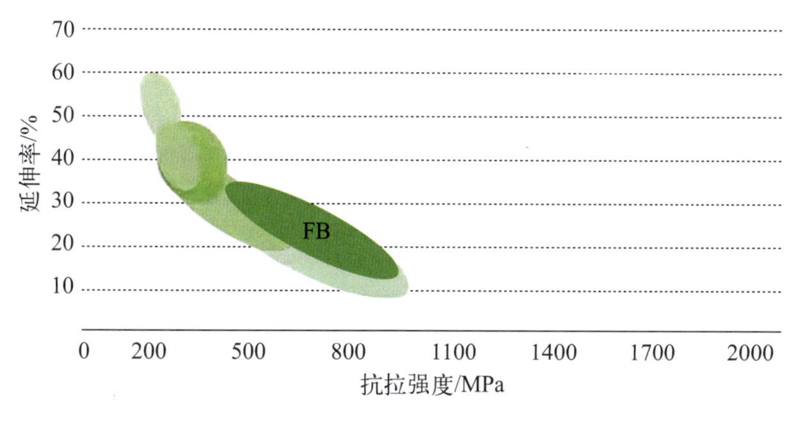

图 13.11　FB 钢抗拉强度及延伸率的分布

表 13.5 汽车零部件中 FB 钢材的应用部位

钢材	应用部位
FB 330/450	轮辋、制动踏板臂、座椅横梁、悬架臂等
FB 450/600	控制臂、轮辋、保险杠梁、底盘零件等

6）孪晶诱导塑性钢（TWIP 钢）

TWIP 钢中马氏体的含量比较高，可达 17%～24%。在常温条件下，TWIP 钢全部变成奥氏体，晶格的主变形模式为孪生，孪生的边缘和晶格边缘有一样的作用，可以使材料的机械强度增加。

TWIP 钢具有极高的强度，并有极好的成形性能。在工程应变为 0.3 时 n 值能达到 0.4，在工程应变为 50% 时还能保持该数值。TWIP 钢的抗拉强度超过 1000MPa，如图 13.12 所示。汽车零部件中 TWIP 钢材的应用部位见表 13.6。

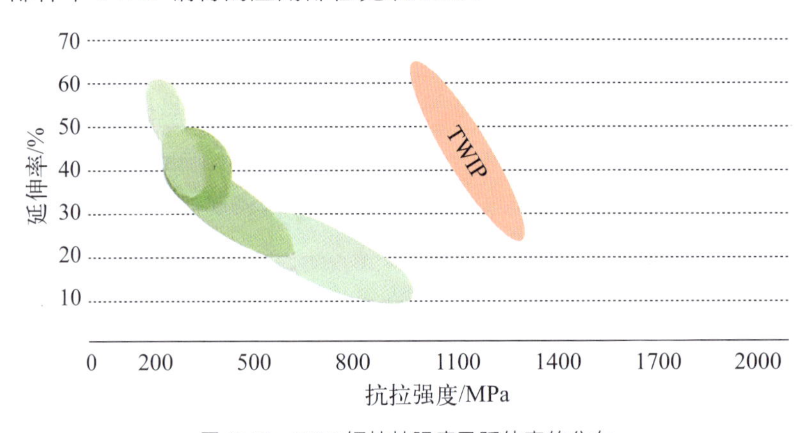

图 13.12 TWIP 钢抗拉强度及延伸率的分布

表 13.6 汽车零部件中 TWIP 钢材的应用部位

钢材	应用部位
TWIP 500/900	A 柱、座舱侧边梁等
TWIP 500/980	车轮、控制臂、前后保险杠梁、B 柱、轮辋等
TWIP 600/900	地板横梁等
TWIP 750/1000	门防撞梁等
TWIP 950/1200	门防撞梁等

7）热成形强化钢（HF 钢）

热成形强化钢在奥氏体温度范围（900～950℃）内热成形，可以成形具有复杂几何形状的零部件，并避免回弹问题。

热成形工艺中，三种力学条件下的状态比较重要，见图 13.13。椭球 1：抗拉强度超过 600MPa 的钢，一般要采用落料模。椭球 2：对复杂几何零件的成形，需要大的延伸率（超过 50%）和低的强度才能成形。为了避免成形后零件表面氧化，一般加上铝、硅涂层。椭球 3：成形冷却后，零件材料的强度高于 1300MPa，需要采用一些后续工艺，使零件最后成形（不需要再次成形，则采用专用剖分或切边设备等）。

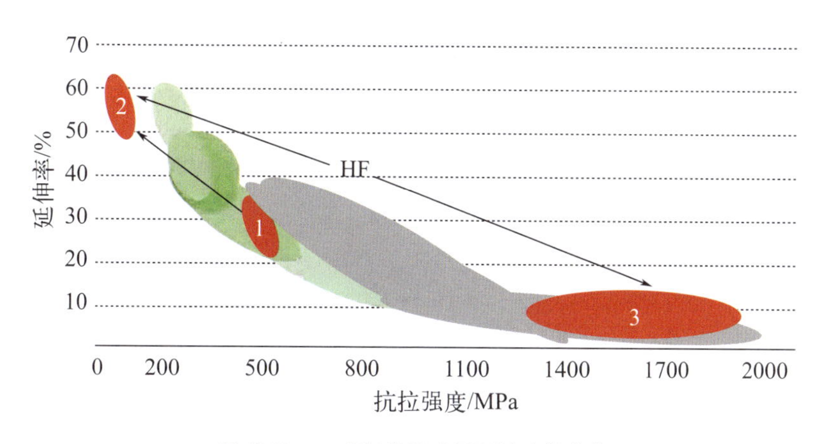

图 13.13　HF 钢抗拉强度及延伸率的分布

每个零部件加工需要 20～30s，同一时间可冲压多个零部件，这样每个循环可生产 2 个或更多的零部件。汽车零部件的 HF 钢材的应用部位见表 13.7，一般用于安全或结构件上。

表 13.7　汽车零部件中 HF 钢材的应用部位

钢材	应用部位
HF 340/480	座舱加强件等
HF 1050/1500	A 柱、B 柱、横梁的加强件等
HF 1200/1900	加强件等

8）预成形热处理钢（PFHT 钢）

PFHT 钢在经过冲压和热处理后，可达到较高的强度。PFHT 钢的局限性在于难以得到准确的零部件几何形状。采用 PFHT 钢的第一种工艺方案，是首先固定零部件，然后加热（电炉或感应炉）零部件，并快速冷却。材料在低强度状态下成形（椭球 1），在加热处理后达到高强度（椭球 2），见图 13.14。

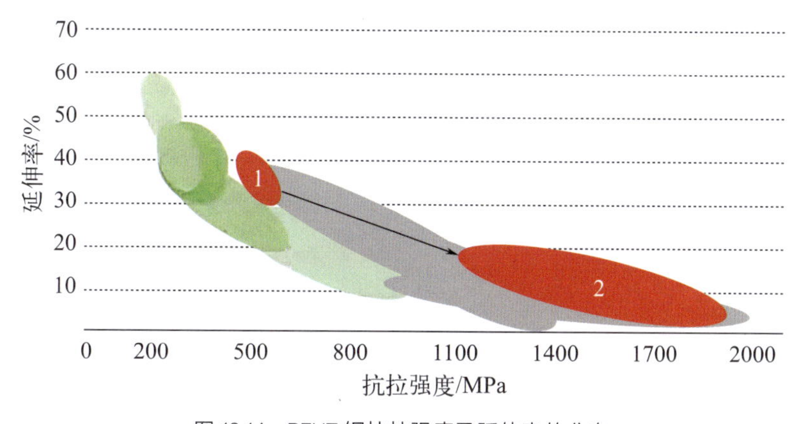

图 13.14　PFHT 钢抗拉强度及延伸率的分布

第二种工艺方案，是对 PFHT 钢采用水淬工艺，可使钢材的抗拉强度达到 900～1400MPa。因为淬火时间短，镀锌涂层在热处理后还能保留。为了满足零件尺寸要求，需要特别的化学成分，这需要和钢材供应商保持紧密的联系，共同开发相关工艺技术。

第三种工艺方案，是对合金热成形钢进行空冷淬火工艺，得到的钢材具有良好的成形性能。这种钢材焊接性能好，并适合液压成形，在惰性气体的热炉中加热，随后在惰性气体或自然状态下硬化。可在材料中添加碳、锰等或其他合金，如铬、铝、硼、钛等元素，可增加这种钢的硬化能力和温度稳定性。这种钢在硬化前、硬化中及硬化后的状态下都容易焊接，并且容易采用常规法涂层（常规电镀或高温电镀）。汽车零部件中PFHT钢材的应用部位见表13.8。

表 13.8 汽车零部件中 PFHT 钢材的应用部位

钢材	应用部位
PFHF 340/480	座舱加强件等
PFHF 1050/1500	A 柱、B 柱、横梁的加强件等
PFHF 1200/1900	加强件等

（4）新的 AHSS 钢种

为了满足汽车用钢材的需要，钢铁工业开发出了不同种类的高强度钢，以达到减小密度、增加强度、增加延伸率等目的。例如，纳米钢主要是为了提升 DP 钢、TRIP 钢的延伸率而开发的。

13.2.2 全球三大汽车钢材供应商及其产品

钢板及钢卷的生产流程见图 13.15。

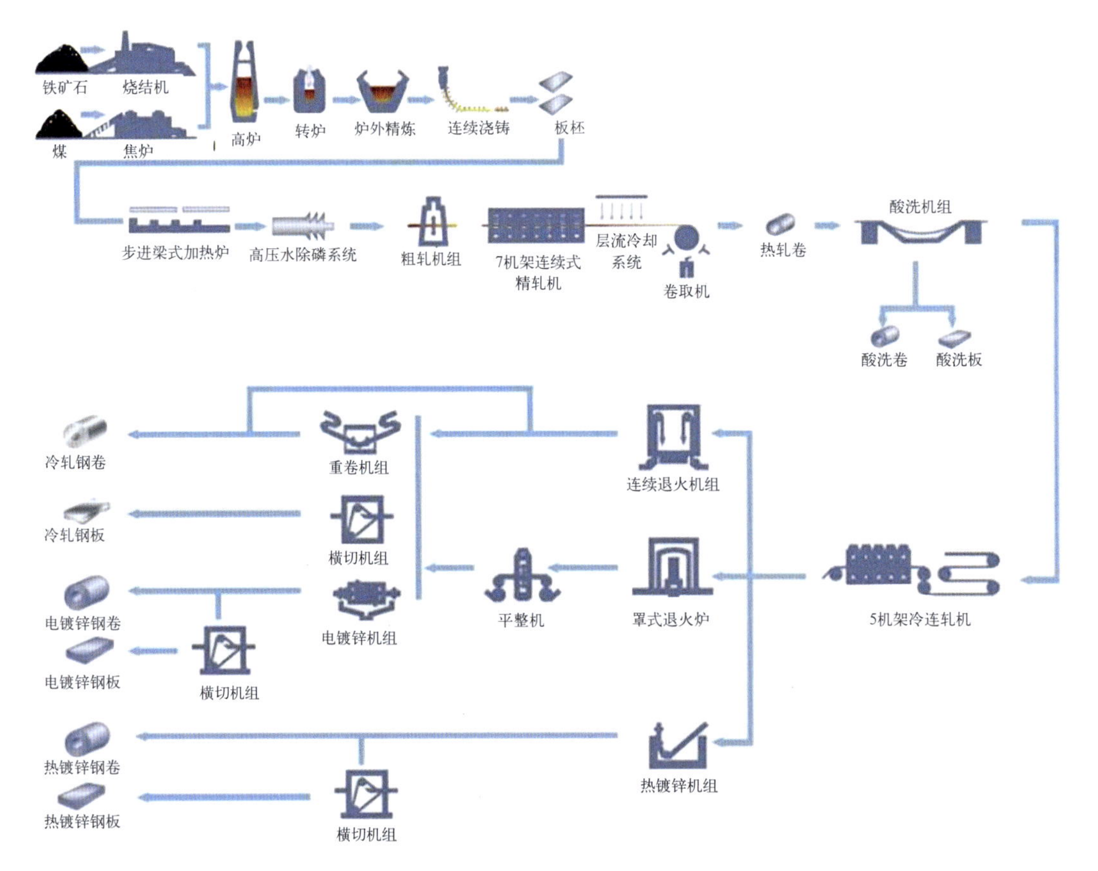

图 13.15 钢板及钢卷的生产流程

（1）中国宝武钢铁集团有限公司

中国宝武钢铁集团有限公司（简称中国宝武）由原宝钢集团有限公司和武汉钢铁（集团）公司联合重组而成，于2016年12月1日揭牌成立。2020年，中国宝武继续保持行业领先地位，经营规模和盈利水平位居全球第一。

中国宝武依据自身产品系列，开发了超轻型白车身（BCB1.0 PLUS），见图13.16。中国宝武生产的汽车用高强度钢产品种类和级别情况见表13.9。

图13.16　中国宝武开发的超轻型白车身

表13.9　中国宝武生产的汽车用高强度钢产品种类和级别情况

大类	级别	TS/MPa											
		340	370	390	440	490	540	590	780	980	1180	1270	1470
热轧	C-Mn		●	●	●	●							
	HSLA	○		●	●	●	●	●	●				
	DP							●	○				
	TRIP							○	○				
	SF					○	●	●	○				
	Boron											●	●
	CP									●	●	○	
冷轧和电镀锌	HSLA	●		●	●	●		●					
	P-added	●	●	●	●								
	HSSIF	●	●	●	●								
	BH	●	●	●									
	IS	●		●									
	DP				●	●		●	●	●	○		
	TRIP							●	●	○			
	Boron											●	●
	Mart									●	●	●	●
热镀锌	HSLA	●	●	●	●	●		●					
	P-added	●	●	●	●								
	HSSIF	●	●	●	●								
	BH	●	●	●									
	DP				●	●		●	●	●			
	CP							○	●	○			
	TRIP							●	●				

注：●商业化；○研发中。

（2）欧洲阿塞洛集团公司

阿塞洛（Arcelor）是全球最优秀的钢材制造商之一，由 Aceralia、Arbed 和 Usinor 这三大欧洲集团合并而建立，总部设在卢森堡。其公司生产的汽车钢板及其涂镀品种现状见表 13.10 和表 13.11。

表 13.10　阿塞洛生产的热轧汽车钢板及其涂镀品种现状

TS/MPa	HSLA	FB	低碳深冲钢	DP	CP	TRIP	MS 钢
270			○▲●				
300			○▲●				
320			○▲●				
330			○				
415	○▲●						
440		○▲●	○▲●				
450	○▲●						
490	○▲●						
540		○▲●					
570	○						
580				○			
590		○▲●					
620	○						
750	○			○	○▲●		
780						○●	
850					○▲●		
950					○▲●		
1150					○●		
1350					○●		
1600							○★

注：○为热轧裸板，▲为热浸镀锌，●为电镀锌，★为镀铝。

表 13.11　阿塞洛生产的冷轧汽车钢板及其涂镀品种现状

TS/MPa	HSLA	低碳冲压钢	含磷钢	BH	IF 钢	各向同性钢	DP	TRIP	MS 钢
250		○●							
270		○▲◆●							
280		○▲◆●		○▲◆●					
300				○▲◆●		○▲●			
320						○▲●			
340	○▲●		○▲◆●	○▲◆●	○▲◆●				

续表

TS/MPa	HSLA	低碳冲压钢	含磷钢	BH	IF 钢	各向同性钢	DP	TRIP	MS 钢
350					○▲◆●				
370				○▲●					
380	○▲◆●		○▲◆●		○▲◆●				
400			○▲◆●		○▲◆●				
410	○▲◆●								
420				○▲●					
450	○▲◆●						○▲◆●		
460	○▲●								
500							○▲●		
590								○▲◆●	
600							○▲◆●		
690								○▲●	
780							○▲◆●	○▲◆●	
980							○▲●	○●	
1600									○★

注：○为冷轧裸板，▲为热浸镀锌，●为电镀锌，◆为合金化，★为镀铝。

（3）新日本制铁公司

新日本制铁公司（简称新日铁）是日本最大的钢铁公司，也是世界大型钢铁公司之一，总公司设在日本东京。公司的产品包括圆钢、合金钢、不锈钢、各种钢管、冷/热轧钢板、化学制品、炼铁用成套设备、各种产业机械等。该公司生产的汽车钢板及其涂镀品种现状见表13.12和表13.13。

表13.12　新日铁生产的热轧汽车钢板及其涂镀品种现状

TS/MPa	商品级钢	高扩孔性	DP	TRIP
370	○▲●	○▲●		
390	○▲●	○		
440	○▲●	○▲●		
490	○▲●	○●		
540	○▲●	○●	○●	
590	○▲●	○●	○●	○●
690	○			●
780		○		●

注：○为热轧裸板，▲为热浸镀锌，●为电镀锌。

表 13.13 新日铁生产的冷轧汽车钢板及其涂镀品种现状

TS/MPa	商品级钢	深冲钢	超深冲钢	BH	高扩孔性	DP	TRIP
340	▲	○▲●	○▲●	○▲●			
370		○▲●	○▲●	○▲●			
390	○▲●	○▲●	○▲●	○▲●			
440	○▲●	○▲●	○▲●	▲	○▲●		
490	○▲●					○●	
540	○▲●					○●	
590	○▲●				○●	○▲●	
690							○●
780	○●				○●	○▲●	○●
980						○▲●	
1180						○●	
1270						○	

注：○为热轧裸板，▲为热浸镀锌，●为电镀锌。

13.2.3 汽车产品用钢案例

对于工业产品，只有选择了正确的材料和合适的工艺，才能达到所设定的目标与要求。本小节选取大众 POLO 汽车产品使用钢材的成功案例进行介绍。

（1）大众 POLO 汽车用钢材

在保证汽车产品性能及安全性等方面的前提下，为了更加合理地控制产品成本，对于大部分微型汽车、小型汽车、紧凑型汽车以及一部分中型汽车，会选用钢材作为汽车车身的主要制造原材料。

大众 POLO 汽车整车采用了大量钢材，表 13.14 为其钢材应用类型及比例。

表 13.14 大众 POLO 钢材应用类型及比例

材料	RGB 颜色代码	质量比 %	类型
低强度钢	R 153，G 204，B 255	30.3	Mild Steels
高强度钢	R 051，G 102，B 255	38.2	HSIF，BH
			HSLA，C-Mn
先进高强度钢	R 255，G 153，B 204	9.2	DP，TRIP
超高强度钢	R 204，G 153，B 255	1.3	MS
冲压硬化钢	R 128，G 000，B 128	21.0	PHS
总计		100.0	

（2）大众 POLO 汽车产品

基于大众品牌的全新锋彩理念，POLO 汽车采用“锋潮型格”的设计语言和潮色搭配的“炫彩美学”，让众多用户一见倾心（图 13.17）。

图 13.17　POLO 炫彩美学

为了得到炫酷的产品，钢材不仅需要经过冲压、辊压等成形工艺，以及焊接、胶接等连接工艺，还要经过清洗、防腐、电泳、干燥以及喷漆等多道处理工艺，才能制造出合格的产品。如图 13.18 所示为汽车车身喷涂工艺流程，如图 13.19 所示为 POLO 车身产品，表 13.15 为 POLO 的 CMF 定义描述。

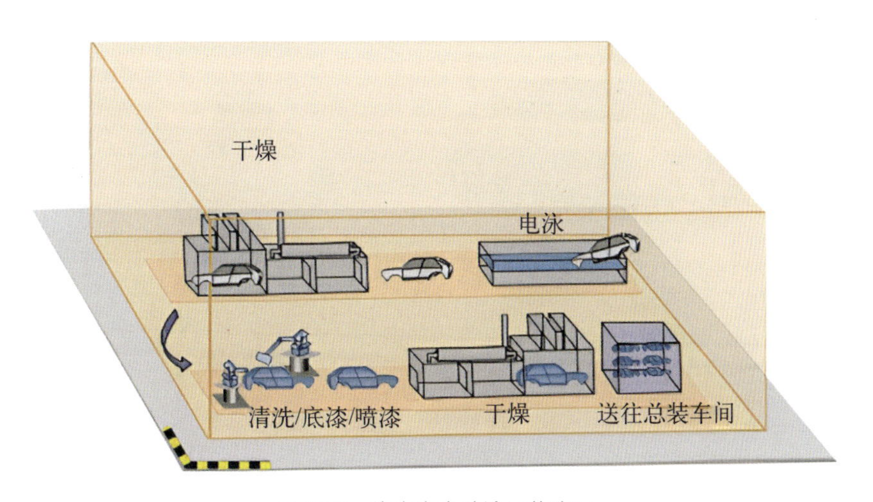

图 13.18　汽车车身喷涂工艺流程

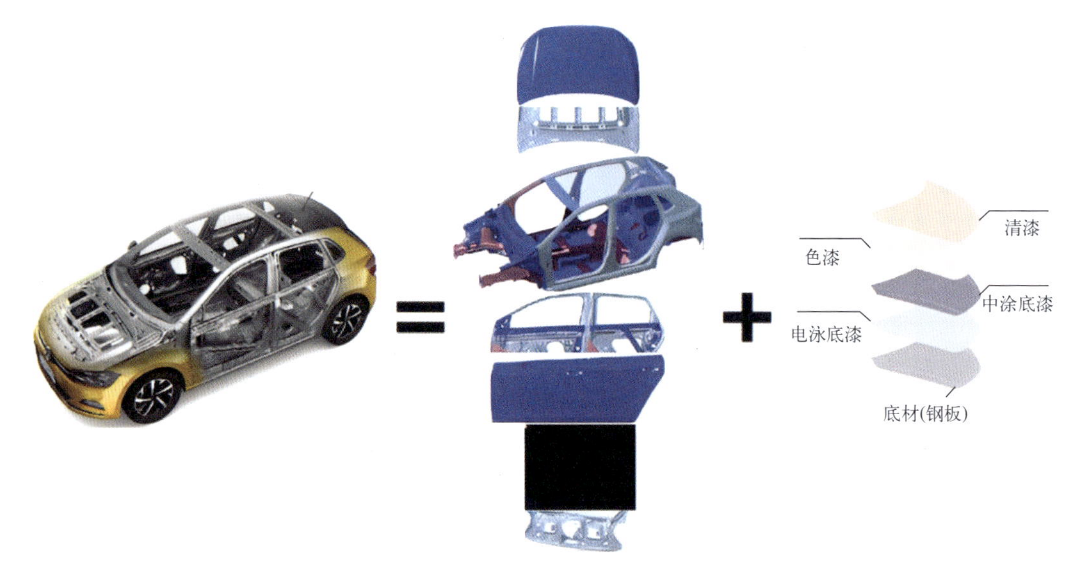

图 13.19 POLO 车身产品

表 13.15 POLO 的 CMF 定义描述

编号	名称	材料	表面处理	颜色	光泽
1	发动机盖外板	HSS	电泳 + 喷涂	梵高金	高光
2	发动机盖内板	MS	电泳 + 喷涂	梵高金	—
3	翼子板	HSS	电泳 + 喷涂	梵高金	高光
4	前门外板	HSS	电泳 + 喷涂	梵高金	高光
5	后门外板	HSS	电泳 + 喷涂	梵高金	高光
6	侧围外板	HSS	电泳 + 喷涂	梵高金	高光
7	前保险杠	PP 改性材料	火焰处理 + 喷涂	梵高金	高光
8	后背门外板	MS	电泳 + 喷涂	梵高金	高光

13.3 汽车用铝合金材料

铝合金材料是汽车零部件轻量化技术路线中的重要材料之一，铝合金的密度低（2.7g/cm^3），仅为钢铁的 1/3，并且铝资源广，可再生利用，具有工艺性良好、吸收冲击性能好、耐腐蚀、易回收等特点，是综合性能很好的材料之一。汽车用铝合金材料分类见图 13.20。

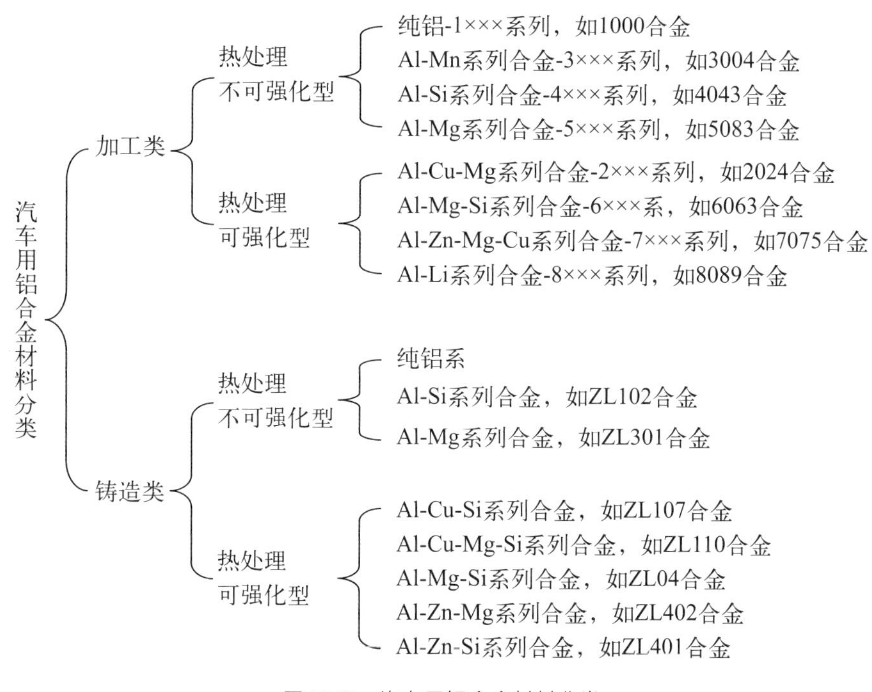

图 13.20 汽车用铝合金材料分类

13.3.1 汽车用铝合金材料分类

典型的铝合金零件一次减重可达 30%～40%，二次减重则可进一步提高到 50%。用于车身上的铝合金主要是变形铝合金，主要有 Al-Cu-Mg 系列（2××× 系列）、Al-Mg 系列（5××× 系列）、Al-Mg-Si 系列（6××× 系列）、Al-Zn-Mg-Cu 系列（7××× 系列）等。其中 2××× 系列和 6××× 系列是热处理可强化合金，而 5××× 系列是热处理不可强化合金。

目前，铝制车身多采用厚壁锻铝梁焊接而成，就结构强度和刚度而言要比冲压薄钢更具优势，且结构的整体稳定性更好。轻量化且高强度的铝制车身比传统钢制车身更坚固，且不用担心腐蚀造成的强度降低。从铝板覆盖件的应用发展趋势来看，强度高、成形加工性好、表面质量优良的铝板将取代钢板成为汽车覆盖件的主要材料。铝合金板材典型应用见表 13.16。

表 13.16 铝合金板材典型应用

品牌	车型
宝马（BMW）	3 系、5 系、6 系、7 系，X5、X5M、X6、X6M，Z4、Z8，M1、M3、M5、M6，i3 以及 i8 等
奥迪（Audi）	A2、A3、A5、A7、A8，Q2（Crosslane）、Q3、Q5、Q7，TT、R8 Spyder，S3、S6、S7、S8，RS4、RS6、RS7 等
奔驰（Benz）	B-Class、C-Class New 4-Cyl、C63 AMG Coupe、New SCL super coupe、New SL super coupe、E-L（W212）等

续表

品牌	车型
本田（Honda）	本田（Honda）：Insight 讴歌（Acura）：NSX、RLX、RL、TL 等
日产（Nissan）	英菲尼迪（Infiniti）：fx35、ex25 日产（Nissan）：天籁、LeoPard、Leaf、307Z Roadster、Skyline Coupe、轩逸、Altima、Fairlady Z 等
标致雪铁龙（PSA）	标志（Peugeot）：307、207、206 雪铁龙（Ctiroen）：C4、C5 等
捷豹路虎	路虎揽胜（Range Rover）：Evoque、Discovery、Defender，Jaguar XJ、XF 等
通用（GM）	凯迪拉克（Cadillac）：ATS、CTS、SRX，GM Acadia，Chevrolet Taho 欧宝（Opel）：Meriva、Zafira Tourer、Astra，科鲁兹、君威 别克（Buick）：GL8、Enclave、Lucerne 克莱斯勒（Chrysler）：Town&Country、Serverman 等

13.3.2　汽车用铝合金零部件应用

2××× 系列和 6××× 系列铝合金可通过涂装、烘干等工序，使零部件的力学性能得到提升，主要用于车身外板等注重强度和刚度的制件，如车顶盖、发动机盖板、翼子板等；5××× 系列铝合金具有良好的成形性能，主要用于内板等形状复杂的部件，如底板结构部件等。

全铝车体主要采用以铝挤压型材为主体的空间框架结构。挤压型材主要是采用空心材，除了重量轻、刚性高以外，高温强度、耐热、耐蚀等性能也很好，而且可以进行焊接、表面处理和弯曲加工。表 13.17 为汽车零部件制造应用的铝合金牌号。

表 13.17　汽车零部件制造应用的铝合金牌号

合金	用途举例
变形铝合金	
1100	车内装潢件、铭牌、镶饰件
1200	挤压冷凝管和热传输翅片
2008	内外覆盖件（壳板）、结构件
2010	内外覆盖件、结构件
2011	螺钉
2017	紧固件
2117	紧固件
2024	紧固件
2036	内外覆盖件、承载地板、座位架
3002	装潢件、铭牌、镶饰件
3003	钎焊热交换器管、加热器和蒸发器翅片、加热器内外管、油冷却器及空调管等

续表

合金	用途举例
变形铝合金	
3004	外用覆盖板和部件
3005	钎焊散热器管，加热器和边部支撑、蒸发器零件
4002	复合钎焊板
4032	锻造活塞
4044	复合钎焊板
4104	复合钎焊板
4043	焊接线、复合钎焊板
5005	装潢件、铭牌、镶饰件
5052	覆盖件和零件、卡车减振器
5252	装潢件
5182	内壳板、挡泥板、隔热屏蔽、空气清洁器盘和罩、结构和焊接零件、承载地板
5454	各种零件、车轮、发动机辅助托架和发动机座、特种车（自卸车、油罐车、拖车油罐）焊接结构件
5457	装潢件
5657	装潢件
5754	内壳板、挡泥板、隔热屏蔽、空气清洁器盘和罩、结构和焊接零件、承载地板
6591	热交换器、散热器
6009	车身钣金件（横托架、前翼子板、滑动翼子板、外翼子板、天窗内板、发动机盖内外板、内门板、格栅内板、前闸板、承载地板、座架、减振器加强筋、结构和焊接零件）
6010	壁板、天窗板、门内板、格栅内板、备用轮架、车轮、座架和轨道
6111	车身钣金件、壁板等
6005A	车身零部件
6022	内外壳板
6051	热交换器
6016	车身钣金件
6063	挤压结构材料（传动系统零件、连接件、发动机零件等），门框、窗框、附件等
6463	挤压结构材料（传动系统零件、连接件等）、门框、窗框等
6053	紧固件
6061	车身挤压材、托架挤压材和板、悬架锻件、驱动轴管、冲挤与锻造的驱动轴轭、备用轮架、减振器加强筋、紧固件、制动缸（挤压材）、车轮、油料输送系统、保险杠、热交换器
6151	结构零件（传动系统、发动机系统、连接件等）、轮辐、各种支架
6262	结构零件，如传动系统、发动机系统零件与连接件等
6082	一般结构，制动箱零件
6262	结构零件、制动箱零件、制动活塞、阳极氧化的一般螺钉
6181A	车身板
7003	座位轨道、减振器加强筋

续表

合金	用途举例
变形铝合金	
7021	减振器用平面规则多边形棒材、托架板、减振器用平面规则多边形光亮棒、减振器用平面规则多边形阳极氧化棒、减振器加强筋
7029	光亮的或阳极氧化的减振器用平面规则多边形棒材
7072	冷凝器和散热器翅片
7129	减振器用平面规则多边形棒材、减振器加强筋、挤压头枕棒材、座位轨道挤压棒材、空气袋充气机零件
铸造合金：铝合金铸件可用各种铸造工艺特别是压铸法生产，它们的成分范围宽，使用的工程性能差异大；特殊铸造铝合金的选择取决于铸造工艺（砂型、金型、压铸、精密铸造）和产品设计、产品要求的性能及相关因素	
A380.0	托架罩、发动机零件、转向器
383.0	气缸体、传动箱及部件、燃料测量仪
319.0	歧管、气缸盖、气缸体、发动机零件
356.0	气缸盖、鼓管
A3560	车轮
B390.0	耐磨性强的内啮合齿轮和内传动零部件

13.3.3 汽车产品用铝合金案例介绍

乘用车车身用铝合金主要应用于覆盖件和结构件，在前防撞梁以及发动机盖板上的应用最为广泛。这是因为铝合金的应变速率敏感性明显低于钢材，并可以满足行人保护法规的要求。铝合金在汽车部件的应用实例见图 13.21。

图 13.21 铝合金在汽车部件的应用实例

（1）奥迪 A8 汽车材料应用

如图 13.22 所示为奥迪 A8 的材料应用情况，表 13.18 为奥迪 A8 金属材料应用类型及比例。

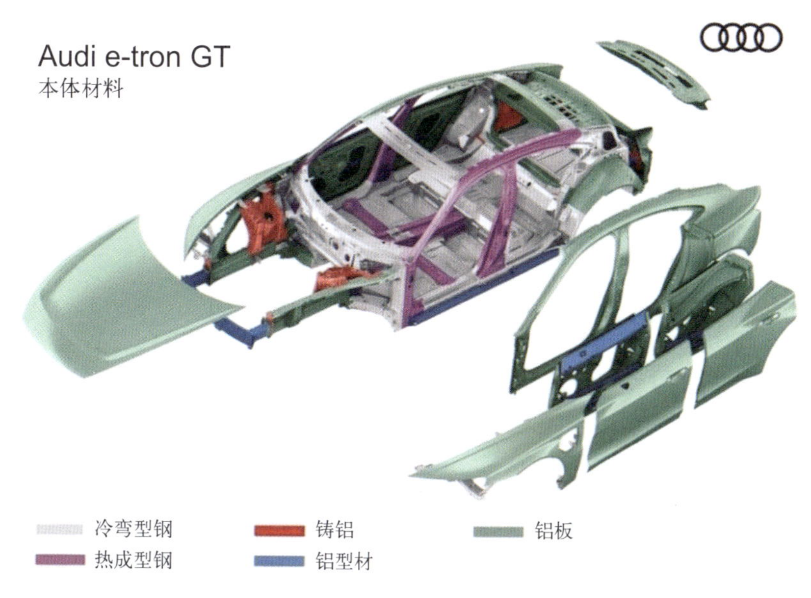

图 13.22　奥迪 A8 的材料应用情况

表 13.18　奥迪 A8 金属材料应用类型及比例

材料	RGB 颜色代码	类型	质量分数 /%
低强度钢	R 153，G 204，B 255	Mild Steel	0.9
先进高强度钢	R 255，G 153，B 204	DP，TRIP	3.0
超高强度钢	R 204，G 153，B 255	CP，MS	3.0
铝合金板材	R 000，G 255，B 000	6×××	47.6
铝合金型材	R 153，G 204，B 000	6××× 7×××	18.5
铸铝	R 051，G 153，B 102		27.0
总计		100.0	

（2）奥迪 A8 汽车产品

随着经济的不断发展，能源问题日益突显，汽车制造及使用对能源的需求巨大，且排放的尾气会对环境造成污染。然而，我们显然不能通过抑制汽车行业的发展来达到节能减排的目的。汽车节能减排的发展趋势关键有两个方向，一个是更改汽车本身的构造，另一个便是倡导的汽车轻量化，调整汽车总体车身重量，提升能源的使用率，降低尾气排放量。在汽车轻量化的发展趋势中，铝合金作为一种轻型金属材料，在许多主机厂的中型、中大型和大型汽车中得到了广泛的使用。从 1982 年起，奥迪启动了“高度铝制轿车”项目，开始研发铝制车身（图 12.23 和表 13.19）。

图 13.23　奥迪 A8

表 13.19 奥迪 A8 CMF 定义描述

<table>
<tr><th>编号</th><th>名称</th><th>材料</th><th>表面处理</th><th>颜色</th><th>光泽</th></tr>
<tr><td>1</td><td>发动机盖外板</td><td rowspan="6">6×××</td><td rowspan="6">电泳 + 喷涂</td><td rowspan="6">花剑银</td><td>高光</td></tr>
<tr><td>2</td><td>发动机盖内板</td><td>—</td></tr>
<tr><td>3</td><td>翼子板</td><td>高光</td></tr>
<tr><td>4</td><td>前门外板</td><td>高光</td></tr>
<tr><td>5</td><td>后门外板</td><td>高光</td></tr>
<tr><td>6</td><td>侧围外板</td><td>高光</td></tr>
<tr><td>7</td><td>前保险杠</td><td>PP 改性材料</td><td>火焰处理 + 喷涂</td><td>花剑银</td><td>高光</td></tr>
<tr><td>8</td><td>后备厢外板</td><td>6×××</td><td>电泳 + 喷涂</td><td>花剑银</td><td>高光</td></tr>
</table>

众所周知，“突破科技，启迪未来”是奥迪品牌的核心理念，但这并不意味着奥迪就只有冷冰冰的科技。相反，本着“让艺术成就科技之美”“取之自然，回归自然”的设计理念，奥迪一直致力于为顶尖科技“穿上”高雅、动感、精致的外衣，打造出一系列魅力四射的“移动艺术品”。

13.3.4 汽车用铝合金应用趋势

汽车产品正朝着安全、舒适、轻量化、高速、节能与低污染的方向发展，开发高性能汽车用铝合金以及材料再利用技术，成了刻不容缓的课题。随着快速凝固铝合金、粉末冶金铝合金、超塑性铝合金、铝基复合材料和泡沫铝材等新材料的开发及应用，未来铝合金材料在汽车中的应用范围将会进一步扩大，并将呈现铸件、锻件型材、板材并举的局面。预计铝将会成为仅次于钢的第二大汽车材料，其发展趋势如图 13.24 所示。

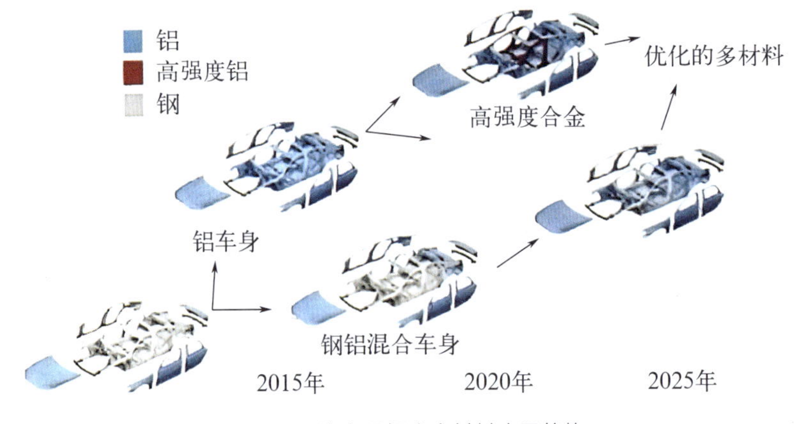

图 13.24 汽车用铝合金材料应用趋势

13.4　汽车用其他合金材料

13.4.1　汽车用镁合金材料

镁合金是以镁为基础加入其他元素组成的合金。其特点是密度小（1.8g/cm^{3}左右）、强度高、弹性模量大、散热好、消振性好，承受冲击载荷能力比铝合金强，耐有机物和碱的腐蚀性能好。其主要合金元素有铝、锌、锰、铈、钍以及少量锆或镉等。

镁在实用金属中是最轻的，镁的密度大约是铝的2/3，是铁的1/4。目前使用最广的是镁铝合金，其次是镁锰合金和镁锌锆合金。镁合金主要用于航空、航天、运输、化工、火箭等工业部门。镁合金的分类如图13.25所示。

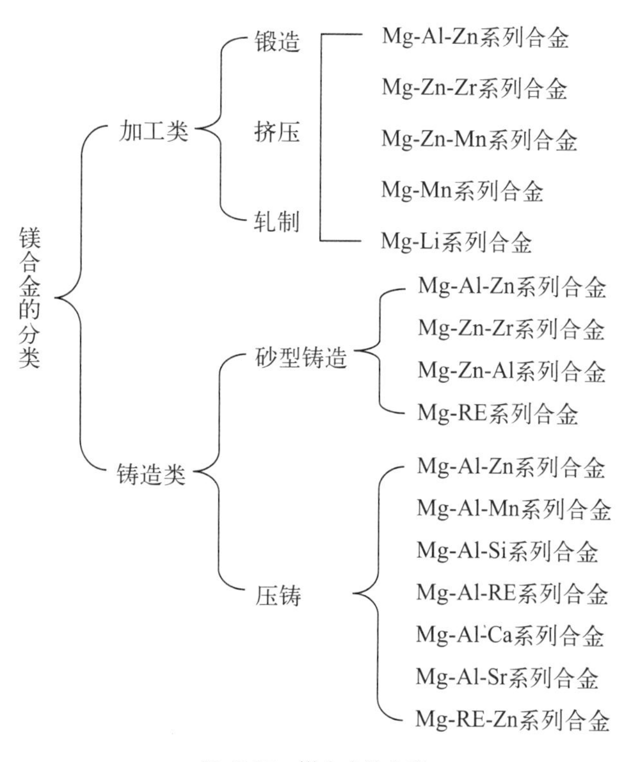

图13.25　镁合金的分类

（1）汽车用镁合金应用

汽车零部件常用镁合金主要有AZ（Mg-Al-Zn）、AM（Mg-Al-Mn）、AS（Mg-Al-Si）和AE（Mg-Al-RE）四大系列，应用最广泛的是铸造镁合金，见表13.20和图13.26。

表13.20　汽车零部件制造应用的镁合金牌号

镁合金牌号	汽车零部件
AZ91D	手动变速箱、进气歧管、后窗框、门内框、辅助转动支架、离合器壳、反光镜支架、机油过滤器壳体、气门罩和凸轮罩、脚踏板、转向柱支架、变速箱上盖、操纵装置壳、气缸盖罩、前端齿轮室等
AZ61	行李架骨架、立柱梁等
AZ31	轮毂等
AM50	座椅框架等
AM60B	方向盘芯骨、电器支架、仪表梁骨架、方向盘、散热器支架、大灯托、座椅框架、轮毂
AS41B	自动变速离合器活塞及定子、变速箱壳体
AE44	变速箱壳体、油底壳、发动机托架

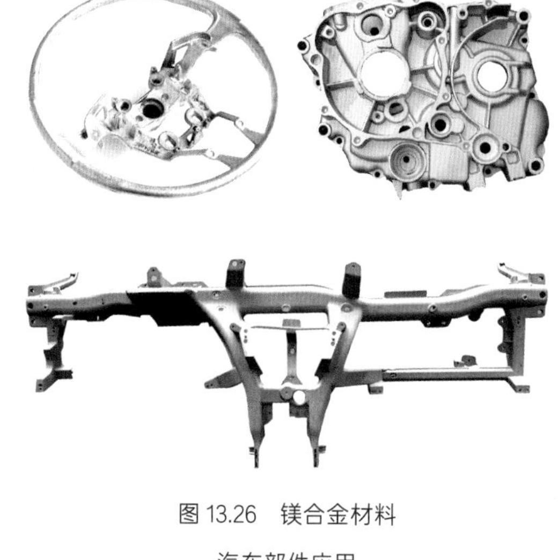

图13.26　镁合金材料汽车部件应用

（2）汽车用镁合金发展趋势

镁合金在室温和高温下的强度及韧性不能满足汽车零部件的性能要求，因此提高镁合金强韧性是扩大镁合金在汽车产业中应用范围的有效途径。以现有镁合金为基础进行合金化，加入微量元素如 Ca、Sr、Ba、Sb、Sn、Pb、Bi 以及稀土元素等，是研制新型镁合金的主要方法。Mg-Al 系列合金是汽车产业中应用最为广泛的一类合金，为改善镁合金的韧性、耐高温性、耐腐蚀性，以 Mg-Al 系列为基础发展形成了 AZ（Mg-Al-Zn）、AM（Mg-Al-Mn）、AS（Mg-Al-Si）、AE（Mg-Al-RE）系列合金。镁合金发展趋势示意如图 13.27 所示。

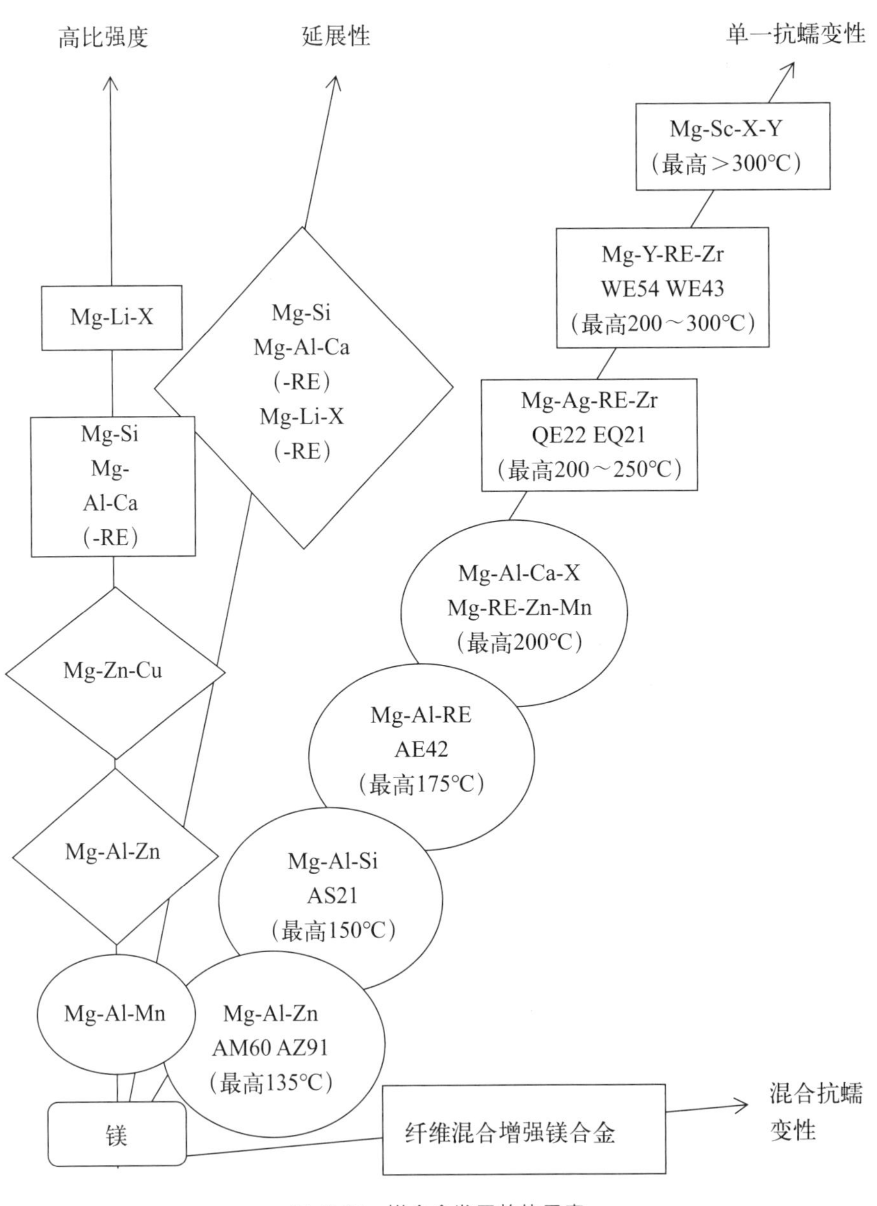

图 13.27 镁合金发展趋势示意

AZ91合金作为成熟的商业应用镁合金，是AZ系列镁合金的代表之一，目前在汽车产业中应用最为广泛。镁合金正逐渐在原有合金系列的基础上由二元、三元向多元化发展，这也将是未来提高镁合金综合性能的主要趋势。

13.4.2　汽车用钛合金材料

钛合金具有优异的综合性能，密度小，比强度高。钛的密度为4.51g/cm^3，介于铝（2.7g/cm^3）和铁（7.6g/cm^3）之间。钛合金的比强度高于铝合金和钢，韧性也与钢铁相当。

钛及钛合金耐腐蚀性能好，优于不锈钢，特别是在海洋大气环境中抵抗氯离子的侵蚀和微氧化气氛下耐腐蚀性好。钛合金的工作温度范围较宽，低温钛合金在–253℃还能保持良好的塑性，而耐热钛合金的工作温度可达550℃左右，其耐热性明显高于铝合金和镁合金，并具有良好的加工性和焊接性能。

2017年，更是有厂商用钛合金打造了价值6680万元的钛金属超级跑车—— Icona Vulcano Titanium（图13.28）。

图13.28　Icona Vulcano Titanium超级跑车

钛合金材料在汽车上的用途主要分两大类：第一类是用于减轻内燃机往复运动件的重量；第二类是用于减轻汽车总重量。根据其材料特性，在发动机系统中，钛合金可用于制造阀门、阀簧、阀簧承座和连杆等部件；在底盘部件中主要为弹簧、排气系统、半轴和紧固件等。发动机部件的摇臂、悬簧、活塞销、涡轮增压器转子、紧固件、挂耳螺母、车挡支架、门突入梁、制动器卡钳活塞、销轴栓、离合器圆板、压力板、变速按钮等，也多采用钛合金材料进行制造。

13.4.3　汽车用锌合金材料

锌合金是以锌为基础加入其他元素组成的合金，常加入的合金元素有铝、铜、镁、镉、铅、钛等。锌合金熔点低，流动性好，易进行熔焊、钎焊和塑性加工，在大气中耐腐蚀，残废料便于回收和重熔；但蠕变强度低，易发生自然时效而引起尺寸变化。一般通过熔融法制备，压铸或压力加工成材。

锌的主要合金元素为铝、铜、镁等，它们对锌合金产生明显的强化作用。锌合金按制造工艺可分为铸造锌合金和变形锌合金，前者的流动性和耐腐蚀性较好，适用于压铸仪表、汽车零部件外壳（图13.29）等。

图13.29　汽车零部件外壳

随着我国汽车工业的迅速发展，镀锌产品和压铸合金产量日益扩大，对金属锌的需求将大幅度上升。根据预测，在未来的几年时间，我国锌合金的消费需求将保持6%以上的年平均增长率。目前，锌合金在机油泵体、仪器仪表外壳等零部件上应用最广。

13.5 设计理念驱动车身材料的发展

13.5.1 多维探索

金属材料的使用很好地保证了汽车产品的品质。然而，随着社会的发展、消费者需求的改变以及车企技术的进步，人们对更好的汽车有着强烈的向往。体现在车身材料方面，就是希望有更高强度、更轻质量的材质来替代现有的金属材料。

在确保符合政策法规和产品性能的前提下，根据产品自身定位、制造成本以及满足目标人群需求等因素考虑，选用多元化材料进行汽车产品的生产制造，已经在行业内得到普遍认可。

（1）车身骨架材料

在多元化理念的指导下，汽车车身骨架材料多采用钢、铝合金以及CFRP等材料制造，见表13.21。

表13.21 车身骨架材料

材料	钢	钢＋铝	铝	CFRP+铝	CFRP
密度	钢：7.8g/cm^3	钢：7.8g/cm^3 铝：2.7g/cm^3	铝：2.7g/cm^3	CFRP：1.8g/cm^3 铝：2.7g/cm^3	CFRP：1.8g/cm^3
轻量化	传统材料	一般	良	好	优
成本①	★	★★	★★★	★★★★	★★★★★
应用车型	传统车型	奔驰C级等	特斯拉等	宝马7系等	宝马i3等
示意图					

① 星数越多表示成本越高，下同。

（2）车身覆盖件材料

汽车车身覆盖件多采用钢、塑料、SMC、铝合金以及CFRP等材料制造，见表13.22。而根据车身覆盖件基材的不同，相应汽车零部件产品的表面处理工艺也有所差异。

表13.22 车身覆盖件材料

材料	钢	塑料	铝	CFRP
密度	钢：7.8g/cm^3	塑料：1.1～1.5g/cm^3	铝：2.7g/cm^3	CFRP：1.8g/cm^3

续表

材料	钢	塑料	铝	CFRP
轻量化	传统材料	良	良	最优
成本	★	★★★	★★★	★★★★★
应用车型	传统车型	宝马 i3 等	捷豹 XFL 路虎等	前途 K50 等
示意图				

外覆盖件基材可能为钢或铝合金等金属材料。以奥迪 A8 为例，其相关生产制造及表面处理工艺如下。

- 车身覆盖件基材：铝合金
- 工艺：冲压 + 电泳 + 喷涂
- 原材料：中涂底漆，色漆，清漆
- 色彩：车身色
- 光泽：高光

外覆盖件基材也可能为塑料、SMC 或 CFRP 等材料。以宝马 i3 为例，其相关生产制造及表面处理工艺如下。

- 车身覆盖件基材：塑料
- 工艺：注塑 + 火焰处理 + 喷涂
- 原材料：底漆，色漆，清漆
- 色彩：车身色
- 光泽：高光

不同种类的非金属材料，由于构成其材料的树脂基体体系不同，在零部件生产制造时，其产品成型工艺也存在着差异。所以，在为产品选材时，也要充分考虑材料成型工艺带来的影响。

13.5.2　极简主义

极简主义（minimalism）并不局限于艺术或设计，而是极简主义者（minimalist）奉行的一种哲学思想、价值观以及生活方式——“极简主义”生活方式。为了更好地保证产品一致性，降低生产成本，在“极简主义”设计理念的影响下，技术工程部门引入“一体化压铸技术”，对汽车零部件产品进行生产制造。

一体化压铸，其实就是用单个大型铸件代替多个小型组装零件。其中有以下三个关键点。

第一，简化生产流程。原有汽车零部件的生产方案中，要将几十个、几百个零部件进行组装焊接。而采用一体化压铸后，只需要通过压铸机和模具，就可以一次成型地实现指定部件的铸造，大大简化了生产流程。压铸工艺与传统焊接工艺对比如图 13.30 所示。

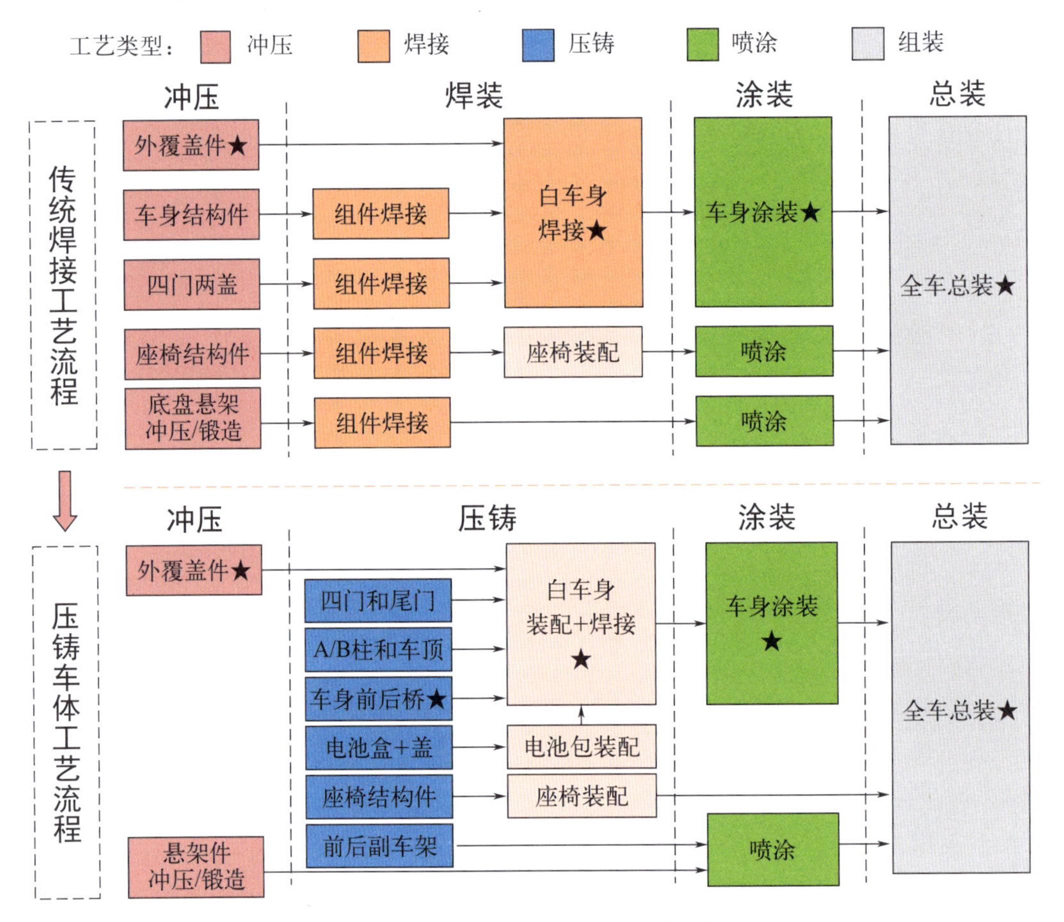

图 13.30　压铸工艺与传统焊接工艺对比

星数越多表示成本越高

第二，架构变化使得硬件的性能大大提高。相比于组装，一体化压铸的密封性更强，可以做到无间隙，也就使得铸件具有更高的抗扭刚度，在抗击打能力方面有更好的效果。此外，在长期使用过程中，可以减少零部件磨损老化、需要维修和替换的烦恼。

第三，轻量化的关键在于材料。一体化压铸使用铝合金材料替代原有的钢材。如果是1.5t的乘用车，使用铝合金材料相比于钢材可大致减轻30%的重量，而减重无论是对于燃油车还是新能源车来说都是利好。对于燃油乘用车来说，减重15%可以减少5%左右的油耗；对于新能源车来说，大约可以减少10%的电能消耗。所以在经济适用性方面，铝合金材料被看作是现阶段轻量化的最佳材料之一。

图 13.31　Model Y 车身骨架

压铸工艺在汽车零部件产品上已经得到了很好的应用，例如特斯拉的Model Y采用一体化压铸技术制造的车身部件（图13.31）。

如图13.31所示为Model Y白车身，其中涂成红色的是结构件，位于底盘位置的两根红色横梁是传统燃油车“极难实现的”，因为燃油车需要空间来安装排气系统及传动轴，没有多余的地方容纳这两根横梁。另一个细节是，在涂成蓝色的软钢部件靠近底盘处的内部还有一个杠，它和两根红色横梁撑起一个工字形结构件。而银灰色的部件，是特斯拉采用全新工艺一体压铸技术制造的，这个部件实现了将70个零件精简为1个零件的进步。采用一体化压铸技术，大大提升了时间效率，将Model 3后车身70个零件合而为一之后，Model Y的后车身制造时长仅需Model 3的几分之一。其次是重量效率的提升，尽管Model Y相比Model 3尺寸全面增大，但Model Y一体压铸后车身仅重66kg，反而比尺寸更小的Model 3的相同部位轻了10～20kg。

除了车身结构件可以采用一体化压铸外，在电池包、电机壳体上、底盘结构件中都可以采用这种技术，以达到减重和增加抗扭刚性的目的，见图13.32。

图13.32　大众与宝马汽车采用高压铸造的电池包下壳体

13.5.3　低碳环保

低碳出行既是一种生活方式，也是一种可持续发展的环保责任。低碳生活为人们树立了全新的生活观和消费观，促进人与自然和谐发展。

在低碳经济模式下，人们的生活可以逐渐远离因能源的不合理利用而带来的负面效应，享受以经济能源和绿色能源为主题的新生活。顾名思义，低碳生活就是在生活中尽量采用低能耗、低排放的生活方式。低碳生活是健康绿色的生活习惯，是更加时尚的消费观，也是全新的生活质量观。

众多的汽车制造商也正在通过自身的努力，为“低碳汽车产业链”“低碳汽车供应链”的创建做出贡献。而如何在低碳出行与经济增长之间取得平衡，让人们同时拥有清洁的环境和优质的生活，这也是汽车制造商需要面对的挑战。回收材料与新能源技术的使用，是取得两者之间平衡的方法之一。

（1）回收材料

宝马i循环概念车（宝马i Vision Circular，见图13.33）描绘的是未来智慧城市中，一辆极具未来感、尖端智能数字化，彰显豪华而又绿色环保的现代出行工具。

图13.33　宝马i Vision Circular

宝马i循环概念车是秉承循环经济“再思考、再精减、再利用、再回收”四大指导原则打造而成的，以全新的方式，考虑产品工艺、制造流程和每个部件所发挥的功能，进行精减或者重新设计以满足材料的循环使用。它贯彻了宝马 i 品牌哲学中的极简主义，大幅减少了零部件、材料种类和工艺流程的数量。

概念车完全摒弃了车漆、真皮和铬，并引入生物基原材料以减少对环境的影响。在产品设计中优先使用再利用材料，对回收材料进行优化。为此，车辆尽可能使用单一材料，并可简单拆解，避免黏合或者使用复合材料。其相关生产制造及表面处理工艺如下。

- 车身覆盖件基材：回收铝合金
- 工艺：冲压 + 青铜阳极氧化
- 原材料：阳极氧化电解液
- 色彩：金铜色
- 光泽：高光

（2）太阳能技术

将太阳能直接转换为电能的技术称为光伏发电技术，是利用半导体界面的光生伏特效应而将光能直接转变为电能的一种技术。太阳能也是“取之不尽，用之不竭”的清洁能源，汽车可利用太阳能作为动力，相比传统热机驱动的汽车，太阳能汽车可实现真正的零排放。在汽车领域，车企对于太阳能技术的应用主要有以下方向。

1）太阳能作为辅助能源的应用

车企与供应商一起，把光伏技术与天窗产品相结合，将太阳能作为辅助能源进行应用。

太阳能天窗就是在传统全景天窗上集成一块太阳能电池板，在阳光照射下，可以将太阳能转化为电能，从而对车载蓄电池进行充电，达到节能减排的目的。而对于混合动力和纯电动汽车，太阳能天窗结合制动能量回收技术，则能进一步提升汽车续航里程。太阳能玻璃结构及工作原理见图 13.34，其应用车型见图 13.35。

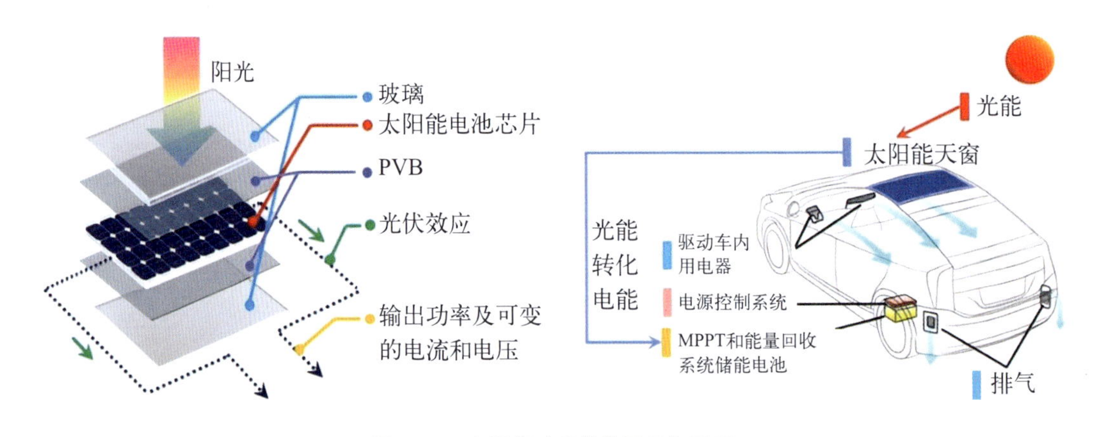

图 13.34　太阳能玻璃结构及工作原理

2）太阳能作为主要能源的应用

位于荷兰赫尔蒙德的初创公司 Lightyear 将太阳能作为主要的驱动能源，打造了一款科技感十足的太阳能电动车 Lightyear One（图 13.36）。

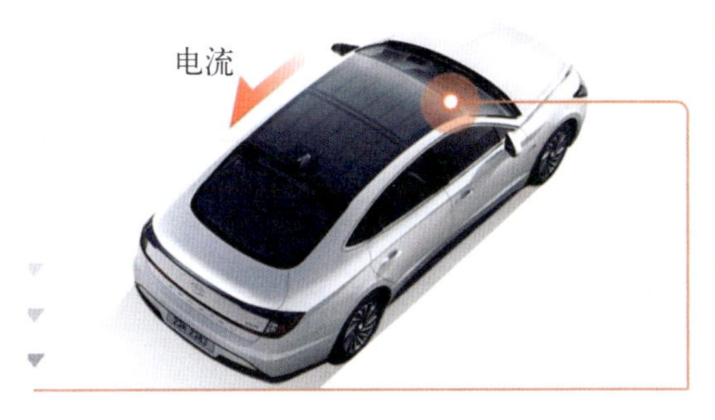

图 13.35　现代 Sonata 混合动力汽车

图 13.36　Lightyear One

Lightyear one 收集太阳能量的太阳能电池板构成了汽车顶棚和发动机盖的大部分，使其被 $16ft^2$（1ft=0.30m）的集成太阳能电池覆盖。整车使用铝和碳纤维等轻质材料制造，质量为 1575kg。在保证车身坚固的前提下，重量更轻，能耗更低，并且该车的阻力系数（C_d）小于 0.20。

13.5.4　智能科技

（1）陆空两用飞行汽车

陆空两用飞行汽车的通俗定义是：既能在空中飞行，也能像汽车那样在陆地上行驶，可以实现远距离载人的陆空两用交通工具。

根据目前在研和已经成功推出的陆空两用飞行汽车的起降方式，分为滑跑起降和垂直起降两种。

图 13.37　Liberty 飞行汽车

荷兰 Pal-V 飞行汽车公司计划批量生产全球第一种双座型 Liberty 飞行汽车（图 13.37）。该飞行汽车既可以在城市道路上行驶，也可在短距离跑道上快速起飞。

Liberty 飞行汽车的结构中使用了大量复合材料，将其质量降至 664kg，同时保持机身的刚度和强度，车身由碳纤维和钛铝合金材料制成。该汽车能在 10min 内从三轮汽车变身为旋翼机。

（2）自动驾驶汽车

自动驾驶汽车（autonomous vehicles；self-driving automobile）又称无人驾驶汽车、计算机驾驶汽车或轮式移动机器人，是一种通过计算机系统实现无人驾驶的智能汽车。自动驾驶汽车依靠人工智能、视觉计算、雷达、监控装置和全球定位系统协同合作，让计算机可以在没有任何人类主动操作的情况下，自动安全地操作机动车辆。

目前自动驾驶汽车的研发，大多是在现有产品的基础上，添加众多传感器及线控设备等部件，逐步构建自动驾驶生态系统（图 13.38）。

图 13.38　自动驾驶汽车硬件设备

但只有构建起成熟的智慧交通生态系统，自动驾驶设备才能得到大规模的应用。智慧交通生态系统包括：车路协同系统、人机交互系统、海量数据处理系统、智慧云端管理系统、应急安全保障系统等。智慧交通生态系统需要充分完善，才能保证驾乘者、行人、车辆以及社会设施的安全。

自动驾驶车辆的研发正在从目前的“加法”设计逐渐转为“减法”设计，一些现有车辆设计中的被动安全系统、操控系统等，已经得到优化甚至摒除。

我们可以从不同类型的自动驾驶概念汽车设计中，展望未来可能大范围应用于车身部件的材料（图 13.39）。

图 13.39　自动驾驶概念汽车

为了使乘坐者有更好的乘坐体验，大量的透明材料会应用于车身部件，例如PC、玻璃、氮化铝等。为了实现大量风格迥异的造型，由于材料自身的特性以及成型工艺的因素，工程塑料合金以及复合材料会在车身覆盖件产品上得到大范围使用。随着光电转换效率的提升，光伏材料也会在车身覆盖件产品上得到使用。金属材料的使用依然不可或缺，需要承载重量的安全部件和结构部件依然会使用金属材料进行制造，但相对于现在传统燃油车，金属材料用量会减少。无论汽车发展到何种程度，根据产品自身性能需求，选用适合的材料与工艺进行制造生产，多种材料搭配使用，合理使用成型与连接工艺，这对好的产品设计来说是至关重要的。

第 14 章 汽车装饰膜工艺与设计

14.1 汽车装饰膜发展简史

汽车装饰膜主要分为漆面保护膜和车身改色膜两种类型，前者以保护功能为主，而后者以装饰美观功能为主。漆面保护膜的主要功能是保护车漆，起到养护和美观的作用。而车身改色膜的主要功能是突显车辆个性，同时具备一定的防刮效果。

（1）漆面保护膜

漆面保护膜是透明漆面保护膜的俗称，是一种高性能新型环保薄膜，具有超强的韧性和耐磨性，装贴后可使汽车漆面与空气隔绝，持久保护漆面。

漆面保护膜起源于欧美，最初被称为“犀牛皮”。20 世纪 60～70 年代，它作为军工产品应用于美军直升机和隐形战斗机，直到 90 年代才逐渐走向民用，多用于顶级赛车。漆面保护膜作为车漆保护产品使用是从 21 世纪初开始的，当时主要用于豪华汽车和欧洲皇室用车。21 世纪 10 年代，漆面保护膜才进入我国市场并迅速开始流行。

（2）车身改色膜

第一代车身改色膜的代表产品有普通亚光膜、亮光膜、磨砂闪点、碳纤维等，主要由普通 PVC、国产胶水和 120g 单淋底纸构成，导气槽主要为金钱纹气槽。

此类产品的主要缺点包括：表面橘皮纹重，导气效果差，普通 PVC 膜在冬季会发脆，一用力拉就会破碎。如果黏胶质量不好，往往贴膜后一两天或一个星期就容易翘边，凹位的地方鼓起，甚至较平面的地方也会起泡。在车身上贴膜后一年左右，膜面就会龟裂，严重时胶水会渗透到车漆里，导致漆面发黄。目前这种第一代车身改色膜基本已经淘汰了，一般汽车改装店或美容店也已不推荐使用。但在网络平台上还能采购到，主要用于汽车内饰贴膜、工业器件或家居物品，如电梯、钢琴、计算机等。

第二代车身改色膜的代表产品有银色底的冰膜、冰拉丝、极光膜等，此类贴膜压延工艺的质感较强，接近于亚光面电镀效果，主要由普通 PVC、国产高强度胶水和 120g 单淋底纸构成，导气槽主要为水立方气槽。

这类贴膜的主要问题是无法避免大面积掉胶的情况，而且胶水非常难以清除，需全车喷上除胶剂后用面粉、刮板清除，对车漆有一定损伤。更重要的是此类贴膜使用一年半左右就会老化，而且撕膜时只能小块小块地撕下，费时费力。如今，第二代车身改色膜和第一代产品一样，不建议用作汽车全车外观改色膜，但市面上还有少量售卖。一些汽车改装店和美容店仍然在用这些面临淘汰的改色膜作为促销手段来吸引车主。

第三代车身改色膜是目前市场上常见的，种类包括电光膜、超亮金属膜、珊瑚膜、曙光白膜、钻石紫膜、魅蓝膜等。此类改色膜采用贴合工艺，具有双层结构，底面基材一般是白色或者黑色，生产时在基材上涂布不同颜色和金属闪粉，然后在表面贴合一层超薄透明的亚膜或亮膜。一般采用进口低黏胶，底纸一般为 160g 双淋底纸，采用小方格或小菱形导气槽，膜面较为平整。

这类贴膜的主要问题是，由于采用双层结构，难以避免脱层现象。良心厂家采用黏合性好的进口胶水，一般使用两年左右才会出现 1%～2% 的脱层现象。而非正规厂家为了偷工减料或者生产工艺不成熟，两三个月就会出现大批量覆膜脱层现象，撕膜时也会产生大面积掉胶情况。目前第三代车身改色膜是市场上广泛用作汽车全车改色膜的产品。大多数汽车改装店、美容店推荐的也是这种类型。

从工艺角度来看，改色膜在生产时，膜面就要尽可能平整，否则很容易产生橘皮纹。过去，改色膜的底纸是真正的纸质材料，用手就能撕开，这样的底纸膜面容易不平整，底纸上没有纹路，不容易导气，因此会产生橘皮纹。揭开底纸时，纸屑容易粘在胶上，施工时也会产生橘皮纹。现在的改色膜产品使用 PET 底纸，也就是塑料底纸，用手是撕不开的，底纸上有纹路，导气效果好。

目前，改色膜基材还是以 PVC 为主，但逐渐往 TPU 方向发展。无论是质保时间还是性能，TPU 都略胜一筹。从质保时间来看，虽然 PVC 改色膜成本较低，工艺也相对成熟，但质保时间较短，通常 1 年左右就会出现老化变色的现象，质保时长通常为 1～5 年，大部分品牌质保时间为 2～3 年。而 TPU 改色膜具有比 PVC 优异的韧性，质保时间可以达到 5 年及以上。而在材料上，TPU 的性能也是 PVC 无法匹敌的。TPU 是一种热塑性弹性体，通过调节合成配方可以带来各方面优异的性能，比如耐磨性、耐高低温性、耐油性、耐化学品性、回弹性等。而 PVC 是一种塑料，手感会偏硬，通常需要加入增塑剂软化使用。在车衣行业中有些人把加了增塑剂的 PVC 称为 TPH，但实质上还是 PVC。增塑剂多数是用邻苯二甲酸酯制成的，时间久了会从 PVC 上析出、挥发，带来潜在的健康风险。

14.2　装饰膜的应用发展

装饰膜的应用发展一共经历了三个阶段，分别是参赛编号车贴、改装车贴及标志贴和如今的各类装饰膜。

改色膜在欧洲市场有着悠久的历史，最初源自 1887 年 4 月 20 日在巴黎举办的第一场有组织的赛车比赛。赛车选手们的汽车侧门必须贴明参赛编号以便识别，尽管当时只有一辆车参加了比赛，但有一家公司专门为这辆车制作了一个车号，这便是车贴的最初形态。

经过长久的汽车及摩托车赛事推广，大量的赞助商涌入赛车行业，赛车车身开始出现了赞助商的广告性质品牌车贴，比如著名的法拉利车队赞助商万宝路等，这样的车贴目前称为改装车贴和标志贴。

后来，随着欧美和日本汽车业的兴起和普及，购车人群逐渐年轻化、家庭化和个人化，由于年轻人的性格特征及受赛车风格的影响，车贴大行其道，逐渐风靡全世界。接着，车贴慢慢发展成为通过整车包覆贴膜将车呈现喷漆效果的汽车改色贴膜。

1900 第一届 Bennett Cup 比赛，为了区分各国赛车，商业赞助开始主导赛车涂装，而且各国赛车都有相对固定的国家色。例如法国采用蓝色，美国采用红色（后改成蓝底白条或者白底蓝条，1907 年红色成为意大利赛车色），德国采用白色（后来采用银色），英国采用三叶草绿色，日本采用红白色。

当颜色成为赛车的一种标志性的区别时，民间开始效仿。早期是喷漆，而后，膜的发明让更换颜色更简易。

国内真正有企业做汽车改色膜是在 2010 年左右。由于发展时间短，前期政策未开放等原因，市场认知度和大众接受度还没有完全打开，导致现在行业有些不规范，市场比较乱，发展也比较受制约。近几年来，随着我国汽车市场的高速发展，以及车主的年轻化，汽车改色贴膜受到众多车主的关注。作为汽车后市场还未发力的新兴产品，改色膜发展空间巨大，势必带来巨大的商机。

14.3 汽车装饰膜先进企业与品牌

按照品牌划分，目前我国汽车贴膜行业产品包括外资品牌和内资品牌。外资品牌起步较早，工艺技术水平较高，产品主要针对中高端市场。相比之下，国内产品由于技术问题，生产的产品主要针对中低端市场，但不同品牌在自身的产品定位方面也设置了不同的类别，一些规模稍大的国产品牌在型号方面除了主打产品之外，也提供性能更好的中高端产品。国外主要有 3M、龙膜（伊士曼）、强生膜等全球主流功能性膜材生产企业（表 14.1）。国内品牌主要有瑞盾、威固、美基等。

表 14.1　2022 年国外贴膜企业代表产品

企业名称	品牌	代表产品
伊士曼化工	龙膜	汽车太阳膜：后羿系列、畅悦系列、尊翼系列等 漆面保护膜：G1、G2
	威司	汽车太阳膜：V70S、V70、V40、K28 等 漆面保护膜：V100、V10、SUN-X、V-MATTE
	圣科	汽车窗膜：捍御者系列、STK 系列、STC 系列等 漆面保护膜：MATTE 系列
3M 公司	3M	汽车隔热膜：晶锐系列、恒色系列、恒锐系列 漆面保护膜：Scotchgard 系列 车身改色膜
强生玻璃贴膜公司	强生	ES 高清系列、IR 旗舰系列、PGC 系列、SP 系列、RN 系列

14.4 汽车装饰膜分类与技术特性

对于汽车贴膜，根据需求的目的不同可以分为四种类型：隔热膜、玻璃盾甲膜、漆面保护膜和车身改色膜，前两者属于窗膜，后两者属于装饰膜，见表 14.2。不同类别的汽车贴膜所代表的需求也不一样，目前最普遍应用的为隔热膜，贴在车窗玻璃内侧，可以起到隔热挡光、隔离紫外线、保护车窗玻璃以及保护隐私的作用。

表 14.2 汽车膜需求类别

汽车膜	特征
隔热膜	又称“太阳膜”，贴在汽车玻璃内侧，能够隔绝外部太阳光热量。隔热膜还可以保护车窗玻璃以及保护车主隐私
玻璃盾甲膜	也叫“防爆膜”，贴在汽车玻璃外侧，给汽车玻璃添加一层保护，在与外界发生碰撞时起到防止玻璃爆碎与固定碎玻璃碴的作用，对车内人员人身安全起到一定的保护作用
漆面保护膜	俗称“汽车隐形车衣”，是汽车装饰贴膜的一种，主要作用是全方位硬性保护车漆，漆面保护膜不但可以提高汽车漆面的光泽度，防止漆面氧化，而且也可以防止漆面刮伤和碰撞。漆面保护膜施工比较烦琐，且价格较高
车身改色膜	车身改色膜是色系丰富、颜色多样的薄膜，以整体覆盖粘贴的方式改变全车或局部外观。对于车主而言，车身改色膜在不伤原车漆的前提下，可以让其随心所欲地改变车身颜色，增加拉花

汽车装饰膜根据位置不同可以分为汽车外饰用装饰膜与汽车内饰用装饰膜。

14.4.1 汽车外饰用装饰膜

汽车外饰用装饰膜分为汽车保护膜和车窗膜。

汽车保护膜（paint protective film，PPF）主要用于乘用车的漆面保护。PPF 可分为隐形车衣和改色膜两类产品，隐形车衣注重保护，而改色膜还需兼顾颜色。隐形车衣主要用于中高端乘用车。改色膜主要用于满足消费者对汽车颜色的个性化需求，选择改色膜可以随时更换颜色，不损害车漆且具有保护作用，相比直接喷漆仍有较高的性价比。市面上的改色膜产品有珠光膜、亮光膜、亚光膜、电镀膜、透明膜、碳纤维膜、金属亮光膜、亚光金属膜（简称亚光冰膜）、拉丝金属膜、变色龙膜等。

PPF 为五层结构：PET 膜（施工时撕除，保护表面涂层）、表面涂层（防污、修复）、基膜（核心材料）、压敏胶、离型膜（施工时撕除，保护压敏胶层）。基膜是 PPF 的核心，也是承担保护作用的主要材料。常用的基膜材料为 PVC 和 TPU。TPU 具有抗冲击、防穿刺、防划伤、耐腐蚀、耐候性好、有热修复功能、撕膜时无残胶、质感好等特点，相比 PVC 性能优势显著。

车窗膜主要用在车辆前后挡风玻璃、侧窗玻璃以及天窗玻璃上，具有隔热防晒、防紫外线、避免碎裂脱落等功能。车窗膜具有抗磨层、PET 安全基层、金属隔热层、复合胶黏剂、UV 吸收层、透明 PET 安全基层、安全胶黏剂、高透明 PET 离型膜等结构。

车窗膜根据材质不同可以分为以下几类。

（1）染色膜

染色膜本身的视觉效果非常好。该膜采用水染工艺，通过控制染料用量可以达到美观的效果。但是除了美观外，染色膜在隔热、透光率和耐久性方面的性能都不令人满意。低廉的价格是这种玻璃膜最吸引人的部分。

（2）印刷膜

印刷膜的质量尚可达标，但因其工艺传统、工序繁多，导致膜比较厚，这样一来就难以确保膜的透光率，个别车辆在贴膜后还会存在光学折射的现象。印刷膜主要用于乘员不固定的公共车辆上。如果车辆所在地区气候温和，车主也可以购买和粘贴这类膜。

（3）金属膜

通过加工技术将金属材料镀在原始膜的表面上，并且将原始膜用作载体来发挥其优势，使膜本身更加半透明、隔热耐用。金属膜是一种通用玻璃膜，在私家车中应用最多。

（4）陶瓷膜

陶瓷膜基于纳米技术，以氮化钛为材料，原始膜经高精度涂覆，以提高其在中后期的耐久性和隔热效果。另外，陶瓷膜还具有一定的抗磁场和抗干扰能力，但成本也较高。

（5）防磁聚酯膜

顾名思义，防磁聚酯薄膜可以抵抗磁场的干扰。其加工技术和材料选择严谨而复杂。除了硬度外，质量标准与原车的前挡风玻璃几乎相同。

车窗膜生产技术经历了五代，技术工艺不断提升。随着生产技术的不断进步，车窗膜的生产工艺由涂布与复合工艺向染色工艺、真空热蒸发工艺、真空磁控溅射技术（及改进版本）、纳米陶瓷技术不断发展，其中，染色和真空蒸发工艺产品质量低端，但价格适中，占据一定的市场份额；真空磁控溅射技术、纳米陶瓷技术先进，产品质量较好，代表车窗膜的高端水平。

14.4.2 汽车内饰用装饰膜

汽车内饰用装饰膜是汽车内饰表面处理工艺中用到的一大类膜材料的总称，赋予内饰表面图案、纹理和保护等功能，通常也就是漆面保护膜。但由于汽车内部环境不像外部环境那么恶劣，所以这类需求比较少。

内饰膜一般是专车专用，提前根据车型定制，通过计算机裁剪好。制作完成之后，先给内饰做好清洁，然后把膜贴上去，如图 14.1 所示。

图 14.1 内饰用汽车装饰膜

14.4.3 汽车装饰膜的制造工艺

汽车装饰膜的制造工艺分为四大流程：① 择优母粒制作成原膜；② 背胶工艺；③ 涂层工艺；④ 复合成膜，裁膜包装。

汽车装饰膜不是生而为膜的，最原始的状态只是一粒小小的 TPU 母粒，是一类可以塑化、溶剂可以溶解的聚氨酯，是一种介于塑料和橡胶之间的产品，归属于弹性体。TPU 母粒通过熔体流延骤冷生产出的一种无拉伸、非定向的平挤薄膜，就是 TPU 原模。ICADIS 漆面膜选用不黄变的路博润车衣专用牌号的脂肪族 TPU 粒子，具有极高的弹性和耐磨、耐腐等优异性能。一般来说，选对了 TPU 粒子，好膜也就成了大半。而所采用的熔体流延的制作方式，与市面普遍的吹膜相比，其特点是生产速度快，产量高，薄膜的透明性、光泽性、厚度均匀性等都极为出色。装饰膜的背胶工艺，简单来说就是上背胶，和喷漆原理一样，需要喷底漆后再喷色漆。背胶同样如此，通过涂布工艺，先用电子束扫一遍膜，然后将胶水涂在覆膜上，再复合在 TPU 基材的膜面上。所谓的涂层工艺，简单理解就像是给膜表面做的纳米镀晶，就是在 TPU 基材上添加一层纳米修复涂层材料，相当于多加了一层保护。涂层的涂布工艺也是各个装饰膜品牌的核心竞争力。一旦涂布工艺不达标，将会出现很多性能问题，如变黄、抗污性能不佳等。当完成了以上工艺后，装饰膜已经是成品膜了，但还需要裁剪分切。成品膜一般长达 600m，需要先进行熟化 24h，然后按照市面上公认的装饰膜规格 1.52m×15m（宽 × 长）进行裁切成卷，再进行熟化 24h，打印上水印、质保卷码号等特殊标志，当然少不了贴标、封装成盒，最后入库登记，等待不同车型裁膜施工。

汽车装饰膜表面加工工艺如下。

（1）IMD（in-mold decoration）工艺

IMD工艺即模内成型工艺，通过IMD工艺，可在模内注射成型塑料面板的同时将膜片附在面板表面，一次性即可得到带有功能纹样的装饰件。通过IMD工艺所得的装饰件表面质量较高，适合大批量生产。其工艺流程（图14.2）较为简单：将印刷好的薄膜制作成循环滚筒卷状带，通过送膜装置将印刷完成的膜片送入模具内（一般上下会各有一个激光定位器保证膜片停留在正确位置），膜片真空吸附在模具上，粒状树脂原料通过注射成型、冷却成型的同时，膜片上的油墨层将热转移到注射成型物上。

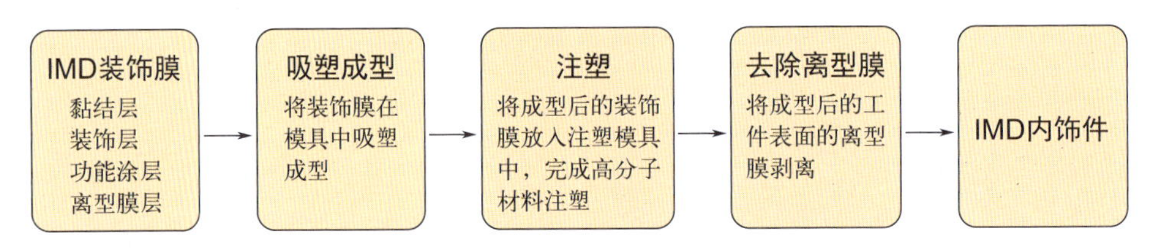

图14.2　IMD工艺流程

IMD工艺使用的膜片一般较薄，拉伸性能表现一般，主要用于产品落差低、表面R角（角的弧度）大、比较平缓的产品，对产品造型的型面有诸多限制。

IMD工艺特点：一次成型，一套模具，生产成本低；生产工序简单，可实现全自动生产，效率高；只适合2D表面或拉伸率20%的饰件可以实现精定位效果；无法实现表面触感。

（2）INS/FIM（film insert molding）工艺

首先需要将膜片通过吸塑设备吸塑成型（即INS膜片比IMD膜片多了一层塑料层），再用冲切工具将边料裁切掉，将裁切好的膜片放入注塑模具对应形状的型腔中，面板注塑的同时将膜片吸塑成型，主要有高压预成型、裁剪、注塑三步流程（图14.3）。

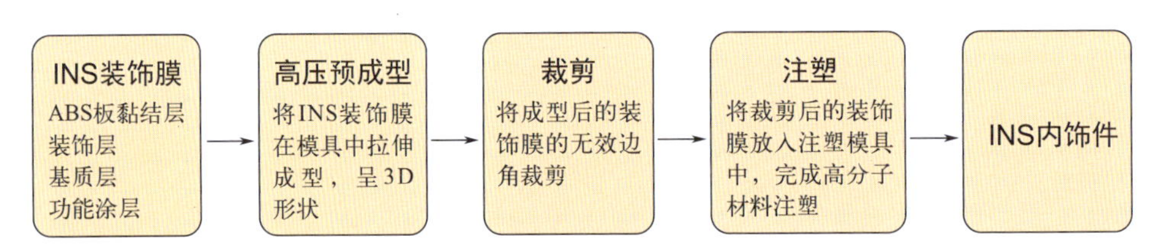

图14.3　INS工艺流程

与IMD工艺比较，INS工艺有更大的设计自由度：装饰深度更深，且可用于型面变化较复杂的面板，不局限于扁平零件；INS工艺是先成型膜片，裁切后送入模具内，避免了成型过程中花纹拉伸变形的问题，失真较小。此外，INS工艺还可延伸出一种双嵌模模式，可在同一零部件上同时实现不同的纹理效果（纹理间需开一个分色槽），避免了多零件安装配合不当的问题。

INS工艺特点：可以实现较复杂的工件形状，规则花纹变形较小；可实现一定触感和仿实木效果，难以实现精确定位；综合成本较高；生产工序多，效率低，良率低。

（3）IML（in-mold label）工艺

IML工艺即模内标签工艺，主要有热成型、裁剪、注塑三步流程（图14.4）。IML工艺图案定位精度高，适用于视窗、灯光、商标饰件；可以实现部分表面触感；生产工序复杂，效率低，不良率高。

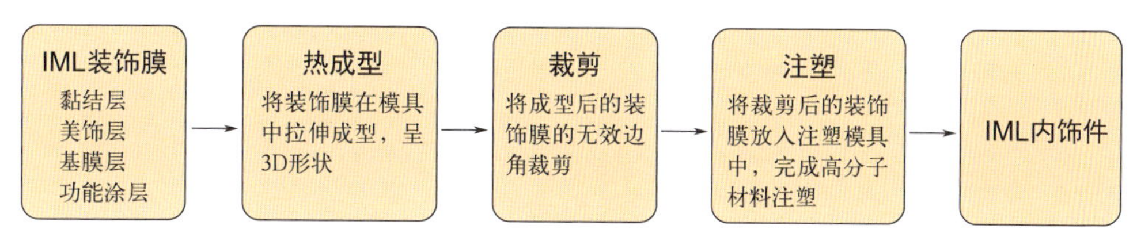

图 14.4　IML 工艺流程

IML 工艺特点：三套模具，模具成本较高；可以加工 3D 饰件，拉伸率可以达到100%。

（4）3D-IME

3D-IME 是 IMD 的升级版工艺，结合了先进的油印刷电子技术，在已有表面纹样的膜片上将电路、触控、天线 LED、IC 等智能电子元件集成在一起，再通过加热对膜片进行 3D 造型，最终得到厚度只有 2mm 的装饰膜，即为三维电子印刷装饰膜。3D-IME 工艺进一步扩大了设计自由度，节省了装配时间、成本，使产品更小、更轻薄，其工艺流程可以简单概括为：① 在薄膜上印刷装饰层；② 在薄膜上印刷电路、传感器、天线等；③ 在薄膜表面贴装电子元件；④ 对薄膜进行热压 / 高压成型；⑤ 将薄膜与塑胶材料注塑成为零件。

3D-IME 是目前“智能皮肤”或“电子皮肤”的关键技术。它是在 IMD 和立体电路技术基础上发展起来的创新工艺，也可称为裸露的“立体电路”的薄膜化表面装饰技术。通过3D-IME工艺，塑胶产品被赋予先进的电子功能，迎合了目前汽车市场智能发展的需求，应用前景较为可观。

（5）TOM（three dimension overlay method）工艺

TOM 工艺即三维表面加饰工艺，也叫 OMD（out-mold decoration），是一种零件模外装饰工艺。TOM 工艺主要利用真空成型技术，将涂有胶黏剂的薄膜紧密贴合在被加工零件表面，具体流程（图 14.5）为：先将装饰膜放在密闭的腔体中，真空加热软化装饰膜，然后加压实现装饰膜对工件的包覆，最后取出工件再进行余膜切除工序。

TOM 工艺不仅可以通过膜片风格实现仿木纹、仿电镀高光、仿碳纤维、仿铝等多样化的外观效果，更重要的是 TOM 工艺在膜片触感上的表现更为优异——膜片上的凹凸触感成型后不会减弱或消失，可同时保证视觉与触感的综合效果。TOM 工艺设计自由度也比较大，可适用于各种基材材质，对零件的尺寸要求也比较宽泛，可用于大型件，对于小型件还可以采用一模多腔的方式进行高效率加工生产。

TOM 工艺特点：工件材质不限于塑料，可以加工大型工件；对于小型工件可以一次加工多个；工件逆钩形部位、端末部位可以弯卷贴附，可以保留表面处理，实现表面触感；成品设计自由度高；包覆后必须切除余膜；文字或图案对位精度差。

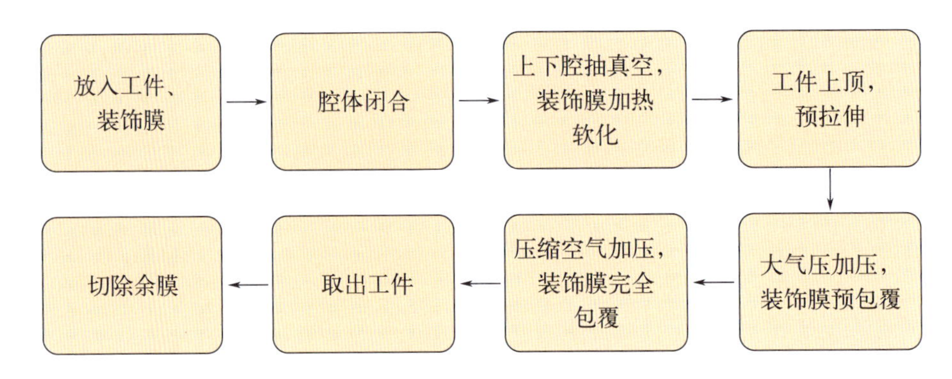

图 14.5　TOM 工艺流程

（6）PVD（physical vapor deposition）工艺

PVD 工艺是指通过物理气相在真空或者低气压状态进行沉积的过程，具体流程为：首先经过蒸发、升华、溅射和分解等物理过程使涂料发射粒子，然后粒子间通过碰撞或相互作用力产生反应并被输送到基材表面，最终粒子在基材表面凝结、成膜。PVD 工艺分为真空蒸发镀膜、真空溅射镀膜和真空离子镀膜三类（表 14.3）。PVD 镀膜技术镀出的膜层具有强附着力、高耐性、高稳定性的优点，能获得纳米级镀层且无污染，但是这种工艺对所应用的基材的要求较高，且很多基材都要经过化学电镀才能在其表面进行 PVD 镀膜工艺处理。

表 14.3　PVD 镀膜工艺种类

方法	流程	优点	不足	图解
真空蒸发镀膜	真空条件下通过蒸发器使膜材气化，粒子向基片蒸发并沉积，最终形成固态膜片	装置便宜，工艺简单，纯度高，易于形成所需图形	受热分解现象影响难以控制组分比，低蒸气压物质难以成膜	样品 公转 蒸发 高真空状态 自转 加热 真空镀膜金属 电源回路
真空溅射镀膜	通过施加高电压使金属靶形成等离子状态，正电荷粒子撞击金属靶，从而使基层表面形成金属膜	纯度高，致密性好，易于保持化合物、合金的组分比例	对金属靶材要求高、利用率低	惰性气体 金属靶 样品 等离子状态 S 磁场 N Ar 因存在磁场，等离子状态在金属靶附近停留，等离子状态和溅射时放出的电子可以保护样品 磁控管溅射镀膜法

续表

方法	流程	优点	不足	图解
真空离子镀膜	真空条件下，通过放电使蒸发物离化，并在其轰击作用下把蒸发物质或其反应物沉积在基片表面	附着性强，沉积效率高，化合物、合金、非金属均可成膜	工艺和流程复杂	

（7）FFB（功能性膜片烫印技术）

FFB 利用压力和热能将功能膜转移到基材上，具有高耐用性的复合物由化学黏合产生，因此避免了塑料基材中因气体而产生的气泡。这是一项专利注册工艺，它可以全自动、高精度地完成高导电性、透明的 PolyTC 触摸传感器与塑料部件的集成，可以根据部件和传感器的几何形状及尺寸量身定制。根据工艺可以分为平烫法和滚烫法（图 14.6）。

图 14.6　平烫法（左）和滚烫法（右）

14.5　装饰膜在汽车中的应用

汽车内饰设计既要满足客户对内饰的功能性需求，同时必须满足消费者对视觉、触觉等整体感官的心理需求。因此，在进行汽车内饰 CMF 设计时，不能简单粗暴地将所有装饰膜均应用在车内，而需要根据给用户带来何种内饰体验来选择性地应用装饰膜，在满足特定客户群体对内饰使用功能的基础上进行更优秀的 CMF 设计。

装饰膜在汽车内饰系统中的应用，常见的有仪表板、方向盘、中控仪表板、空调出风口、门饰板扶手控制面板等位置。装饰膜赋予汽车内饰的表面图案，常见有仿木纹、仿碳纤维纹、仿金属拉丝纹、仿石纹及其他几何图案纹理。装饰膜表面做加硬处理，除了提供对图案纹理的保护功能外，还能增加汽车内饰的质感，提高内饰的档次。

14.6　汽车装饰膜发展趋势

汽车内饰设计是汽车设计的重要组成部分之一，内饰设计一方面着重于外部形态美感的塑造，另一方面则在于实用性和舒适性的打造。而与外饰设计相比较而言，内饰设计更加重视人性化设计以及情绪化设计以提升用户体验，而舒适度和质感也是构成用户体验的重要因素。材料和色彩则是提升内饰整体舒适感和质感需要考虑的重要元素。

随着材料技术的不断成熟以及智能汽车技术的不断发展，根据现有的研究趋势，汽车装饰膜材料逐渐从高档化、奢侈化消费向大众化、标配化、普及化消费转变，市场需求快速增长。

发展趋势可以总结如下。

- 复合轻质材料取代金属材料
- 高科技与个性化风格材料的运用
- “高质感”与“超薄”的表面处理技术
- “绿色环保”材料的运用

汽车装饰膜技术发展如图 14.7 所示。

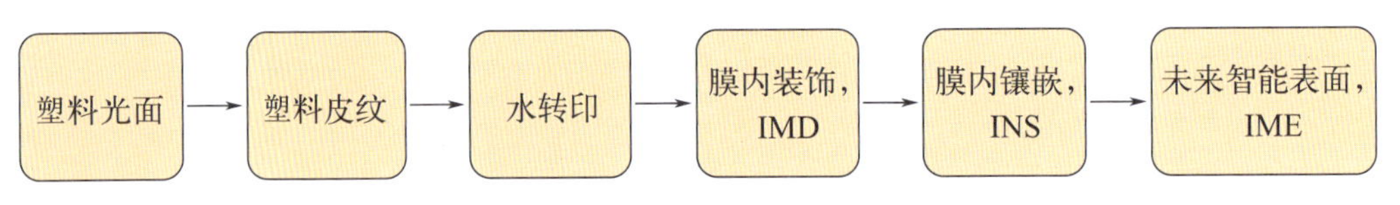

图 14.7 汽车装饰膜技术发展

（1）技术趋势

汽车行业越来越关注三个关键问题：更大的可持续性、更低的二氧化碳排放和作为第三生活空间。汽车装饰膜在技术和设计上也在朝着这三个方向发展与突破。

图 14.8 3M 汽车隔热膜晶锐臻选系列

① 随着自动驾驶技术的普及以及 5G 时代的到来，车机系统对信号的需求越来越高，汽车装饰膜也将被要求具有无信号干扰等适用于新技术车型的新特性，例如 3M 汽车隔热膜晶锐臻选系列（图 14.8），在保证视野清晰、车内始终保持凉爽、阻挡 97% 的热辐射的前提下，还具备无信号干扰的特性。而 3M 睦色系列则以纳米陶瓷技术作为技术原理，不含任何金属成分就能使车内与外界始终保持互联互通。

② 随着科技与工艺的进步，Shy-tech、IMD PUR 以及其他更加先进的高科技应用于汽车装饰膜，汽车内饰材料集成数字功能，汽车装饰膜将呈现更加前瞻与高效的智能组件。例如音量、温度、方向盘等无须控件和按钮即可实现控制功能。除此之外，手势控制、触觉反馈等创新的交互方式也在影响着汽车装饰膜的发展（图 14.9）。

图 14.9 库尔兹装饰膜

③ 可持续性与绿色环保。几乎完全使用可再生能源进行制造，用具有自愈表面的耐用组件来延长装饰膜的使用寿命，创新性的新材料装饰使得汽车组件更加易于回收（图 14.10）。研制汽车装饰膜的先进企业通过不断实践，正在不断研制出更加绿色环保的新材料和新工艺。

（2）设计趋势

① 装饰膜由以往的装饰性向装饰与功能性相结合的方向发展。同时，随着装饰膜技术与工艺的不断发展，汽车内饰逐渐向着智能化发展。如今灯光控制装饰膜、柔软立体装饰膜、三维电子印刷装饰膜等各类智能装饰膜层出不穷，智能表面装饰膜在汽车 CMF 中的应用比例越来越大。这类装饰膜不仅拥有传统表面装饰纹样，而且具有振动反馈感、光电动态显示等功能。

② 在人们更加关注个性化的当下，汽车装饰膜也在通过各种方式满足不同的需求。如前文所述，随着科技与技术的飞速发展，人们开始偏爱科技感与未来主义。捕捉到这一点趋势后，库尔兹与施华洛世奇共同打造了一款未来风格的方向盘，将功能性人造水晶与传感器技术融为一体，打造出一个充满未来主义与奢华质感的内饰部件。

③ 汽车装饰膜的设计关注点已经从提升质量转向优化体验。最显著的变化便是从前主要关注视觉效果，而如今许多先进企业都在致力于创造更加新颖的光影与触觉效果。通过高效的 IMD 工艺，库尔兹为零部件创造了迷人的表面装饰：PET 载体的正面装饰一层极薄的涂层，所需的触觉效果通过数字印刷应用于 PET 背面。除了触觉设计外，巧妙应用的光线效果还能营造出新颖的视觉效果。除此之外，2023 年，库尔兹总结出以下四个最新设计趋势主题：新亲密关系（new intimacy）、美丽的业余爱好者（beautiful dilettante）、青年星球（planet of youth）以及进化（evolve），为行业内的企业指明设计方向。库尔兹装饰膜如图 14.11 和图 14.12 所示。

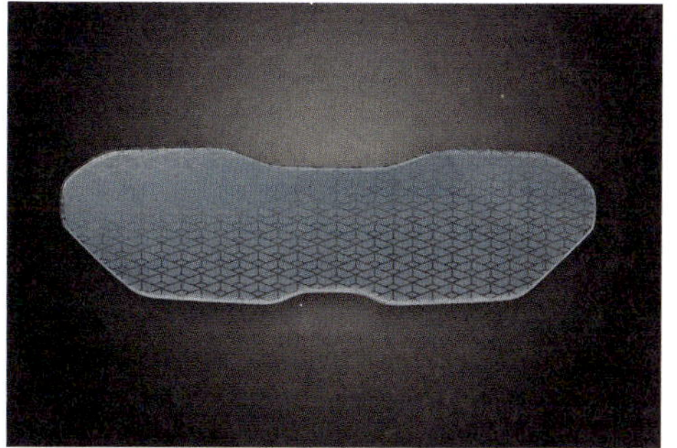

图 14.10　可自愈汽车前面板（上）和用可回收材料创造的未来主义木材（下）（来源：库尔兹）

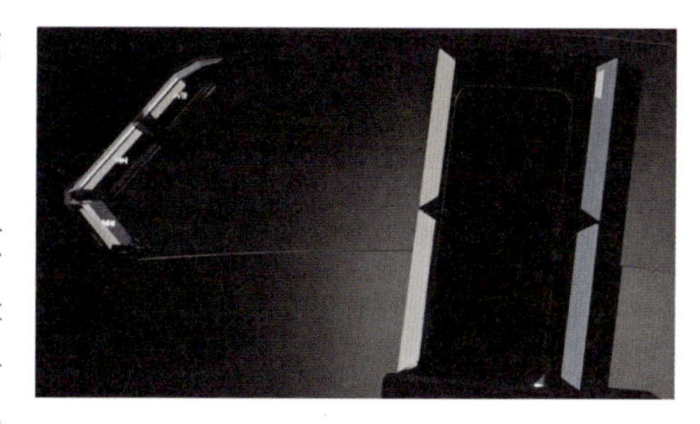

图 14.11　库尔兹装饰膜 1

图 14.12　库尔兹装饰膜 2

第 15 章 汽车模具纹理工艺与设计

广义上的模具纹理（皮纹）加工指的是从生成创意到实际应用的整个过程。人们将各种美妙生动的图案，比如动物皮纹、叶脉纹、纤维纹、点线纹、几何纹等，经过联想再创造，生成特定的图纹图案。通过传统的药水蚀刻皮纹工艺（晒纹、咬花），或者精密五轴CNC 加工，或者五轴激光雕刻 3D 纹理工艺，将图纹图案加工到注塑模具、花辊模具、冲压模具表面，然后通过注塑模具注塑产品、通过花辊模具压制软质皮革、通过冲压模具冲压金属件产品，应用到生产、生活所需的工业产品和消费品上。这一系列工艺形成了模具纹理（皮纹）加工这个应用非常广泛的行业。

狭义上的汽车模具纹理（皮纹），指的是加工汽车内外饰注塑模具上的纹理的工艺，它被应用在人们日常生产、生活接触到的汽车内外饰、3C（计算机、通信和消费电子产品）、家电、电动工具、医疗器械、美妆等产品塑料外观件上。精心设计的模具纹理可以起到装饰美化作用，提升产品美学效果，增强品质感，部分纹理还具有特殊的功能性。

15.1 模具纹理工艺的历史演进

汽车皮纹（纹理）的发展如图 15.1 所示。

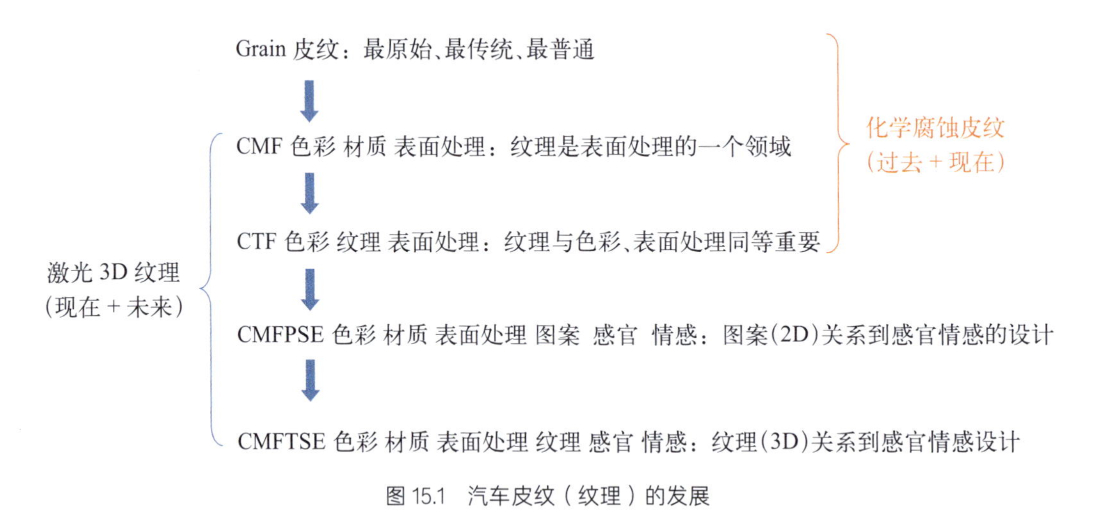

图 15.1 汽车皮纹（纹理）的发展

随着科技的发展，新技术、新工艺大量普及应用，汽车新项目开发周期逐渐缩短。电动化和智能化汽车的普及使得消费者对汽车设计和品质的要求也越来越高，主机厂对内外饰感知质量越来越重视，可参数化定制开发的激光纹理工艺取代传统皮纹工艺的进程会显著加快。激光纹理不但在内饰装饰件和车灯中大量应用，作为主皮纹也出现了越来越多的案例，其中以国内自主品牌和新能源车型尤为明显。

15.2 汽车模具纹理工艺

（1）蚀刻皮纹工艺

蚀刻（腐蚀）皮纹工艺（图15.2）有大约100年的发展历史，采用现代套版分层印刷工艺，通过运用各种耐酸碱工业油墨，配合化学药品酸蚀能力，在模具上加工制作各种纹理。由于需要用到油墨和强酸药水，蚀刻工艺对环境和人体不够友好。

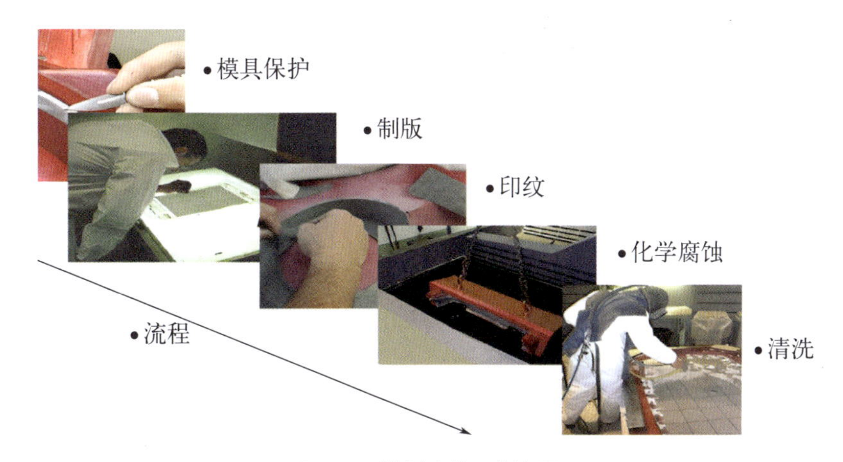

图15.2 蚀刻皮纹工艺流程

传统蚀刻皮纹也被称为粗皮纹、细皮纹、火花纹等，该工艺已经几十年没有太大的革新。各品牌配套厂家的汽车皮纹也是大同小异，主要在精致度和细腻程度上有差别，难以实现高品质和定制化设计的要求，也难以凸显品牌个性和文化基因。

加工设备：喷胶设备、菲林印刷机、蚀刻池、喷砂机等。

检测设备：深度仪、光泽仪、纹理影像检测仪等。

操作原理：手工贴菲林＋药水腐蚀。

工艺流程：模具保护→制版菲林→印纹（菲林粘贴于模具皮纹区域）→化学腐蚀→清洗→喷砂调整光泽。

一套流程适用一层花纹，如果是多层花纹，需要多套流程重复进行，一般可以制作3～5层花纹。花纹层数越多，纹理精细度和立体感越好，加工难度系数和周期越长，费用和成本也相应增加。

传统化学蚀刻工艺时间与速度控制：使用小样件进行蚀刻速度和时间的测定。为了确定最佳化学蚀刻时间，在进行化学蚀刻之前要对所需蚀刻的零件预先确定材料的化学蚀刻速度。蚀刻时间一般取3～10min，时间越长，蚀刻速度越精确。蚀刻过程中应增加测量时间次数。在操作过程中，需多次取出零件并测量已蚀刻深度，再把零件放到腐蚀液中，直到预定的腐蚀加工深度为止，这样可保证蚀刻精度，这就是常用的逼进法。

传统化学蚀刻腐蚀液成分浓度和温度的控制：对腐蚀液的成分进行定期分析，防止腐蚀剂成分发生快速变化。温度对蚀刻速度有一定影响，当温度升高12℃时，蚀刻速度增加约1倍。对于有精确尺寸要求的零件，温度不得超过 ±3℃。

如图15.3所示是传统蚀刻皮纹工艺形成的产品纹理效果。

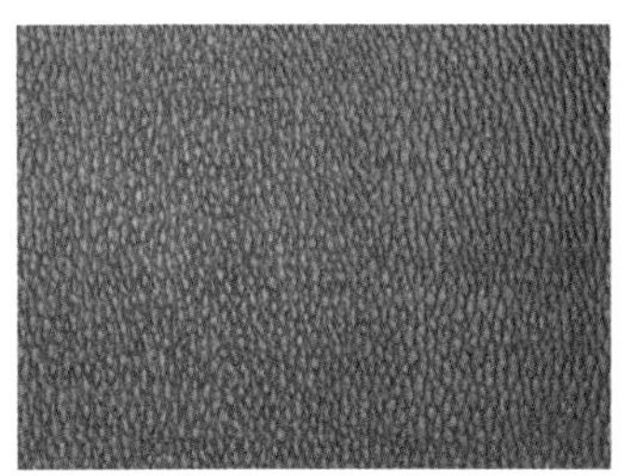
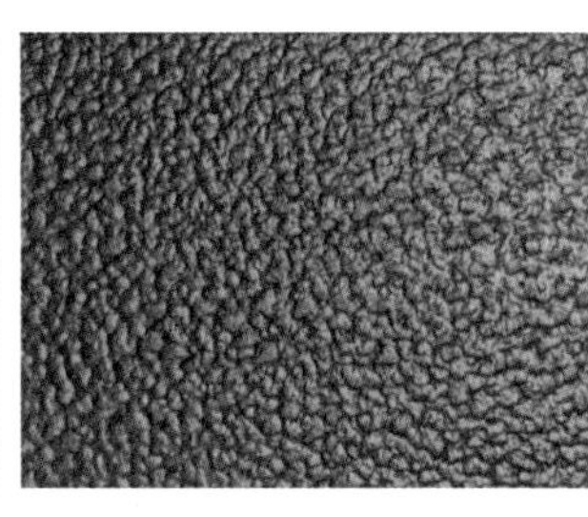

图15.3 传统蚀刻皮纹工艺形成的产品纹理效果

传统化学蚀刻优势：相较于激光纹理雕刻，成本较低。但是随着环保的要求越来越高，政策管控越来越严格，熟练技师越来越少，人工成本越来越高，蚀刻皮纹的成本也越来越高。

传统化学蚀刻劣势：相较激光纹理而言，蚀刻皮纹品质不够稳定，对技师技术和工作严谨程度的要求较高，难以大规模扩产。同时，可能因为环保和能源消耗的限制而随时出现停产限产的可能，发展前景不确定性较高。

（2）五轴激光3D纹理雕刻工艺

通过参数化设计，结合工业4.0级智能化制造的激光雕刻3D纹理解决方案，可以极大地提升产品外观纹理的可设计性，实现更丰富、更极致的产品外观效果。

通过参数化设计和数字化激光雕刻加工工艺的无缝对接，能够把设计师的创意和概念车原始效果更好地保留在量产车上，并且可以以更低的成本进行大规模量产。因为技术和成本的限制，很多量产车的效果相较于概念车有所损失。参数化设计和激光纹理工艺相结合的方式能够把概念车的内外饰效果更加完整地保留下来。

激光纹理是一种参数化设计方法，根据模具的3D数据设计和编程，将程序导入激光雕刻机，再自动化加工。加工完毕后，模具就可以直接注塑产品。前期可以在专业软件里通过纹理映射排图来制作效果图，并分析脱模角度和进行防摩擦模拟，减少后续产品脱模拉伤的现象。

加工设备：进口五轴激光3D纹理雕刻设备。

检测设备：深度仪、光泽仪、纹理影像检测仪、逆向扫描检测仪等。

操作原理：参数化设计 + 软件排图 + 全自动激光雕刻。

加工方式：① 客户提供与工件尺寸完全符合的模具通用3D数据；② 设计客户所需

要的纹理效果；③ 通过软件处理把纹理渲染到需要加工的表面；④ 通过软件来计算并生成激光加工程序；⑤ 将加工程序导入激光雕刻机器，各项参数调节设置好后，直接进行激光烧灼；⑥ 激光雕刻加工完成后，模具即可直接注塑生产。

激光纹理雕刻设备如图 15.4 所示。

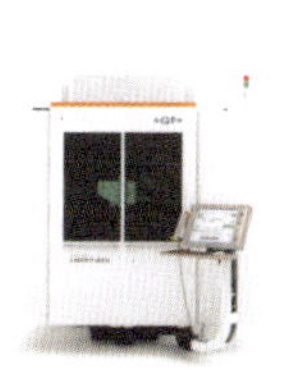

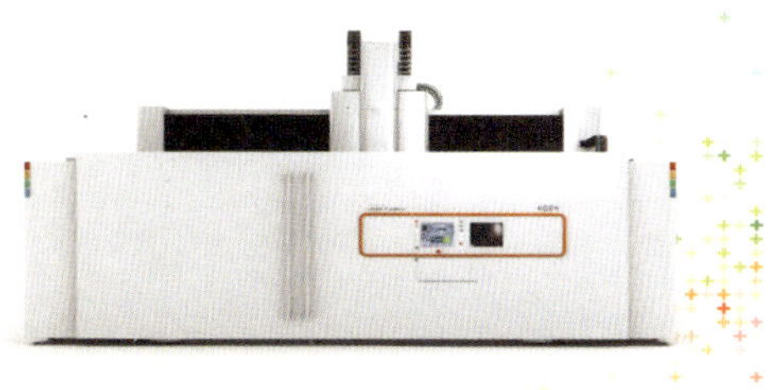

能轻松加工大量材质，包括钢、铝、硬质合金、黄铜、石墨、铜和陶瓷

100%的数字化工艺。优点：与五轴激光加工机一起，共同打造令人惊叹的加工效果；所见即所得和非常高的重复精度，适用任何设计或任何所需的高质量

自动化可保证生产每周全天持续地进行，减少人力依赖，提高生效率和加工稳定性

通过提高反差，激光3D纹理加工能够提高客户品牌的可视性，从而提升产品的感知价值

图 15.4　激光纹理雕刻设备

分层激光雕刻（图 15.5）可以造就完美的精致感和立体感。例如 50μm 的深度，可以雕刻 5 层、20 层、50 层甚至更多层纹理。雕刻的层数越多，产品纹理的细节越丰富、过渡越自然，产品的精致感和品质感越强。

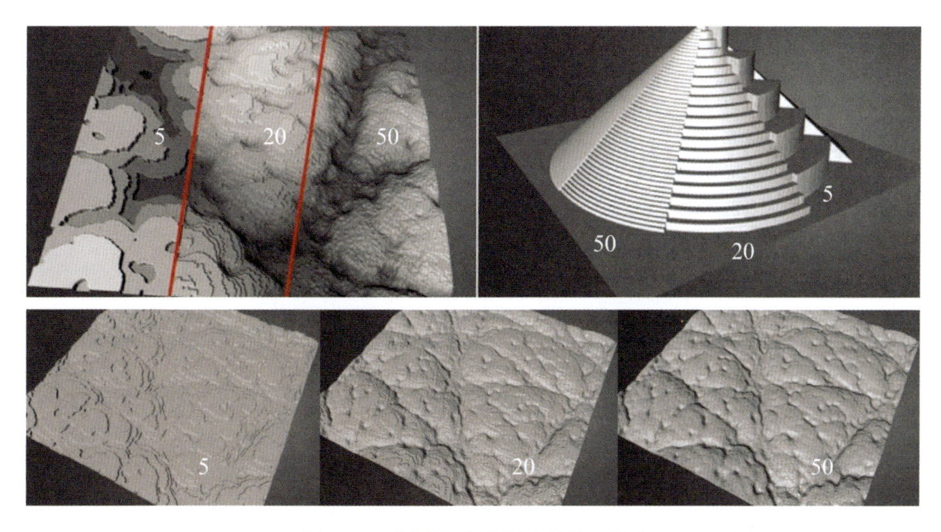

图 15.5　分层激光雕刻（单位：层）

运用灰度色差来实现纹理深度渐变的加工原理（图 15.6）：激光设备读取纹理的灰度数据，进行分层雕刻，颜色越深，雕刻越深，从而完美实现渐变效果。因为可以精准控制深度变化，所以避免了模具脱模时的拉花问题。

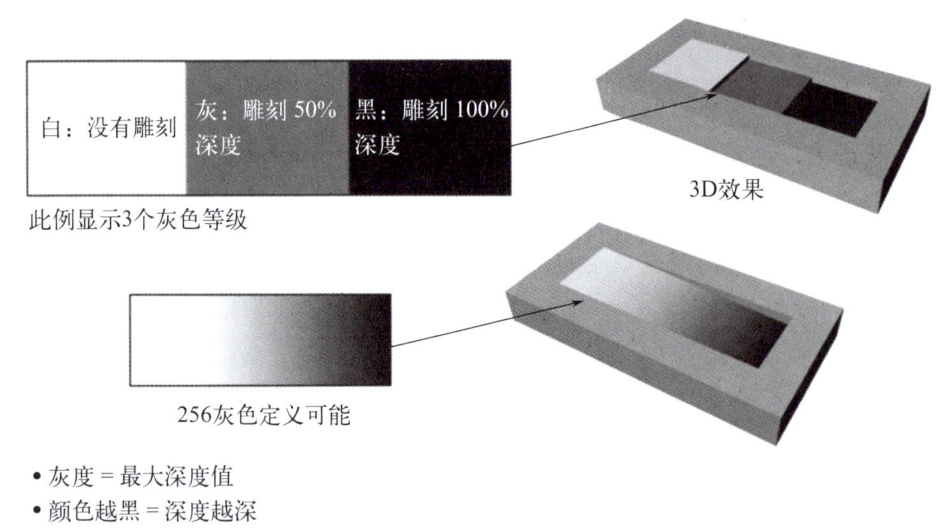

图 15.6 纹理深度渐变实现方式

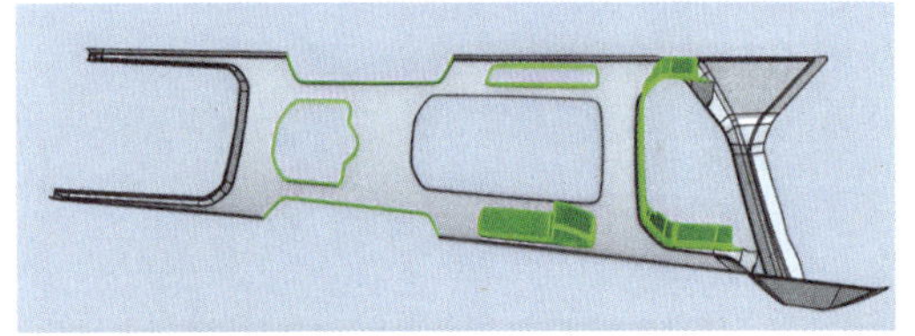

图 15.7 参数化设计与数字化加工

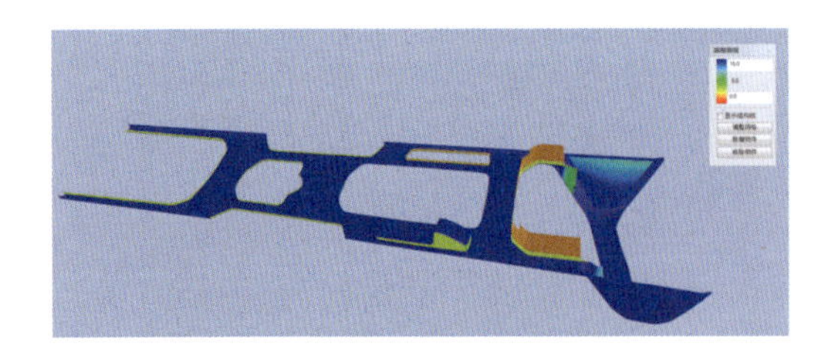

图 15.8 数字化模拟 - 分析脱模角

取得模具数据后，根据客户数据标识或者画板件选取皮纹加工区域，如图 15.7 所示。

数字化模拟 - 分析脱模角（图 15.8）：根据模具数据分析皮纹加工区域的脱模角度，结合皮纹深度，定义各区域的最终激光雕刻深度。一般来说，脱模角每增加 1°，激光雕刻深度可以加深 10～13μm。如果对皮纹深度有特殊要求，需在开模之前先提供模具数据，分析确认是否需要更改数据，以保证脱模角满足皮纹深度要求（比如要求整面皮纹深度不低于 50μm，则脱模角不能小于 5°）。

数字化模拟 - 防摩擦预览（图 15.9）：根据数据进行前期预加工模拟，确认皮纹区域的加工角度。如图 15.9 所示，不同颜色代表不同的激光雕刻加工角度，从下往上雕刻质量递减。

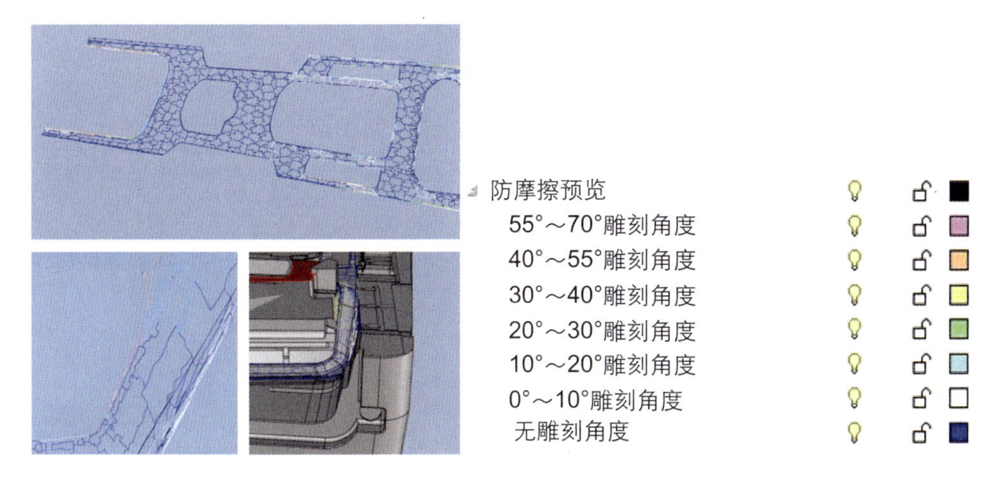

图 15.9 数字化模拟 - 防摩擦预览

激光纹理雕刻工艺的优势包括：① 侧边花纹深度可以精准到 1μm 左右，纹理渐变效果更完美，深度更准确，更均匀，模具拉花概率大大降低；② 自由曲面的表面，无限的设计加工可能性；③ 全数字化，可复制性与一致性强；④ 不受限于钢材性能，可以加工各种金属；⑤ 环保工艺，不使用化学品。

激光纹理雕刻工艺的劣势包括：① 激光纹理成本比蚀刻皮纹要高；② 纹理精细度和难度系数越接近，成本差异越小；③ 纹理精细度和难度系数相差越大，成本差异越大。

（3）传统化学蚀刻与激光雕刻工艺的对比

传统化学蚀刻与激光雕刻工艺的对比见表 15.1。

表 15.1 传统化学蚀刻与激光雕刻工艺的对比

类别	传统化学蚀刻	激光雕刻
成本	目前较低	前期投入较高，后期量产有优势
加工时间	多层贴菲林，保护循环；5 层以上时间较长	提前设计和编程 + 全自动化加工
皮纹效果	一般皮纹	立体几何纹、碳纤维、织布等科技纹理
售后维修	易出现拉花、报废现象	复制性 100%，保养成本低
纹理种类及模具表面	无法在圆面、曲面上加工精细、立体、规则的花纹	超精细（0.31μm 左右），任何花纹在任何模具表面上都可加工
纹理品质	个人技术影响纹理品质，花纹差别、深度等难以控制	程序编程，全自动化，纹理超精细，一致性好
模具钢材	有放电纹、烧焊的不锈钢无法加工，有烧焊的普通钢材易出现色差	质地均匀，无砂眼的金属材料、烧焊的材料经过回火抛光后雕刻无色差
设备	化学腐蚀＋手工加工，喷砂设备，喷漆保护设备	五轴激光加工设备，全自动化加工
环保	强酸性药水腐蚀，危险性工种	物理性能加工，无化学物质产生

如采用传统蚀刻皮纹，注塑产品容易产生拼接印，纹理不够连贯，而且容易出现拉伤发花、光泽不均匀等现象。如采用激光雕刻工艺，注塑产品纹理过渡更自然，可以呈现出

很强立体感的视觉效果，而且在自由曲面表面，具有无限设计加工可能性。

（4）模具皮纹修复流程和工具（适用于传统蚀刻皮纹和激光皮纹模具）

蚀刻皮纹、激光皮纹、电镀、喷漆、膜片等不同工艺的成本，可以通过单车（单件产品）成本进行对比分析，通常为：膜片>电镀>喷漆>激光皮纹>蚀刻皮纹。无论是激光皮纹还是蚀刻皮纹，因为都是模具的一次性表面处理，皮纹费用投入是一次性的，所以有很大的规模成本优势，其单车成本远远低于喷漆、电镀、膜片等单件计费的工艺。模具皮纹修复流程如图15.10所示。

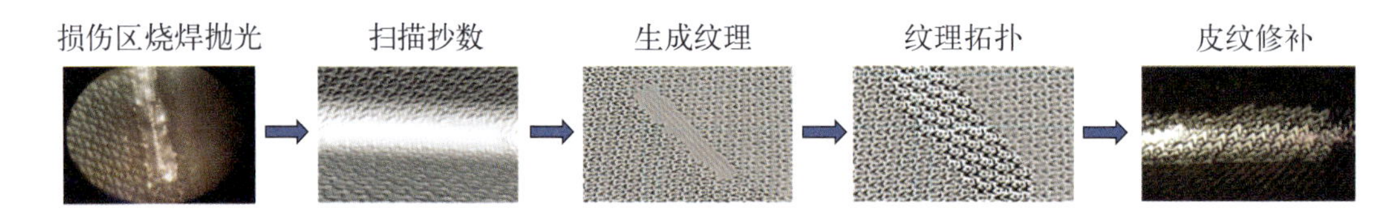

图15.10 模具皮纹修复流程

15.3 汽车模具纹理先进企业

（1）国内企业

天至尊科技（TZZ Technology），总部在苏州的知名纹理（模具皮纹）公司，业务涵盖激光纹理和蚀刻皮纹加工制作。激光纹理的规模全球领先，是全球唯一具备多项目整车内外饰激光纹理设计和激光雕刻加工经验的企业，主要客户涵盖国内外的汽车主机厂和3C家电品牌企业。

（2）国外企业

德国：J&F Krueth，是德国的百年企业，在汽车皮纹业界享有领先地位，主要客户涵盖奔驰、宝马、奥迪、大众、保时捷等欧洲品牌主机厂。

美国：模德（Mold-Tech），蚀刻皮纹规模全球领先，主要客户涵盖欧美品牌主机厂。

日本：棚泽八光（Tanazawa）株式会社，主要客户涵盖日系品牌主机厂。

韩国：模泰斯（Moltex），主要客户涵盖韩系品牌主机厂。

15.4 模具纹理工艺在汽车设计中的应用

如今，企业越来越重视品牌辨识度，而纹理设计是提升品牌辨识度的重要处理方式之一。模具纹理公司可以根据各大主机厂的品牌设计需要，开发客户专属的独特纹理造型，从细节层面增强别具一格的品牌辨识度。

这几年，汽车模具纹理不再浮于表面，有许多具有触觉感知的立体花纹出现。此外，许多激光纹理的模具产品还会后续叠加其他表面处理工艺，如免喷涂、软触感材料、喷涂、电镀、水转印、IMD膜片等工艺，可以显著提升产品的风格、色彩、光泽度以及使用体验。

产品的纹理不仅可以在视觉上呈现丰富的触感，给人多样的效果感受，而且可以通过参数化设计和情绪化设计，并结合产品造型，设计不同风格和个性化的纹理，改善产品给人的情绪化体验（图15.11）。

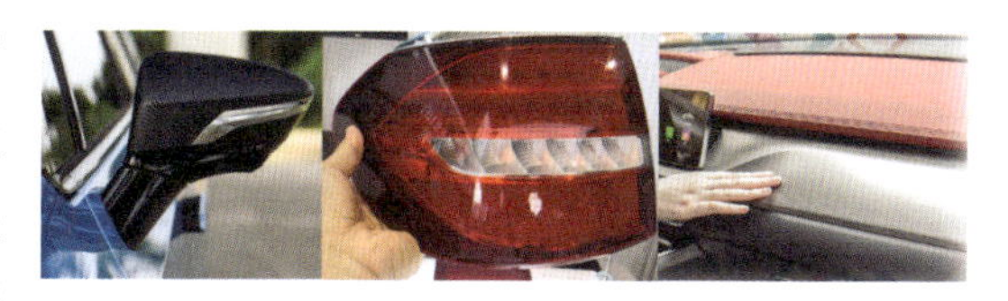

图15.11　不同模具纹理在汽车上的应用

15.4.1　蚀刻皮纹在汽车内外饰中的应用案例

领克05蚀刻皮纹（图15.12）：精致细腻的皮纹，品质感和家居舒适感浑然一体，既可以远观，又可以近距离欣赏。

长城炮蚀刻皮纹（图15.13）：自然大气的动物皮纹，简约却不简单，让内饰散发出大气和自然本真的质感，与皮卡的硬派越野风格浑然一体，相得益彰。

图15.12　领克05蚀刻皮纹

图15.13　长城炮蚀刻皮纹

15.4.2　激光纹理在汽车内饰中的应用案例

吉利几何A整车内饰激光纹理（图15.14）：行业首创采用渐变多维几何科技纹理+激光3D纹理镭雕工艺，呈现出科技感和未来感，天至尊与吉利携手获得了2019年CMF国际大会的至尊金奖。

吉利ICON整车内饰激光纹理（图15.15）：采用整车内外饰几何科技纹理+双色双料软触感材料+栩栩如生的双缝线和真皮纹理+内饰氛围灯，多种CMF解决方案的综合运用，营造舒适感、未

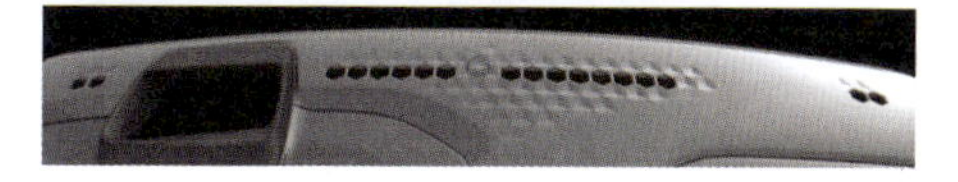

图15.14　吉利几何A整车内饰激光纹理

来感和科幻感。天至尊和吉利携手获得了 2020 年 CMF 国际大会的设计奖。

图 15.15 吉利 ICON 整车内饰激光纹理

丰田奕泽门板激光纹理（图 15.16）：应用倒金字塔科技纹理叠加软触感微纹理，提升了门护板的软触感，使传统的 PP 材料既给人以自然亲肤的软触感，又散发出未来科技感。

图 15.16 丰田奕泽门板激光纹理

15.4.3 激光纹理在汽车外饰中的应用案例

埃安 LX 激光碳纤维纹理和后视镜栩栩如生的碳纤维纹理（图 15.17）：后视镜采用激光碳纤维纹理，呈现出真假难辨的碳纤维光影效果，极大地增强了运动感和科技感。

图 15.17 埃安 LX 激光碳纤维纹理和后视镜栩栩如生的碳纤维纹理

奥迪Q3尾灯多重视觉效果的激光纹理（图15.18）：尾灯采用激光纹理工艺，马赛克纹理＋奥迪车标，双层复合纹理，奥迪车标若隐若现，通过纹理的结构、深度的变化，改变光线的散射和衍射，呈现出炫酷十足的视觉效果。

图15.18 奥迪Q3尾灯多重视觉效果的激光纹理

宝马X3前灯＋尾灯激光渐变纹理（图15.19）：前灯透镜渐变纹理，应用透镜模具激光雕刻渐变纹理，革新了传统蚀刻加工透镜模具的加工方式，避免了纹理拼接印、纹理渐变不自然的问题，一致性更高；尾灯导光条渐变纹理，应用导光条模具激光雕刻渐变纹理，革新了传统CNC加工导光条价格高昂的加工方式，提升了一致性。

图15.19 宝马X3前灯＋尾灯激光渐变纹理

15.4.4 功能性皮纹在汽车上的应用

功能性纹理，是指具有特定功能性的纹理，如触感纹理、抗菌纹理、降风阻纹理、降噪纹理等。

在内饰的方向盘系统和触控按键开关上应用触感纹理和抗菌纹理，可以起到改善人体触感、提升产品抗菌性、调节情绪、有益身心健康的作用。

在外饰的前后保险杠、后视镜、尾翼、车灯、车标上应用降风阻纹理、降噪纹理和家族语言化设计纹理，不但可以起到外饰的装饰性作用，而且可以实现一些功能性的作用。

其他可以应用的纹理类型包括参数化设计的流线感纹、水波纹、鲨鱼鳍纹、高尔夫球纹、赛车手头盔纹、蜂窝纹、泡沫纹等纹理。

15.5 汽车模具纹理趋势

15.5.1 主皮纹趋势

传统的汽车主皮纹纹理，无论是汽车设计师，还是消费者，都已经审美疲劳，都在寻求和期待更创新的效果。如果采用创新的科技主皮纹，或者将传统的主皮纹进行微创新，会产生不错的视觉体验，既可以解决传统皮纹的单一和单调性，又可以打造焕然一新、更年轻时尚的汽车内外饰皮纹。外资和合资品牌的汽车主皮纹已经很久没有出现革命性的创新，但近年来逐渐有一些微创新，渐变式迎合和试探中国市场消费者的喜好和接受能力。这样既保留自有传统主皮纹的特点，又渐进式地增加更时尚、更年轻、更创新的设计元素，来满足越来越时尚和挑剔的年轻消费者的审美及个性化需求。

国内自主品牌敢于尝试颠覆式创新设计，比如已经上市的吉利几何 A 和 ICON，其主皮纹和装饰纹理，都是科技感十足的几何科技纹理和参数化渐变纹理，大胆凸显自己新能源品牌和潮牌的时尚个性与不拘一格，不走寻常路，通过极具创新的造型设计，来吸引年轻消费者的目光，引导消费者的审美取向。

纹理图形风格、排布方向、大小等，可以进行定制化、个性化设计，这需要一种全新的解决方案，从前期方案设计到后期可量产落地。创新主皮纹，可以通过材质叠加、手工匠作、光影效果等方式，来呈现焕然一新的汽车皮纹视觉效果。

材质叠加是将不同风格、不同场景的元素进行提炼融合和再设计，碰撞出一个新的设计作品。在全新的概念下尝试不同元素的碰撞，即会衍生出不同的风格、不同的视觉和触感体验。具体例子有：① 建筑几何，几何与传统皮纹的融合，从整体和局部增加纹理的立体化与层次感，从而增强内饰的造型感；② 家居化风格设计，面料和皮纹碰撞，营造内饰的舒适度，两者的搭配可以通过不同的形式来碰撞，让设计更加灵活；③ 个性化设计，个性化的图案 / 线性元素与传统皮纹的叠加，改善皮纹的单调性，提升皮纹的时尚感和高级感；④ 极简化设计，简洁纯粹的设计语言，不用过于复杂的元素，只是通过简单的线条勾勒，简约不简单，符合极简的审美观念。

手工匠作是一种复古——未来主义 / 传统工艺与现代元素的结合。将传统的皮革穿孔和手工绗缝工艺，用现代的设计元素来表达，将穿孔和缝线重造，排列出具有现代时尚的设计感。使用缝线来重造平面的几何图案，形式上可以非常多元化。几何块面感，将孔按特定的形状排列，遵循从点到线、从线到面的设计原理；线性流动感，点到线的渐变，以及线到面的渐变；将皮纹压印进行重新设计，不局限于商标压印、数字、代码、图案等，不同的设计主题可以用不同内容来表达。

光影效果设计是表达科技元素的一种重要设计手段。光的设计不仅依赖于内饰氛围灯等实体光源，纹理表面同样可以被赋予光的感觉。

① 线性光：线性元素的设计赋予纹理光的感觉，是极简科技的体现。

② 网格光：一束温和的阳光穿透镂空的墙体，会让人觉得世间一切变得如此美好。这种氛围的营造就体现在一些细节的设计上。

③ 3D 光影：通过 3D 光影的设计，将简单的平面营造出三维空间的感觉，如梦如幻。

皮纹效果图展示如图 15.20～图 15.23 所示。

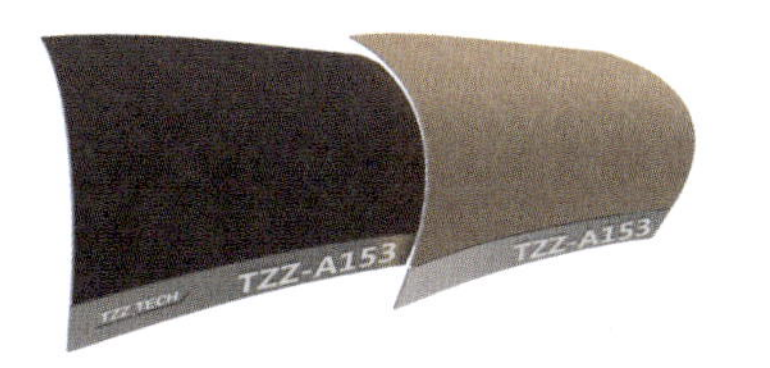

图 15.20　皮纹效果图展示 1
（来源：天至尊）

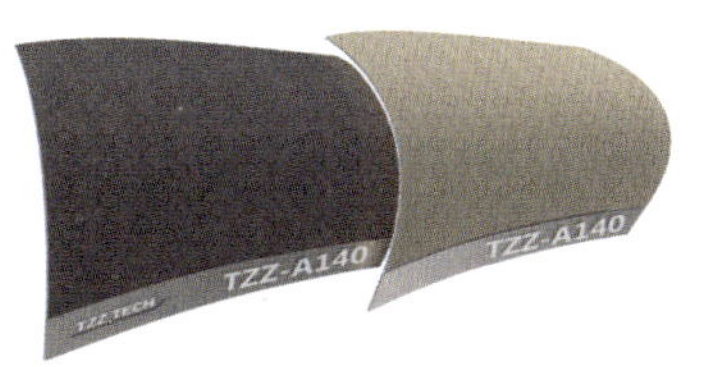

图 15.21　皮纹效果图展示 2
（来源：天至尊）

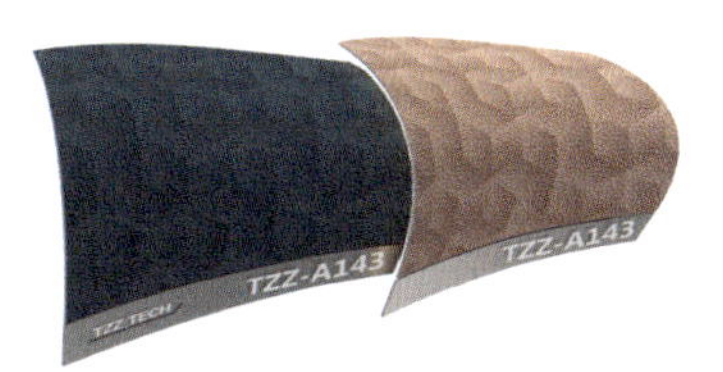

图 15.22　皮纹效果图展示 3
（来源：天至尊）

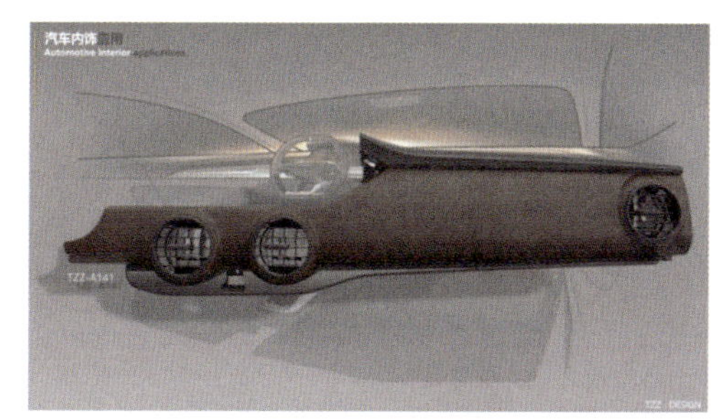

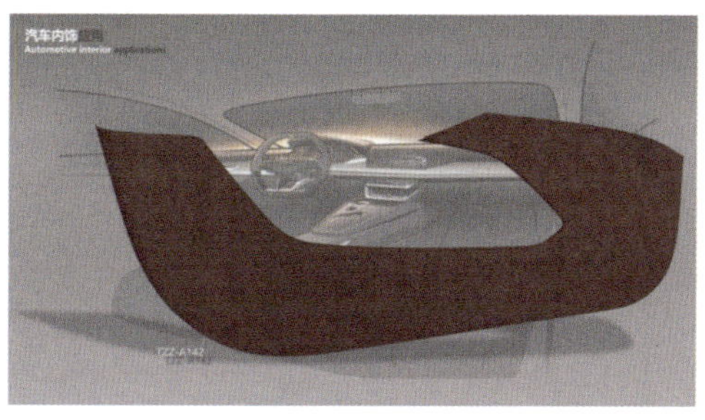

图 15.23　创新汽车主皮纹效果图展示（来源：天至尊）

15.5.2　装饰性纹理趋势

装饰性纹理，比如复合造型的拉丝纹理、立面切割造型纹理、碳纤维纹理以及 3C 家电纹理，都可以定制化设计并应用到汽车内外饰的装饰件上。通过激光纹理，多种色彩材料和表面处理工艺的结合创新应用，可以实现类似膜片、实木、金属质感的效果。

（1）复合造型拉丝

在传统拉丝纹底部增加律动的造型，让整个产品视觉感更加丰富（图 15.24）。参数化：造型配合拉丝或者区块拉丝拼叠，改变传统整面直拉丝的单调性。

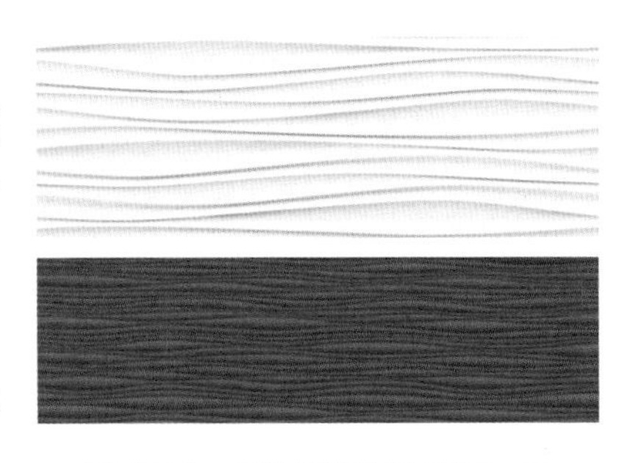

图 15.24 参数化装饰性纹理效果

（2）立面切割造型

改变规则几何的排布方式，让其有参数化感觉，让造型面有立体分割的动感（图 15.25）。

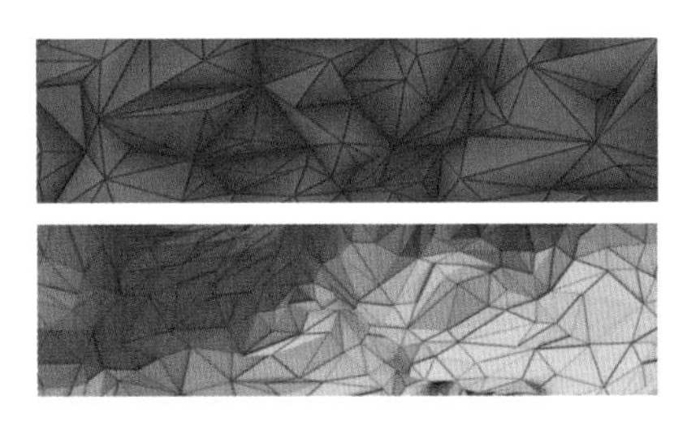

图 15.25 立面切割造型装饰性纹理效果

（3）参数化几何

需要融合 A 面造型进行独立设计，这将会是内饰氛围的亮点。参数化几何需要将平铺的几何进行一些排布的改变，随产品造型进行特殊排布、变形、渐变、扭曲、对齐等一系列设计，让连续几何更富动感（图 15.26）。

15.5.3 纹理的情感化设计趋势

不同色彩会引起不同的情绪和心理反馈。对于色彩而言，有专门的色彩体系和色彩管理系统，但是对于纹理，还没有专门的纹理体系和管理系统来解释说明。目前业内对纹理学的研究比较少，实际上，与色彩类似，不同风格、造型、质感的纹理也会影响人的情绪和心理反馈。因此，结合造型设计和情感化设计，通过纹理造型和细节特征的精心设计，可以改变内外饰给人的感受和氛围。

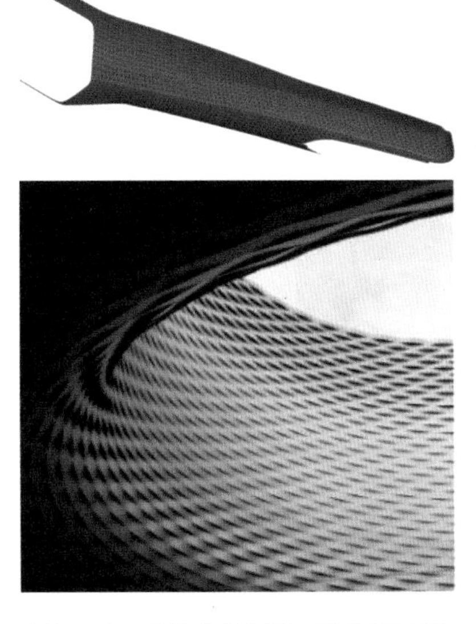

图 15.26 参数化几何装饰性纹理效果

例如，圆润细腻的纹理，会引起很舒服惬意的感觉；粗糙不平的纹理，会引起无序和烦躁、不舒服的感觉；精致立体的几何纹理给人以井然有序、立体感十足的感觉；麂皮绒纹理，会引起柔软、亲肤和软触的感觉；丝绸纹理，会引起细腻丝滑的感觉；钻石纹理，会引起奢华、光彩夺目的感觉；织布纹理，会引起居家和亲肤舒适的感觉；纤维纹、木纹、叶脉纹、石纹纹理，会引起自然本真、返璞归真的感觉等。

目前纹理搭配的趋势方向如下。

（1）科技律动风格

整车仪表通过两种纹理的搭配，让内饰显得更加活跃、律动、有层次。主皮纹搭配科技纹，让整车的韵律感、层次感焕然一新，车内氛围更加活跃。其中，主皮纹将颗粒缩小，增强细节质感，让整车工艺更显精致。科技纹简约、多层次的线条深受年轻人的喜爱，律动的线条给内饰注入了活跃气息（图 15.27）。

（2）端庄沉稳风格

通过两种不同质感皮纹的搭配，彰显出端庄沉稳的气质。上仪表皮纹粗犷的线条给人以力量感，而主皮纹细腻的质感、细节的增强，凸显出两种皮纹的对比（图 15.28）。

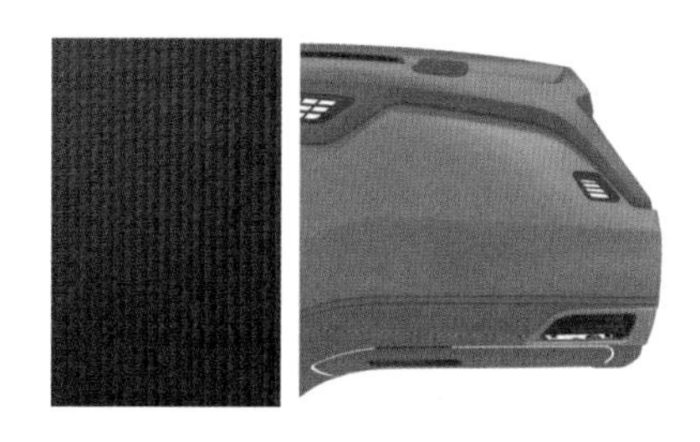

图 15.27　科技律动风格

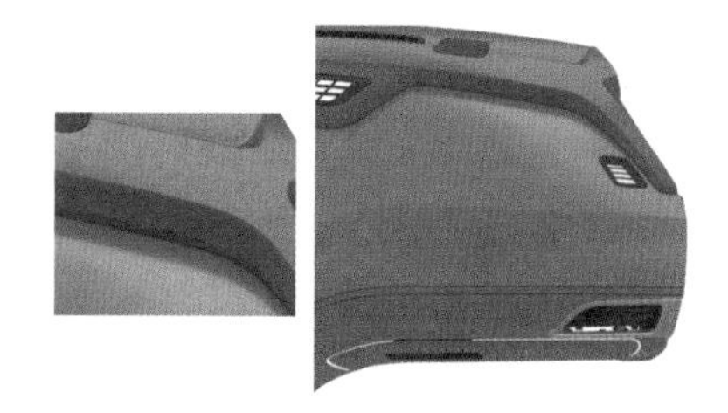

图 15.28　端庄沉稳风格

（3）简约时尚风格

搭配简约时尚的规则纹，简单的搭配却能引起心灵的共鸣，简约时尚的美感油然而生（图 15.29）。

（4）舒适居家风格

十字布纹配缝线，彰显时下流行色调，门板肘面板采用牛仔布纹搭配米色，凸显居家风格（图 15.30）。

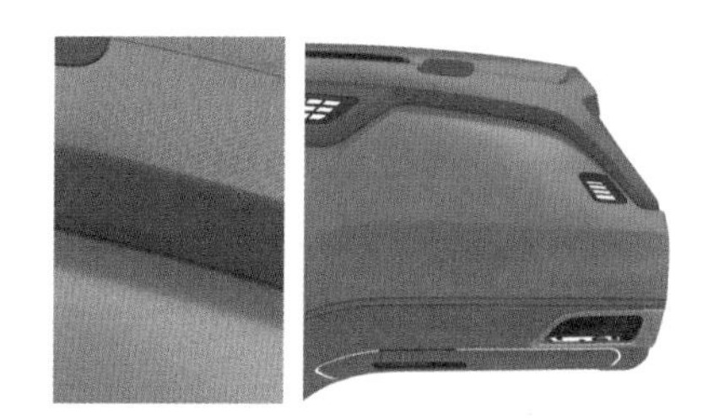

图 15.29　简约时尚风格

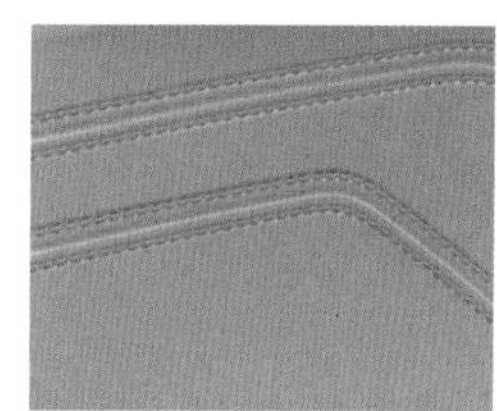

图 15.30　舒适居家风格

（5）豪华大气风格

借鉴奔驰软包皮内饰风格，凸显豪华品质和软触感（图 15.31）。

（6）别致质感风格

圆点布纹，让整车多了一份细腻稳重的质感、柔和的视觉和触觉体验（图 15.32）。

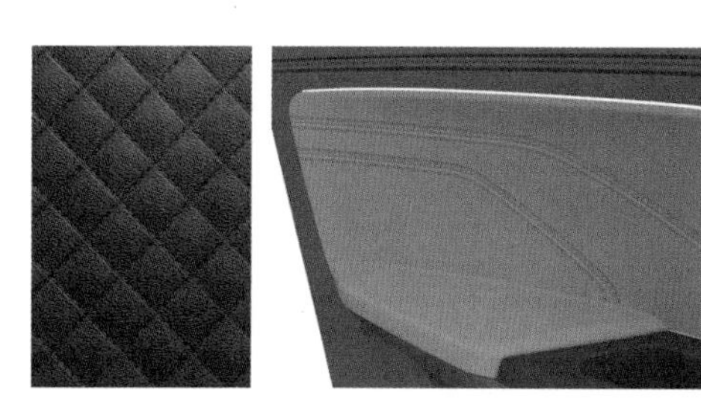

图 15.31　豪华大气风格

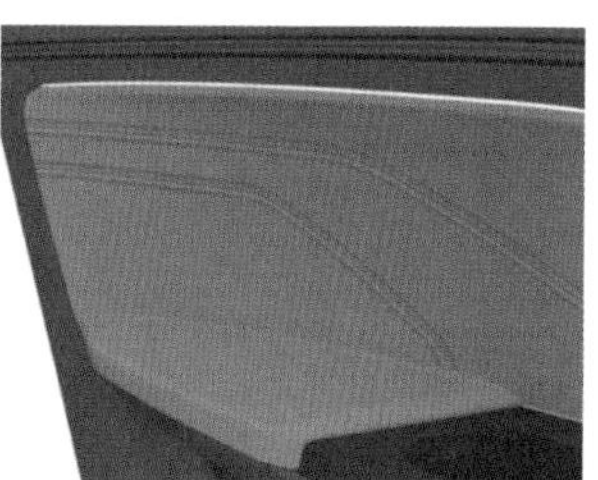

图 15.32　别致质感风格

15.6 纹理对于家族语言化设计和视觉营销的影响

15.6.1 产品外观的纹理设计——影响家族语言化设计

通过精心设计的纹理细节特征，可以帮助 OEM（original equipment manufacturer，原始设备制造商）树立独有的、个性化的品牌辨识度，从而实现视觉营销，明显提升品牌识别度。同时可以提高内外饰的和谐度、纯净度以及科技感、豪华感等客户体验。也可以结合色彩、材料、情感化设计，通过综合的 CMF 解决方案，改变内外饰的氛围，营造不同的视觉和触觉的综合感官体验。

通过定制化的纹理研发设计和先进的加工解决方案，可以让产品实现丰富的科技感和品质感，让装饰件产品看起来像包覆、膜片贴合的效果，比如惟妙惟肖的碳纤维效果、璀璨夺目的钻石效果、金属质感超强的拉丝效果等，显著提升产品的视觉效果和品质感。通过激光纹理工艺，以及碳纤维纹理、钻石纹理、拉丝纹理、编织纹理、缝线纹理等创新纹理的大量运用，结合软触感材料、喷涂、内饰氛围灯、智能触控等技术工艺，可以明显提升品质感与科技感。

15.6.2 产品外观的纹理设计——影响视觉营销

纹理设计对视觉营销的促进作用在车灯设计上表现得比较典型。车灯是汽车的“眼睛”，是汽车的灵气之源，车灯如果不够炯炯有神，整车造型的视觉效果就会有缺憾。如果通过参数化科技纹理，加上定制化的光学功能，结合家族语言化设计，比如通过 3D 渐变纹理渐变发光，或者凸显主机厂品牌和车型风格的概念化纹理，可以对整车视觉效果起到画龙点睛、锦上添花的作用（图 15.33）。

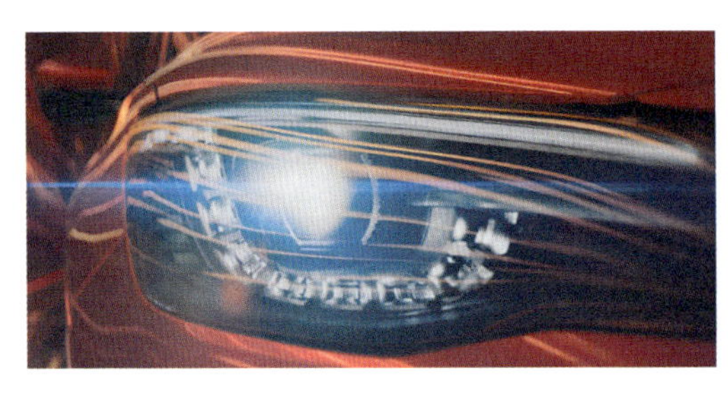

图 15.33 汽车外观纹理

纹理的设计，可以根据不同 OEM 品牌设计需求，不同平台、不同项目的特点，来进行定制化设计。例如，几何纹理可以提高品牌辨识度、内饰纯净度、科技感；匠心纹理可以提升豪华感、高级感；文化纹理可以彰显传统文化或者品牌家族基因，把包含企业文化元素和车型风格特征的“DNA”融入纹理设计当中。

在 21 世纪的产品竞争中，家族语言化设计和视觉营销的重要性越来越突出。产品的 CMF 设计密切关系到产品的设计战略和视觉竞争。无论是日常家居用品，还是高科技的汽车、3C 产品，视觉营销的重要性与日俱增。

因为产品纹理的设计和加工品质关系到整车造型的感知质量，是消费者能够直接看到和体验到的，所以会影响消费者对整车造型产生的品质感、创新感、耐看度等多重感官体验。因此，需要专业的纹理研发设计，通过纹理的造型创新、加工技术工艺的升级，带来品质感的提升，带来更丰富和别致新颖的视觉与触觉等感官体验。

汽车内外饰设计现在有轻量化和更环保的趋势，应用的塑料产品越来越多。现在的汽车仪表板、门板，很多是通过搪塑、软包覆、膜片、喷涂等工艺，把塑料件包覆并深藏起来，从而让汽车内饰看起来更高级。

正因为如此，创新参数化设计，结合先进的激光 3D 雕刻纹理技术以及软触感材料、免喷涂、喷涂或者膜片工艺等，可以让塑料件本身变得更高级、更精致，并且成本更低，能够大规模量产，从而满足 OEM 降本增效、高“颜值”、低成本制造的创新需求。

15.7 汽车模具纹理的价值和发展前景

汽车内外饰模具纹理的设计开发，是细分又专业的领域，其加工制造成本，只占车型整体研发制造成本的微小比例，但是对整车造型感知质量的提升极其重要，又有立竿见影的效果。它是消费者第一视觉面和感官体验的媒介。

纹理精致立体，硬质和软质内饰和谐统一，可以让内饰更舒适，更具有科技感和品质感，极大地提升造型感知质量。内饰和外饰主纹理相呼应，具有统一的家族语言化设计风格，是平台化设计风格的延伸，让整车造型看起来内外兼修，更精致，更高级，更赏心悦目（图 15.34）。

图 15.34 模具纹理（来源：天至尊）

随着科技的飞速发展，客户消费不断升级，客户体验需求越来越极致，产品的“颜值”竞争和视觉竞争越来越重要。在产品功能渐趋同质化的情况下，更加需要品牌的个性化和产品设计的差异化。产品“颜值”、性能、用户体验的不断提升，能给用户提供足够的满足感和愉悦感，最终提升产品的品牌力和企业的竞争力，让产品成为最好的营销推广的利器，让产品为自己代言。

第 16 章 汽车香氛工艺与设计

随着消费者对车内空气环境品质的要求不断提升，除了汽车基本功能和内外饰在视觉、触觉方面的设计外，提升车内嗅觉体验的舒适性和氛围感也越来越受到汽车厂商的重视。汽车香氛设计是指根据车型的市场定位、目标消费人群、品牌理念等内容，通过车内搭载的香氛系统散发香味，为驾乘人员提供舒适、优质的车内嗅觉空间。

16.1 汽车香氛发展历史

汽车香氛从出现发展至今，依次经历了手动喷洒、电子式到智能化三个阶段。

汽车香氛的出现可以追溯到 20 世纪初期，当时汽车刚刚问世，由于生产材料和技术都不发达，车内气味一直困扰着人们。汽车制造商意识到这个问题后，开始研发和应用一些香氛技术来改善汽车内部的气味，同时也为汽车增添一份奢华感和舒适感。

早期的汽车香氛需要司机自己携带香水或者香料喷雾，通过手动喷洒的方式进行使用。后来随着电子技术的发展，电子式香氛系统开始运用于汽车内饰。第一个汽车香氛系统出现在 20 世纪 70 年代的美国市场。此时的汽车香氛系统通过香水喷雾或香薰膏产生香味并通过汽车空调或风扇散发气味。70 年代初克莱斯勒汽车公司在 Imperial 车型中推出被称为“AromaSys”的香氛系统。此香氛系统采用空气压缩的技术，将液态香氛通过压缩变成气态，然后通过车内的空气循环系统输送到车内。该系统提供了肉桂、薰衣草和柠檬等多种香氛，可以根据驾驶员的喜好进行调节。此外，AromaSys 香氛系统还配备了气味传感器，可以根据车内空气的质量自动调节香氛的释放量。虽然 AromaSys 香氛系统是一个里程碑式的产品，但由于技术复杂、价格昂贵等原因，后来并未成为汽车工业的主流产品。不过，它为汽车香氛系统的发展打下了基础，并激发了其他汽车厂商对这一领域的兴趣。

20 世纪 80 年代，随着汽车行业技术的发展与进步，电子香氛系统开始出现。这种香氛技术是通过各种电子装置让香精油产生气味，并通过电子进行控制和调节。其中一些品牌如奔驰、宝马、捷豹和沃尔沃等，采用不同的技术来满足驾乘者的需求。奔驰是最早开始推广汽车香氛系统的汽车制造商之一。1981 年，奔驰在 S 级豪华轿车中推出了名为“Active Air Perfuming System”的香氛系统。该系统使用液态香水和氛围灯等技术，不仅为车内提供了多种香氛选择，还可以调节香氛浓度。奔驰的香氛系统不断升级和改进，成为当时汽车香氛技术的领先者之一。

20世纪90年代，一些豪华汽车制造商开始将汽车香氛系统作为标准配置加入他们的汽车中。1999年，奥迪推出了A8豪华轿车，该车型首次采用了奥迪的汽车香氛系统。该系统可以根据驾乘人员的喜好，调节香氛的浓度和强度、选择不同的香氛种类，例如花香、果香和木香等。随着时间的推移，奥迪的汽车香氛系统不断发展和完善，成为奥迪车系的标配之一。

现如今，汽车香氛工艺与设计不断演变，向着智能化的方向发展。智能汽车香氛系统可以根据车内气味和温度来自动调节，并且可以通过手机应用程序进行远程控制和管理。一些汽车香氛系统还能够识别驾驶员的情绪和状态来调节气味，如蔚来ES6香氛系统的一个应用场景是当车内摄像头监测到司机出现轻微驾驶疲劳时，自动释放提神醒脑的气味（图16.1）。除此之外，智能汽车香氛系统还可以与空气净化系统、温度控制系统等汽车其他智能系统进行联动，从而实现更加智能与舒适的驾驶体验。

图16.1　蔚来ES6香氛系统识别驾驶员疲劳并释放提神醒脑的气味

16.2　汽车香氛的分类

按照香料的种类不同，汽车香氛可以分为天然香氛和合成香氛两种。天然香氛通常是将植物中的天然提取物作为香氛成分，减少了对环境的污染和对人体健康的影响。而合成香氛则是通过化学合成的方式制作香氛，通常具有更加浓郁的香味。

根据香氛释放的方式和技术不同，汽车香氛可以分为加热式香氛、挥发式香氛、超声波香氛以及空气净化型香氛等类型。加热式香氛是指将香氛放入加热器中，通过加热使香氛释放。这种方式比较简单、经济，但是香氛的持续时间相对较短，而且由于加热过程中可能会产生异味或者烧焦味，对车内空气质量可能有一定影响。挥发式香氛是指将香氛液体放入特殊材料中，然后通过汽车内部的通风系统使香氛挥发。这种方式相对来说比较安全，但是持续时间也比较短。超声波香氛是指将香氛液体放入超声波振动器中，然后通过超声波振动使香氛颗粒化并释放出来。这种方式的优点是可以保持香氛的浓度和持久性，但是需要消耗电力，而且相对来说比较昂贵。空气净化型香氛是指将空气净化技术和香氛技术结合在一起，通过空气净化系统的循环，将香氛释放到车内的同时，净化车内空气。这种方式相对来说比较环保、健康，但是同样需要耗电且比较昂贵。

根据制造、销售和购买渠道不同，汽车香氛可以分为三类：OEM（原厂装配）、后市场和定制。OEM汽车香氛是指由汽车制造商在汽车生产过程中直接装配在汽车中的香氛系统。这种香氛系统通常是由汽车制造商与香氛品牌合作开发的，旨在为特定车型的客户提供独特的驾驶体验。由于 OEM 汽车香氛是由汽车制造商直接提供的，它的质量和性能通常能得到保证，而且可以与汽车的其他系统更好地融合。后市场汽车香氛是指由第三方制造商制造的、可以在购买汽车后安装的香氛系统。这种香氛系统通常是与多个汽车品牌兼容的通用设备，因此可以在各种不同的车型中使用。后市场汽车香氛的设计和制造不受汽车制造商的限制，因此可以提供更加多样化和个性化的选择。定制汽车香氛是指由个人或企业按照自己的需求和喜好进行定制的香氛系统。由于定制汽车香氛是根据客户的具体需求进行制造的，因此可以提供最为个性化的选择，而且与汽车的整体风格更加协调一致。

16.3 汽车香氛先进企业与品牌

由于汽车行业的安全标准非常严苛，汽车香氛除了关注原材料的安全性这类家用香氛需关注的方面（如 IFRA 法规、MSDS 检测等）外，更需要符合高低温、耐久、碰撞等方面要求，因此汽车香氛的生产制造门槛相较于其他香氛的应用场景而言要高很多。国际上有许多非常优秀的汽车香氛调制企业，如 IFF、Givaudan、Firmenich、Mane、Takasago 等。

IFF 为许多汽车品牌提供香氛，包括奥迪、宝马、奔驰、沃尔沃和路虎。IFF 在香氛调制方面拥有丰富的经验，可以根据不同品牌的需求提供高质量、创新和个性化的香氛解决方案（图 16.2）。例如，IFF 专门为奥迪 A8 LW12 打造了的“Premium Air Care”香氛系统，这个系统不仅可以调节车内氛围，还能够净化空气。

我们唤醒创造

通过掌握创作的艺术，注重天赋和灵感；我们的成分和技术调色板；以及独特的工具和流程。

我们唤醒情绪

通过增强香味的情感影响。通过我们的健康科学计划，我们将科学与创造力相结合，以解开气味、科学和情感之间的联系——设计香味以促进基于科学的情感、认知、身体和整体健康益处。

我们唤醒生物进化

通过科学驱动的气味转化产生积极影响。我们使用再生设计，专注于可再生和可生物降解的技术，以降低碳足迹，并使气味成为积极社会影响的推动者。

我们唤醒联系

开创智能互联世界的沉浸式感官体验，将气味与数字体验相结合，提升我们的所见、所闻和所感。我们的目标 ：设计并启用香味以提供个性化和数字化体验。

图 16.2 汽车香氛调制企业 IFF 官网图

Givaudan 是全球最大的香氛和香料生产商之一，为沃尔沃、宝马等汽车品牌提供香氛。Givaudan 为沃尔沃 S90 和 V90 车型提供了名为“Orrefors”的香氛系统，这个系统使用了瑞典玻璃制造商 Orrefors 的晶体杯，同时还具有净化车内空气的功能。

Firmenich 是一家瑞士的香氛和香料生产商，为林肯、奔驰等汽车品牌提供香氛。Firmenich 为林肯的新款 MKX 提供了名为“Thoroughbred”的香氛系统，这个系统使用了马匹和马厩的香氛成分，呈现出优雅、时尚的气息。

Mane 是一家法国的香氛和香料生产商，为捷豹、路虎等汽车品牌提供香氛。Mane 为捷豹的 F-PACE 车型提供了名为“Amber，Air and Musk”的香氛系统，这个系统为车内创造出浓郁、豪华的氛围。

Takasago 是一家日本的香氛和香料生产商，为多个汽车品牌提供香氛，例如马自达和丰田。Takasago 为马自达的新款 CX-5 提供了名为“Soul of Motion”的香氛系统，这个系统为车内创造出充满活力和运动感的氛围。

16.4　汽车香氛工艺的应用部位

汽车香氛的应用部位一般是汽车内部空间，通常是安装在汽车中控台、通风口、后视镜等部位。有些汽车品牌也会在座椅等位置嵌入香氛装置。沃尔沃 S90 Ambience 概念车上的香氛系统出自斯德哥尔摩著名香味屋 Byredo，通过中控台出风口自然散发出来。奥迪 A8 车内香氛系统采用的是高温蒸馏的方式，通过一侧的通风孔散入车内。宝马的香氛系统与其他车企的香氛系统有着很大的区别，它的香气是由浸渍过香氛油的固定在香味盒中的无纺布发出的，可以在副驾驶位置的杂物箱中进行安装和拆卸，并通过 iDrive 控制器来找到车辆的香氛系统（图 16.3）。此外，一些车载香氛产品可以自由放置在车内，如挂件、喷雾等。

图 16.3　宝马香氛系统

16.5　汽车香氛工艺实际应用的技术要领

如今汽车香氛工艺正在不断发展，并且与车内的温控、湿控以及空气净化等功能共同发挥作用。目前汽车香氛系统在技术方面涉及香氛挥发技术、气味传感器技术、空气流动技术和智能控制技术等。这些技术的不断发展和创新使汽车香氛系统成为一个重要的汽车舒适性配件，为驾乘者提供更加愉悦的驾驶体验。

（1）香氛挥发技术

汽车香氛系统中的香氛通常使用液态香水或香精油来产生气味。这些香料需要挥发出来才能散发气味，因此需要挥发技术来控制香氛的释放速度和量。常见的挥发技术包括热挥发、超声波振动、气流扩散和玻璃陶瓷挥发技术等。

① 热挥发技术是将香氛液体加热，使其挥发出来的技术。这种技术被应用在许多车

型的香氛系统中，例如奥迪的A8、A6、Q7和Q5等车型，奔驰的S级和E级等车型，以及宝马的7系和5系等车型。使用热散发技术的优点是能够快速释放香氛，让车内空气迅速得到改善。

② 超声波振动技术是将香氛液体通过超声波振动，使其成为微小的颗粒，从而达到挥发的效果。奥迪的A4、A5、A7等车型，奔驰的C级和GLC等车型，以及宝马的3系和X5等车型使用了这种香氛挥发技术。使用超声波振动技术的优点是香氛更加细腻和持久，不会造成浪费和污染。

③ 气流扩散技术是将香氛液体通过气流扩散的方式进行挥发的技术。通常情况下，汽车香氛系统的气流扩散设备安装在车内的空气出风口处，当空调系统开启时，气流扩散设备会自动启动，将香氛液体喷射到空气出风口处，然后随着气流扩散到车内的各个角落。雷克萨斯的LS和ES等车型，奔驰的CLA和GLA等车型，以及宝马的2系和4系等车型都使用了这种技术。使用气流扩散技术的优点是更加自然和均匀，不会对车内气流造成干扰。

④ 玻璃陶瓷挥发香氛技术是一种固态香氛挥发技术。它在陶瓷或玻璃材料中添加香氛成分，并经过高温烧结制成颗粒状或块状的固体，香氛成分会缓慢地从固体中挥发出来，产生持久的香氛效果。相比液态或膏状的香氛，这种技术可以减少挥发物的溶剂使用和释放，具有更环保的特点。

不同品牌和车型的香氛系统中使用的香氛挥发技术不同，但无论采用哪种技术，都是为了提高车内空气的品质和乘坐体验。这些技术可以使香氛更加细腻、持久和自然，不会造成浪费和污染，并且能够与空气流动技术相结合，实现更加舒适和健康的乘坐体验。

（2）气味传感器技术

现代汽车香氛系统通常会配备气味传感器，以便检测车内的气味和空气质量。这些传感器可以检测各种气味，例如烟雾、化学气体和异味等，并根据检测结果自动调节香氛的释放量，从而实现更加精确的香味释放与调节。常见的气味传感技术有以下四种。

① 电化学传感器技术：这种传感器通过测量车内空气中的气体浓度来检测有害气体和异味物质。它们可以帮助汽车香氛系统自动调节香氛释放量，以达到更好的空气质量和舒适度。

② 光纤传感技术：这种技术利用光纤传输光信号来监测车内空气中的挥发性有机物浓度。这些传感器通常安装在车内的通风管道上，可以监测到空气中的气味变化，并根据需要调节香氛释放量。

③ 气敏传感技术：这种传感器可以检测车内空气中的多种气体，例如二氧化碳、一氧化碳、甲醛等，通常会与空调系统结合使用，以自动调节空气流量和香氛释放量，提高车内空气的质量和舒适度。

④ 电子鼻技术：这种技术是一种基于化学传感器的气体分析技术，可以检测空气中的挥发性有机物、氧气、二氧化碳等成分。它们能够检测到微小的气味变化，并根据需要自动调节香氛释放量。

（3）空气流动技术

空气流动技术是汽车香氛系统中至关重要的一项技术。通过控制车内的空气流动，可以更好地散发香氛，并将气味均匀地分布到车内各个角落。

（4）智能控制技术

随着智能化技术的不断发展，现代汽车香氛系统通常配备了智能控制系统。通过传感器和智能控制器，驾驶员可以使用手机应用程序或车载显示屏来控制和管理香氛系统。一些智能控制系统还能够学习驾驶员的喜好和习惯，以及车内温度、湿度、气压和空气质量等参数，智能化地调节空气流动和香氛释放量，以实现最佳的空气舒适度和香氛效果。

16.6　汽车香氛在设计中的应用

每款汽车香氛系统的设计过程可能会因厂商、品牌、价格和市场定位等不同而有所不同，但通常包括以下步骤。

（1）确定目标受众和市场需求

香氛是一种个人化的体验，因此研究消费者需求和行为是制定汽车香氛策略的关键步骤。通过分析市场研究数据、用户调查和消费者反馈，可以确定目标受众、消费者偏好、使用场景等信息。市场是不断变化的，预测市场动向是制定香氛策略的另一个重要步骤。通过分析汽车市场趋势、竞争对手的产品策略、消费者喜好等信息，可以预测未来市场的需求和趋势，并以此制定针对性的汽车香氛产品及策略。

（2）香氛研究

研究员将对香氛进行调查和分析，以确定适合目标受众的香氛类型。例如，如果目标受众是家庭用户，可以选择放松、清新的香氛，如果目标受众是商务用户，可以选择高雅、奢华的香氛。此外，还需要考虑不同地域、文化、气候等因素对香氛的影响，以确保香氛产品能够适应不同的使用场景。这可能涉及数百种成分，从花卉、水果到草药和木材等，每种成分都会产生独特的香气，从而为调香师、技术人员等提供可行的创香方案。

（3）配方制作

根据研究结果，设计师和香氛专家将调制配方，以达到所需的香氛效果。这个过程需要考虑成分的稳定性、安全性和可靠性等因素。

（4）香氛测试

完成配方后，需要进行多次实验和测试，以确保其在不同环境和条件下的表现和耐用性以及用户反馈。例如，可以进行小批量生产，以测试它在高温或低温环境下的效果以及是否会对人体产生过敏反应。邀请目标用户参与测试，收集用户反馈和意见，并据此改进产品设计和配方。

（5）香氛系统设计

一旦确定了配方，设计师将创建一个符合汽车外观和内饰的香氛系统，并确保它能够适应不同的汽车型号和市场需求。

（6）生产和安装

制造商将生产香氛系统，并在汽车组装过程中安装。在安装过程中，需要确保系统的有效性和可靠性，并提供说明书和服务，以确保车主正确使用和维护香氛系统。

16.7 汽车香氛趋势

16.7.1 材料和技术趋势

在未来，随着消费者对于汽车舒适性和体验要求的不断提高，汽车香氛的工艺和设计也将继续发展。以下是可能的发展趋势。

（1）探索更加环保、安全的香氛开发工艺

随着科技的不断发展，香氛技术也在不断改进，例如采用更环保的材料、改良香氛的配方等，以提高其安全性和效果。例如，宝马采用了一种环保的香氛配方，该配方使用天然成分而不是人工合成的化学物质。宝马还推出了一款名为“BMW Natural Air”的车载香氛系统，该系统使用纯天然香氛油，以确保环境友好和健康。奔驰也推出了名为“Air-Balance”的车载香氛系统，该系统使用环保材料制成，具有较低的VOC排放量（图16.4）。Air-Balance系统还配备了一个空气质量传感器，可自动调节香氛水平，以确保舒适和环保。在工艺上，采用更加环保的香氛挥发技术来减少化学物质的排放也将成为趋势。玻璃陶瓷挥发香氛技术虽然还处于较为新颖的阶段，但它比传统的挥发式香氛技术更加环保，而且在香氛的挥发速度和均匀度方面也有所改善，目前宝马、奔驰、捷豹、路虎等少数品牌正在探索这种方式。

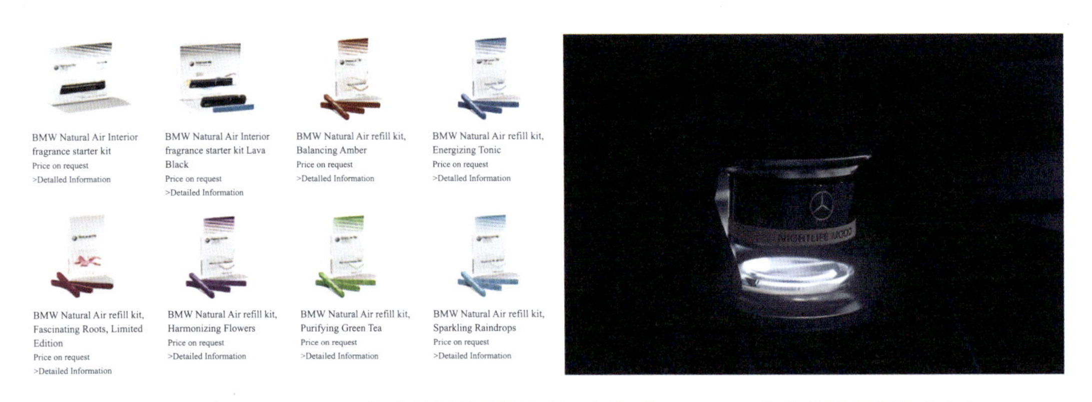

图16.4 “BMW Natural Air”车载天然香氛油（左）和“Air-Balance”车载香氛系统（右）

（2）更加注重安全与健康

香氛的使用往往与车内空气质量、湿度、温度等相关，因此消费者对车内的整体空间的安全和健康要求更加严苛。现代汽车的“Smart Sense”系统可以自动感知车内空气质量，并根据不同的驾驶模式和车内氛围来选择不同的香氛。而沃尔沃的“CleanZone”系统则可以自动检测和过滤车内有害物质，并使用高效空气过滤器来净化车内空气（图16.5）。丰田的“S-Flow”系统也可以通过调节车内空气流动来提高驾驶者的舒适度和健康状况。

第一步，上车前启用 CZIP 遥控循环换气科技，将车内的有害空气全部排出

第二步，通过 CleanZone 静电过滤科技，过滤空气中悬浮微粒，如 PM2.5

第三步，IAQS 车内空气品质监控系统随时为你把关，立即防止有害物质进入车内

图 16.5　沃尔沃的“CleanZone”系统

（3）汽车香氛系统的智能化和联网化

智能化和联网化已经成为汽车行业的一大趋势，车载香氛系统也不例外。未来汽车香氛系统可能会与车内智能化系统进行无缝衔接，实现更加智能化的香氛体验。一些汽车品牌正在研发智能化的车载香氛系统，可以通过智能手机应用进行远程控制，让用户可以在车外就能够调节香氛。车载香氛系统也可以与车辆的导航系统、空调系统等相连，以提供更加智能、全面的驾驶体验。此外，根据车辆的驾驶环境、驾驶者的身体状态、天气状况等因素智能调节香氛，可以提高驾驶者的舒适度和车内的安全性。

16.7.2　设计风格趋势

（1）香氛系统与全车氛围相融合

未来的汽车将更加注重用户的整体体验，汽车香氛系统将不仅仅是局限于车内某个区域的香氛扩散，而是整合到车内的氛围营造中。例如，配合音乐和灯光效果，营造出更加温馨、舒适的氛围。

（2）多元化的香氛选择

未来的汽车香氛系统将会提供更加多元化的香氛选择，满足不同消费者的需求。例如，为了满足年轻人的喜好，香氛会趋向于更加清新、自然的方向；为了满足商务人士的需求，香氛会趋向于更加奢华、高雅的方向。除了传统的香氛外，还将有更多的气味选择，如食品、饮料等。未来可能还会出现带有药用功能的香氛系统，如缓解焦虑、调节睡眠等（图 16.6）。例如，宝马的“Vitality Program”系统可以为驾驶者提供不同的香氛选择，以改善他们的健康和心理状态。

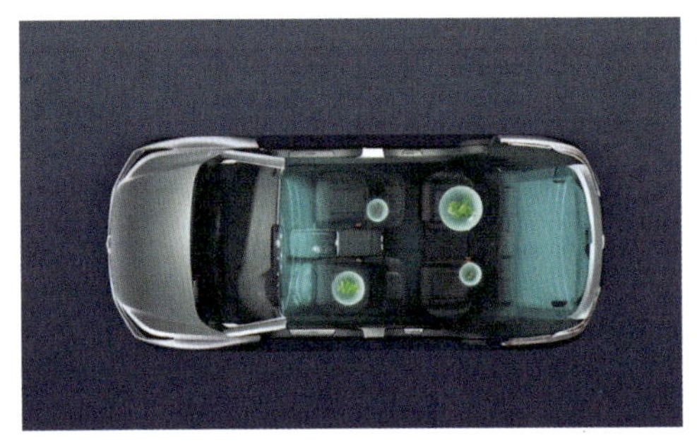

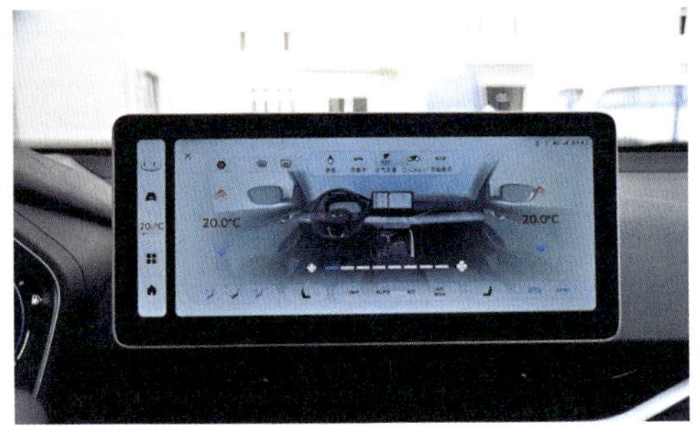

图 16.6 吉利“四时节气草本香氛”研发成功

（3）个性化定制的设计

车载香氛系统正在逐渐从单一的香氛功能向个性化设计方向发展（图 16.7）。例如奔驰的“气味系统”和保时捷的“香氛系统”使消费者可以根据自己的喜好与需求来选择香氛。其中，奔驰的“气味系统”推出了 5 款香氛，分别是“夏季雨林”“森林芬芳”“海洋氧吧”“温暖橙花”和“炽热冰川”，而保时捷的“香氛系统”则推出了 4 款香氛，分别是“黑松露”“琥珀”“青柠”和“白松露”。未来的汽车香氛系统可能会采用个性化定制的设计，即让消费者可以根据自己的喜好和需求，自由选择香氛、配比、强度等方面的参数，精确调配，以实现更加个性化的香氛体验。

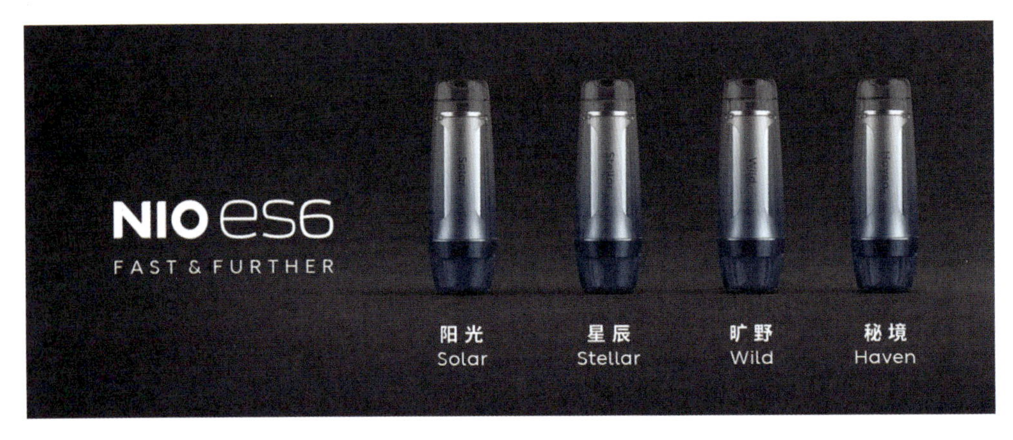

图 16.7 蔚来 ES6 香氛系统推出的四款香氛

附录

附录 A 整车外观性能技术要求

整车外观重要度等级以 A、B、C、D 共 4 个区域划分。其中 A 区代表影响外观最明显的部位，B 区代表影响外观比较明显的部位，C 区代表人站立时不易看到的表面及开门可见的装饰性不高的部位，D 区代表人站立时或开门均不易看到的装饰性不高的部位，见附录 A 表 1。整车外观质量标准见附录 A 表 2。

附录 A 表 1　车身区域分布图示

区域	说明	部位	标志	示意图
A	影响外观最明显的部位	① 车身驾驶室外侧表面（含车门）到车身下部装饰件或下挂线 ② 车顶盖、发动机盖外表面及背门外板（上框部） ③ 前后外表面向下到保险杠处（后牌照架处除外） ④ 翼子板高于装饰件、造型线或保险杠以上部位		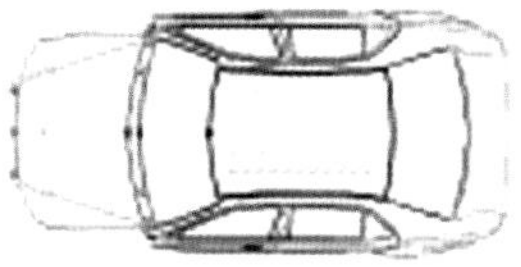
B	影响外观较明显的部位	① 车身外侧表面下部（装饰件或下棱线以下部位） ② 后牌照架处 ③ 散热器罩、前照灯罩及保险杠 ④ 门框、立柱及开门可见表面 ⑤ 坐在车内任何座位上能看见的各裸露表面 ⑥ 车顶盖四周 200mm 以内部位	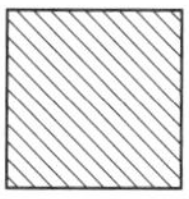	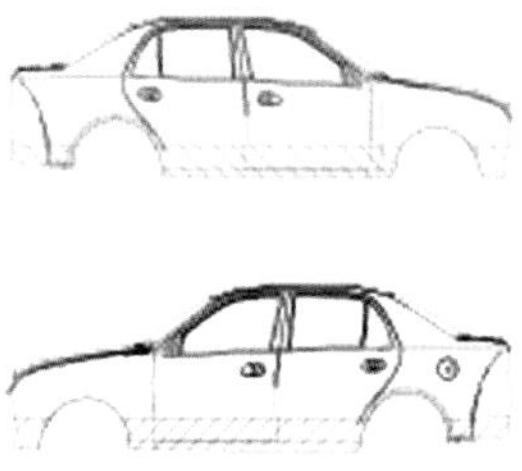
C	人站立时不易看到的表面及开门可见的装饰性要求不高的部位	① 各门下边表面 ② 各车门打开不易看到的内框		
D	人站立时或开门均不易看到的装饰性不高的部位	① 发动机盖和后背门框内表面 ② 被零件或装饰件覆盖的表面	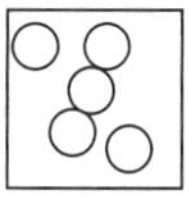	

附录A表2　整车外观质量标准

缺陷	各区域外观标准			
	A区	B区	C区	D区
划伤	不允许存在	不允许存在	允许有轻微、不明显影响外观的划伤	允许出现局限在整车安装后看不见的部位
凹凸	不允许存在	用手触摸可细微感知直径在5～10mm	允许有轻微、不明显影响外观的凹凸	允许出现局限在整车安装后看不见的部位
砂纸印	不允许有明显砂纸印	通过修整可以去除	细微观察可发现，没有露出下层涂膜	允许出现局限在整车安装后看不见的部位
流挂	不允许存在	不允许存在	允许有轻微、不明显影响外观的流挂	允许出现局限在整车安装后看不见的部位
遮盖不良	不允许存在	不允许存在	露底部位与邻近部位比较时没有产生异色的现象	允许出现局限在整车安装后看不见的部位
针孔/气泡	最多4个，$\phi \leqslant 1mm$	最多4个，$\phi \leqslant 1mm$	允许有轻微、不明显影响外观的针孔/气泡	允许出现局限在整车安装后看不见的部位
缩孔	最多4个，$\phi \leqslant 1mm$	最多4个，$\phi \leqslant 1mm$	允许有轻微、不明显影响外观的缩孔	允许出现局限在整车安装后看不见的部位
异物	最多4个，$\phi \leqslant 1mm$	最多4个，$\phi \leqslant 1mm$	允许有轻微、不明显影响外观的异物	允许出现局限在整车安装后看不见的部位
漆膜脱落	不允许存在			
发花	不允许存在	允许从个别角度才可见的轻微发花，单个总成零件不允许超过1处	允许有轻微、不明显影响外观的发花	允许出现局限在整车安装后看不见的部位
色差	与标准色板无明显差异	与标准色板无明显差异	允许与标准色板有轻微差异，不允许与相邻零件间有明显颜色差异	允许出现局限在整车安装后看不见的部位
橘皮	允许轻微的、分布均匀的橘皮	允许轻微的、分布均匀的橘皮	允许有轻微、不明显影响外观的橘皮	允许出现局限在整车安装后看不见的部位
起皱	不允许存在	允许单个总成零件不超过1处轻微不明显的起皱	允许有轻微、不明显影响外观的起皱	允许出现局限在整车安装后看不见的部位
雾影	不允许存在	允许单个总成零件不超过1处轻微不明显的抛光影/雾影	允许有轻微、不明显影响外观的雾影	允许出现局限在整车安装后看不见的部位
修补斑印	不允许存在	允许单个总成零件不超过1处轻微不明显的修补斑印	允许有轻微、不明显影响外观的修补斑印	允许出现局限在整车安装后看不见的部位
雾漆	不允许存在	允许单个总成零件不超过1处轻微不明显的雾漆	允许有轻微、不明显影响外观的雾漆	允许出现局限在整车安装后看不见的部位
漆膜未烘干	不允许存在			

附录 B　材料技术要求

（1）基本要求

在自然光线下，零部件产品的光泽，应在样板或样品的光泽等级范围之内。零件的表面应没有污迹、划伤、裂纹、扭曲变形及表面皮纹磨损，也不应有任何影响装配和外观的缺陷。产品的尺寸、公差、质量、纹理、颜色、标识、材料应符合图样要求。

（2）性能技术要求

汽车内饰系统塑料部件通用技术要求见附录 B 表 1。

附录 B 表 1　汽车内饰系统塑料部件通用技术要求

序号	项目	性能要求
1	低温抗冲击性能	经低温抗冲击性能试验后，不允许出现开裂、折断、剥离和永久变形等现象
2	抗划伤性能	经抗划伤性能试验后，不允许出现肉眼可见的划伤
3	燃烧性能	应符合 GB 8410 中的规定
4	耐候性能	经耐候性能试验后，应不出现龟裂、斑点或其他缺陷；灰色标度值不小于 4 级
5	气味性能	≤ 4 级
6	整体冲击性能	经整体冲击性能试验后，应无任何损坏和裂纹
7	耐磨性能	经耐磨性能试验后，产品的耐磨性能≥ 3 级
8	刚性	经刚性试验后，允许有微量弹性变形，但不允许有永久性变形
9	振动耐久性能	经振动耐久性能试验后，应没有破损、破裂、异响、显著变形等异常现象，焊接件、装配件应无松脱现象
10	焊接性能	产品焊接后，焊接线条完整，材料溢出不产生降解；在几部分焊接（热焊、超声波焊接、颤动焊接）的地方，外观和结合部位应该满足以下要求 ① 缝焊接：焊接轨迹应该均匀一致而不中断，焊缝的填料不变质（如表面剥落等） ② 点焊接：在所有的焊点处，保证两部分材料完全熔接在一起；在抗脱落性能试验中，应能承受的最大拉伸力不小于 20N
11	耐温性能	经耐温性能试验后，目测表面不应出现龟裂、斑点，不出现变色现象或其他缺陷
12	耐化学试剂性能	测试布上不允许有颜色痕迹，产品表面不允许出现任何可视变化；不允许有软化、发黏、斑点、颜色显著变化，允许轻微失光
13	冷热交变性能	经冷热交变性能试验后，不出现变形、弯曲、下垂或其他影响外观的变化，最大收缩率≤ 0.3%

（3）外观技术要求

① 对于整车，依据车辆操作及装配状态，可分为 1、2、3、4 级面。

- 1 级面，站立、蹲下或坐在驾驶座上能很明显看到的部位，不勉强且很容易看到。
- 2 级面，站立、蹲下或在座位上不是很明显看到的部位，勉强且不容易看到。
- 3 级面，发动机舱、货箱、车辆底部等被覆盖或很难看到、顾客很少关注的部位。
- 4 级面，几乎所有顾客都不会关注的部位。

② 对于零部件，依据其在车辆上的操作及装配状态，可分为 A、B、C、D 的区域。

- A 区，操作状态或正常姿势下很明显看到的部位。
- B 区，操作状态或正常姿势下不是很明显看到的部位。
- C 区，需要低头、弯腰、趴下或打开遮盖物才能看见，正常姿势看不到的部位。

- D 区，任何姿势都不能看到的部位，在零件完整的情况下，一般不做评价。

③ 对于判定等级，根据质量问题在顾客心中产生的不满程度，分为如下等级。

- A 级，用户强烈不满会造成人身安全的或会要求立即返修的不良问题。
- B 级，用户感到不满并且几乎所有人都不能接受，并会要求返修的不良问题。
- C 级，用户虽然会发现，但几乎所有的人都能接受的不良问题。

④ 座舱内饰系统外观品质的基本要求，见附录 B 表 2。

附录 B 表 2　座舱内饰系统外观品质的基本要求

品质要求项目	品质要求		
	A 区域	B 区域	C 区域
划伤	无泛白 长度：1mm 以下 数量：1 个	无泛白 长度：2mm 以下 数量：1 个	无泛白 长度：2mm 以下 数量：2 个
擦伤	长度：3mm 以下 数量：2 个以内	长度：5mm 以下 数量：3 个以内	长度：8mm 以下 数量：4 个以内
表面凸	ϕ1.0mm 以下 1 个以内（但是间距 300mm 以上时在 2 个以内）	ϕ2.0mm 以下 1 个以内（但是间距 300mm 以上时在 2 个以内）	ϕ5.0mm 以下 1 个以内
表面凹	ϕ2.0mm 以下 1 个以内	ϕ3.0mm 以下 1 个以内（但是间距 300mm 以上时允许有 2 个）	ϕ5.0mm 以下 1 个以内
白化	长度：2mm 以下 数量：1 个 安装受力部位不允许	长度：4mm 以下 数量：3 个以内 安装受力部位不允许	—
毛刺	无刮手的毛刺		
缺料	不允许		
缩水痕	不允许	不明显	正面看不明显

⑤ 电镀部件外观品质的基本要求见附录 B 表 3。

附录 B 表 3　电镀部件外观品质的基本要求

品质要求项目	品质要求		
	A 区域	B 区域	C 区域
鼓起	ϕ1.5mm 以内，300mm 以上间距限 2 个	ϕ2mm 以内，100mm 以上间距在 5 个以内	—
凹陷	ϕ1.5mm 以内，300mm 以上间距限 2 个	ϕ2mm 以内，100mm 以上间距在 5 个以内	—
划痕	5mm 以下时在 1 个以内	10mm 以下时在 1 个以内	—
变形	不允许	侧面向光看不明显，可接受	正面不明显，可接受
颜色不匀	依据限度样本		—
厚度不匀	依据限度样本		—
电镀脱落	不允许	不明显	无明显脱落残留物
其他外观要求	无破损开裂、缺料、断裂等不良		

⑥ 开关按钮部件品质的基本要求见附录 B 表 4。

附录 B 表 4　开关按钮部件品质的基本要求

不良项目	级别	品质要求
回弹	A	按下发卡严重；按下后不回弹或回弹非常缓慢
	B	按下时不顺畅；按下回弹缓慢
	C	按下时稍微有些不顺畅；按下时稍微回弹缓慢
操作力大	A	用很大力才能按下
	B	按下有些费力
	C	按下稍微有些费力
操作力小、松动	A	松动严重，轻轻一碰就按下
	B	有些松动，较小的力就能按下
	C	稍微有些松动，正常力才能按下

（4）汽车内饰系统的非金属材料要求

随着汽车向新能源、轻量化方向的发展，塑料在汽车上的用量日益增加，汽车内饰系统对非金属材料提出了更高的要求，主要有以下几个方面。

① 开发复合型材料。汽车上使用复合型材料的零部件主要是仪表板、门饰板、顶棚、地毯、座椅等，它们基本上由表层（塑料、织物、皮革）、隔声减振部分（泡沫或纤维）和骨架部分组成，这种形式的零件除满足一定的使用功能外，还使人感到舒适美观，而且由于该类型材料生产工艺简单、成本低廉、适用性强，将是今后汽车内饰材料的主要应用之一。

② 以聚丙烯（PP）塑料为主。由于 PP 材料价格低廉且性能优越，所以汽车内外饰件的发展将以 PP 材料为主。

③ 向安全性方面发展。汽车内饰零件不仅要求舒适美观，更要求能保护乘客安全。发生交通事故时，乘客安全经常受到威胁，因此部分内饰零件的安全性检验已纳入议事日程。比如，仪表板上表面的头部冲击试验、其下边缘的盖撞击试验、座椅靠背的身体冲击试验等，均要求被检验的内饰塑料不能碎裂，更不能碎片四溅或出现棱角伤人。

④ 材料具有通用性。为了有效合理利用能源及原材料、降低汽车成本，不同类型轿车内饰件使用的材料可以归结到统一使用的几种材料上，这样势必会扩大这几种原料的生产规模，无论是在材料质量方面还是在成本方面都是非常经济的。

目前，内饰用塑料材料已经向着聚烯烃材料的方向统一，主要有改性 PP、PE 材料、聚烯烃弹性体等。汽车用材料的回收已经成为一项法规性项目，由于塑料材料回收方便，因此可以在回收再利用方面做出一定贡献。

⑤ 内饰空间要环保。由于内饰附件已经基本塑料化，塑料制品在加工装配过程和使用过程中，会挥发出大量的有机物（VOC），有效降低 VOC 已经成为内饰材料研究的一项重大课题。

目前，国内外许多材料厂商都在致力于开发生产低气味、低挥发性的改性材料和环境友好型黏结剂，以满足车身内饰的环境保护要求，例如抗菌面料的研究推广、水性油漆替代溶剂型油漆等。

⑥ 材料成本低。塑料制品的价格优势主要表现在生产效率高，而且加工装配简单。然而，塑料本身是一种石油化工产品，其单价受原油价格影响较大，并呈逐年上涨趋势。因此，找到低成本、高性能的材料替代方案成为提高产品竞争力的关键因素之一。

附录 C　汽车材料各类样板库

附录 C 图 1　　附录 C 图 2

附录 C 图 3

附录 D　汽车 CMF 相应标准

新车型产品开发应符合中国强制性标准法规、汽车相关标准法规、选定的欧盟标准和企业标准要求；执行标准内容分为强制性标准、推荐标准和企业标准。执行标准的优先等级为：强制性标准为第一级，企业标准为第二级，推荐标准为第三级。一般情况下企业标准均是在国家强制性标准的基础上进行更加严格的标准编制的。

执行标准与外观、材料相关标准，会依据《新车型执行标准清单》进行整理及替代，包括以下内容。

- 汽车材料缩写代号及外观标识系统
- 汽车外观检测标准
- 材料性能及制品性能试验标准
- 典型汽车零部件技术条件
- 工艺标准或作业指导书
- 物料标准和色卡、样板系统
- CAE 产品性能与成型分析
- 汽车零部件品质分等标准
- 规范的工作流程
- 有效的试验室

汽车 CMF 涉及的内容如附录 D 图 1 所示。

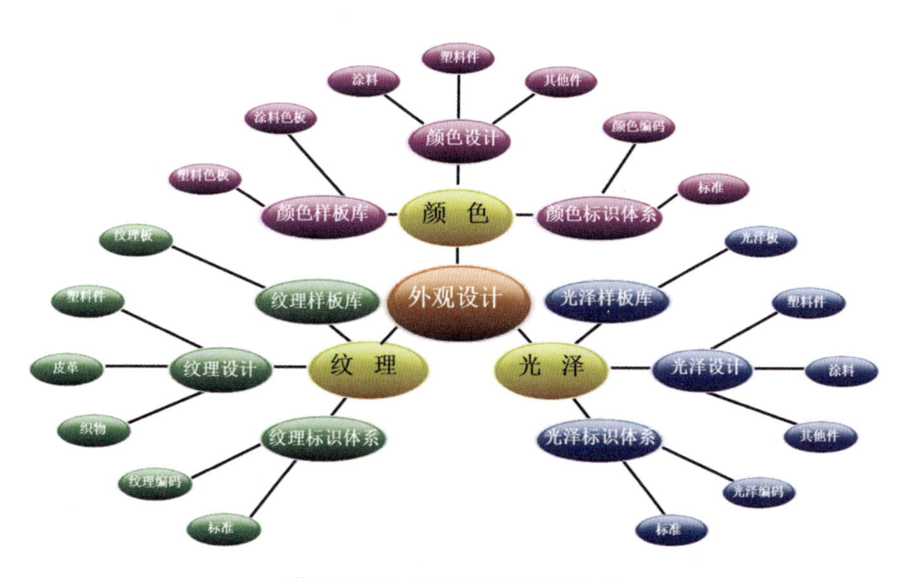

附录 D 图 1　汽车 CMF 涉及的内容

（1）国家强制标准（部分）

国家强制标准（部分）见附录 D 表 1。

附录D表1 国家强制标准（部分）

GB 4599—2007	汽车用灯丝灯泡前照灯
GB 4660—2016	机动车用前雾灯配光性能
GB 4785—2019	汽车及挂车外部照明和光信号装置的安装规定
GB 5920—2019	汽车及挂车前位灯、后位灯、示廓灯和制动灯配光性能
GB 11554—2008	机动车和挂车后雾灯配光性能
GB 11564—2008	机动车回复反射器
GB 15235—2007	汽车及挂车倒车灯配光性能
GB 17509—2008	汽车及挂车转向信号灯配光性能
GB 18408—2015	汽车及挂车后牌照板照明装置配光性能
GB 18409—2013	汽车驻车灯配光性能
GB 19151—2003	机动车用三角警告牌
GB 19152—2016	发射对称近光和/或远光的机动车前照灯
GB 21259—2007	汽车用气体放电光源前照灯
GB 23255—2019	机动车昼间行驶灯配光性能
GB 25990—2010	车辆尾部标志板
GB 25991—2010	汽车用 LED 前照灯
GB 36581—2018	汽车车轮安全性能要求及试验方法
GB 40164—2021	汽车和挂车　制动器用零部件技术要求及试验方法
GB 17675—2021	汽车转向系　基本要求
GB 9743—2015	轿车轮胎
GB 11550—2009	汽车座椅头枕强度要求和试验方法
GB 14167—2013	汽车安全带安装固定点
GB 15083—2019	汽车座椅、座椅固定装置及头枕强度要求和试验
GB 15086—2013	汽车门锁及车门保持件的性能要求和试验方法
GB 7063—2011	汽车保护轮板
GB 9656—2021	机动车玻璃安全技术规范
GB 17354—1998	汽车前、后端防护装置
GB 17578—2013	客车上部结构强度要求
GB 20071—2006	汽车侧面碰撞的乘员保护
GB 26134—2010	乘用车顶部抗压强度
GB 26511—2011	商用车前下部防护装置
GB 26512—2021	商用车驾驶室乘员保护
GB 11562—2014	汽车驾驶员前方视野要求及测量方法
GB 11555—2009	汽车风窗玻璃除霜和除雾系统的性能和试验方法
GB 15084—2022	机动车辆　间接视野装置　性能和安装要求
GB 4094—2016	汽车操纵件、指示器及信号装置的标志
GB 15082—2008	汽车用车速表
GB 1589—2016	汽车、挂车及汽车列车外廓尺寸、轴荷及质量限值
GB 30509—2014	车辆及部件识别标记
GB 30509—2014/XG1—2020	《车辆及部件识别标记》国家标准第 1 号修改单

（2）国家推荐标准（部分）

国家推荐标准（部分）见附录 D 表 2。

附录 D 表 2　国家推荐标准（部分）

GB/T 3730.1—2022	汽车、挂车及汽车列车的术语和定义　第 1 部分：类型
GB/T 3730.2—1996	道路车辆　质量　词汇和代码
GB/T 3730.3—1992	汽车和挂车的术语及其定义　车辆尺寸
GB/T 4782—2001	道路车辆　操纵件、指示器及信号装置　词汇
GB/T 5910—1998	轿车　质量分布
GB/T 12546—2007	汽车隔热通风试验方法
GB/T 12547—2009	汽车最低稳定车速试验方法
GB/T 12548—2016	汽车速度表、里程表检验校正方法
GB/T 12673—2019	汽车主要尺寸测量方法
GB/T 12674—1990	汽车质量（重量）参数测定方法
GB/T 12677—1990	汽车技术状况行驶检查方法
GB/T 12678—2021	汽车可靠性行驶试验方法
GB/T 17867—2023	轿车手操纵件、指示器及信号装置的位置
GB/T 19234—2003	乘用车尺寸代码
GB/T 30512—2014	汽车禁用物质要求
QC/T 900—1997	汽车整车产品质量检验评定方法
QC/T 941—2013	汽车材料中汞的检测方法
QC/T 942—2021	汽车材料中六价铬的检测方法
QC/T 943—2013	汽车材料中铅、镉的检测方法
QC/T 944—2013	汽车材料中多溴联苯（PBBs）和多溴二苯醚（PBDEs）的检测方法
QC/T 1123—2019	汽车轮胎充气泵
QC/T 1131—2020	汽车材料中多环芳烃的检测方法
GB/T 27630—2011	乘用车内空气质量评价指南
GB/T 10485—2007	道路车辆　外部照明和光信号装置　环境耐久性
GB/T 21260—2007	汽车用前照灯清洗器
GB/T 30036—2013	汽车用自适应前照明系统
GB/T 30511—2014	汽车用角灯配光性能
QC/T 1124—2019	汽车自适应前照明系统调光装置耐久性试验方法
GB/T 15766.1—2008	道路机动车辆灯泡　尺寸、光电性能要求
GB/T 15766.2—2016	道路机动车辆灯泡　性能要求
GB/T 15766.3—2007	小型灯
GB/T 4780—2020	汽车车身术语
GB/T 15705—1995	载货汽车驾驶员操作位置尺寸
GB/T 15743—1995	轿车侧门强度
GB/T 21361—2017	汽车用空调器
GB/T 24551—2021	汽车安全带提醒装置

续表

GB/T 25985—2010	汽车防盗装置的保护
GB/T 29120—2012	H 点和 R 点确定程序
GB/T 35369—2017	汽车安全带提醒用乘员探测装置
GB/T 36120—2018	机动车用儿童约束系统产品标识
GB/T 36124—2018	机动车用儿童约束系统产品型号编制规则及识别代号
QC/T 47—2013	汽车座椅术语
QC/T 55—1993	汽车座椅动态舒适性试验方法
QC/T 490—2013	汽车车身制图
QC/T 740—2017	乘用车座椅总成
QC/T 756—2006	轿车用高强度锻铝合金挤压圆棒材
GB/T 19463—2004	乘用车用刮水器刮片长度尺寸系列及连接尺寸
GB/T 30037—2013	汽车电动天窗总成
QC/T 44—2009	汽车风窗玻璃电动刮水器
QC/T 46—1992	汽车风窗玻璃电动刷水器形式与尺寸
QC/T 531—2001	汽车后视镜
QC/T 626—2019	汽车玻璃升降器
QC/T 627—2013	汽车电动门锁装置
QC/T 628—2014	汽车用带点火开关的转向锁
QC/T 629—2021	汽车遮阳板
QC/T 634—2007	汽车水暖式暖风装置
QC/T 804—2014	乘用车仪表板总成和副仪表板总成
QC/T 832—2010	水暖式汽车尾气加热器
QC/T 845—2011	乘用车座椅用锁技术条件
QC/T 905—2013	汽车防护杠
QC/T 906—2013	汽车内饰件用麻纤维复合板的技术要求和试验方法
QC/T 945—2013	乘用车空调系统
QC/T 946—2013	汽车安全带织带性能要求和试验方法
QC/T 947—2013	汽车自动防眩目后视镜技术条件
QC/T 948—2013	汽车顶部装载装置
QC/T 950—2019	汽车座椅加热垫技术要求和试验方法
QC/T 965—2014	汽车电动后视镜驱动器
QC/T 969—2014	乘用车行李厢内部开启机构
QC/T 986—2014	车用空调冷凝水雾化装置
QC/T 987—2014	汽车安全带卷收器性能要求和试验方法
QC/T 988—2014	汽车车门外拉手
QC/T 1016—2015	乘用车门内饰板总成
QC/T 1017—2015	汽车用前照灯清晰喷嘴总成
QC/T 1018—2015	汽车用踏步板
QC/T 981—2014	汽车车轮　表面油漆涂层

续表

GB/T 26654—2011	汽车车轮用铸造镁合金
GB/T 16738—1997	道路车辆　世界零件制造厂识别代号（WPMI）
GB/T 18305—2016	质量管理体系　汽车生产件及相关服务件组织应用 GB/T 19001—2008 的特别要求
GB/T 18410—2001	车辆识别代号条码标签
GB/T 18411—2018	机动车产品标牌
GB/T 21085—2020	机动车出厂合格证
GB/T 25978—2018	道路车辆　标牌和标签
GB/T 40494—2021	机动车产品使用说明书
QC/T 1—2017	汽车产品图样的基本要求
QC/T 2—2017	汽车产品图样格式
QC/T 3—2017	汽车产品图样及设计文件完整性
QC/T 4—2017	汽车产品图样及设计文件采用与更改办法
QC/T 5—2017	汽车产品图样及设计文件标准化审查
QC/T 17—1992	汽车零部件耐候性试验一般规则
QC/T 18—2017	汽车产品图样及设计文件术语
QC/T 262—1999	汽车渗碳齿轮金相检验
QC/T 265—2004	汽车零部件编号规则
QC/T 266—1999	汽车零件未注公差尺寸的极限偏差　一般要求
QC/T 267—1999	汽车切削加工零件未注公差尺寸的极限偏差
QC/T 268—1999	汽车冷冲压加工零件未注公差尺寸的极限偏差
QC/T 269—1999	汽车铸造零件未注公差尺寸的极限偏差
QC/T 270—1999	汽车钢模锻造零件未注公差尺寸的极限偏差
QC/T 272—1999	汽车用铝合金铸件技术条件
QC/T 273—1999	汽车用锌合金、铝合金、铜合金压铸件技术条件
QC/T 276—1999	汽车零件热处理硬度规范
QC/T 326—2013	汽车标准件产品编号规则
GB/T 31881—2015	汽车非金属部件及材料紫外加速老化试验方法
GB/T 31973—2015	汽车非金属材料及部件自然曝露试验方法
GB/T 32086—2015	特定种类汽车内饰材料垂直燃烧特性技术要求和试验方法
GB/T 32088—2015	汽车非金属部件及材料氙灯加速老化试验方法
GB/T 39897—2021	车内非金属部件挥发性有机物和醛酮类物质检测方法
QC/T 15—1992	汽车塑料制品通用试验方法
QC/T 56—1993	汽车座椅衬垫材料性能试验方法
QC/T 80—2011	道路车辆　气制动系统用尼龙（聚酰胺）管
QC/T 216—2019	汽车用地毯
QC/T 236—2019	汽车内饰材料性能的试验方法
QC/T 484—1999	汽车　油漆涂层
QC/T 520—2019	汽车用摩阻材料小样缩比试验方法
QC/T 583—1999	汽车制动器衬片显气孔率试验方法

续表

QC/T 639—2004	汽车用橡胶密封条
QC/T 641—2005	汽车用塑料密封条
QC/T 643—2000	车辆用密封条的污染性试验方法
QC/T 703—2004	汽车转向盘聚氨酯泡沫包覆层技术条件
QC/T 704—2004	汽车转向盘聚氨酯泡沫包覆层整体硬度试验方法
QC/T 709—2004	汽车密封条压缩永久变形试验方法
QC/T 710—2004	汽车密封条压缩负荷试验方法
QC/T 711—2004	汽车密封条植绒耐磨性试验方法
QC/T 716—2004	汽车密封条插入力和拔出力试验方法
QC/T 797—2008	汽车塑料件、橡胶件和热塑性弹性体件的材料标识和标记
QC/T 798—2008	汽车用多层塑料燃油管
QC/T 850—2011	乘用车座椅用聚氨酯泡沫
QC/T 851—2011	汽车用补强胶片
QC/T 852—2011	汽车用折边胶
QC/T 1024—2015	汽车用单组分聚氨酯密封胶
QC/T 1026—2016	汽车聚氯乙烯搪塑仪表板表皮性能及检测
QC/T 1029—2016	汽车用聚丙烯蜂窝板制品
QC/T 1043—2016	汽车燃油系统用尼龙管
QC/T 1044—2016	汽车用脚踏垫
QC/T 1045—2016	汽车管路保护用热收缩管
QC/T 29089—2016	汽车用 PVA/ABS 真空吸塑仪表板表皮
GB/T 13492—1992	各色汽车用面漆
GB/T 13493—1992	汽车用底漆
GB/T 37427—2019	塑料　汽车用丙烯腈 - 丁二烯 - 苯乙烯（ABS）专用料
GB/T 39491—2020	汽车用碳纤维复合材料覆盖件通用技术要求
GB/T 40045—2021	氢能汽车用燃料　液氢
GB/T 41006—2021	汽车用聚氨酯合成革通用技术条件
HG/T 2196—2004	汽车用橡胶材料分类系统
HG/T 3665—2000	内燃机燃油系统输送含氧燃油用纯胶管及橡胶软管
HG/T 3666—2000	内燃机燃油系统输送氧化燃油用纯胶管及橡胶软管
JT/T 230—2021	汽车导静电橡胶拖地带
SH/T 0713—2002	车用汽油和航空汽油中苯和甲苯含量测定法（气相色谱法）
QB/T 4674—2021	汽车内装饰用聚氨酯束状超细纤维合成革
HG/T 5837—2021	发动机电子节温器用橡胶密封阀门
HG/T 5838—2021	金属骨架发泡橡胶复合密封板

（3）企业标准

根据《中华人民共和国标准化法》第二十七条第二款，企业生产的产品、提供的服务应当符合企业公开标准的技术要求。企业公开的产品标准、服务标准在编写时要注意以下事项。

① 内容要求。

企业产品标准的内容一般包括但不限于：适用范围；功能指标、性能指标、必要的理化指标；引用的试验方法和检验规则；标志、包装、储存和运输等要求。

企业服务标准的内容一般包括但不限于：服务事项和范围；服务流程；服务质量与控制及验证。

② 参考国标。

在具体编制标准时，企业可以参照《标准化工作导则》（GB/T 1）、《标准化工作指南》（GB/T 20000）、《标准编写规则》（GB/T 20001）、《标准中特定内容的起草》（GB/T 20002）、《标准制定的特殊程序》（GB/T 20003）、《企业标准体系表编制指南》（GB/T 13017—2018）等国家标准执行。实践中要注意的是，企业产品标准中的试验方法和检验规则应当引用相关国家标准、行业标准。企业标准制定时没有相关国家标准、行业标准的，应当使用本行业普遍认可的试验方法和检验规则。

参考文献

[1] 宋小宁，钱钧，汪浩 . 浅谈汽车外饰件感观品质设计方法 [J]. 汽车零部件，2022（2）：82-84.

[2] 施纯才 . 关于汽车外饰总成检具标准化设计的研究 [J]. 模具工业，2019，45（1）：60-65.

[3] 郭青艳，吴双全，何灿群 . 汽车内饰色彩的多元化设计 [J]. 时代汽车，2021（11）：126-128.

[4] 李勇，李州 . 纯电动汽车中控台造型设计现状及发展趋势研究 [J]. 设计，2021，34（3）：118-121.

[5] 吴芬，丁文泉，肖宇 . 汽车顶棚内饰设计分析 [J]. 大科技，2020（7）：235-236.

[6] 李健 . 汽车内饰皮纹的设计探讨 [J]. 工程设计与施工，2022，002（012）：22-24.

[7] 安迪 . 美感来自材料 [J]. 装饰，1988（02）：43-44.

[8] 崔菁菁 . 设计中的肌理表现 [J]. 神州（下旬刊），2011（11）：49.

[9] 王锡春，宋华 . 汽车涂装 • 涂料行业腾飞的 40 年 [J]. 中国涂料，2019，01：11-20.

[10] 匡卫，李彦春，王鑫 . 皮革科技发展与工艺概论 [M]. 北京：中国轻工业出版社，2019.

[11] 黄锐 . 塑料热成型和二次加工 [M]. 北京：化学工业出版社，2005.

[12] 姚金水，李梅等 . 高分子科技发展史上几个重要事件给我们的启示 [J]. 高分子通报，2010，8：101-105.

[13] 李神速 . 浅谈五大通用塑料的应用与发展 [J]. 现代塑料加工应用，1996，8（2）：60-64.

[14] 周韦慧 . 世界聚乙烯发展态势的分析和展望 [J]. 中国石化，2004，8：51-53.

[15] 钱惠斌，王硕 .ABS 树脂的生产现状及发展方向 [J]. 弹性体，2012，22（6）：68-73.

[16] 李凤娇，周阳 . 聚酰胺的制备方法与改性 [J]. 塑料，2014，43（3）：72-78.

[17] 焦昌 . 改性 PC 的力学及其它性能研究 [D]. 北京：北京化工大学，2014.

[18] Alessandro Pegoretti，Amabile Penati. Recycled poly（ethylene terephthalate）and its short glass fibres composites：effects of hygrothermal aging on the thermo-mechanical behaviour[J]. Polymer，2004，45（23）：7995-8004.

[19] 冯美斌 . 汽车轻量化技术中新材料的发展及应用 [J]. 汽车工程，2006，28（3）：213-220.

[20] 曹渡，苏忠 . 汽车内外饰设计与实战手册 [M]. 北京：机械工业出版社，2017.

[21] 韩维维，张瑞杰，郑江 . 汽车材料及轻量化趋势 [M]. 北京：机械工业出版社，2017.

[22] 王玫瑰，杨崇岭 . 香味塑料制备研究进展 [J]. 工程塑料应用，2009，37（8）：88-90.

[23] 李静，姚国栋 . 未来汽车内饰 CMF 设计中智能表面装饰膜及其成型工艺的发展运用 [C]// 中国汽车工程学会（China Society of Automotive Engineers）. 2019 中国汽车工程学会年会论文集（6）. 长安欧尚汽车研究院，2019：5.

[24] 贾京生 . 论人类服饰色彩的成因 [J]. 流行色，2017（12）：73-77.

[25] 王毅，史盟，许亚松，等 . 感性信息“转嫁 - 映射”下的产品 CMF 情感化设计研究 [J]. 设计，2020，33（7）：90-93.

[26] 邓小刚，AMS. 五颜六色说买车 [J]. 汽车驾驶员，2006（5）：6-11.

[27] 李木 . 买车该选什么颜色 [J]. 汽车时代，2002（1）：101.

[28] 喻业茂，林在强，李白，等 . 汽车修补用彩色清漆的制备 [J]. 涂层与防护，2019，40（9）：31-35.

[29] 普春杰 . 汽车内饰的色彩设计的基本原则 [C]// 河南省汽车工程学会首届科研学术研讨会论文集 . 2004：11-16.

[30] 车建业 . 新型蜂窝密封制作方法研究及铝蜂窝材料性能模拟计算 [D]. 北京：北京化工大学，2009.

[31] 刘晓彬 . 电动汽车座椅造型设计研究 [J]. 艺术科技 . 2023，36（21）.

[32] 冯逸轩 . 符号学视域下的智能感车身设计语义研究 [D]. 武汉：武汉理工大学，2020.
[33] 朱倩，李晓峰 . 汽车内饰皮纹的设计 [J]. 机械，2015（7）：54-59，63.
[34] 吴双全，徐静静，田心杰 . 新材料新技术在汽车内饰面料中的应用 [J]. 上海纺织科技，2014，42（11）：4-7.
[35] 陈华，徐培培，丁菊芳 . 汽车座椅织物的色彩应用 [J]. 纺织科技进展，2018（12）：19-20.
[36] 韩立国 . 材美工巧——书籍设计中材料语言的运用 [D]. 长春：东北师范大学，2005.
[37] 吴双全 . 汽车内饰纺织品的色彩纹理设计 [C]//2013 中国流行色协会学术年会论文集 . 2013：65-69.
[38] 樊晓娜 . 我国改性塑料发展应用现状分析及展望 [J]. 科技创新与应用，2017（18）：104.
[39] 田永，王瑞莎，韦俊 . 汽车外饰零部件材料的选择与应用 [J]. 汽车与配件，2013（36）：44-47.
[40] 智淑亚 . 汽车车身轻量化材料的应用及发展 [J]. 中国制造业信息化，2012，41（17）：104-106，109.
[41] 缪绮阳 . 浅谈汽车内饰材料的历史与未来趋势 [J]. 轻型汽车技术，2020（7）：18-21.
[42] 蒋熠 . 汽车企业安全评价体系及应用研究 [D]. 湘潭：湖南科技大学，2012.
[43] 吴双全，王楠 . 交通工具内饰面料染整技术创新开发 [J]. 天津纺织科技，2020（2）：58-61.
[44] 普春杰 . 乘用汽车内饰的色彩设计基本原则 [J]. 客车技术与研究，2007，29（4）：31-33.
[45] 龚佳兰，胡晓璇 . 汽车座椅色彩、面料、造型外观设计 [J]. 南方农机，2017，48（20）：72.
[46] 孙大鹏，黄千千 . 汽车顶棚概论与设计 [J]. 汽车实用技术，2018，44（10）：88-90.
[47] 刘玉莉，俞宏 . 涤纶超细纤维的染色特性及改善的途径 [J]. 广西纺织科技，2000，（02）：28-30.
[48] 周垚 . 室内设计中照明环境艺术研究 [J]. 中华手工，2021（01）：6-8.
[49] 田亮，薛晖，李克俭 . 商用车仪表板工艺、材质、纹理应用 [J]. 汽车实用技术，2020，45（17）：143-144.
[50] 刘永星 . 塑料皮纹件低作用力下的耐刮擦性能研究 [J]. 汽车零部件，2022（07）：92-95.
[51] 李明，王莹 . 智能无人驾驶汽车内饰设计研究 [J]. 工业设计，2018（08）：141-142.
[52] 郑明远，姚继明，黄艳东 . 牛仔面料分类及发展趋势 [J]. 轻纺工业与技术，2014，43（01）：76-79+75.
[53] 陈华，吴双全，陈春琴，等 . 汽车座椅面料产品开发 [J]. 纺织科技进展，2015（2）：47-49.
[54] 厉清伦 . L5 级乘用车内饰参数化建构设计与研究 [D]. 杭州：中国美术学院，2019.
[55] 许尔阳 . 金属材料表面处理工艺的视觉差异性研究 [J]. 数位时尚（新视觉艺术），2012（05）：41-43.
[56] 赵盼 . 产品设计中金属表面“装饰”处理的考析 [J]. 现代装饰（理论），2015（09）：12-13.
[57] 陶然 . 小批量轿车生产准备方法研究 [D]. 长春：吉林大学，2012.
[58] 张菊香 . 塑料电镀在汽车中的应用及发展 [J]. 汽车工程师，2014（09）：16-18.
[59] 江湘芸，耿耀宏 . 产品设计材料的质感特征 [C]// 湖北省机械工程学会，中国机械工程学会湖北工业设计研究所，武汉科技大学，湖北科技大学 . 2005 年工业设计国际会议论文集 . 2005：3.
[60] 中国商用车车身塑料使用现状与趋势 [C]//2006 年度中国汽车摩托车配件用品行业年度报告 . 2006：3.
[61] 蒋剑 . 现代汽车造型设计之油泥模型制作概述 [J]. 四川水泥，2016（05）：314，298.
[62] 温南方 . 借鉴 PPAP 提升航空制造技术 [J]. 中国设备工程，2018（11）：148-149.
[63] 董英萍，傅师伟 . 颜色的表征方式及其测量 [J]. 福建电脑，2008（02）：91，94-95.
[64] 史宏伟 . 铝表面处理 [C]// 中国有色金属加工工业协会（China Nonferrous Metals Industry Association），上海期货交易所，湖州市吴兴区人民政府 . 2021 年中国铝加工产业年度大会暨中国（湖州）铝加工绿色智造高峰论坛论文集（上册）. 2021：64.
[65] 奚祥 . 水性木器涂料施工方式浅论 [J]. 中国涂料，2013，28（06）：39-43.
[66] 付海妹 . 耐光有机颜料的合成及在外墙乳胶漆中的应用 [D]. 青岛：青岛大学，2005.

[67] 李海青．汽车座椅织物耐日晒色牢度低成本、高性能的研究 [D]. 上海：东华大学，2009.

[68] 吴双全，陈华．汽车内饰面料的性能要求及测试标准探讨 [J]. 纺织科技进展，2015（03）：51-53，59.

[69] 吴双全，王楠，承洁，等．汽车内饰纤维材料的开发现状与发展趋势 [J]. 针织工业，2019（11）：1-5.

[70] 王淼．皮艺制品的技法与表现形式的探究 [J]. 设计，2014（09）：17-19.

[71] 皮革印花的四种工艺，让你见证皮革行业的发展史 [J]. 网印工业，2018（06）：67-68.

[72] 贺霞．浅谈国内皮革机械行业的发展现状 [J]. 中国皮革，2013，42（21）：55-58.

[73] 于景．塑料制品设计、模具与生产技术实务全书：第 3 册 [M]. 北京：金版电子出版社，2003.

[74] 王莎莎．PVC 复合材料共混改性研究 [D]. 广州：华南理工大学，2015.

[75] 汪晓鹏，贺建梅，李文磊．聚苯乙烯改性研究进展 [J]. 上海塑料，2017（02）：50-57.

[76] 李洪波，韩光省，裴军伟，等．汽车天窗功能及新技术应用浅析 [J]. 汽车电器，2019（10）：49-50.

[77] 杨桂生．第 14 章工程塑料 [C]// 国家发展和改革委员会高技术产业司，中国材料研究学会．中国新材料产业发展报告（2011）. 2012：16.

[78] 杨超．高强聚酰胺纤维的结构与性能研究 [D]. 北京：北京服装学院，2012.

[79] 邓聪．POM 注塑专用螺杆开发及其性能研究 [D]. 成都：四川大学，2005.

[80] 王瑞元．PET/PBT 合金的制备及性能研究 [D]. 上海：上海电力学院，2014.

[81] 钟兴兴．汽车用改性塑料的发展概况 [J]. 科技与创新，2015（03）：37-38.

[82] 丁晓良，王帅，单志华．现代汽车内饰材料研究 [J]. 皮革科学与工程，2017，27（06）：36-39.

[83] 邵久亮．浅谈有机玻璃的特性与用途 [J]. 农业科技与信息，2008（10）：64.

[84] 李印鹏，向丽琴．PC 材料汽车三角窗设计 [J]. 机械，2015，42（03）：70-72，80.

[85] 刘小明．汽车保险杠设计及制造关键问题研究 [D]. 南昌：南昌大学，2011.

[86] 田永，方瑛，刘龙飞，等．汽车保险杠材料的现状与发展趋势 [J]. 客车技术与研究，2015，37（01）：4-6.

[87] 赵灿，马驰，张小强，等．某车型塑料格栅注塑成型设计案例分析 [J]. 专用汽车，2023（12）：31-33.

[88] 周达飞．通用塑料工程化 [J]. 石油化工动态，1995（10）：32-35.

[89] 秦志凤，任涛．纳米技术材料在塑料和化工生产中的应用 [J]. 化工管理，2016（35）：247.

[90] 金雅宁．包装废物的产生特性及其回收体系研究 [D]. 北京：北京化工大学，2009.

[91] 康继超，李旭，崔许刚，等．新环保塑料材料用于新能源汽车内饰的探讨 [J]. 汽车实用技术，2020（09）：11-13.

[92] 钟智荣．新环保塑料材料用于新能源汽车内饰的探讨 [J]. 低碳世界，2019，9（05）：6-7.

[93] 王安霞，倪倩．包装材料触感与消费者的情感诉求 [J]. 包装工程，2009，30（02）：179-181.

[94] 傅轶，唐昌伟，彭志宏，等．耐刮擦、软触感聚丙烯的制备与表征 [J]. 合成材料老化与应用，2015，44（04）：22-25，38.

[95] 庄梦梦，徐耀宗，刘雪峰，等．车用内饰塑料发展趋势及低 VOC 改进方法 [J]. 绿色科技，2015（09）：320-321.

[96] 李洪周．先进高强度钢扭曲回弹研究 [D]. 长沙：湖南大学，2009.

[97] 武晋．汽车轻量化高强度钢板成形性能研究 [D]. 天津：天津理工大学，2008.

[98] 潘复生，马鸣图，蒋显全，等．第 16 章新能源汽车轻量化材料 [C]// 中国新材料产业发展报告（2010）. 2011：18.

[99] 李中．钛及钛合金在汽车上的应用 [J]. 中国有色金属学报，2010，20（S1）：1034-1038.